高等学校交通运输与工程类专业规划教材
高等学校应用型本科规划教材

公路工程监理

（第二版）

朱爱民　董吉福　主　编
石　磊　孟祥荣　副主编

人民交通出版社股份有限公司
China Communications Press Co.,Ltd.

内 容 提 要

本书是高等学校应用型本科规划教材，是为满足本科宽口径土木工程、道路桥梁与渡河工程专业及相关专业公路工程监理课程的教学要求，按照培养高级应用型人才的需要和最新监理规范编写而成。

全书共分8篇27章，第一篇为工程监理概论，主要介绍工程监理的基本概念和原理方法；第二篇为公路工程质量监理，分别介绍路基、路面、桥涵和隧道工程施工质量监理，以及交通工程设施施工、公路绿化及防护工程、机电工程和交工及缺陷责任期的质量监理内容；第三篇主要介绍公路工程进度监理；第四篇主要介绍公路工程费用监理；第五篇主要介绍公路工程施工安全与环境保护监理；第六篇主要介绍公路工程合同管理；第七篇主要介绍信息管理与计算机辅助监理；第八篇主要介绍公路工程监理组织协调。

本书可作为高等学校土木工程(路桥方向)、交通工程专业工程监理课程的教材，也可供交通土建工程专业相关技术人员参考阅读。

图书在版编目(CIP)数据

公路工程监理 / 朱爱民，董吉福主编. —2版. —北京：人民交通出版社股份有限公司，2018.8（2025.7重印）

高等学校交通运输与工程类专业规划教材　高等学校应用型本科规划教材

ISBN 978-7-114-14819-4

Ⅰ. ①公…　Ⅱ. ①朱…　②董…　Ⅲ. ①道路施工—施工监理—高等学校—教材　Ⅳ. ①U415.1

中国版本图书馆CIP数据核字(2018)第136121号

高等学校交通运输与工程类专业规划教材
高等学校应用型本科规划教材

书　　名： 公路工程监理(第二版)
著 作 者： 朱爱民　董吉福
责任编辑： 李　喆
责任印制： 张　凯
出版发行： 人民交通出版社股份有限公司
地　　址： (100011)北京市朝阳区安定门外外馆斜街3号
网　　址： http://www.ccpcl.com.cn
销售电话： (010)85285911
总 经 销： 人民交通出版社股份有限公司发行部
经　　销： 各地新华书店
印　　刷： 北京建宏印刷有限公司
开　　本： 787×1092　1/16
印　　张： 27.25
字　　数： 652千
版　　次： 2007年9月　第1版　2018年8月　第2版
印　　次： 2025年7月　第2版　第4次印刷　总第15次印刷
书　　号： ISBN 978-7-114-14819-4
定　　价： 56.00元

第二版前言

监理单位是工程建设的主体之一，工程监理工作需要高素质的应用型人才。为培养更多合格人才进入公路工程监理领域，本书组织有关院校教师和工程监理单位技术人员，按照“高等学校交通运输与工程类专业规划教材编审委员会”审定的大纲要求编写，可作为宽口径土木类、交通类各专业学生工程监理课程的教材，也可供交通土建工程专业技术人员参考阅读。

本书在全面分析土木、路桥工程专业所需工程监理知识和能力要求的基础上，对教材内容体系进行了整体优化，针对新时期我国高等教育应用型人才培养目标的要求，结合最新规范标准，突出教材基础性、实用性和先进性，系统介绍公路工程监理工作中所需要的“五控制”“两管理”“一协调”知识，即根据合同文件与技术规范进行公路工程质量、进度、费用、安全、环境控制（五控制）的方法；工程合同管理、信息管理（两管理）的程序方法；工程监理工作中的组织协调（一协调）工作等知识。通过本教材学习，可系统了解我国公路工程监理的程序和方法；掌握公路工程路基、路面、桥涵、隧道、机电工程等工程设施在不同阶段、不同施工环节的监理要点、监理程序和方法，适应现代公路工程监理发展的需要。

本书由朱爱民、董吉福主编，石磊、孟祥荣副主编，李仰印、王中华、王忠礼、张普、宋延艳、韩翠娟、张正旭、张福勇、吴京波参与编写。第四、五、十八、二十三、二十四章由石磊、吴京波（山东交通学院）和韩翠娟（山东恒建工程监理咨询有限公司)编写,第六、七、十四、十五、十六、十七章由李仰印(山东交通学院)和张普(山东省交通工程监理咨询公司)编写,第八、九、十一、十二、十三、二十二章由董吉福(山东交通学院)和张正旭(齐鲁交通发展集团有限公司)编写,第三、十章由王忠礼、宋延艳(山东恒建工程监理咨询有限公司)编写;第一、二、十九、二十五章由朱爱民(山东交通学院)和张福勇(齐鲁交通发展集团有限公司)编写,本书第二十、二十一、二十六、二十七章由孟祥荣(山东交通学院)和王中华(山东恒建工程监理咨询有限公司)编写。全书由朱爱民、董吉福主编统稿。

书中不当之处,谨请使用本书的师生及其他读者批评指正。

编　者

2018 年 5 月

第一版前言

工程监理制是我国建设工程管理体制的重要内容,自1988年开始试点以来,已经在工程建设中发挥了巨大的作用。在公路工程建设领域,通过施行公路工程监理制度,可使我国的公路工程质量得到保证,工程建设管理更加法制化、科学化和规范化。监理单位是工程建设中的三大主体之一,监理行业人员的工作是为建设单位提供专业化的项目管理服务的,所以,工程监理工作需要高素质的监理人才。为培养合格的人才进入公路工程监理领域,本书组织有关院校教师和长期担任第一线监理工作的监理工程师,按"高等学校应用型本科规划教材编审委员会"审定的大纲要求编写,可作为宽口径土木、交通类各专业学生工程监理课程的教材,也可供路桥工程技术人员参考阅读。

本书在全面分析土木、路桥工程专业所需工程监理知识和能力要求的基础上,对教材内容体系进行了整体优化,针对21世纪我国高等教育人才培养目标的要求,结合最新规范标准,突出教材基础性、实用性和先进性,系统介绍公路工程监理工作中所需要的"三控制""两管理""一协调"知识,即根据合同文件与技术规范进行公路工程质量、进度、费用控制(三控制)的方法;工程合同管理、信息管理(两管理)的程序方法;工程监理工作中的组织协调(一协调)工作等知识,以实现质量高、投资省、工期短的三大目标。通过本教材学习可系统了解我国公路施工监理的依据、程序和方法；掌握公路工程路基、路面、桥涵、隧道等工程项目在不同阶段、施工环节的监理要点、监理程序和方法，适应现代公路工程监理发展的需要。

本书第二章、第六章、第九章由孟祥荣（山东交通学院）编写，第三章第六节、第七节和第四章由李仰印（山东交通学院）编写，第三章第八节、第九节和第五章、第八章由方允治（济南大学）编写，第三章第一节至第五节和第七章、第十章由石磊（山东交通学院）和于孝清（山东大学）编写，第一章和第十一章由朱爱民（山东交通学院）编写。全书由朱爱民、孟祥荣任主编统稿。

在本书的编写过程中，北京交通大学土木建筑工程学院雷俊卿教授提出了许多宝贵的意见和建议，并对全书进行了全面仔细的审核，在此表示诚挚的感谢。

书中不当之处，谨请使用本书的师生及其他读者批评指正。

编　者

2007年1月

目录

第一篇　工程监理概论

第一章　绪论……………………………………………………………………… 3
第一节　工程监理制度的产生与发展……………………………………………… 3
第二节　工程监理的基本概念……………………………………………………… 6
第三节　工程项目建设程序与管理制度体系 …………………………………… 10
第四节　工程监理单位 …………………………………………………………… 14
第五节　注册监理工程师 ………………………………………………………… 20
第六节　工程监理的相关学科与发展趋势 ……………………………………… 24
复习思考题 ………………………………………………………………………… 27
第二章　工程建设监理的原理与方法 ………………………………………… 28
第一节　工程项目组织管理的基本模式 ………………………………………… 28
第二节　公路工程项目监理人员的配备 ………………………………………… 32
第三节　工程项目目标系统与控制原理 ………………………………………… 35
第四节　公路工程监理的基本方法 ……………………………………………… 37
复习思考题 ………………………………………………………………………… 40

第二篇　公路工程质量监理

第三章　公路工程质量监理概述 ……………………………………………… 43
第一节　质量监理的依据、原则和内容…………………………………………… 43

第二节　质量监理的程序和方法 …… 47
第三节　监理试验室 …… 49
复习思考题 …… 50
第四章　路基工程质量控制 …… 51
第一节　路基的形式及对路基的基本要求 …… 51
第二节　路基工程施工各阶段质量控制 …… 53
复习思考题 …… 71
第五章　路面施工质量监理 …… 72
第一节　路面基层质量控制 …… 72
第二节　沥青类路面质量控制 …… 85
第三节　水泥混凝土路面质量控制 …… 102
复习思考题 …… 116
第六章　桥梁工程质量控制 …… 117
第一节　桥梁施工质量监理一般要求 …… 117
第二节　桥梁施工测量监理 …… 119
第三节　桥梁施工质量监理 …… 121
复习思考题 …… 164
第七章　隧道工程质量监理 …… 165
第一节　概述 …… 165
第二节　隧道施工质量监理内容 …… 167
复习思考题 …… 188
第八章　交通工程设施施工质量控制 …… 189
第一节　概述 …… 189
第二节　护栏工程监理 …… 191
第三节　标志工程监理 …… 192
第四节　标线工程监理 …… 194
第五节　视线诱导标工程监理 …… 196
第六节　隔离栅工程监理 …… 197
第七节　防眩板工程监理 …… 198
复习思考题 …… 199
第九章　公路绿化及防护工程质量监理 …… 200
第一节　公路绿化质量控制 …… 200
第二节　防护工程质量监理 …… 204

复习思考题……………………………………………………………………………………… 209
第十章　机电工程质量监理……………………………………………………………………… 210
第一节　机电工程监理的基本要求……………………………………………………………… 210
第二节　机电工程施工准备阶段的监理………………………………………………………… 211
第三节　机电工程施工阶段的监理……………………………………………………………… 212
第四节　机电工程试运行期阶段的监理………………………………………………………… 242
第五节　机电工程缺陷责任期阶段的监理……………………………………………………… 243
复习思考题……………………………………………………………………………………… 243
第十一章　交工及缺陷责任期的监理…………………………………………………………… 244
第一节　交工验收与交工证书…………………………………………………………………… 244
第二节　缺陷责任期阶段的监理………………………………………………………………… 248
复习思考题……………………………………………………………………………………… 249

第三篇　公路工程进度监理

第十二章　进度监理概述………………………………………………………………………… 253
第一节　进度监理的任务与程序………………………………………………………………… 253
第二节　工程进度计划内容和审批……………………………………………………………… 256
复习思考题……………………………………………………………………………………… 259
第十三章　工程进度的控制……………………………………………………………………… 260
第一节　工程进度的控制方法…………………………………………………………………… 260
第二节　工程进度延误与处理…………………………………………………………………… 267
复习思考题……………………………………………………………………………………… 271

第四篇　公路工程费用监理

第十四章　费用监理概述………………………………………………………………………… 275
第一节　工程费用………………………………………………………………………………… 275
第二节　工程量清单……………………………………………………………………………… 278

第三节　工程计量…………………………………………………………………………………… 281
第四节　工程支付…………………………………………………………………………………… 285
复习思考题…………………………………………………………………………………………… 295
第十五章　项目决策和设计阶段的投资控制…………………………………………………… 296
第一节　投资控制的基本概念……………………………………………………………………… 296
第二节　设计阶段的投资控制……………………………………………………………………… 299
复习思考题…………………………………………………………………………………………… 300
第十六章　施工阶段工程费用控制……………………………………………………………… 301
第一节　概述………………………………………………………………………………………… 301
第二节　工程建设参与方费用控制的任务………………………………………………………… 302
第三节　施工阶段的投资控制……………………………………………………………………… 302
复习思考题…………………………………………………………………………………………… 305
第十七章　工程竣(交)工验收的费用控制……………………………………………………… 306
第一节　竣工结算与竣工决算……………………………………………………………………… 306
第二节　保修费用…………………………………………………………………………………… 308
复习思考题…………………………………………………………………………………………… 309

第五篇　公路工程施工安全与环境保护监理

第十八章　公路工程施工安全监理……………………………………………………………… 313
第一节　概述………………………………………………………………………………………… 313
第二节　施工安全监理的内容与方法……………………………………………………………… 313
复习思考题…………………………………………………………………………………………… 316
第十九章　公路工程施工环境监理……………………………………………………………… 317
第一节　概述………………………………………………………………………………………… 317
第二节　工程环境监理的组织管理体系…………………………………………………………… 321
第三节　工程环境监理工作文件与工作程序……………………………………………………… 325
第四节　公路工程施工环境保护监理的内容……………………………………………………… 327
复习思考题…………………………………………………………………………………………… 333

第六篇　公路工程合同管理

第二十章　合同管理基本知识……………………………………………… 337

第一节　概述………………………………………………………………… 337

第二节　公路工程合同文件………………………………………………… 341

第三节　FIDIC 合同条件简介 ……………………………………………… 342

复习思考题…………………………………………………………………… 343

第二十一章　公路工程合同管理的内容与方法……………………………… 344

第一节　工程风险与保险…………………………………………………… 344

第二节　工程变更…………………………………………………………… 355

第三节　工程分包…………………………………………………………… 357

第四节　工程延期…………………………………………………………… 358

第五节　施工中的合同管理………………………………………………… 360

第六节　违约与争端的处理………………………………………………… 362

复习思考题…………………………………………………………………… 365

第二十二章　公路工程索赔管理……………………………………………… 367

第一节　概述………………………………………………………………… 367

第二节　索赔程序的合同规定……………………………………………… 370

第三节　费用索赔的审批与计算…………………………………………… 371

第四节　反索赔……………………………………………………………… 375

复习思考题…………………………………………………………………… 376

第七篇　信息管理与计算机辅助监理

第二十三章　工程监理信息管理……………………………………………… 379

第一节　概述………………………………………………………………… 379

第二节　信息管理内容与方法……………………………………………… 381

复习思考题…………………………………………………………………… 384

第二十四章　计算机辅助监理………………………………………………… 385

第一节　计算机辅助质量监理系统………………………………………… 385

第二节　计算机辅助进度监理系统…………387
第三节　计算机辅助费用监理系统…………388
第四节　计算机辅助合同管理系统…………393
复习思考题…………395

第八篇　公路工程监理组织协调

第二十五章　组织协调的内容与方法…………399
第一节　工程监理工作中的组织协调…………399
第二节　组织协调的内容…………401
第三节　工程建设监理协调的方法…………403
复习思考题…………413
第二十六章　监理会议、记录与报告…………414
第一节　工地会议…………414
第二节　记录与报告…………416
复习思考题…………417
第二十七章　竣工资料的整理与移交…………418
第一节　竣工文件编制…………418
第二节　监理工程师在竣工文件编制中的工作…………420
第三节　竣工文件的移交…………421
复习思考题…………422

参考文献…………423

PART1 第一篇 工程监理概论

第一章

绪论

第一节 工程监理制度的产生与发展

一、工程监理制度产生的背景

工程监理作为建设领域的一项科学管理制度，起源于产业革命发生以前的16世纪的欧洲。它的产生和发展与商品经济的发展、建设领域的专业化分工、社会化大生产相伴随，并日趋完善。

我国的工程建设活动已有几千年的历史，但现代意义上的工程建设监理制度的建立，则是从1988年开始的。从新中国成立到20世纪70年代末，我国的基础建设活动基本上是按照计划经济的模式进行，即由国家统一安排项目计划，国家统一财政拨款，施工任务由行政部门向施工企业直接下达。建设单位、设计单位和施工单位作为完成国家建设任务的执行者，都只对上级行政部门负责，相互之间缺少监督的职责。项目管理通常采用两种形式：对于一般建设工程，由建设单位自己组成筹建机构，自行管理；对于重大建设工程，则从该工程相关的单位抽调人员组成工程建设指挥部，由指挥部进行管理。当工程建成投入使用后，原有的工程管理机构解散。毋庸置疑，这种体制在我国集中有限财力、物力和人力进行经济建设，对建立我国的工业体系和国民经济体系，起到了积极的作用。然而，由于建设单位无须承担经济风险，而且相当一部分管理人员不具备建设工程管理的知识和经验,造成我国建设工程管理长期在低水平徘徊,概算超估算、预算超概算、结算超预算和工程不能按期交工的现象较为普遍。

20世纪80年代以后,我国进入了改革开放时期,从计划经济体制逐步向社会主义市场经济体制过渡。为了适应这一形势的需要,自1983年开始,我国开始实行了政府对工程质量的监督制度,全国各地及国务院各部门都成立了专业质量监督部门和各级质量检测机构,代表政府对工程建设质量进行监督和检测。各级质量监督部门在不断进行自身建设的基础上,认真履行职责,积极开展工作,在促进企业质量保证体系的建立、预防工程质量事故、保证工程质量上发挥了重大作用。从此,我国的工程建设监督由原来的单向监督向政府专业质量监督转变,由仅靠企业自检自评向第三方认证和企业内部保证相结合转变。这种转变使我国工程建设监督向前迈进了一大步。

20世纪80年代中期,随着我国改革的逐步深入和开放的不断扩大,"三资"工程建设项目在我国逐步增多,世界银行等国际金融机构向我国贷款的工程建设项目都要求实行招标投标制、承包发包合同制和建设监理制。在我国"三资"工程项目建设的管理中,国外专业化、社会化的监理公司、咨询公司、管理公司的专家开始出现。他们按照国际惯例,以受建设单位委托与授权的方式,对工程建设进行管理,显示出高速度、高效率、高质量的管理优势。其中,值得一提的是在我国建设的鲁布革电站工程。作为世界银行贷款项目,在招投标中,日本大成公司以低于概算43%的悬殊标价承包了引水系统工程,仅以30多名管理人员和技术骨干组成的项目管理班子,雇用了400多名中国劳务人员,靠科学管理创造了工程造价、工程进度、工程质量三个高水平纪录。这一工程实例震动了我国工程建设界,造成了对我国传统的政府专业监督体制的冲击,引起了我国工程建设管理者的深入思考。1985年12月,我国召开了基本建设管理体制改革会议,这次会议对我国传统的工程建设管理体制作了深刻的分析与总结,指出了我国传统的工程建设管理体制的弊端,肯定了必须对其进行改革的思路,并指明了改革的方向与目标,为实行工程建设监理制奠定了思想基础。1988年7月,原建设部在征求有关部门和专家意见的基础上,发布了《关于开展建设监理工作的通知》,接着又在包括原交通部在内的一些行业部门和城市开展了工程建设监理试点工作。

由于世界银行贷款项目国际招标合同大多以FIDIC合同为蓝本(FIDIC为国际咨询工程师联合会法文名称),而FIDIC合同对建设单位、咨询工程师和承包人三角关系的要求和其工程咨询体系客观上催生了我国的工程建设监理制度。当时,为适应市场经济体制改革的要求,国家开始在建设工程项目上引入了招标投标、工程监理、工程总承包等新的管理模式。国务院以及原建设部、原国家计委等先后出台了一系列深化建筑业和基本建设管理体制改革的政策措施。《中华人民共和国建筑法》《中华人民共和国招标投标法》《建设工程监理规范》(GB 50319)《建设工程项目管理规范》(GB/T 50326)等一系列法律、法规的颁布和实施,奠定了我国推行监理制度的制度基础。与此同时,作为公路工程建设的主管部门,原交通部在总结全国各地经验的基础上,于1989年4月颁布了《公路工程施工监理暂行办法》,1997年9月15日又颁布了《公路工程施工监理合同范本》等有关法规,初步建立了一套符合我国实际情况、结合国际惯例的工程监理制度。1997年《中华人民共和国建筑法》以法律的形式明确做出规定,国家推行建设工程监理制度,从而标志着建设工程监理在全国范围内进入了全面推行阶段。

二、我国公路工程监理制度发展的基本历程

我国的公路工程监理制度是在总结全国各地经验的基础上,参照国际惯例,以国际通用的FIDIC施工合同条件为基础,并结合我国国情而建立起来的,大致经历了试点、提高和全面推行三个阶段。

1. 试点阶段(1986—1990年)

1986年和1987年,为适应我国改革开放与建设工程领域的发展形势,原交通部率先在利用世界银行贷款建设的西安—三原一级公路和京津塘高速公路上开展了工程监理的试点,接着又在全国各地的许多项目上推行监理试点。为了保证试点工作有章可循,原交通部于1989年4月颁布了《公路工程施工监理暂行办法》等规范性文件,并于1989年10月组建了原交通部工程建设监理总站,以更好地指导公路工程监理有序地开展。在此期间,原交通部多次举办工程监理研讨班,委托有关高等院校举办监理业务培训班,迅速培养了一大批公路工程监理人员,承担起了工程监理的重大任务,为工程监理水平的稳步提高奠定了坚实的基础。

2. 提高阶段(1991—1994年)

经过四年多的监理试点,我国公路工程监理行业已初步形成。在此期间,全国范围内大部分国道和高等级公路实行了工程监理,原交通部就公路工程监理的实施先后发布了《公路工程施工监理办法》《公路水运工程监理工程师注册办法》《公路水运工程监理单位监理资格审批暂行规定》等一系列规范性文件,并有计划地对公路工程监理人员进行培训。1992年我国开始在工程建设领域推行项目建设单位负责制,这样我国公路建设项目开始形成了以建设单位、监理工程师、承包人三位一体的新型建设管理体制,形成了较为完善的公路工程监理模式,并形成了一支具有较高素质的监理工程师队伍,工程监理正向制度化、规范化、科学化迈进,在全国范围内全面推行监理制度的条件已经具备。

3. 全面推行阶段(1995年以后)

1995年4月原交通部颁布了公路工程监理行业标准《公路工程施工监理规范》(JTJ 077),这标志着我国公路工程监理已进入了全面推行阶段。1997年原交通部为适应公路工程监理事业发展的需要,又制定并推广使用了《公路工程施工监理合同范本》,提高了监理服务委托合同签订的质量,促进了公路工程监理工作的制度化、规范化和科学化。1997年,《中华人民共和国建筑法》以法律的形式明确国家推行建设工程监理制度,使工程监理制度在公路工程建设管理体制中的重要地位得到了国家法律的保障。

目前,我国在建公路工程项目绝大多数实行了工程监理,重点公路项目全部实行了监理,工程监理制度在工程建设中发挥着越来越重要的作用,已受到社会的广泛关注和普遍认可。国内建设工程监理制度,自1988年实施以来,对于加快我国工程建设管理方式向社会化、专业化方向发展,促进工程建设管理水平和提高投资效益发挥了重要作用。多年来,我国推行工程监理制度的实践证明,实行工程监理制度有利于规范工程建设参与各方的建设行为,促使承建单位保证建设工程质量和使用安全;有利于控制建设工程的功能和使用价值;有利于实现建设单位所需的建设工程的功能和使用价值;有利于提高建设工程投资决策的科学化水平,避免项目投资决策的失误,实现建设工程投资效益最大化。现在,建设工程监理制与项目法人责任制、工程招投标制、合同管理制等一起共同构成了我国工程建设领域的重要管理制度。

第二节　工程监理的基本概念

一、工程监理的含义

1. 工程监理的含义

工程监理是指具有相应资质的社会化、专业化的工程监理单位,受建设单位委托,根据法律法规、工程建设标准、勘察设计文件及合同,对建设工程质量、造价、进度进行控制,对合同、信息进行管理,对工程建设相关方的关系进行协调,并履行建设工程安全生产管理法定职责的服务活动。

按照交通运输部的有关规定,目前公路工程监理仅在施工阶段实施,因而公路工程监理实指公路工程施工监理。它是指具有相应资质的监理单位,按国家有关规定受项目建设单位的委托,依据监理合同,对工程施工质量、安全、环保、进度、费用等方面实施的监督和管理活动。

2. 工程监理有关的行为主体及之间关系

(1)建设单位:也可称为建设单位或项目法人,它是委托监理的一方,建设单位在工程建设中拥有确定建设工程规模、标准和功能,以及选择勘察、设计、施工和监理单位等工程建设中重大问题的决定权。

(2)工程监理单位:是指取得企业法人营业执照,具有监理资质证书、依法从事建设工程监理业务活动的经济组织。

(3)承建单位:有时也称为施工企业、承包人,它是指通过投标或其他方式取得某项工程的施工权,材料、设备的制造及供应权,并和建设单位签订合同,承担工程施工费用,承担进度、质量、安全、环保责任的经济组织。

它们之间的关系如图 1-1 所示。

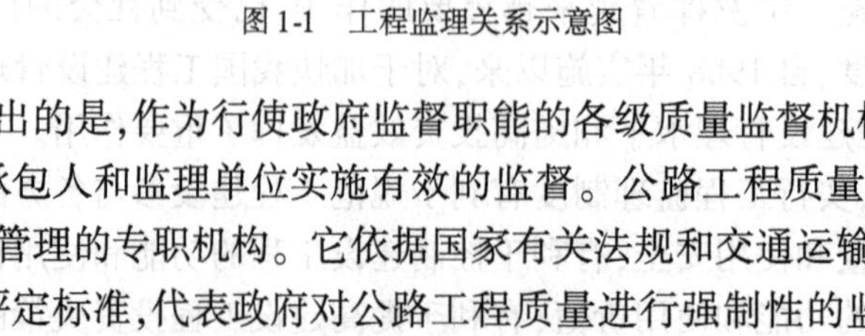

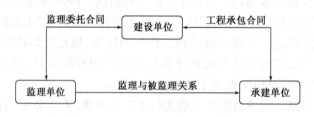

图 1-1　工程监理关系示意图

需要特别强调指出的是,作为行使政府监督职能的各级质量监督机构,在整个工程建设活动中将对建设单位、承包人和监理单位实施有效的监督。公路工程质量监督部门是政府对公路工程质量进行监督管理的专职机构。它依据国家有关法规和交通运输部颁发的现行技术规范、规程和质量检验评定标准,代表政府对公路工程质量进行强制性的监督管理,行使政府监督职能。建设、施工、监理等单位都应接受质量监督部门的监督。政府监督与各监理企业的具体监理本质不同,前者具有强制性、执法性、全面性和宏观性。

3. 工程监理内涵分析

(1)工程监理是针对项目建设进行的监督管理活动

工程监理是直接为工程项目提供管理服务的行业,是工程建设项目管理服务的主体,但非管理主体。工程建设的对象是工程建设项目,包括新建、改建和扩建的各种工程建设项目,工程监理活动都是围绕工程建设项目来进行的。也就是说,监理单位与建设单位、设计单位、施工单位、材料设备供应单位等一样,都是以工程项目作为行为载体及行为对象的,并且以此来界定工程建设监理范围。

这里所说的工程项目就是指一项固定资产投资项目,即将一定量的投资,在一定的约束条件下(时间、资源、质量),按照一个科学的程序,经过决策(设想、建议、研究、评估、决策)和实施(勘察、设计、施工、竣工、验收、动用),最终形成固定资产特定目标的一次性建设任务。

(2)工程监理的行为主体是监理单位

监理单位是具有社会化、专业化特点的,专门从事工程监理技术服务活动的组织。监理单位受建设单位的委托,履行合同中规定的职权,对工程施工质量、安全、环保、进度、费用等方面实施监督和管理。因此,工程监理的行为主体只能是监理单位。

工程监理不同于政府主管部门的监督管理。后者属于行政性监督管理,其行为主体是政府主管部门。同样,建设单位自行管理、工程总承包单位或施工总承包单位对分包单位的监督管理都不是工程监理。

(3)工程监理的实施需要建设单位委托和授权

工程建设监理是市场经济发展的产物。《中华人民共和国建筑法》第三十一条明确规定,建设单位与其委托的工程监理单位应当以书面形式订立建设工程监理合同。也就是说,建设工程监理的实施需要建设单位的委托和授权。工程监理单位只有与建设单位以书面形式订立建设工程监理合同,明确监理工作的范围、内容、服务期限和酬金,以及双方的义务、违约责任后,按照建设工程监理合同约定、在规定的范围内实施监理。监理单位实施的工程监理不是强制性的,而是基于同建设单位签订的委托合同,这种委托与政府对工程建设的强制性监督有本质区别。

(4)工程监理在现阶段主要发生在施工阶段

鉴于目前工程监理工作在建设工程投资决策阶段和设计阶段尚未形成系统和成熟的经验,需要通过实践进一步研究探索。按照交通运输部的有关规定,现阶段我国公路工程监理主要发生在项目建设的施工阶段。

(5)工程监理是有明确依据的工程建设行为

工程建设监理是严格按照有关法律、法规和其他有关准则实施的。工程建设监理的依据是国家批准的工程建设项目建设文件、有关工程建设的法律和法规以及直接产生于本工程建设项目的工程建设工程委托监理合同和其他工程合同,并以此为准绳来对工程进行监督、管理及评价。

(6)工程监理是微观性质的监督活动

政府从宏观上对工程建设进行管理,通过强制性的立法、执法来规范建设市场。工程监理属于微观层次,是针对一个具体的工程项目展开的,是紧紧围绕着工程建设项目的各项投资活动和生产活动进行的全过程、全方位的监督管理,注重具体工作的实际效益。它与政府进行的行政性宏观监督管理活动有明显区别。

二、工程监理的性质

(1)服务性

工程建设监理是一种高智能的有偿技术服务活动,是监理人员利用自己的工程建设知识、技能和经验为建设单位提供管理与技术服务。监理人员要对工程建设活动进行组织、协调和控制,保证工程建设合同的实施,为工程建设项目的建设单位提供服务。监理活动既不同于施工单位的直接生产活动,也不同于建设单位的直接投资活动,监理单位既不向建设单位承包工程造价,也不参与施工单位的利益分成,它获得的是与其付出的劳动相应的技术服务性报酬。工程监理的服务对象是建设单位。这种服务性活动是严格按照委托监理合同和其他有关工程建设合同来实施的,是受法律约束和保护的。因此,工程监理是一种有偿的技术服务活动。

(2)科学性

监理的任务决定了监理单位必须具有科学的思想、理论、方法和手段,必须具有发现和解决工程设计问题和处理施工中存在的技术与管理问题的能力,能够为建设单位提供高水平的专业服务,而这种科学性又必须以工程监理人员的高素质为前提。按照国际工程管理惯例,监理单位的监理工程师,必须具有相当的学历,并有长期从事工程建设工作的丰富实践经验,精通技术与管理,通晓经济与法律,他们需经有关部门考核合格并经政府主管部门登记注册授予岗位证书,方能取得公认的合法资格。科学性是监理单位区别于其他一般服务性组织的重要特征,也是其赖以生存的重要条件。

(3)委托性

工程监理单位与建设单位及施工单位之间是一种平等的合同约定关系。工程监理的实施需要建设单位的委托。这是由工程监理的特点决定的,是市场经济的必然结果,也是工程监理制度的规定。工程监理的产生源于市场经济条件下建设单位的社会需求,始于建设单位的委托授权。为了适应我国的市场经济体制并与国际接轨,我国的工程监理是社会化、专业化的监理单位受建设单位的委托而开展的项目建设管理。这种方式决定了在工程监理中,建设单位与监理单位是委托与被委托的关系;决定了他们是合同关系,是需求与供给关系,是一种委托与服务的关系。监理单位只有与建设单位签订委托监理合同,明确了监理的范围、内容、权利、义务与责任等,才能在规定的范围内行使监理权,合法地开展监理活动。

(4)公平性

国际咨询工程师联合会(FIDIC)的《土木工程施工合同条件》(红皮书)自1957年第一版发布以来,一直都保持着一个重要原则,要求(咨询)工程师"公正"(Impartiality),即不偏不倚地处理施工合同中有关问题。该原则也成为我国建设工程监理制度建立初期的一个重要性质。然而,在FIDIC《土木工程施工合同条件》(1999年版)中,(咨询)工程师的公正性要求不复存在,而只要求"公平"(Fair)。(咨询)工程师不充当调解人或仲裁人的角色,只是接受建设单位报酬负责进行施工合同管理的受托人。与FIDIC《土木工程施工合同条件》中的(咨询)工程师类似,我国工程监理单位受建设单位委托实施建设工程监理,也无法成为公正或不偏不倚的第三方,但需要公平地对待建设单位和施工单位。公平性是建设工程监理行业能够长期生存和发展的基本职业道德准则。特别是当建设单位与施工单位发生利益冲突或者矛盾时,工程监理单位应以事实为依据,以法律法规和有关合同为准绳,在维护建设单位合法权益的同时,不能损害施工单位的合法权益。例如,在调解建设单位与施工单位之间的争议,处理费用索赔和工程延期、进行工程款支付控制及结算时，应尽量客观、公平地对待建设单位和施工单位。

三、工程监理的依据

工程监理的依据包括工程建设文件，有关的法律法规、条例规章和标准规范，建设工程委托监理合同和有关的建设工程合同。

1. 工程建设文件

包括批准的可行性研究报告、建设项目选址意见书、建设用地规划许可证、建设工程规划许可证、批准的施工图设计文件、施工许可证等。

2. 有关的法律法规、条例规章和标准规范

包括《中华人民共和国建筑法》《中华人民共和国合同法》《中华人民共和国招标投标法》《建设工程质量管理条例》等法律法规，《工程建设监理规定》等部门规章，以及地方性法规等；也包括《工程建设标准强制性条文》《建设工程监理规范》以及有关的工程技术标准、规范、规程等。

3. 建设工程委托监理合同和有关的建设工程合同

工程监理企业应当根据两类合同，即工程监理企业与建设单位签订的建设工程委托监理合同和建设单位与承建单位签订的有关建设工程合同进行监理。

工程监理企业应视委托监理合同的范围，来决定依据哪些有关的建设工程合同进行监理。全过程监理应当包括咨询合同、勘察合同、设计合同、施工合同以及设备采购合同等；决策阶段监理主要是咨询合同，设计阶段监理主要是设计合同，施工阶段监理主要是施工合同。

四、工程监理的范围

工程监理范围可以分为监理的工程范围和监理的建设阶段范围。

1. 监理的工程范围

为了有效发挥建设工程监理的作用，加大推行监理制度的力度，根据《中华人民共和国建筑法》，国务院公布的《建设工程质量管理条例》对实行强制性监理的工程范围作了原则性的规定，原建设部又进一步在《建设工程监理范围和规模标准规定》中对实行强制性监理的工程范围作了具体规定。下列建设工程必须实行监理：

(1) 国家重点建设工程。依据《国家重点建设项目管理办法》所确定的对国民经济和社会发展有重大影响的骨干项目。

(2) 大中型公用事业工程。项目总投资额在 3 000 万元以上的供水、供电、供气、供热等市政工程项目；科技、教育、文化等项目；体育、旅游、商业等项目；卫生、社会福利等项目；其他公用事业项目。

(3) 成片开发建设的住宅小区工程。建筑面积在 5 万 m^2 以上的住宅建设工程。

(4) 利用外国政府或者国际组织贷款、援助资金的工程。包括使用世界银行、亚洲开发银行等国际组织贷款资金的项目；使用外国政府及其机构贷款资金的项目；使用国际组织或者国外政府援助资金的项目。

(5) 国家规定必须实行监理的其他工程。项目总投资额在 3 000 万元以上关系社会公共

利益、公众安全的交通运输、水利建设、城市基础设施、生态环境保护、信息产业、能源等基础设施项目,以及学校、影剧院、体育场馆项目。

2. 监理的建设阶段范围

工程监理可以适用于工程建设投资决策阶段和实施阶段,但目前主要集中于建设工程施工阶段。在建设工程施工阶段,建设单位、勘察单位、设计单位、施工单位和工程监理企业等工程建设的各类行为主体均出现在建设工程当中,形成了一个完整的建设工程组织体系。在这个阶段,建筑市场的发包体系、承包体系、管理服务体系的各主体在建设工程中会合,由建设单位、勘察单位、设计单位、施工单位和工程监理企业各自承担工程建设的责任和义务,最终将建设工程建成并投入使用。在施工阶段委托监理,其目的是更有效地发挥监理的规划、控制和协调作用,为在计划目标内建成工程提供最好的管理。

第三节 工程项目建设程序与管理制度体系

工程项目建设程序是指一项工程从设想、提出到决策,经过设计、施工直至投产使用的整个过程中应当遵循的内在规律和组织制度。工程建设项目虽然具有单件性和一次性的特点,但它们都客观遵循一个共同的规律,所以作为建设工作者的重要组成部分——监理工程师,应该严格遵守工程建设项目的内在规律和组织制度。建设监理制的基本内容之一就是明确科学的建设程序,并在工程建设中遵守并监督实施这一程序。

一、工程项目建设程序

1. 我国工程项目建设程序及其主要内容

所谓建设程序,是指一项建设工程从设想、提出到决策,经过设计、施工,直至投产或交付使用的整个过程中,应当遵循的内在规律。中华人民共和国成立以来,我国的建设程序经过了一个不断发展和完善的过程。目前我国的建设程序与计划经济时期相比较,已经发生了重大变化。按我国现行的建设程序,大中型项目的建设过程大体上分为项目决策和项目实施两大阶段。

(1)项目决策阶段

建设项目决策阶段的主要工作是编制项目建议书,进行可行性研究和编制可行性研究报告。

①项目建议书。项目建议书是建设某项目的建议性文件,是对拟建项目的轮廓设想。项目建议书的主要作用是为推荐拟建项目提出说明,论述建设它的必要性,供有关的主管部门选择,并确定进行可行性研究的必要性。

②可行性研究。可行性研究是在项目建议书批准后,通过调查、研究、分析与项目有关的工程、技术、经济等方面的条件和情况,对可能的多种方案进行比较论证,同时对项目建成后的经济效益进行预测和评价的一种投资决策分析研究方法和科学分析活动。可行性研究为项目投资决策提供依据。承担可行性研究的单位应当是经过资质审定的规划、设计、咨询和监理单位。

③编制可行性研究报告。可行性研究报告是确定建设项目、编制设计文件的基本依据。可行性研究报告要选择最优建设方案进行编制。可行性研究报告经有资质的工程咨询单位评估后,由计划部门或其他有关部门审批,经批准的可行性研究报告将作为最终的决策文件和设计依据,指导工程建设项目建设的全过程。

(2)项目实施阶段

立项后建设项目进入实施阶段,项目实施阶段的主要工作包括项目设计、建设准备、施工安装、动用前准备、竣工验收等阶段性工作。

①项目设计。设计是对拟建工程在技术和经济上进行全面的安排,是工程建设计划的具体化,是组织施工的依据。设计质量直接关系到建设工程的质量,是建设工程的决定性环节。经批准立项的建设工程,一般应通过招标投标择优选择设计单位。一般工程进行两阶段设计,即初步设计和施工图设计,某些重大工程,根据需要可在两阶段之间增加技术设计。设计工作开始前,工程建设项目的建设单位可按建设监理制的要求委托工程建设监理。

②建设准备。建设单位在项目正式开工前必须做好建设准备工作,如征地、拆迁、四通一平及组织设备、材料订货,组织施工招标、选择施工单位、报批开工报告等工作。

③施工和动用前准备。施工单位按照施工图设计进行土建施工及设备安装,建成工程实体。与此同时,建设单位在监理单位协助下应做好项目建成动用的一系列准备工作。

④竣工验收。当建设项目按设计文件的规定内容全部施工完成并满足质量要求以后,建设单位即可组织勘察、设计、施工、监理等有关单位进行竣工验收。竣工验收后,建设单位应及时向建设行政主管部门或其他部门备案并移交项目档案。

建设工程自办理竣工验收手续后,因勘察、设计、施工、材料等原因造成的质量缺陷,应及时修复,费用由责任方承担。保修期限、返修和损害赔偿应当遵照有关工程质量管理条例与工程承包合同的规定执行。

2. 坚持建设程序的意义

建设程序反映了工程建设过程的客观规律。坚持建设程序在以下几个方面有重要意义。

(1)有利于依法管理工程建设,保证正常建设秩序

建设工程涉及国计民生,并且投资大、工期长、内容复杂,是一个庞大的系统。在建设过程中,客观上存在着具有一定内在联系的不同阶段和不同内容,必须按照一定的步骤进行。为了使工程建设有序地进行,有必要将各个阶段的划分和工作的次序用法规或规章的形式加以规范,以便于人们遵守。实践证明,坚持了建设程序,建设工程就能顺利进行和健康发展;反之,不按建设程序办事,建设工程就会受到极大的影响。因此,坚持建设程序,是依法管理工程建设的需要,是建立正常建设秩序的需要。

(2)有利于科学决策,保证投资效果

建设程序明确规定,建设前期应当做好项目建议书和可行性研究工作。在这两个阶段,由具有资格的专业技术人员对项目是否必要、条件是否可行进行研究和论证,并对投资收益进行分析,对项目的选址、规模等进行方案比较,提出技术上可行、经济上合理的可行性研究报告,为项目决策提供依据,而项目审批又从综合平衡方面进行把关。如此,可最大限度地避免决策失误并力求决策优化,从而保证投资效果。

(3)有利于顺利实施建设工程,保证工程质量

建设程序强调了先勘察、后设计、再施工的原则。根据真实、准确的勘察成果进行设计,根

据深度、内容合格的设计进行施工,在做好准备的前提下合理地组织施工活动,使整个建设活动能够有条不紊地进行,这是工程质量得以保证的基本前提。事实证明,坚持建设程序,就能顺利实施建设工程并保证工程质量。

(4)有利于顺利开展建设工程监理工作

建设工程监理的基本目的是协助建设单位在计划的目标内把工程建成投入使用。因此,坚持建设程序,按照建设程序规定的内容和步骤,有条不紊地协助建设单位开展好每个阶段的工作,对建设工程监理是非常重要的。

二、建设程序与工程监理的关系

建设程序与建设工程监理的关系可以归纳为以下几个方面。

1. 建设程序为建设工程监理提出了规范化的建设行为标准

建设程序不仅要求工程监理企业和监理人员应当根据建设程序的有关规定进行监理,也对其他各建设行为主体和监督管理主体在每个阶段应当做什么、如何做、何时做、由谁做等一系列问题都给予了一定的解答。

2. 建设程序为建设工程监理提出监理的任务和内容

工程监理企业和监理工程师可以根据监理合同委托的监理阶段,按照建设程序中提出的监理任务和内容来进行监理活动。在决策阶段,建设工程监理的主要任务就是协助委托单位正确地做好投资决策,避免决策失误,力求决策优化。具体的工作就是协助委托单位择优选定咨询单位,做好咨询合同管理,对咨询成果进行评价。建设程序要求按照先勘察、后设计、再施工的基本顺序做好相应的工作。建设工程监理在此阶段的任务就是协助建设单位做好择优选择勘察、设计、施工单位,对他们的建设活动进行监督管理,做好投资、进度、质量控制和合同管理以及组织协调工作。

当前,在公路工程建设中,工程监理工作一般针对施工阶段,交通运输部对该阶段的监理工作制定了《公路工程施工监理办法》、《公路工程施工监理规范》(JTG G10—2016)等相关法规规范。

3. 建设程序明确了工程监理企业在工程建设中的重要地位

根据有关法律、法规的规定,在工程建设中应当实行建设工程监理制。现行的建设程序体现了这一要求,这就为工程监理企业确立了在工程建设中应有的地位。在一些发达国家的建设程序中,都非常强调这一点。例如,英国土木工程师学会在《土木工程程序》中强调:在土木工程程序中的所有阶段,监理工程师"起着重要作用"。随着我国经济体制改革的深入,工程监理企业在工程建设中的地位将越来越重要。

4. 坚持建设程序是监理人员的基本职业准则

监理人员只有掌握和严格执行建设程序,才能满足科学管理的要求。坚持建设程序,严格按照建设程序办事,是所有工程建设人员的行为准则。对于监理人员而言,更应率先垂范。

5. 严格执行我国建设程序是结合中国国情推行建设工程监理制的具体体现

任何国家的建设程序都反映这个国家的工程建设方针、政策、法律、法规的要求,反映建设工程的管理体制,反映工程建设的实际水平。而且,建设程序总是随着时代、环境和需求的变化,不断地调整和完善的,这种动态的调整总是与国情相适应。

三、我国建设工程管理制度体系

按照我国有关规定,在工程建设中,应当实行项目法人责任制、工程招标投标制、建设工程监理制、合同管理制等主要制度。这些制度相互关联、相互支持,共同构成了建设工程管理制度体系。

1. 项目法人责任制

为了建立投资约束机制,规范建设单位的行为,建设工程应当按照政企分开的原则组建项目法人,实行项目法人责任制,即由项目法人对项目的策划、资金筹措、建设实施、生产经营、债务偿还和资产的保值增值,实行全过程负责的制度。

实行项目法人责任制,贯彻执行谁投资,谁决策,谁承担风险的市场经济下的基本原则。这就为项目法人提出了一个重大问题:如何做好决策和承担风险的工作。也因此对社会提出了需求。这种需求,为建设工程监理的发展提供了坚实的基础。另外,建设工程监理制是实行项目法人责任制的基本保障,有了建设工程监理制,建设单位就可以根据自己的需要和有关的规定委托监理。在工程监理企业的协助下,做好投资控制、进度控制、质量控制、合同管理、信息管理、组织协调工作,为在计划目标内实施建设项目提供了基本保证。

2. 工程招标投标制

如何择优选定勘察单位、设计单位、施工单位以及材料、设备供应单位,是工程建设成败的关键,也是建设工程监理成败的关键。按照国家有关规定,下列建设工程包括工程的勘察、设计、施工、监理以及与工程建设有关的重要设备、材料等的采购,达到规定规模标准的,必须进行招标。

(1)大型基础设施、公用事业等关系社会公共利益、公众安全的项目。

(2)全部或者部分使用国有资金投资或者国家融资的项目。

(3)使用国际组织或者外国政府贷款、援助资金的项目。

(4)法律或者国务院规定的其他项目。

3. 合同管理制

为使勘察、设计、施工、材料设备供应单位和工程监理企业依法履行各自的责任和义务,在工程建设中必须实行合同管理制。合同管理制的基本内容是:建设工程的勘察、设计、施工、材料设备采购和建设工程监理都要依法订立合同。各类合同都要有明确的质量要求、履约担保和违约处罚条款。违约方要承担相应的法律责任。合同管理制的实施对建设工程监理开展合同管理工作提供了法律上的支持。

4. 建设工程监理制

建设工程监理的主要内容是在项目的实施中控制建设工程的投资、工期和质量;进行建设工程合同管理;协调有关单位的工作关系。建设单位一般应通过招标投标方式择优选定工程监理单位,并与其委托的工程监理企业应当签订书面的委托监理合同。

第四节　工程监理单位

一、工程监理单位的基本概念

工程监理单位是指取得工程监理企业资质证书,从事工程监理业务的经济组织。它是监理工程师的执业机构。

按照我国现行法律法规的规定,我国的工程监理单位有可能存在的企业组织形式包括:公司制监理企业、合伙制监理企业、个人独资监理企业、中外合资经营监理企业和中外合作经营监理企业。目前,监理单位在工程建设市场中发挥的作用得到社会的认可,建设单位、监理单位和施工单位共同构成了一个健全的建筑市场,三者缺一不可。

在我国,由于在工程监理制实行之初,许多工程监理企业是由国有企业或教学、科研、勘察设计单位按照传统的国有企业模式设立的,普遍存在产权不明晰,管理体制不健全,分配制度不合理等一系列的阻碍监理企业和监理行业发展的问题。因此,这些企业正逐步进行公司制改革,建立现代企业制度,使监理企业真正成为自主经营、自负盈亏的法人实体和市场主体。

按照公司法成立公司,向工商行政管理部门登记注册并取得企业法人营业执照后,还必须到建设行政主管部门办理资质申请手续。当取得资质证书后,工程建设监理企业才能正式从事监理业务。

二、监理单位的资质标准

1. 工程监理企业的资质等级标准和业务范围

(1)工程监理企业资质等级标准

工程监理企业资质是企业技术能力、管理水平、业务经验、经营规模、社会信誉等综合性实力指标。对工程监理企业进行资质管理的制度是我国政府实行市场准入控制的有效手段。工程监理企业应当按照所拥有的注册资本、专业技术人员数量和工程监理业绩等资质条件申请资质,经审查合格,取得相应等级的资质证书后,才能在其资质等级许可的范围内从事工程监理活动。

工程监理企业的资质按照等级分为甲级、乙级和丙级,按照工程性质和技术特点分为14个专业工程类别,每个专业工程类别按照工程规模或技术复杂程度又分为三个等级。有关工程监理企业资质等级标准的详细内容可见原建设部第158号令《工程监理企业资质管理规定》。

(2)各级监理企业的业务范围

各主项资质等级的工程监理企业的业务范围是:甲级工程监理企业可以监理经核定的工程类别中的一、二、三类工程;乙级工程监理企业可以监理经核定的工程类别中的二、三类工程;丙级工程监理企业只可监理经核定的工程类别中的三类工程。甲、乙、丙级资质监理企业的经营范围均不受国内地域限制。

在公路工程建设行业领域,各级监理单位的具体业务范围见表1-1、表1-2。

公路工程监理业务范围 表 1-1

资质	业务范围
甲级	公路、桥隧专业:在全国范围内监理一、二、三类公路、桥隧工程; 交通工程专业:在全国范围内监理一、二、三类交通工程
乙级	公路、桥隧专业:在全国范围内监理二、三类公路、桥隧工程; 交通工程专业:在全国范围内监理二、三类交通工程
丙级	公路、桥隧专业:在本省(区、市)范围内监理三类公路、桥隧工程; 交通工程专业:在本省(区、市)范围内监理三类交通工程

公路工程等级划分 表 1-2

类别	一类	二类	三类
道路工程	高速公路	高速公路路基工程及一级公路	一级公路路基工程及二级以下各级公路
桥梁工程	独立大桥工程、特大桥长度≥500m 或单跨≥100m	100m≤大桥总长<500m 或 40m≤单跨<100m	中桥及以下桥梁工程,总长<100m 或单跨<40m
隧道工程	特长隧道长度>3 000m	长、中长隧道,250m<长度≤3 000m	短隧道,长度≤250m
交通工程	通信、监控、收费等公路机电工程;高速公路环保工程	标志、标线、护栏、护网、反光路标、轮廓标、防眩设施等公路交通安全设施;一级公路环保工程	二级及二级以下各级公路标志、标线等公路交通安全设施;二级及二级以下各级公路环保工程

2. 工程监理企业的资质申请

工程监理企业的资质包括主项资质和增项资质。工程监理企业如果申请多项专业工程资质,则其主要选择的一项为主项资质,其余的为增项资质。同时,其注册资金应当达到主项资质标准要求,从事增项专业工程监理业务的注册监理工程师人数应当符合专业要求。增项资质级别不得高于主项资质级别。工程监理企业申请资质,一般要到企业注册所在地的县级以上地方人民政府建设行政主管部门办理有关手续。

新设立的工程监理企业申请资质,应当先到工商行政管理部门登记注册并取得企业法人营业执照后,才能到建设行政主管部门办理资质申请手续。办理资质申请手续时,应当向建设行政主管部门提供下列资料:

(1)工程监理企业资质申请表。

(2)企业法人营业执照。

(3)企业章程。

(4)企业负责人和技术负责人的工作简历、监理工程师注册证书等有关证明材料。

(5)工程监理人员的监理工程师注册证书。

(6)需要出具的其他有关证件、资料。

已取得法人资格的工程监理企业申请资质升级,除提供上述资料外,还应当提供以下资料:

(1)企业原资质证书正、副本。

(2)企业的财务决算年报表。

(3)监理业务手册及已完成代表工程的监理合同、监理规划及监理工作总结。

工程监理企业的增项资质可以与其主项资质同时申请,也可以在每年资质审批期间独立申请。

三、工程监理企业资质管理

为了加强对工程监理企业的资质管理,保障其依法经营业务,促进建设工程监理事业的健康发展,国家建设行政主管部门对工程监理企业资质管理工作制定了相应的管理规定。

1. 工程监理企业资质管理机构及其职责

根据我国现阶段管理体制,我国工程监理企业的资质管理确定的原则是“分级管理,统分结合”,按中央和地方两个层次进行管理。国务院建设行政主管部门负责全国工程监理企业资质的归口管理工作。涉及铁道、交通、水利、信息产业、民航等专业工程监理资质的,由国务院铁道、交通、水利、信息产业、民航等有关部门配合国务院建设行政主管部门实施资质管理工作。省、自治区、直辖市人民政府建设行政主管部门负责本行政区域内工程监理企业资质的归口管理工作,省、自治区、直辖市人民政府交通、水利、通信等有关部门配合同级建设行政主管部门实施相关资质类别工程监理企业资质的管理工作。

(1)国务院建设行政主管部门管理工程监理企业资质的主要职责:

①每年定期集中审批一次全国甲级资质工程监理企业的资质。其中涉及铁道、交通、水利、信息产业、民航工程等方面的工程监理企业资质,由国务院有关部门初审,国务院建设行政主管部门根据初审意见审批。

②审查、批准全国甲级资质工程监理企业资质的变更与终止。

③制定有关全国工程监理企业资质的管理办法。

(2)省、自治区、直辖市人民政府建设行政主管部门管理工程监理企业资质的主要职责:

①审批本行政区域内乙级、丙级工程监理企业的资质。其中交通、水利、通信等方面的工程监理企业资质,应征得同级有关部门初审同意后审批。

②审查、批准本行政区域内乙级、丙级工程监理企业资质的变更与终止。

③本行政区域内乙级和丙级工程监理企业资质的年检。

④制定在本行政区域内资质管理办法。

⑤受国务院建设行政主管部门委托负责本行政区域内甲级工程监理企业资质的年检。

资质初审工作完成后,初审结果先在中国工程建设信息网上公示。经公示后,对于工程监理企业符合资质标准的,予以审批,并将审批结果在中国工程建设信息网上公告。实行这一制度的目的是提高资质审批工作的透明度,便于社会监督,从而增强其公正性。

2. 工程监理企业资质管理内容

工程监理企业资质管理,主要是指对工程监理企业的设立、定级、升级、降级、变更、终止等的资质审查或批准以及资质年检工作等。

(1)资质审批制度

对于工程监理企业资质条件符合资质等级标准,并且未发生下列行为的,建设行政主管部门将向其颁发相应资质等级的工程监理企业资质证书:

①与建设单位或者工程监理企业之间相互串通投标,或者以行贿等不正当手段谋取中标的。

②与建设单位或者施工单位串通,弄虚作假,降低工程质量的。

③将不合格的建设工程、建筑材料、建筑构配件和设备按照合格签字的。

④超越本单位资质等级承揽监理业务的。

⑤允许其他单位或个人以本单位的名义承揽工程的。

⑥转让工程监理业务的。

⑦因监理责任而发生过三级以上工程建设重大质量事故或者发生过两起以上四级工程建设质量事故的。

⑧其他违反法律法规的行为。

工程监理企业资质证书分为正本和副本,具有同等法律效力。工程监理企业在领取新的工程监理资质证书的同时,应当将原资质证书交回原发证机关予以注销。任何单位和个人均不得涂改、动造、出借、转让工程监理企业资质证书,不得非法扣押、没收工程监理企业资质证书。工程监理企业申请晋升资质等级,在申请之日前1年内有上述①~⑧行为之一的,建设行政主管部门将不予批准。工程监理企业因破产、倒闭、撤销、歇业的,应当将资质证书交回原发证机关予以注销。

(2)资质年检制度

对工程监理企业实行资质年检,是政府对监理企业实行动态管理的重要手段,目的在于督促企业不断加强自身建设,提高企业管理水平和监理工作业务水平。工程监理企业的资质年检一般由资质审批部门负责,并应在下年一季度进行。年检内容包括:检查工程监理企业资质条件是否符合资质等级标准,是否存在质量、市场行为等方面的违法违规行为。甲级工程监理企业的资质年检由住房和城乡建设部委托各省、自治区、直辖市人民政府建设行政主管部门办理;其中,涉及铁道、交通、水利、信息产业、民航等方面的企业资质年检,由住房和城乡建设部会同有关部门办理;中央管理企业所属的工程监理企业资质年检,由住房和城乡建设部委托中国建设监理协会具体承办。

对工程监理企业进行资质年检的程序是:首先,工程监理企业在规定时间内向建设行政主管部门提交工程监理企业资质年检表、工程监理企业资质证书、监理业务手册以及工程监理人员变化情况和其他有关资料,并交验企业法人营业执照。其次,建设行政主管部门会同有关部门在收到工程监理企业年检资料后40天内,对工程监理企业资质年检做出结论,并记录在工程监理企业资质证书副本的年检记录栏内。

工程监理企业年检结论分为合格、基本合格、不合格三种。

对于资质年检不合格或者连续两年基本合格的工程监理企业,建设行政主管部门应当重新核定其资质等级。新核定的资质等级应当低于原资质等级,达不到最低资质等级标准的,则要取消资质。降级的工程监理企业,经过一年以上时间的整改,经建设行政主管部门核查确认,达到规定的资质标准,并且在此期间内未发生上述①~⑧行为的,可以重新申请原资质等级。

工程监理企业在规定时间内没有参加资质年检,其资质证书将自行失效,而且一年内不得重新申请资质。在工程监理企业资质年检后,资质审批部门应当在该企业资质证书副本的相应栏目内注明年检结论和有效期限。

资质审批部门应当在工程监理企业资质年检结束后30天内,在公众媒体上公布年检结果,包括年检合格、不合格企业和未按规定参加年检的企业名单。工程监理企业分立或合并时,要按照新设立工程监理企业的要求重新审查其资质等级并核定其业务范围,颁发新核定的资质证书。

(3)违规处理

工程监理企业必须依法开展监理业务,全面履行委托监理合同约定的责任和义务。但在出现违规现象时,建设行政主管部门将根据情节给予必要的处罚。违规现象主要有以下几个方面:

①以欺骗手段取得工程监理企业资质证书。

②超越本企业资质等级承揽监理业务。

③未取得工程监理企业资质证书而承揽监理业务。

④转让监理业务。转让监理业务是指监理企业不履行委托监理合同约定的责任和义务,将所承担的监理业务全部转给其他监理企业,或者将其肢解以后分别转给其他监理企业的行为。国家有关法律法规明令禁止转让监理业务的行为。

⑤挂靠监理业务。挂靠监理业务是指监理企业允许其他单位或者个人以本企业名义承揽监理业务。这种行为也是国家有关法律法规明令禁止的。

⑥与建设单位或者施工单位串通,弄虚作假、降低工程质量。

⑦将不合格的建设工程、建筑材料、建筑构配件和设备按照合格签字。

⑧工程监理企业与被监理工程的施工承包单位以及建筑材料、建筑构配件和设备供应单位有隶属关系或者其他利害关系,并承担该项建设工程的监理业务。

四、工程监理企业管理制度

为提高监理企业的市场竞争力,工程监理企业要按照现代企业制度的要求建设企业,建立健全以下各项内部管理制度,强化企业管理。

(1)组织管理制度:内容包括合理设置企业内部机构,确立机构职能,建立严格的岗位责任制度,加强考核,有效配置企业资源,提高企业工作效率,健全企业内部监督体系,完善制约机制。

(2)人事管理制度:健全工资分配、奖励制度,完善激励机制,加强对员工的业务素质培养和职业道德教育。

(3)劳动合同管理制度:推行职工全员竞争上岗,按照劳动法规定,签订劳动合同。严格劳动纪律,严明奖惩,充分调动职工的积极性和发挥职工的创造性。

(4)财务管理制度:加强资产管理、财务计划管理、投资管理、资金管理、财务审计管理等。要及时编制资产负债表、损益表和现金流量表,真实反映企业经营状况,改进和加强经济核算。

(5)经营管理制度:制定企业的经营规划、市场开发计划。做好市场定位,制定和实施明确的发展战略。

(6)项目监理机构管理制度:制定项目监理机构的运行办法,各项监理工作的标准及检查评定办法等。

(7)科技管理制度:制定科技开发规划、科技成果评审办法、科技成果应用推广办法等。

(8)设备管理制度:制定设备的购置办法,设备的使用、保养规定等。

(9)信息和档案文书管理制度:制定使用、归档管理办法等。

五、工程监理企业的市场经营活动

1. 承揽监理业务

工程监理企业可以通过监理投标和建设单位直接委托两种方式承揽监理业务。但是,通过招标承揽监理业务的方式是最基本方式。因此,工程监理企业必须加强竞争意识,及时了解招标信息,正确做出投标策略,认真编写投标书,提高监理投标的中标率。在编写投标书时,要将监理大纲作为核心,根据监理招标文件的要求,针对建设单位委托的工程特点,认真分析,初步拟订监理工作方针,主要的管理措施、技术措施,拟投入的监理力量等,让监理大纲充分反映监理水平能够满足建设单位的需求。工程监理企业中标以后,与建设单位正式签订书面的工程监理委托合同。

2. 工程监理费计算

工程监理费是指建设单位依据委托监理合同支付给监理企业的监理酬金。它是构成概(预)算的一部分,在工程概(预)算中单独列支。建设工程监理费由监理直接成本、监理间接成本、税金和利润四部分构成。

(1)直接成本

它是指监理企业履行委托监理合同时所发生的成本。主要包括:

①监理人员和监理辅助人员的工资、奖金、津贴、补助、附加工资等。

②用于监理人员和辅助人员的其他专项开支,包括办公费、通信费、差旅费、书报费、文印费、会议费、医疗费、劳保费、保险费、休假探亲费等。

③用于监理工作的常规检测工(器)具、计算机等办公设施的购置费和其他仪器、机械的租赁费。

④其他费用。

(2)间接成本

它是指全部业务经营开支及非工程监理的特定开支。主要包括:

①管理人员、行政人员以及后勤人员的工资、奖金、补助和津贴。

②经营性业务开支,包括为招揽监理业务而发生的广告费、宣传费、有关合同的公证费等。

③办公费,包括办公用品、报刊、会议、文印、上下班交通费等。

④业务培训费,图书、资料购置费。

⑤公用设施使用费,包括办公使用的水、电、气、环卫、保安等费用。

⑥附加费,包括劳保统筹、医疗统筹、福利基金、工会经费、人身保险、住房公积金、特殊补助等。

⑦其他费用。

(3)税金

它是指按照国家规定,工程监理企业应缴纳的各种税金总额,如营业税、所得税、印花税等。

(4)利润

它是指工程监理企业的监理活动收入扣除直接成本、间接成本和各种税金后的余额。

监理费的计算方法通常有:按建设工程投资的百分比计算法、工资加一定比例的其他费用计算法、按时计算法和固定价格计算法 4 种。在实际中,常用百分比计算法计算监理费。

3. 工程监理企业市场经营活动准则

工程监理企业从事建设工程监理活动时,应当遵循"守法、诚信、公平、科学"的基本执业准则。对于监理企业来说,守法就是指遵守国家的法律法规方面的各项规定;诚信就是要加强企业的信用管理,提高企业的信用水平;公平是指工程监理企业在进行监理活动中,既要维护其委托人建设单位的利益,又不能损害承包人的合法利益,必须以合同为准绳,公平地处理建设单位和承包人之间的争议;科学是指工程监理企业必须依据科学的方案,运用科学的手段,采取科学的方法开展监理工作。

第五节 注册监理工程师

一、监理工程师的概念及其执业特点

监理工程师是指经全国监理工程师执业资格统一考试合格,取得监理工程师执业资格证书,并经注册从事建设工程监理活动的专业人员。

国际咨询工程师联合会(FIDIC)对从事工程咨询业务人员的职业地位和业务特点所做的说明是:"咨询工程师从事的是一份令人尊敬的职业,他仅按照委托人的最佳利益尽责,他在技术领域的地位等同于法律领域的律师和医疗领域的医生。他保持其行为相对于承包人和供应商的绝对独立性,不得从他们那里接受任何形式的好处,而使他决定的公平性受到影响或不利于他行使委托人赋予的职责。"这个说明同样适合我国的监理工程师。

工程监理的实践证明,没有专业技能的人不能从事监理工作;有一定专业技能,从事多年工程建设,具有丰富施工管理经验或工程设计经验的专业人员,如果没有学习过工程监理知识,也难以开展监理工作。随着人类社会的不断进步,社会分工更趋向于专业化。由于工程类别十分复杂,不仅土建工程需要监理,工业交通、设备安装工程也需要监理;更为重要的是,监理工程师在工程建设中担负着十分重要的经济和法律责任,所以,无论已经具备何种高级专业技术职称的人,或已具备何种执业资格的人员,如果不再学习建设监理知识,都无法从事工程监理工作。参加监理知识培训学习后,还要经过执业资格考试,取得监理工程师执业资格,并经注册后,方可从事监理工作。

在此还需指出,在工程建设中,从事工程监理工作,但尚未取得监理工程师注册证书的人员统称为监理员。在监理工作中,监理员与监理工程师的区别主要在于监理工程师具有相应岗位责任的签字权,而监理员则没有相应岗位责任的签字权。

二、监理工程师的素质与职业道德要求

1. 较高的专业学历和复合型的知识结构

由于工程监理的业务是为建设工程的科学管理服务,而这种服务涉及多学科、多专业的技术、经济、管理和合同、法律知识,因此,监理工程师的执业需要综合运用这些知识进行科学管

理,即监理工程师必须具有一专多能的复合型知识结构。“一专”主要是指监理工程师必须在某一专业技术领域具有精深的专业知识,是该专业技术领域方面的专家;“多能”是指具备复合型的知识结构,主要是指除了专业技术外,还具备经济、合同、管理和法律等多方面知识。

2. 丰富的工程建设实践经验

监理工程师的业务内容体现的是工程技术理论与工程管理理论的应用,具有很强的实践特点。因此,实践经验是监理工程师的重要素质之一。工程建设中的实践经验主要包括立项评估、工程勘测、规划设计、工程招标投标、工程设计及设计管理、工程施工及施工管理、工程监理、设备制造等方面的工作实践经验。据有关资料统计分析,工程建设中出现的失误,少数原因为责任心不强,多数原因是缺乏实践经验。实践经验丰富则可以减少或避免工作失误。

3. 健康的体魄和充沛的精力

尽管建设工程监理是一种高智能的技术服务,以脑力劳动为主,但是,也必须具有健康的身体和充沛的精力,才能胜任繁忙、严谨的监理工作。尤其在建设工程施工阶段,由于露天作业,工作条件艰苦,工期紧迫,业务繁忙,更需要有健康的身体,否则,难以胜任监理工作。我国对年满65周岁的监理工程师不再进行注册,主要就是考虑监理从业人员身体健康状况的适应能力而设定。

4. 良好的职业道德

在我国监理行业中,监理工程师一般应严格遵守如下职业道德守则:

(1)维护国家的荣誉和利益,按照“守法、诚信、公正、科学”的准则执业。

(2)努力学习专业技术和建设监理知识,不断提高业务能力和监理水平。

(3)不同时在两个或两个以上监理单位注册和从事监理活动,不在政府部门和施工、材料设备的生产供应等单位兼职。

(4)不以个人名义承揽监理业务。不为所监理项目指定承包人、建筑构配件、设备、材料生产厂家和施工方法。

(5)执行有关工程建设的法律、法规、标准、规范、规程和制度,履行监理合同规定的义务和职责。

(6)具有廉洁奉公、为人正直、办事公道的高尚情操,不泄露所监理工程各方认为需要保密的事项,不收受被监理单位的任何礼金。

(7)坚持独立自主地开展工作,能够听取不同方面的意见,冷静分析问题。

三、监理工程师的法律地位与法律责任

1. 监理工程师的法律地位

监理工程师的法律地位是由国家法律法规确定的,并建立在委托监理合同的基础上。这基于以下两点:第一,《中华人民共和国建筑法》明确提出国家推行工程监理制度,《建设工程质量管理条例》赋予监理工程师多项签字权,并明确规定了监理工作师的多项职责,从而使监理工程师执业有了明确的法律依据,确立了监理工程师作为专业人士的法律地位。第二,监理工程师的主要业务是受建设单位委托从事监理工作,其权利和义务在合同中有具体约定。监理工程师所具有的法律地位,决定了监理工程师在执业中一般应享有的权利和应履行的义务。根据原建设部第147号令《注册监理工程师管理规定》,注册监理工程师分别具有以下权利和

义务。

(1)注册监理工程师享有的权利

①使用注册监理工程师称谓。

②在规定范围内从事执业活动。

③依据本人能力从事相应的执业活动。

④保管和使用本人的注册证书和执业印章。

⑤对本人执业活动进行解释和辩护。

⑥接受继续教育。

⑦获得相应的劳动报酬。

⑧对侵犯本人权利的行为进行申诉。

(2)注册监理工程师应当履行的义务

①遵守法律、法规和有关管理规定。

②履行管理职责,执行技术标准、规范和规程。

③保证执业活动成果的质量,并承担相应责任。

④接受继续教育,努力提高执业水准。

⑤在本人执业活动所形成的工程监理文件上签字、加盖执业印章。

⑥保守在执业中知悉的国家秘密和他人的商业、技术秘密。

⑦不得涂改、倒卖、出租、出借或者以其他形式非法转让注册证书或者执业印章。

⑧不得同时在两个或者两个以上单位受聘或者执业。

⑨在规定的执业范围和聘用单位业务范围内从事执业活动。

⑩协助注册管理机构完成相关工作。

2. 监理工程师的法律责任

监理工程师的法律责任与其法律地位密切相关,同样是建立在法律法规和委托监理合同的基础上。因而,监理工程师法律责任的表现行为主要有两方面:一是违反法律法规的行为,二是违反合同约定的行为。

(1)违法行为

现行法律法规对监理工程师的法律责任专门做出了具体规定。例如,《中华人民共和国建筑法》第35条规定:"工程监理单位不按照委托监理合同的约定履行监理义务,对应当监督检查的项目不检查或者不按照规定检查,给建设单位造成损失的,应当承担相应的赔偿责任"。《中华人民共和国刑法》第137条规定:"建设单位、设计单位、施工单位、工程监理单位违反国家规定,降低工程质量标准,造成重大安全事故的,对直接责任人员,处五年以下有期徒刑或者拘役,并处罚金;后果特别严重的,处五年以上十年以下有期徒刑,并处罚金"。

《建设工程质量管理条例》第36条规定:"工程监理单位应当依照法律、法规以及有关技术标准、设计文件和建设工程承包合同,代表建设单位对施工质量实施监理并对施工质量承担监理责任"。

这些规定能够有效地规范、指导监理工程师的执业行为,提高监理工程师的法律责任意识,引导监理工程师公正守法地开展监理业务。

(2)违约行为

监理工程师一般主要受聘于工程监理企业,从事工程监理业务。工程监理企业是订立委托监理合同的当事人,是法定意义的合同主体。但委托监理合同在具体履行时,是由监理工程师代表监理企业来实现的,因此,如果监理工程师出现工作过失,违反了合同约定,其行为将被视为监理企业违约,由监理企业承担相应的违约责任。当然,监理企业在承担违约赔偿责任后,有权在企业内部向有相应过失行为的监理工程师追偿部分损失。所以,由监理工程师个人过失引发的合同违约行为,监理工程师应当与监理企业承担一定的连带责任。其连带责任的基础是监理企业与监理工程师签订的聘用协议或责任保证书,或监理企业法定代表人对监理工程师签发的授权委托书。一般来说,授权委托书应包含职权范围和相应责任条款。

(3)监理工程师违规行为的处罚

①隐瞒有关情况或者提供虚假材料申请注册的,建设主管部门不予受理或者不予注册,并给予警告,一年之内不得再次申请注册。

②以欺骗、贿赂等不正当手段取得注册证书的,由国务院建设行政主管部门撤销其注册,三年内不得再次申请注册,并由县级以上地方人民政府建设行政主管部门处以罚款,其中没有违法所得的,处以 1 万元以下罚款,有违法所得的,处以违法所得 3 倍以下且不超过 3 万元的罚款;构成犯罪的,依法追究刑事责任。

③未经注册,擅自以注册监理工程师的名义从事工程监理及相关业务活动的,由县级以上地方人民政府建设行政主管部门给予警告,责令停止违法行为,处以 3 万元以下罚款;造成损失的,依法承担赔偿责任。

④未办理变更注册仍执业的,由县级以上地方人民政府建设行政主管部门给予警告,责令限期改正;逾期不改的,可处以 5 000 元以下的罚款。

⑤注册监理工程师在执业活动中有下列行为之一的,由县级以上地方人民政府建设行政主管部门给予警告,责令其改正,没有违法所得的,处以 1 万元以下罚款,有违法所得的,处以违法所得 3 倍以下且不超过 3 万元的罚款;造成损失的,依法承担赔偿责任;构成犯罪的,依法追究刑事责任:

a. 以个人名义承接业务的;

b. 涂改、倒卖、出租、出借或者以其他形式非法转让注册证书或者执业印章的;

c. 泄露执业中应当保守的秘密并造成严重后果的;

d. 超出规定执业范围或者聘用单位业务范围从事执业活动的;

e. 弄虚作假提供执业活动成果的;

f. 同时受聘于两个或者两个以上的单位,从事执业活动的;

四、监理工程师的执业资格管理

1. 监理工程师执业资格考试制度

执业资格是政府对某些责任较大、社会通用性强、关系公共利益的专业技术工作实行的市场准入控制,是专业技术人员依法独立开展或独立从事某种专业技术工作所必备的学识、技术和能力标准。我国按照有利于国家经济发展、得到社会公认、具有国际可比性、事关社会公共利益四项原则,在涉及国家、人民生命财产安全的专业技术工作领域,实行专业技术人员执业资格制度。

执业资格一般要通过考试方式取得,这体现了执业资格制度公开、公平、公正的原则。监理工程师资格是中华人民共和国成立以来在工程建设领域首批设立的执业资格。

实行监理工程师执业资格考试制度的意义在于:有利于促进监理人员努力钻研监理业务,提高业务水平;有利于统一监理工程师的业务能力标准;有利于公正地确定监理人员是否具备监理工程师的资格;有利于合理建立工程监理人才库;便于同国际接轨,开拓国际工程监理市场。

2. 监理工程师注册管理

监理工程师注册制度是政府对监理从业人员实行市场准入控制的有效手段。监理人员经注册,即表明获得了政府对其以监理工程师名义从业的行政许可,因而具有相应工作岗位的责任和权力。仅取得监理工程师执业资格证书,没有取得监理工程师注册证书的人员,则不具备这些权力,也不承担相应的责任。

监理工程师的注册,根据注册内容的不同分为三种形式,即初始注册、续期注册和变更注册。按照我国有关法规规定,监理工程师只能在一家企业、按照专业类别注册。

(1)初始注册:经考试合格,取得监理工程师执业资格证书的,可以申请监理工程师初始注册。

(2)续期注册:监理工程师初始注册有效期一般为两年,注册有效期满要求继续执业的,需要办理续期注册。

(3)变更注册:监理工程师注册后,如果注册内容发生变更,应当向原注册机构办理变更注册。

3. 监理工程师的继续教育

注册后的监理工程师应随着时代的进步不断更新知识,扩大其知识面,学习新的理论知识、政策法规,了解新技术、新工艺、新材料、新设备,这样才能不断提高执业能力和工作水平,以适应建设事业发展及监理实务的需要。因此,注册监理工程师每年都要接受一定学时的继续教育。继续教育可采取多种不同的方式,如脱产学习、集中授课、参加研讨会(班)、撰写专业论文等,继续教育的内容应紧密结合业务内容,逐年更新。

第六节　工程监理的相关学科与发展趋势

一、工程监理的理论基础与相关学科

1988 年我国建立建设工程监理制之初就已确定,我国的建设工程监理是专业化、社会化的建设单位项目管理,所依据的基本理论和方法来自建设项目管理学。建设项目管理学,又称工程项目管理学,是以组织论、控制论和管理学作为理论基础,结合建设工程项目和建筑市场的特点而形成的一门新兴学科。研究的范围包括管理思想、管理体制、管理组织、管理方法和管理手段。研究的对象是建设工程项目管理总目标的有效控制,包括对费用(投资)目标、时间(工期)目标和质量目标的控制。我国监理工程师培训教材就是以建设项目管理学的理论为指导编写的,并尽可能及时地反映建设项目管理学的最新发展,例如,本书就新增了建设工程风险管理和建设工程组织管理新型模式的内容。因此。从管理理论和方法的角度看,建设工程监理与国外通称的建设项目管理是一致的,这也是我国的建设工程监理很容易为国外同

行理解和接受的原因。需要说明的是,我国提出建设工程监理制构想时,还充分考虑了FIDIC合同条件。20世纪80年代中期,在我国接受世界银行贷款的建设工程上普遍采用了FIDIC土木工程施工合同条件,这些建设工程的实施效果都很好,受到有关各方的重视。而FIDIC合同条件中对工程师作为独立、公正的第三方的要求及其对工程建设单位严格、细致的监督和检查被认为起到了重要的作用,因此,在我国建设工程监理制中也吸收了FIDIC条件中对工程监理企业和监理工程师独立、公正的要求,以保证在维护建设单位利益的同时,不损害承建单位的合法权益。同时,强调了对承建单位施工过程和施工工序的监督、检查和验收。

理论来自于实践,理论又指导实践。作为监理工程师应当了解建设工程监理的基本理论和方法,熟悉和掌握有关的FIDIC合同条件。

随着监理制度在我国深入发展,对从事这项工作的监理人员不仅要求具备深厚的工程专业技术知识,还要求具有一定的经济管理知识。根据这两类知识的特点,监理工程师的培养应先进行专业技术知识的教育,然后进行相关学科的学习。相关学科有经济、管理、法律、外语等,其主要内容见表1-3。

工程建设监理的相关学科 表1-3

学科类别	主要课程
管理	工程建设项目监理学、组织论、建设项目投资控制、建设项目质量控制、建设项目进度控制、管理信息系统建立与使用、计算机辅助管理等
经济	政治经济学、投资学、技术经济学、可行性研究和技术方案比较方法、工程概预算编制与审核
法律	合同法、民法通则、建设市场管理、工程招投标、工程合同管理等
国际合同条例	国际土木工程承包合同条例、建设单位与设计单位合同条例、建设单位与项目管理国际合同条例、咨询单位合同条例、英语等

二、建设工程监理的发展趋势

从1988年我国开始进行监理试点以来,我国的建设工程监理已经取得了有目共睹的成绩,并且已为社会各界所认同和接受,但是应当承认,目前建设工程监理仍处在发展的初期阶段,与发达国家相比还存在很大的差距,无论从服务的内容、范围和水平,都有待进一步发展。

1.加强法制建设,走法制化的道路

虽然我国颁布的法律法规中有关建设工程监理的条款不少,部门规章和地方性法规的数量亦多,这充分反映了建设工程监理的法律地位,但从加入WTO(世界贸易组织)的角度看,相关法制建设还比较薄弱,突出表现在市场规则和市场机制方面。市场规则特别是市场竞争规则和市场交易规则还不健全。市场机制,包括信用机制、价格形成机制、风险防范机制、仲裁机制等尚未形成。应当在总结经验的基础上,借鉴国际上通行的做法,逐步建立和健全。只有这样,才能使我国的建设工程监理走上有法可依、有法必依的轨道,才能适应加入WTO后的新形势。

2.由单纯的施工监理向全方位、全过程监理发展

我国实行建设工程监理只有近三十年的时间,目前仍然以施工阶段监理为主。造成这种状况既有体制、认识上的原因,也有建设单位需求和监理企业素质技能等原因。但是应当看到,随着项目法人责任制的不断完善,以及民营企业和私人投资项目的大量增加,建设单位将

对工程投资效益愈加重视,工程前期决策阶段的监理将日益增多。从发展趋势看,代表建设单位进行全方位、全过程的工程项目管理,将是我国工程监理行业发展的趋向。当前,应当按照市场需求多样化的规律,积极扩展监理服务内容。要从现阶段以施工监理为主,向全过程、全方位监理发展,即不仅要进行施工阶段质量、投资和进度控制,做好合同管理、信息管理和组织协调工作,而且要进行决策阶段和设计阶段的监理。只有实施全方位、全过程监理,才能更好地发挥建设工程监理的作用。

3. 工程监理企业结构向多层次发展

在市场经济条件下,任何企业的发展都必须与市场需求相适应,工程监理企业的发展也不例外。建设单位对建设工程监理的需求是多种多样的,工程监理企业所能提供的"供给"(即监理服务)也应当是多种多样的。前文所述建设工程监理应当向全方位、全过程监理发展,是从建设工程监理整个行业而言,并不意味着所有的工程监理企业都应朝这个方向发展。因此,应当通过市场机制和必要的行业政策引导,在工程监理行业逐渐建立起综合性监理企业与专业性监理企业相结合,大、中、小型监理企业相结合的合理的企业结构。按工作内容分,建立起能承担全过程、全方位监理任务的综合性监理企业与能承担某一专业监理任务(如招标代理、工程造价咨询)的监理企业相结合的企业结构。按工作阶段分,建立起能承担工程建设全过程监理的大型监理企业与能承担某一阶段工程监理任务的中型监理企业和只提供旁站监理劳务的小型监理企业相结合的企业结构。这样,既能满足建设单位的各种需求,又能使各类监理企业各得其所,都能有合理的生存和发展空间。一般来说,大型、综合素质较高的监理企业应当向综合监理方向发展,而中小型监理企业则应当逐渐形成自己的专业特色。

4. 监理工程师的业务水平向高层次发展

从全方位、全过程监理的要求来看,我国建设工程监理从业人员的素质还不能与之相适应,工程建设领域的新技术、新工艺、新材料层出不穷,工程技术标准、规范、规程也时有更新,信息技术日新月异,都要求建设工程监理从业人员与时俱进,不断提高自身的业务素质和职业道德素质,这样才能为建设单位提供优质服务。从业人员的素质是整个工程监理行业发展的基础。只有培养出大批高素质的监理人员,才可能形成相当数量的高素质的工程监理企业,才能形成一批信誉度高、有品牌效应的工程监理企业,才能提高我国建设工程监理的总体水平及其效果,才能推动建设工程监理事业更好更快地发展。

5. 与国际管理接轨,工程监理向国际化发展

我国的建设工程监理虽然形成了一定的特点,但在一些方面与国际惯例还有所差异。我国已加入 WTO,如果不尽快改变这种状况,将不利于我国建设工程监理事业的发展。前面说到的几点,都是与国际惯例接轨的重要内容,但仅仅在某些方面与国际惯例接轨是不够的,必须在建设工程监理领域多方面与国际惯例接轨。为此,应当认真学习和研究国际上被普遍接受的规则,做到学以致用。

与国际惯例接轨可使我国的工程监理企业与国外同行按照同一规则同台竞争,这既可表现在国外项目管理公司进入我国后与我国工程监理企业之间的竞争,也可表现在我国工程监理企业走向世界,与国外同类企业之间的竞争。要在竞争中取胜,除有实力、业绩、信誉之外,还应掌握国际上通行的规则。我国的监理工程师和工程监理企业应当做好充分准备,不仅要迎接国外同行进入我国后的竞争挑战,而且也要把握进入国际市场的机遇,敢于

到国际市场与国外同行竞争。在这方面，大型、综合素质较高的工程监理企业应当率先采取行动。

复习思考题

1. 何谓工程监理？
2. 工程建设中建设单位、监理单位、承建单位之间是什么样的关系？
3. 建设工程监理的前提是什么？
4. 建设工程监理的依据有哪些？
5. 如何理解建设工程监理的范围？
6. 如何理解工程监理的性质？
7. 我国的建设程序是如何划分的？
8. 建设程序与建设工程监理的关系如何？
9. 我国主要工程建设工程管理制度有哪些？
10. 工程监理企业的资质是如何划分的？
11. 如何进行监理工程师注册？
12. 建设工程监理的有哪些发展趋势？

第二章

工程建设监理的原理与方法

第一节　工程项目组织管理的基本模式

一、工程项目管理概述

1. 公路工程项目

项目为一个具有规定开始和结束时间的任务,它需要使用一种或多种资源,具有许多个为完成该任务所必须完成的互相独立、互相联系、互相依赖的活动。项目的种类按其最终成果划分,有建设项目、科研开发项目、航天项目及维修项目等。

建设项目是指需要一定量的投资,经过决策和实施(设计、施工等)的一系列程序,在一定的约束条件下以形成固定资产为明确目标的一次性活动。既有基本建设项目(新建、扩建等扩大生产能力的建设项目),又有技术改造项目(以节约、增加产品品种,提高质量,治理"三废",劳动安全为主要目的的项目)。

基本建设项目一般应具有下列特征:

(1)具有明确的建设任务。如建设一条高速公路。

(2)具有明确的进度、质量、费用、安全和环保目标。

(3)具有一次性和不可逆性。表现为投资建设地点一次性固定,建成后不可移动;设计的单一性,施工的单件性;工程建设与一般商品生产不同,不是批量生产;工程项目(尤其是公路项目)建设一旦完成,一般不可能改变用途。

(4)投资巨大,建设周期长,投资回收期长,工程寿命周期长,其质量优劣影响面大,作用时间长。

(5)风险大。由于工程项目建设是一次性的,建设过程中各种不确定性因素很多,因此投资的风险性很大。

(6)项目的内部结构存在许多结合部,是项目管理的薄弱环节,给参加建设的各单位之间的沟通、协调造成许多困难,这也是工程实施中容易出现事故和质量问题的地方。

公路工程项目也称为公路基本建设项目。公路工程项目除具有一般建设项目的特性外,其固有的技术经济特点有别于其他的工程项目,主要特点如下:

(1)公路工程项目一般属于线形工程,一个公路项目其建设路段少则几公里,多则数十公里、数百公里,路线跨越山川、河谷,所经路段难以完全避免不良地质地段。由于公路路线所经路段地质特性多变,使得公路路基施工复杂、多变性凸现,结构物施工也因地质条件的不确定性经常导致设计变更、工期延长,使进度控制、质量控制、投资控制难度加大。

(2)公路工程项目构成复杂。公路工程项目的单位工程包括:路基土石方工程、路面工程、桥梁工程、隧道工程、互通立交工程、沿线设施及交通工程、绿化工程等。各单位工程中工程内容差异很大,如桥梁工程,随不同的桥型,施工技术差异大,这决定了公路工程项目管理的技术复杂性和综合性。

(3)公路工程项目规模庞大,施工过程多,工作面有限,决定了其工期长,高速公路的施工工期通常在2~5年。工期长意味着在工程建设中面临着更多的不确定性,承担着更大的风险。

(4)公路工程项目建设投资大。2014年批复的四车道高速公路平均造价约7 700万元/km。工程建设巨大的资金需求能否及时到位是保障工程按期完工的前提。是否具有巨大的资金投入对于决定投资活动的成功与否关系重大。为了保证其建设的实现,更要求高质量的工程管理,以确保项目的工期、投资和质量目标的实现。

2.公路工程项目管理

(1)项目管理的概念

项目管理是为使项目取得成功(实现所要求的质量、所规定的时限、所批准的费用预算)所进行的全过程、全方位的规划、组织、控制与协调。需要特别指出的是,项目的一次性要求项目管理的程序性、全面性和科学性,主要是用系统工程的观念、理论和方法进行管理。项目管理的目标就是项目的目标。该目标界定了项目管理的主要内容,那就是"五控制、二管理、一协调",即进度控制、质量控制、费用控制、安全控制、环保控制、合同管理、信息管理和组织协调。

工程项目管理是指在工程项目的生命周期内,用系统工程的理论、观点和方法,进行有效的规划、决策、组织、协调、控制等系统性的、科学性的管理活动,从而按工程项目既定的质量、工期、投资额、限定的资源和环境条件圆满地实现工程项目建设目标。

所谓公路工程施工项目管理,是指在公路项目建设中,施工企业利用工程项目管理的原理、方法、手段,针对公路工程项目施工活动的特点,对公路项目施工的全过程、全方位进行科学管理和全面控制,最优地实现公路项目施工的成本目标、工期目标及质量目标。

(2)项目管理的发展与应用

项目管理是“第二次世界大战”后期发展起来的重大新管理技术之一,最早起源于美国。有代表性的项目管理技术如关键线路法(CPM)和计划评审技术(PERT),它们是两种独立发展起来的技术。其中,CPM是美国杜邦公司和兰德公司于1957年联合研究提出的,它假设每项活动的作业时间是确定值,重点在于费用和成本的控制;PERT是在1957年,由美国海军特种计划局和洛克希德航空公司在规划和研究在核潜艇上发射“北极星”导弹的计划中首先提出的,与CPM不同的是,PERT中作业时间是不确定的,是用概率的方法进行估计的估算值,另外它也不十分关心项目费用和成本,重点在于时间控制,被主要用于含有大量不确定因素的大规模开发研究项目。

20世纪60年代,美国、法国等欧美国家开始建设大型、特大型工程,因为其技术复杂、规模大,对项目建设的组织和管理提出了更高的要求,迫使人们重视项目的管理工作,项目管理的应用开始发展起来。

我国是在20世纪80年代初期开始学习、研究与应用项目管理技术的。早期的主要精力集中在项目的前期准备工作上,突出表现为对项目可行性研究工作的重视。我国公路建设开展项目管理是在20世纪80年代中期随着高等级公路的发展而兴起的,因为高等级公路建设的特点是规模大,技术复杂,涉及设计、监理、咨询、施工等多方面的工作。公路建设点多、线长、面广,与沿线地方政府、工矿企业乃至村民关系密切,建设环境十分复杂,对公路建设项目的管理技术提出了一些新的要求。通过三十几年的实践,我国公路建设项目管理达到了一定的水准,也取得了许多成绩,从事项目管理的工程技术人员开始逐渐熟悉项目管理的有关程序和方法,并对国外项目管理理论有了一定的了解,在一定范围内得到了较好的运用。

二、工程项目管理的内容、方法

1.工程项目管理的内容

广义工程项目管理的内容是指工程项目生命周期内的所有活动的管理问题。工程项目建设的前期决策阶段的管理主要有:投资意向的确定、项目立项、预可行性研究及决策、可行性及决策。实施阶段的管理主要包括:设计管理、工程招投标管理、施工控制及管理、工程交竣工管理、缺陷责任期的管理。使用期的管理有:营运中的维护管理、项目后评估等。

公路工程项目管理包括如下内容:

(1)确定项目建设意图。

(2)调查研究,如交通量调查,工程地质、水文地质勘查,地形测量,科学研究,工程和工艺技术研究试验,地震、气象、环境保护资料收集及各类建筑材料供应调查等。

(3)路线走向及主要控制点的确定。

(4)公路项目可行性研究,包括预可行性研究和工程可行性研究两个阶段,在技术、经济和生产力布局上对公路工程项目进行可行性论证,并经多方案比较,推荐最佳方案,为投资决策和进一步编制设计任务书提供依据。

(5)投资决策和资金筹措。

(6)编制项目建设规划。

(7)编制设计任务书。

(8)评选方案和设计招标。

(9)进行项目设计和审批,包括初步设计、施工图设计。

(10)工程项目施工。

(11)项目竣工验收、交付使用和后评价。

狭义工程项目管理的内容指工程项目实施阶段的管理,主要包括设计管理、施工管理,以及参与以上过程管理的建设单位、施工企业、工程咨询单位、原材料及设备供应商等各方面。本部分内容着重结合公路工程项目施工阶段管理的内容,从建设单位、监理工程师、承包人等参与工程建设各方的角度介绍工程项目管理的内容。

2. 工程项目管理的方法

工程项目管理的任务可以概括为最优地实现项目的质量、投资、工期三大目标,也就是有效地利用有限的资源,用尽可能少的费用、尽可能快的速度和优良的工程质量建成工程项目,使其实现预定的功能。工程项目建设不同阶段具有不同的阶段目标。阶段性目标服从和受控于项目总目标,并影响总目标的实现。工程项目管理者的任务就是在一定的约束条件下,有效地组织人力、物力、财力去逐一实现阶段目标,进而保证总目标的实现。

工程项目管理的任务,主要有以下 7 个方面:

(1)建立工程项目管理组织

包括建立工程项目管理组织机构,制订项目管理制度,明确各方面的关系及责任、权限和义务,选择设计施工单位,组织图纸、材料和劳务供应等。

(2)合同工作

包括签订工程项目总承包合同、委托设计合同、施工总承包合同与专业分包合同,以及合同文件的准备、合同谈判、修改、签订和合同执行过程中的管理等工作。

(3)进行工程项目管理规划

工程项目管理规划是对工程项目管理组织、内容、步骤、重点进行预测和决策,做出具体安排的纲领性文件。包括确定阶段性目标,建立管理工作体系,绘制管理工作体系图和管理工作信息流程图等。

(4)进度目标控制

包括设计、施工进度、材料设备供应及满足各种需要的进度计划的编制和检查,施工方案的制定与实施,以及设计、施工、总分包各方面计划的协调等,须经常性地对计划进度与实际进度进行比较,并及时地调整计划。

(5)质量目标控制

包括提出各项工作质量要求对设计质量、施工质量、材料和设备的质量监督、验收工作,以及处理质量问题。

(6)费用目标控制及财务管理

包括编制概预算、费用计划,确定设计费和工程价款,对成本进行预测预控,进行成本核算,处理索赔事项和做出工程决算等。

(7)信息管理

明确参与项目的各单位以及本单位内部的信息流,相互间信息传递的形式、时间和内容;确定信息收集和处理的方法、手段。

工程项目管理任务的核心问题是控制,工程项目管理组织的建立,合同管理和信息管理的实施,都是为了进行有效的控制,确保工程项目目标的实现,即质量好、工期短、投资少。

以上7个方面的工作,其管理过程由4个基本环节组成。这4个环节就是管理职能的具体化,体现如下:

(1)确定目标

管理者首先要在规定的总目标下,确定某一方面的目标和这方面工作的各阶段目标。如质量目标,要先确定工程质量的总目标,然后确定不同阶段的质量目标,如决策阶段、设计阶段、施工阶段、竣工验收阶段等的目标。施工阶段又可分为路基工程、路面工程、桥涵工程、隧道工程、路线交叉(如互通工程)阶段等,每个阶段都要确定目标要求或质量标准。

(2)制定方案和措施

明确目标之后,就要提出达到目标的多种方案,并对各种方案进行评审,分析其长处和短处,然后确定实现目标的最佳方案,在此基础上提出具体措施。

(3)实施方案

将选定的方案付诸实施。

(4)跟踪检查

即检查决策方案的执行情况。如果未被执行或执行的效果不理想,则应查明干扰因素来自何处,如果问题明确,则又回到确定目标上去,开始新的一轮循环。

第二节　公路工程项目监理人员的配备

一、监理机构

在项目现场设立的履行监理职责的组织,包括总监理工程师办公室(简称总监办)及驻地监理工程师办公室(简称驻地办)。

监理机构设置应符合下列规定:

(1)公路工程项目监理均应设总监办,100km以上的高速公路、一级公路工程可设驻地办。当不设驻地办时,总监办应同时履行相关规范规定的驻地办职责。

(2)监理机构内部的组织和规模可根据工程特点和规模等因素确定。

(3)监理机构完成监理合同约定的任务后可撤离现场。

二、监理人员的分工及岗位职责

监理工程师及监理人员是工程监理的主体,岗位不同,其知识结构要求亦不相同,其配备的人员应满足工程监理的需要。合理地配备高素质的监理人员,对于工程监理的实施是十分重要的。

监理人员是指从事工程监理工作的专业人员。按监理机构设置岗位分为总监理工程师及其代表、驻地监理工程师、专业监理工程师、监理员和行政文秘人员。各岗位的监理人员均需在总监理工程师的统一领导下开展工作,既分工负责,又相互配合。

1. 总监理工程师及总监办的主要职责

(1)确定监理机构岗位职责及人员,建立工地试验室。

(2)主持编制监理计划,审批监理细则。

(3)主持召开第一次工地会议、监理交底会。

(4)审批施工组织设计及总体进度计划,审验主要原材料和混合料。

(5)签发工程开工令、支付证书、单位工程和合同段的停工令及复工令。

(6)组织检查施工单位质量、安全和环保等管理体系的建立及运行情况。

(7)审查交工验收申请,评定工程质量,参加交、竣工验收。

(8)审核工程分包、工程变更、工程延期和费用索赔等。

(9)参与或配合工程质量、安全事故的调查和处理。

(10)组织编写监理月报和监理工作报告,编制监理竣工资料。

(11)提供建设单位委托的其他工程管理咨询服务。

2. 驻地监理工程师及驻地办的职责

(1)主持编制监理细则。

(2)主持召开工地会议。

(3)审批月进度计划,审查一般原材料和混合料。

(4)审批分部分项工程开工申请,签发分部分项工程停工令及复工令。

(5)核查施工单位测量、施工放线成果并进行复测。

(6)采取巡视、旁站、抽检和验收等方式,检查施工质量、安全和环保等情况。

(7)组织分项工程(中间)交工质量检验评定,进行分部工程质量评定。

(8)核算工程量清单,对已完工程进行计量。

(9)组织填写监理日志,编写监理工作报告,归集监理资料。

3. 专业监理工程师的职责

(1)熟悉合同条款和本专业的技术标准、规范、规程、图纸及其变更或特殊要求,并予以落实和实施。

(2)严格施工现场监理,对施工现场进行有效的质量控制,对工程的重要环节或关键部位实施全过程的现场察看监理。

(3)参加审查承包人的施工进度计划和施工方案,并督促检查其执行情况。

(4)监督检查承包人的各项试验、测量工作,复核所有试验、测量记录,认定并留下痕迹。

(5)初审承包人提交的各种资料和表格,核实承包人提交的工程计量表,提出审查意见。

(6)执行监理细则,做好监理日志和填好各种监理图表。

(7)复核承包人提出的延期和索赔申请的依据、期限和费用计算,并提出复核意见。

(8)办理驻地监理工程师、上级机构的专业监理工程师交办的其他工作。

三、监理工程师及监理人员的知识结构

监理工程师的业务内容和其在工程建设中的重要地位决定了他必须具有比一般工程师更高的素质。首先,因为监理工程师要向建设单位提供工程建设的技术咨询服务,应能够发现和解决工程设计单位、施工单位不能发现和不能解决的复杂技术问题。因此,必须具有高于一般专业技术人员的专业技术知识和工作经验。其次,监理工程师要向建设单位提供工程建设管

理咨询服务,因此,必须具有一定的管理知识和管理经验。第三,监理工程师要协助建设单位编标、招标和评标,进行工程建设合同实施的监督与管理,因此,必须具备合同管理的知识和经验,懂得经济管理。第四,监理工程师是工程承发包人之间的纠纷调解人,因此必须懂得法律。

总之,监理工程师的知识结构应包括4个方面,即专业技术、施工管理、经济知识和法律法规。

(1)技术:主要是指建筑、结构、水电、机械等工程技术。一个人不可能掌握上述全部技术,但具备某一方面的工程技术知识是必要的。

(2)管理:主要是指项目管理。在国际上,项目管理是一门学科,简称PM。监理工程师要掌握现代化的管理方法和手段,如网络计划技术,投资控制、进度控制、质量控制的方法,计算机辅助管理技术等。

(3)经济:主要是指技术经济知识,能进行技术方案的经济比较。另外,还应掌握可行性研究的方法,概预算的编制与审核等。

(4)法律、法规知识:监理工程师所需的法律知识主要是《中华人民共和国合同法》《中华人民共和国仲裁法》,以及相关监理法规等,另外,监理工程师必须了解国际上三个FIDIC的主要条例。这三个FIDIC条例分别是:①建设单位和承包人合同条例,称作国际土木工程承包合同条例;②建设单位与设计单位的合同条例;③建设单位与项目管理咨询机构的合同条例。

另外,从事国际工程和我国各类涉外工程监理咨询业务时,还必须具有较高的专业外语知识以及国际金融贸易、技术经济合作等方面的知识。

除上述的基本知识要求外,监理工程师还必须具有相关的工作经历,可以是技术方面,也可以是管理、经济等方面。具有较为丰富的实践经验,这也是监理工程师素质要求之一。

监理人员的配备以照顾各个主要工作面、各种专业技术和年龄结构适中、能够实施有效监控为原则。既要有基础理论知识扎实、技术水平高、有丰富的施工经验及设计和试验知识的高级监理人员,也要有相当专业技术水平、施工及监理经验和善于进行监督管理的中级人员,还要有能在关键工序进行全过程旁站监视的现场监理人员及辅助管理人员,构成一个专业配套合理、精明能干的监理组织,以保证高效地完成监理任务。

四、监理人员配备的依据

监理机构中监理人员的数量和结构,由监理工程的类别、规模、技术复杂程度、施工工期计划安排等并参照交通运输部颁发的《公路工程施工监理规范》(JTG G10—2016)中有关指导性规定进行确定,监理人员数量可按各阶段特点进行调整,详细安排应在施工监理服务合同中写明。

监理人员的数量要满足工程项目进行质量、进度、费用监理和合同管理的需要,按每年计划完成的投资额或按公路工程里程测算确定。一般每年每7 500万元建安费宜配备监理人员一名,根据工程特点和实际需要,可在0.8~1.2的系数范围内调整,其中监理工程师数量不宜少于20%。对于高速公路机电工程,每50km系统宜配备2名监理人员,其中监理工程师数量不宜少于40%,根据工程情况如遇机电内容较多时可适当增加。

总监办应配备1名总监理工程师和若干名专业监理工程师。驻地办应配备1名驻地监理工程师和1~2名副驻地监理工程师及若干名专业监理工程师。

五、监理工程师的职业道德和纪律

道德既是一种行为准则，又是一种善恶标准。既表现为道德心理和意识现象，又表现为道德行为和活动现象，同时还表现为一定的道德原则和规范现象。纪律是应遵守的行为标准。

社会各行各业都有自己的道德规范，这些道德规范是由职业特点决定的。如教师要有教书育人的职业道德，律师要有公开维护真理的道德，医生要有救死扶伤的高尚道德。这些道德规范除形成道德观念舆论外，一般都由行为团体制定准则，因此必须遵守，否则将受到行业内的制裁和社会的谴责。

监理工程师与教师、律师、医生等职业一样属于高度知识型的职业，必须具有高尚的品德，真正做到严格监理、热情服务、秉公办事、一丝不苟，不辜负社会的信赖。我国公路工程监理工程师应具备的职业道德和纪律主要有：

(1)热爱监理工作，忠于职守，认真负责，不拈轻怕重，不推卸责任，具有对建设单位和工程项目的高度责任感。

(2)严格按照工程合同(包括合同协议书、合同条件、技术规范等)来实施对工程的监理。既要保护建设单位利益，又要公正对待承包人。

(3)模范遵守国家以及地方的各种法律、法规和规定，并保护建设单位的正当权益。

(4)廉洁奉公，不得索要、借用、接受承包人或有公务往来单位、个人的钱物(包括现金、有价证券等)。

第三节 工程项目目标系统与控制原理

监理工程师在施工阶段的中心任务就是进行项目的目标控制。项目的目标控制是一个系统工程。首先要建立控制系统，明确控制的组织机构和控制人员以及控制目标；其次要确定控制程序及控制方法。

一、工程项目监理目标

所谓工程项目监理，从其外延来说，就是指对工程项目的建设管理。从其内涵来说，项目的建设管理是一项有组织、有目的活动，必须要进行目标控制。所以，工程监理的任务就是在工程的实施过程中，采取必要的措施，有效地进行目标控制，保证目标尽可能好地实现。反过来说，工程监理的实施必须要有目标和目标值，没有目标就无目的、无方向，没有目标值就没法去比较和度量，也就无法进行监理。

工程费用最低、进度最快、质量最好、安全、环保是工程监理的总目标。为了更好、更有效地控制总目标，将总目标分解成五个分目标，即工程的费用目标、工程的进度目标、工程的质量目标、安全目标、环保目标。如果五大目标都实现了，工程总目标也就实现了。

二、工程监理的目标控制原理

1. 目标控制的基本理论

项目目标控制是一项系统工程。所谓目标控制，就是按照计划、目标及标准，利用组织系统,对项目全过程的各个环节进行跟踪检查,发现目标偏离,采取有效手段进行纠正偏差,保证协调地实现总目标。

控制有两种类型,即主动控制和被动控制。

(1)主动控制

主动控制是指在项目实施前,预先分析目标偏离的影响因素和发生偏离的可能性,并拟定和采取各种预防性措施,以使计划目标得以实现。主动控制强调的是主动性,是一种事前控制,它是在偏差发生之前就采取控制措施,可以解决传统控制过程中存在的时滞影响,尽最大可能改变偏差已成为事实的被动局面,从而使控制更为有效。

(2)被动控制

被动控制是指在项目按计划运行时,管理人员在对计划的实施进行跟踪检查中发现目标已经偏离,分析产生目标偏离的原因,采取有效措施纠正偏差。

2.动态控制原理

项目目标控制是一种动态控制,目标的动态控制是一个有限的循环过程,贯穿于工程项目实施阶段的全过程。动态控制中的三大要素是目标计划值、目标实际值和纠偏措施。具体个步骤如下:

(1)项目目标动态控制的准备工作。

将项目的目标分解,以确定用于目标控制的计划值。

(2)对项目目标进行动态跟踪和控制。

①收集项目目标的实际值,如工程施工的质量状况。

②定期进行项目目标的计划值与实际值的比较。

③通过项目目标的计划值与实际值的比较,如发现有偏差,则采取措施进行纠偏。

(3)如经分析发现,原计划目标无法实现,则进行项目目标的调整。

三、工程施工监理三大目标之间的关系

工程监理的总目标分解成五个分目标加以控制,施工阶段的监理则分为三个控制目标。三个控制目标分别为施工费用目标、施工进度目标和施工质量目标。合同管理、信息管理和全面的组织协调是实现费用、进度、质量目标所必须运用的控制手段和措施。

费用、进度和质量目标是处于总目标这个统一的目标系统之中,但是在控制某一个目标时,又往往对另一个目标会产生影响,有时相互之间是矛盾的,有时相互之间又是统一的。所以说,工程项目监理的质量目标、进度目标和费用目标的关系是对立统一关系,有矛盾的一面,又有统一的一面,这就要求监理工程师在目标控制过程中,利用目标之间的统一面,合理化解矛盾面,找出三个目标之间最好的结合点。

费用目标与进度目标的关系矛盾面是要加快进度,势必要增加费用;统一面是加快了进度项目提早投入使用,可以增加收入,提高投资效益。进度目标与质量目标的关系矛盾面是加快进度可能会影响质量;统一面是严格的质量管理,避免返工,进度则会加快。费用目标与质量目标的关系矛盾面是质量要求高,可能增加费用;统一面是质量高可以减少经常性的维护费用,延长工程使用年限,提高了投资效益。

对于一个工程项目的三大目标,一般不能说哪一个更重要。不同的项目在不同的条件下,重要程度是不同的。如水毁抢修工程,在满足结构物内在质量的前提下,进度是主要的;而城

市中的结构物，内在质量和外表质量则处于同等地位。监理工程师要能处理好在各种条件下工程项目三大目标之间的关系及其重要顺序。在确定各目标值和对各目标值实施控制时，要考虑到对其他目标的影响，进行多方面、多方案的分析、对比，做到尽可能节约费用，加快进度、保证质量，力争费用、进度、质量目标的统一，确保目标系统可行，使总目标最优实现。

在一般情况下，我们应以质量为主，以保证质量为前提，费用最省，进度最快。

第四节　公路工程监理的基本方法

公路工程监理有着丰富的工作方法，这些工作方法相互联系、相互支持、共同运行，构成了工程监理一个完整的工作方法大系统，这个大系统包括目标规划、动态控制、组织协调、信息管理、合同管理5种基本方法。

一、目标规划

1. 目标控制的作用

所谓目标规划，就是以实现目标控制为目的的规划和计划。它是围绕工程建设项目投资目标、进度目标、质量目标进行研究确定、分解综合、安排计划、风险管理、制定措施等工作的集合。

目标规划是工程建设项目目标控制的基础和前提，只有做好目标规划的各项工作才能有效实施目标控制。目标规划得越好，工程建设项目目标控制的基础就越牢固，目标控制的前提条件也就越充分。

2. 目标规划的形成

工程目标规划的形成是一个由粗而细、不断深化的过程，是随着工程的进展，分阶段地根据可能获得的各种工程信息对前一个阶段的规划进行必要地细化、补充、修改和完善的过程。

3. 目标规划工作的内容

(1)正确确定控制目标

这可指正确确定投资目标、进度目标和质量目标三大控制目标，也可以指对已经初步确定的控制目标进行科学论证。

(2)实行目标分解

这是指按照目标控制的需要将三大目标进行分解，使每个目标都形成一个既能分解又能综合地满足控制要求的目标划分系统，以便实施控制。

(3)编制实施计划

这是指将工程建设项目实施的过程、目标和活动编制成计划，用动态的计划系统来协调和规范工程建设项目的实施，为实现预期目标构筑一座桥梁，使工程建设项目协调有序地达到预期目标。

(4)进行风险分析和管理

编制实施计划之后，还需要对计划目标的实现进行风险分析和管理，以便采取针对性的有效措施实施主动控制。

(5)制定措施

做好目标规划工作的最后一步,就是制定各工程建设项目目标的综合控制措施,确保工程建设项目目标的实现。

二、动态控制

动态控制是开展工程建设监理活动时采用的基本方法,动态控制工作贯穿于工程建设项目的整个工程建设监理过程中。

(1)动态控制的定义

所谓动态控制,就是指工程建设监理单位及其监理工程师在完成工程建设项目的过程当中,通过对过程、目标和活动的跟踪,全面、及时、准确地掌握工程建设信息,将实际目标值和工程建设状况与计划目标和状况进行对比,如果偏离了计划和标准的要求,就采取措施加以纠正,以便达到计划总目标的实现,这是一个不断循环的过程,直至工程建设项目建成交付使用。

(2)动态控制的意义

工程在不同的空间里展开,控制就需要针对不同的空间来实施,工程建设项目的实施分成不同的阶段,控制也就分成不同阶段的控制。工程建设项目的实现总要受到外部环境和内部因素的种种干扰,因此,必须采取应变性的控制措施。计划的不变是相对的,计划总是在调整中运行,而一旦计划改变了,控制也就要随之改变。控制只有不断地适应计划的变化,从而达到有效的控制。

工程监理单位及其监理工程师只有通过动态控制方式,才能在不断的变化中把握住工程建设项目的脉搏,才能真正做好目标控制工作。

(3)动态控制的过程

动态控制,顾名思义,就是在一个动态的过程中实施控制。工程建设监理过程中的控制是在目标规划基础上针对各级分目标实施的控制,以期达到计划总目标的实现。动态控制过程也是建立在事先安排的计划中进行的。但是动态控制并不是简单计划的附属物,它在实施计划的过程中,既要确保计划的有效实现,也是对原有计划的检验,一旦发现原有计划并不符合工程建设的实际情况,即采取措施加以修整、调整,这个过程是一个在不断的反复中进行完善的过程,因而称之为动态控制。

三、组织协调

在实现工程建设项目的过程中,监理工程师要不断进行组织协调,这是实现工程建设项目目标不可缺少的方法和手段。

1.组织协调的作用

组织协调与目标控制是密不可分的,组织协调的目的就是为了实现工程建设项目的预定目标。当施工进度影响到工程项目使用时间时,监理工程师就要与施工单位进行协调,或改变物资投入,或修改施工计划,或调整工期目标,直到制定出一个较理想解决问题的方案为止。当发现承包单位的管理人员不称职,给工程质量造成影响时,监理工程师要与承包单位协调,以便更换人员,确保工程质量。

2.组织协调的内容

组织协调包括以下两部分内容。

(1)工程监理组织内部人与人、机构与机构之间的协调。具体包括:工程监理组织总监理工程师与各专业监理工程师之间的协调;各专业监理工程师之间的协调;纵向工程建设监理部门与横向工程建设监理部门之间的协调。

(2)工程监理组织与其他工程建设相关组织之间的协调。具体包括:工程监理组织与项目建设单位、设计单位、施工单位、材料和设备供应单位之间的协调;工程监理组织与政府工程建设行政主管部门、咨询单位、工程毗邻单位之间的协调。协调的问题集中在他们的结合部上,组织协调就是在这些结合部上做好调和、联合和联结的工作,以使大家在实现工程建设项目的总体目标上做到步调一致,达到运行一体化。

3. 组织协调的方法

为了开展好工程建设监理工作,要求工程监理组织内的所有监理人员都能主动地在自己负责的范围内进行协调,并采用科学有效的方法。为了搞好组织协调工作,需要对经常性事项的协调加以程序化,事先确定协调内容、协调方式和具体的协调流程;需要经常通过监理组织系统和工程建设项目组织系统,利用权责系统,采用指令性等方式进行协调;需要设置专门机构和专人进行协调;需要召开各种会议进行协调。只有这样,工程建设项目系统内各子系统、各专业、各工种、各项资源,以及时间、空间等方面才能事先有机地配合,使工程建设项目成为一体化运行的整体。

四、信息管理

1. 信息管理的含义

工程建设监理活动离不开各种工程信息,在实施工程建设监理的过程中,监理工程师对所需要的工程建设信息进行收集、整理、处理、存储、传递、应用等一系列工作,这些工作被总称为信息管理。

2. 信息是控制的基础

为了有效地进行控制,全面、准确、及时地获取工程信息是十分重要的。工程建设中的控制与多方面的因素发生联系,如设计变更、设计改变、进度报告、费用报告、变更通知等都是通过信息传递将它们与控制部门联系起来的。工程建设监理的控制部门必须随时掌握工程建设项目实施过程中的反馈信息,以便在必要时采取纠正措施。例如,当材料供应推迟,设备或管理费用增加,承包单位不能满足规定的工期要求时,都有可能修改工程计划。而修改的工作计划又以变更通知的形式传递给有关各方,然后对相关因素采取措施,才能起到控制的作用。可见,控制把工程建设项目的各个因素联系起来,每个要素必须通过适当的信息流通渠道与控制功能发生联系。

3. 信息的需求取决于实际需要

工程监理组织的各部门为完成各项工程建设监理任务需要哪些信息,完全取决于这些部门实际工作的需要。因此,对信息的要求是与各部门工程建设监理任务和工作直接相联系的。不同的工程建设项目,由于情况不同,所需要的信息也就有所不同。例如,当采用不同承发包模式或不同的合同方式时,工程建设监理需要的信息也就有所不同。对于固定总价合同,或许关于进度款和变更通知是主要的;对于成本加酬金合同,则必须有关于人力、设备、材料、管理费用和变更通知等多方面的信息;而对于固定单价合同,完成工程量方面的信息就更为重要。

五、合同管理

合同是当事人设立、变更和终止相互权利和义务关系的协议。经济合同是合同中的一种,是法人之间为实现一定的经济目的、明确相互权利和义务关系的协议。

工程承包合同属于经济合同的范畴,是指建设单位与施工单位为完成工程建设项目明确双方权利和义务的协议。

在公路工程招标过程中,严格审查投标单位法人资格是非常重要的,它对于保障承包合同的履行,减少合同纠纷,防止不法分子投机取巧,避免不必要的经济损失有着不可低估的作用。

复习思考题

1.什么是项目?什么是建设项目?各有什么特征?
2.公路工程建设项目有什么特点?
3.什么是项目管理?有哪些内容?
4.工程项目管理的主要任务是什么?如何进行项目管理?
5.监理人员岗位分工是怎样的?各自的职责与权限是什么?
6.监理工程师应具备哪些基本知识和素质?
7.什么是项目目标控制?主要形式有哪些?
8.施工监理三大目标之间的关系是怎样的?
9.公路工程监理的基本方法有哪些?

PART2 第二篇
公路工程质量监理

第三章

公路工程质量监理概述

第一节 质量监理的依据、原则和内容

为加强公路工程施工质量管理，控制工期和工程费用，提高投资效益及工程管理水平，使施工监理工作法制化、标准化、规范化、程序化，交通运输部规定："凡列入基本建设计划的公路工程项目，都应实行'政府监督、社会监理、企业自检'的质量保证体系"。而在实行施工监理的过程中，监理单位应通过招标、聘请、委托等方式确定。建设单位应在工程招标之前确定监理单位并签订监理服务合同。随着公路工程监理制度和法规的建立健全，监理工程师对工程质量的监理权不仅来自于建设单位的委托，而且也受到了法律的保护。现全国基本形成了政府监督、工程监理、企业自检的三级质量管理体系。而在工程监理中质量又是工程建设的关键，是工程的生命线，在工程监理的五大目标中，质量监理是公路工程施工监理的核心。

一、工程质量监理的合同依据

质量监理的依据是合同条款、设计文件、施工技术规范和质量标准。

1. 合同条款

建设单位与承包人签订的工程承包合同中关于质量监理的有关条款和规定，是监理工程

师进行质量监理的主要依据之一,也是建设单位与承包人应当遵守并受到经济合同法保护的法律文件。各项工程质量的保障责任、处理程序、费用支付等,均应符合合同条件的规定。

2. 设计文件

设计文件包括施工图纸、图表、技术要求、工程量及有关文字说明。对承包人来讲,照图纸施工是必须遵守的准则。除此之外,还包括经监理工程师审核批准,经建设单位同意的"工程变更""设计变更"的图纸、质量要求及监理工程师和承包人在工程实施过程中有关技术问题的会议纪要、施工技术要求等,均可作为质量监理的补充依据。

3. 施工技术规范

公路施工按照有关的施工技术规范进行,是承包人在施工中必须遵守的。该工程项目应执行的施工技术规范可以是国家的或有关部颁的通用施工技术规范,也可以是在合同文件中加以明确的专为本工程编制的施工技术规程。因此,它也是工程施工和质量监理的主要依据,承包人和监理工程师在工程施工、监理和验收工作中都必须严格遵守,遵照执行。所有用于工程的材料、设施、设备及施工工艺,应符合合同文件所列技术规范或监理工程师同意使用的其他的技术规范及监理工程师批准的工程技术规范。

4. 质量标准

所有工程质量均应符合合同文件中列明的质量标准或监理工程师同意使用的其他标准。

二、工程质量监理的基本原则

质量监理是监理工程师受建设单位的委托,按照合同文件、合同图纸、技术规范及质量标准的规定和要求,对工程施工全过程实施的全面质量控制和管理。

质量监理既不同于政府部门的质量监督,也不同于施工企业内部的质量管理,它是监理工程师以合同条件、合同图纸、技术规范和质量标准为依据,建立相应的组织系统,执行规定的工作程序,运用各种有效的手段和方法,对影响工程质量的各环节、各部位进行全方位、全天候、全过程的监督和管理。

质量监理的目标即是通过监理工程师对工程施工全过程的质量进行控制和管理,使工程各部位都在合同规定的工期和费用内完成,并达到设计文件、合同文件和技术规范的规定和要求,从而保证公路建成后能安全、舒适、高效地投入使用。

在质量监理的过程中,监理单位和监理人员应按照"严格监理、热情服务、秉公办事、一丝不苟"的原则认真贯彻执行有关施工监理的各项方针、政策、法规,制定详细的工作计划,明确岗位职责,严格检查制度,努力做好施工质量监理工作。具体应坚持好以下5点原则。

1. 坚持质量第一原则

建筑产品作为一种特殊的商品,使用年限长,并直接关系到人民生命财产的安全。所以,监理工程师应自始至终地把"质量第一"作为对工程项目质量控制的基本原则。

2. 坚持以人为控制核心

人是质量的创造者,质量控制必须"以人为核心":①把人作为质量控制的动力,发挥人的积极性、创造性;②处理好与建设单位、承包人各方面的关系;③增强人的责任感,树立"质量第一"的思想;④提高人的素质,避免人的失误;⑤以人的工作质量保工序质量、保工程质量。

3. 坚持以预防为主

预防为主是指要重点做好质量的事前控制、事中控制,同时严格检查工作质量、工序质量和中间产品的质量,这是确保工程质量的有效措施。

4. 坚持质量标准

质量标准是评价产品质量的尺度,数据是质量控制的基础,产品质量是否符合合同规定的质量标准,必须通过严格检查,以数据为依据。

5. 贯彻落实科学、公正、守法的职业规范

监理人员在监控和处理质量问题的过程中,应尊重事实,尊重科学,客观公正,不持偏见,遵纪守法,坚持原则,严格要求,秉公监理。

三、工程质量监理的阶段划分和内容

工程质量监理是一个施工全过程的监理,它贯穿于整个合同执行过程的始终。根据施工过程,我们可将质量监理划分为三个阶段。由于每个阶段有不同的特点,所以监理的内容和重点也不尽相同。

1. 施工准备阶段

这个阶段是承包人为正式开工进行各项准备,创造开工条件的阶段。在监理合同签订后,即进入施工准备阶段监理。施工准备阶段要求监理工程师熟悉合同文件、参加施工招标、复核图纸和放样定线数据、督促承包人提交施工组织设计、准备第一次工地会议、准备发布开工通知等。

(1)发布开工令。监理工程师应根据施工合同具体规定的日期,按时向承包人发出开工令并报建设单位备案。如无特殊原因,开工令发出的日期不应提前或推后。

(2)召开第一次工地会议。第一次工地会议应由监理工程师主持,建设单位、承包人的授权代表必须出席会议,各方将要在工程项目中担任主要职务的部门(项目)负责人及指定分包人也应参加会议。会议主要是介绍人员及机构组织、介绍施工进度计划、承包人陈述施工准备、建设单位说明开工条件、明确施工监理例行程序等。

(3)审批承包人的工程进度计划(含施工组织设计)。监理工程师应组织有关人员对承包人提交的各项进度计划进行审查,并在合同规定或满足施工需要的合理时间内审查完毕。在执行过程中应经常检查计划的执行情况。

(4)审批承包人的质量保证体系。监理工程师应按合同要求承包人建立一套完整的以自检为主的质量保证组织体系,各级自检人员应由具有施工经验、具有专业技术职称、熟悉规范和图纸,并且工作作风优良的技术人员担任。

(5)检验承包人的进场材料。在材料或商品构件订货之前,应要求承包人提供生产厂家的产品合格证书和试验报告,必要时监理人员还应对生产厂家生产设备、工艺及产品的合格率进行现场了解,或由承包人提供样品进行试验,以决定同意采购与否。材料或商品构件运入现场后,应按规定的批量和频率进行抽样试验,不合格的材料或商品构件不准用于工程,并由承包人运出场外。

(6)审批承包人的标准试验。标准试验是对各项工程的内在品质进行施工前的数据采集,它是控制和指导施工的科学依据,包括各种标准击实试验、集料的级配试验、混合料的配合

比试验、结构的强度试验等。

(7)审查承包人的保险及担保,支付动员预付款。

(8)审查承包人的施工机械设备。监理工程师应按其批准的承包人工程进度计划分期审查承包人在实施施工时所使用的施工机械设备。

(9)验收承包人的施工定线。监理工程师应在合同规定的时间内或承包人在施工定线进行之前的合理时间内,向承包人书面提供原始基准点、基准线、基准高程的方位和数据,并对承包人的施工定线进行检查验收。

(10)验收承包人测定的地面线。监理工程师应要求承包人对全部工程或开工段落的原始地面线进行实际测定,并对测定工作进行检查验收,以作为路基横断面施工图和土石方工程计量的依据。

(11)审批承包人提交的施工图。在各项工程开工前合同规定或合理的时间内,监理工程师应对承包人依据合同规定完成的各种施工图进行审核批准。

(12)检查承包人占用工程场地。在合同规定的开工令发出之前及各项工程开工前合理的时间内,监理工程师应督促建设单位将全部工程或施工段落的工程场地移交给承包人使用。

(13)监理其他与保证按期开工有关的施工准备工作。

对上述各项内容,如果没有达到有关规定的要求,则通知承包人进行补充和修正,直到符合合同要求或使得监理工程师满意为止,否则不允许进入正式施工阶段。

2.施工阶段

施工阶段是承包工程项目的实施阶段,是建设项目的质量形成阶段。这个阶段要求承包人必须严格按照设计图纸进行施工;施工工艺、施工技术要求及施工质量检查、控制的技术指标和标准,必须满足施工技术规范所规定的质量要求;必须坚持每一施工项目的关键工序未经监理工程师认可不得进行下一道工序施工;发现、调查及处理施工中出现的质量缺陷(或质量事故)时,若由于承包人的施工原因而造成的质量缺陷或施工质量不合格项目,监理工程师有权责令承包人修复或返工,由此而发生的一切费用均由承包人承担。在这一阶段中,监理工程师主要是协助承包人完善工序控制。监理工程师提出工序控制的质量要求,具体有以下几项:

(1)对进入现场的所有材料、设备、构件、配件、混合料都要做检验,不符合规定要求的不得入场。

(2)对构件、设备和重要材料的生产、制造和装配场所要实行监督。

(3)抓好工序管理,每道工序开工都要申请和审批,只有最后验收合格才能进行下一道工序的施工。

(4)落实合同要求的试验,并对实际工程的重要部位和薄弱环节安排增加试验。

(5)制定巡视工地的次序和周期,对重要部位或操作实行旁站监督。

(6)审批设计变更和图纸修改。

(7)经常召开工地会议,组织质量专题会议,形成现场质量管理的制度。

(8)监理工程师在必要时下达停工令,以处理工程质量事故。

(9)审批分包合同和分包工程内容。

(10)抓紧隐蔽工程的检验,未经监理人员检查或同意,不得将隐蔽工程覆盖。

(11)监理工程师认为必要时,可以要求承包人撤换工作不力的人员。

(12)严格进行中间交工验收。

3. 交工验收阶段

交工验收阶段是指各分项工程完成施工,要求承包人按照各规范的规定自检后,报请监理工程师审查、抽检,进行质量验收与质量等级评定的阶段。

(1)按合同要求进行竣工检查和检查验收。

(2)检查未完工作和缺陷。

(3)审阅承包人关于未完工作的计划和保证。

(4)监督试运行,及时解决质量问题。

(5)审核竣工资料和竣工图。

(6)缺陷责任期内,监督承包人完成未完工程和缺陷修补,直至签发缺陷责任证书。

第二节 质量监理的程序和方法

一、质量监理的程序

为保证监理工程师能有效地控制质量,使质量监理工作标准化、程序化,必须制定一套质量监理程序(即工作流程)来指导工程的施工和监理,规范承包人的施工活动,统一承包人和监理工程师监督、检查和管理的工作步骤。

工程质量监理工作流程图见图3-1。

二、质量监理的方法

公路工程质量监理是对公路工程施工的各个阶段及施工中各个环节、各道工序进行严格的、系统的、全面的质量监督和管理。为了保证达到质量监理的目标,一般可以采用以下各种监理手段来开展质量监理工作:检查核实、签认、审批,试验、测量与检测,旁站、工地巡视,签发指令文件等。

(1)检查核实、签认与审批。监理工程师在施工的全过程中,需要经常对承包人所报送的各类报表和质量数据进行检查核算(内业)或进行现场核实(外业),此项工作称为检查核实。例如,监理工程师在审批承包人提交的开工报告时,对承包人为开工准备的施工人员组织、施工的机械配备、材料质量和配合比试验结果及施工放样等应逐一进行检查、核实、签认与审批。

(2)抽检试验。抽检试验包括室内试验和现场检测两大类,它是监理工程师确认各种材料及施工部位质量的主要依据,是监理工程师坚持一切用数据说话的基础。公路工程施工质量判断,有许多必须经过取样试验才能得出结论,因此试验是监理工程师控制工程质量的一个重要手段。抽检试验的内容主要以能控制各施工项目施工质量的关键工序的质量指标为依据。

(3)测量。在施工全过程中,不论是承包人或监理工程师都离不开测量。测量是监理工程师在质量监理过程中,对施工各部位的平面位置、高程、几何尺寸等进行检查和控制的重要手段,主要包括施工放样现场复核、施工过程中的跟踪测量,以及工程验收检测等工作。

(4)旁站。旁站即“盯现场”,就是监理工程师在承包人施工期间,用全部或部分时间盯在施工现场,对承包人的各项施工活动进行跟踪监理,这种方法在公路工程质量监理工作中十分重要。实际工作中,监理工程师对施工条件比较复杂、工程质量难以保证的关键工序及工程的关键部位,一般应进行全过程的旁站监督,如水泥混凝土路面、沥青混凝土面层试验段施工的全过程及钻孔灌注桩施工中的钢筋笼安放工序等。而对施工质量相对稳定由多道施工工序所组成的分项工程中的次要工序,可进行部分时间的旁站监督,只对影响施工质量的关键工序进行旁站、抽检,如路基工程施工时,路基分层填筑和分层压实成型等。

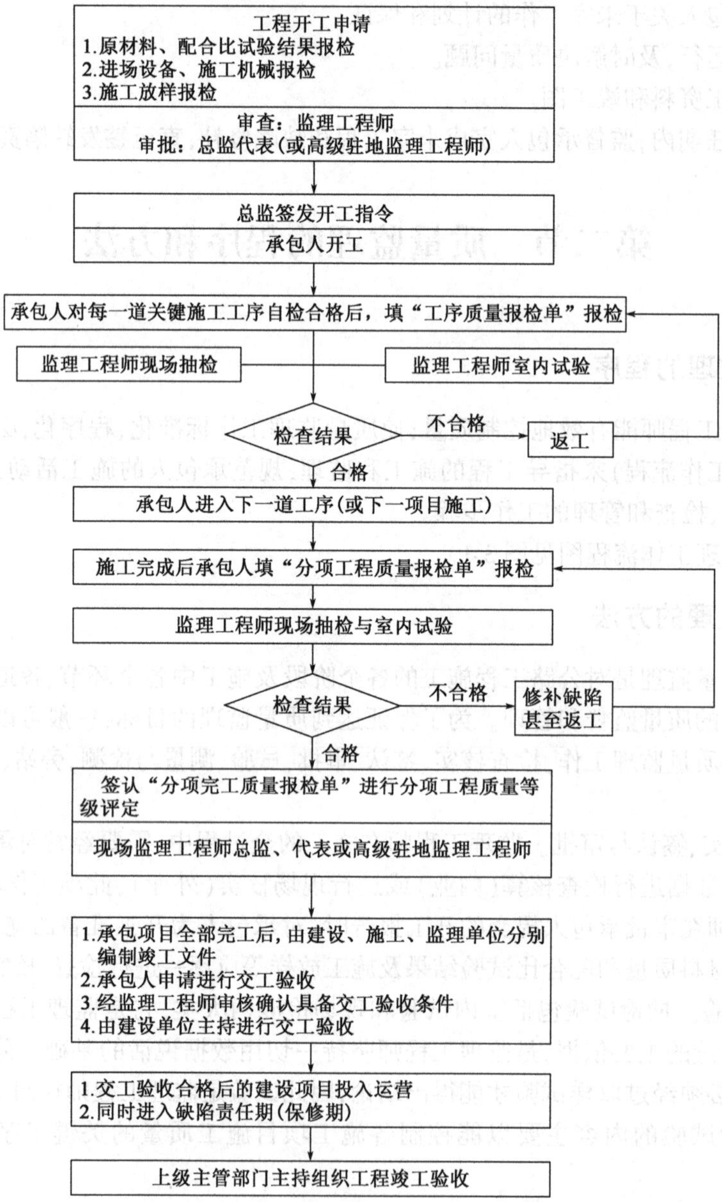

图 3-1 工程质量监理工作流程图

(5)工地巡视。工地巡视是监理工程师在公路工程的施工过程中,为了解工程施工质量的全貌,利用相对较短的时间,对工程的整体(包括工程的较次要部位、较次要工序等)进行巡查、检视。这也是监理工程师进行质量监理的基本方法之一。

(6)签发指令文件。指令文件一方面指施工监理过程中,监理工程师以书面文件的形式提醒承包人注意施工中存在的质量隐患或质量问题的书面文件;另一方面还指监理工程师为保证工程质量,向承包人发布的工程变更、补充技术标准、施工技术要求、工地会议纪要等。这些文件都直接关系到工程的质量,是进行工程质量监理必不可少的手段。

第三节 监理试验室

监理工程师在合同签订后,工程正式开工前这段时间内,为了保证对施工全过程实行质量监控,必须建立一套科学的、行之有效的质量检测系统,必须具备必要的试验、测量设备,即要成立监理试验室,以便对工程的施工质量具有检测否决权,确保监理工程师公正、客观地对工程质量做出评价,有效地控制各个施工环节的质量。

一、监理试验室的任务与设置原则

监理试验室的任务就是对各个工程项目的材料、配合比和强度进行有效的控制,确保各项工程的物理、化学性能达到规定要求。具体设置原则为:

(1)工程质量监理试验室,承担各项室内试验及现场检测任务。

(2)工程质量监理试验室应与监理机构的设置和工程的规模相适应,一般可采用二级或三级管理体制,即工程质量监理试验室视工程规模可设中心试验室、驻地试验室、工地试验室(采用二级管理体制时可以不设中心试验室)。

(3)工程质量监理试验室,应根据工程规模和施工技术及复杂程度,各级试验室设置的任务,配置相应的试验人员和一定数量、规格、型号的试验设备及外业检测设备。

二、监理各级试验室的职责

(1)中心试验室

①中心试验室对总监理工程师(总监代表)或高级驻地监理工程师负责,提供各项试验、检测报告,作为监理工程师进行质量控制和评价的依据。

②负责对材料和产品的抽验,复核配合比设计。

③指导、帮助并检查驻地试验室及承包人试验室的试验检测工作。

④参与或组织分项工程和试验段的检测,并承担工程验收的试验检测工作。

(2)驻地试验室

①驻地试验室对驻地监理工程师负责,为驻地监理工程师提供所需的各项试验检测报告。

②负责对材料和产品进行检查与验收,组织或参与分项工程和试验段的质量检查,参与工程的验收工作。

③组建、指导并检查工地试验室的工作。

④监督检查承包人试验室的工作。

(3)工地试验室

①对原材料进行抽检试验,检查配合比、成品、半成品质量。

②负责施工中的各道工序的现场检测及试验工作。

③检查承包人的试验检测工作。

④参与分项工程完工验收的检测工作。

三、试验室人员资质

(1)监理试验室的主要负责人应具有中级技术职称并取得交通运输部或交通运输厅(局)颁发的专业监理工程师证书;参加测量、试验及旁站工作的监理员应具有初等技术职称或经过相应的专业技术培训。

(2)试验室人员的数量与工程的规模有关,一般情况下每公里需配备0.3~0.4个试验人员,或按投资密度每年每百万元配备0.2~0.25个试验人员。

(3)各级试验室的设备配置应视设置该试验室的功能和所承担的任务,来配置相适应的规格、品种与数量的试验与检测设备。

(4)工程质量监理试验室应能进行常规试验与现场检测,如压实度、含水率、路基路面强度(弯沉),混合料抗压强度、平整度(3m直尺法)、纵断高程、轴线偏位、宽度、厚度、路面构造深度、摩擦系数(摆值)、边坡坡度、坍落度(或维勃值)、混凝土抗折强度、混凝土抗压强度等。

复习思考题

1. 工程质量监理的合同依据和基本原则是什么?

2. 工程质量监理的程序和方法有哪些?

第四章

路基工程质量控制

第一节 路基的形式及对路基的基本要求

一、路基

公路是一种线形工程构造物,它主要承受和满足汽车荷载的重复作用和经受各种自然因素的长期影响。由于地形、地质和经济条件的限制,公路中线在平面上有弯曲,在竖直方向上有起伏,因此,它是一条空间曲线,其形状称为公路的线形。

路基是公路工程的重要组成部分,它既是工程的主体,又是路面的基础。它是按照路线位置和一定技术要求修筑的带状构造物,承受由路面传递的荷载,必须具有足够的强度与稳定性。路基的强度与稳定性是保证路面强度与稳定性的基本条件。因此,要求路基必须密实、均匀、稳定,为路面提供坚实、可靠的基础。

路基是按照路线位置和一定的技术要求修筑的作为路面基础的带状构造物。

二、路基的形式

路基的横断面如图 4-1 所示。由于地形的变化,道路设计高程与天然地面高程的相互关系不同,一般常见的路基横断面形式有路堤和路堑两种,高于天然地面的填方路基称为路堤

[图 4-1a)],低于天然地面的挖方路基称为路堑[图 4-1b)],介于两者之间的称为半填半挖路基[图 4-1c)]。

为了保证路基的稳定,必须修建适宜的排水系统,用以排除地面水和地下水(如边沟、截水沟、排水沟、跌水、急流槽和盲沟、渗沟、渗井等排水设施),在修建山区公路时,还经常修筑各种防护工程和特殊构筑物,如在山坡较陡时,为了保证路基的稳定和节省土方量,往往需修筑挡土墙(图 4-2)、石砌边坡与护脚(图 4-3)。再如为保护岩石路堑边坡避免自然因素侵蚀而砌筑的护面墙和为防止土质路堤免受常年积水的影响而修筑的护坡(图 4-4)。

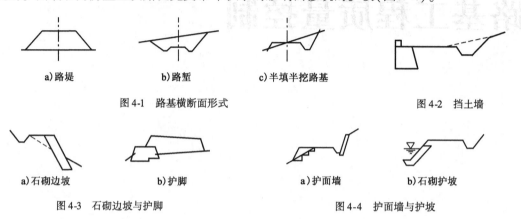

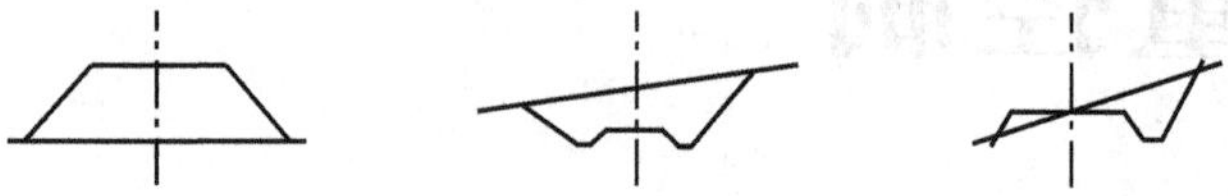

a)路堤　　b)路堑　　c)半填半挖路基

图 4-1　路基横断面形式

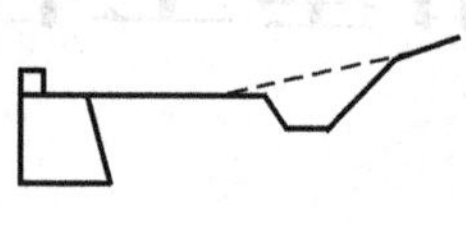

图 4-2　挡土墙

a)石砌边坡　　b)护脚

图 4-3　石砌边坡与护脚

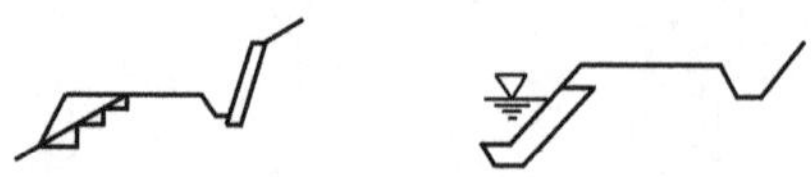

a)护面墙　　b)石砌护坡

图 4-4　护面墙与护坡

三、对路基的基本要求

路基的强度和稳定性是保证路面强度和稳定性的先决条件,提高路基的强度和稳定性,可以适当减薄路面的结构层厚度,从而达到降低工程造价的目的。因此,除要求路基断面尺寸符合设计外,路基还应满足下列基本要求。

1. 路基应具有足够的强度

路基、路面共同承受交通荷载及自然条件的同时作用。道路上的交通荷载通过路面传递给路基,并对其产出一定的压力,路基、路面的自重又给地基一定压力。因此,要求路基应具有一定的强度,而路基的强度又直接影响到路面的强度。在我国的路面(或路基)设计方法中,路基的强度指标以回弹模量或路基的 CBR 值表示。因此,要求路基(或路床)在不利季节条件下的强度要达到规定的标准值,以保证路面的强度与稳定。在路基工程施工中,压实是形成路基强度最经济、有效的技术措施。压实可以充分发挥路基土的强度,可以减少路基、路面在行车荷载作用下的变形,还可以增加路基的不透水性,提高路基强度和稳定性。

2. 路基应具有足够的水温稳定性

路基不仅承受交通荷载的作用,同时还受到水文、气候条件的影响。我国南方非冰冻地区,路基主要受大气降水、地表水、地下水影响,使路基的强度发生季节性变化,致使路基强度降低,产生过量的变形。特别是高填方路堤,受水侵蚀路基的抗切强度显著降低,在交通荷载及路基、路面自重的综合作用下,使路基失稳,路基体内产生滑动破裂面和过大的位移,从而引起路面的变形与损坏,因此要求路基应具有足够的水稳性。

3. 路基应具有足够的冻融稳定性

季节性冰冻地区的路基,不仅受到交通荷载的作用,同时受到季节性的冰冻作用,使路基出现周期性的冻融状态,从而引起冻胀病害的发生。如:路面不均匀冻胀破坏路面平整度使路面产生裂缝、融化时路基强度的急剧降低等。

同时具备下列三个条件时,路基冻胀病害将会发生:

(1)地基或路基的土质为易冻胀土壤。

(2)地基水分多,地下水源补给充分。

(3)地基与路基内的温度低,具有合适的温度梯度,适合于水分转移与聚冰。

因此,对季节性冰冻地区的路基,除具有足够的强度外,还要求具有足够的冰冻稳定性。

路床是路面的基础,是指路面底面以下80cm(轻、中及重交通荷载等级公路)或120cm(特重、极重交通荷载等级公路)范围内的路基部分,承受由路面传来的荷载。路床在结构上分为上路床(0~30cm)及下路床两层。在路床中设置防冻层,是保证路基具有冰冻稳定性的有效措施。

四、路基的几何要素

路基的几何要素主要指路基宽度、路基高度和路基边坡坡度。公路路基的宽度指的是路基某一横断面上两路肩外缘之间的宽度,它一般为行车道与路肩宽度之和。当设有中间带、变速车道、爬坡车道、紧急停车带时,尚应包括这部分的宽度。公路等级越高,路基的宽度越大。

路基高度是指路堤的填筑高度或路堑的开挖深度,是路基设计高程与原地面高程之差。由于原地面横向往往有倾斜,在路基宽度范围内,两侧的相对高差常有不同。通常,路基高度是指路中心线处的设计高程与该处原地面高程之差,但对路基边坡高度来说,则指坡脚、坡顶边缘高程与路肩边缘高程之差。所以,路基高度有中心高度与边坡高度之分。在正常条件下,可根据土质类别的不同,将边坡高度小于1m的填方路基称为矮路堤,将大于18m(土质)或20m(石质)的填方视为高路堤,将大于20m的挖方视为深路堑。

将为保证路基稳定而在其两侧做成具有一定坡度的坡面称为路基边坡。公路路基的边坡坡度,可用边坡高度H与边坡宽度B之比值表示,并在比值中取$H=1$。路基边坡坡度对路基的稳定起着重要的作用,边坡坡度的大小,取决于边坡的土质、岩石的性质及水文地质条件等自然因素和边坡的高度。

第二节 路基工程施工各阶段质量控制

一、路基工程施工准备阶段质量控制

在路基施工准备阶段(即承包人进场至正式签发开工通知书之前),监理工作的重点是:根据合同条件对承包人开工前的准备工作进行检查。

1. 审查承包人的质量自检系统

(1)审查承包人质量自检人员配备的数量与素质。

(2)检查承包人工地试验室功能与试验设备配备的规格、品种、数量与质量,能否满足正常施工期及施工高峰期进行质量自检的需要。

(3)检查承包人试验室及拌和站质量自检计量系统是否准确、可靠,是否通过上级质量主

管部门或有关计量部门的审定与认证。

(4)修好临时便道、便桥,确保施工设备、材料、生活用品的供应。

(5)为确保安全施工,应要求承包人设置必要的安全标志。

2. 施工测量

路基开工前承包人应做好施工测量工作,其内容包括导线、中线、水准基点复测,横断面检查与补测,水准点增设等。施工测量的精度应符合《公路勘测规范》(JTG C10—2007)的要求。

(1)导线复测

①当原测的中线主要控制桩由导线控制时,承包人必须根据设计文件认真做好导线复测工作。

②导线复测应采用测量精度满足要求的仪器。仪器使用前应进行校正与检验。

③原有导线点不能满足施工要求时,应进行加密,保证在施工全过程中,相邻导线点能互相通视。

④导线起讫点应与设计文件提供的结果相比较,测量精度要满足设计要求。当设计未规定时,应满足下列要求:

角度闭合差(″)为 $\pm 16\sqrt{n}$,n 是测点数;坐标相对闭合差为 $\pm \frac{1}{10\,000}$。

⑤复测导线时,必须和相邻施工段的导线闭合。

⑥对有碍施工的导线点,复测后施工前应加以固定。固定桩应牢固可靠,桩位应便于架设仪器,并设在施工用地范围以外。

(2)中线复测和固定

①路基开工前承包人应全面恢复中线并固定路线主要控制桩,如交点、转点、圆曲线和缓和曲线的起讫点,以及起控制作用的百米桩及加桩。对高速公路、一级公路应采用坐标法恢复主要控制桩。

②恢复中线时应注意与结构物中心、相邻施工段的中线闭合,发现问题应及时查明原因,并报现场监理工程师或建设单位。

③路线的复核丈量:如发现原设计中线长度与实际复核丈量的长度出入较大时,或建设单位需局部改线时,应作断链处理,在纵断面图上相应调整纵坡,并在设计图表上的相应部位注明断链的距离和桩号。

(3)水准基点的复测、增设和路线高程复测

①承包人在复测路线沿线设计单位敷设的水准基点时,应与附近国家级水准点闭合,若复测结果超出允许误差范围时,应及时查明原因后报告建设单位。

水准基点的闭合差应满足相关标准的技术要求:

a. 大桥附近的水准点闭合差应满足《公路桥涵施工技术规范》(JTG/T F50—2011)的规定。

b. 高速公路和一级公路的水准点闭合差为 $20\sqrt{L}$mm。

c. 二级以下公路水准点闭合差为 $\pm 30\sqrt{L}$mm,L 为水准路线长度,以 km 计。

②沿线设置水准基点的间距一般应不大于 1km,平坦地区不大于 2km。

③遇下列情况,如人工构造物附近(桥位、隧道进出口、山岭垭口及其他较大的人工构造物)、高填深挖地段、工程量集中及地形复杂地段,应增设临时水准基点。临时水准基点必须

符合精度要求才可使用。

④如发现个别水准基点受施工影响时，应将其移出至影响范围之外，其高程应与原水准点闭合。

⑤纵断高程复测：观测距离不得超过仪器的有效距离；观测数据必须闭合；复测点应与中桩吻合；纵断高程复测精度误差应满足相关规范的精度要求。

(4)横断面的检查与补测

①路基施工前，应详细检查、校对横断面。加桩处应补测横断面。

②检查和补测横断面的方向，直线段与路中线垂直，曲线段为垂直于所测点的切线方向。

③通过高程测量计算出填、挖高度，并列表计算出土、石方数量。

3.路基施工放样

(1)路基开工前，承包人应根据恢复的路线中桩、设计文件及有关规定进行路基施工放样，钉出路基用地界桩和路堤坡脚、路堑坡顶、边沟、取土坑、护坡道、弃土堆等的具体位置桩。距路中线一定距离沿着路中线一般每隔50m设立控制桩，并注明桩号及路中心线的填挖高度，用“+”表示填方，用“-”表示挖方。

(2)承包人应根据施工放样后的填、挖高度进行填、挖工程量的复核计算，并将施工放样及计算结果填“路基工程施工放样报检单”报监理工程师审核。

4.施工机械的检查与审批

(1)路基开工前，承包人对已进场的路基工程施工机械的品种、规格、型号、配备数量及运行质量进行详细检查后，填“进场设备及施工机械报检单”向监理工程师报检。

(2)监理工程师对承包人所报检的设备及施工机械，进行逐一检查审批后，方可在工程施工中应用。

5.进场材料的抽检与审批

(1)路基开工前，承包人应修筑好去取土坑或弃土场的便涵与施工便道。

(2)确定取土坑、弃土场的地点、位置。确定每一取土坑可取用土方的数量，弃土场需占用的土地面积，运距及土质情况。

(3)对取土坑中可用来填筑路基的土样进行基本物理—力学性质试验，并填“进场材料报检单”报监理工程师审查与确认。

(4)必要时监理工程师对用于施工的路基填土进行抽检试验，确认质量合格，方可取用。

6.批准开工申请

一切施工准备工作就绪，报检手续齐全后，由承包人填写“开工申请报检单”经监理工程师审核，待总监代表(或高级驻地监理工程师)审批后，同时下达开工指令，方可开工。

二、路基工程施工阶段质量控制

施工阶段是每一施工项目和每一分项工程质量的形成阶段，而每一分项工程施工又由若干道工序构成，因此在这个阶段监理工作的重点应狠抓工序质量监理。特别是直接影响施工质量的主要关键工序，要严格要求承包人按照施工规范规定的施工工艺、检查频率和试验方法进行，承包人自检后向监理工程师报检。对影响施工质量的主要关键工序，未经监理工程师抽检与签认，不得进行下一道作业或下一道工序施工。对于施工过程中的其他各道工序，也要有现场监理旁站监督。对施工中出现的质量缺陷,监理工程师有权令其修复或返工,由此而发生的一切费用由承包人承担。

1. 填方路基施工

填方路基由路床和路堤组成。

路堤是高于原地面的填方路基,其作用是支承路床和路面。路床以下的路堤分上、下两层:

上路堤指路面底面以下 80~150cm(轻、中及重交通荷载等级公路)或 120~190cm(特重、极重荷载等级公路)范围内的填方部分。

下路堤指上路堤以下的填方部分。

(1)填方路基填料的技术要求和压实标准

①填方路堤填料的技术要求。填方路堤所选用的土及其他填筑材料,应具有一定的强度。特别是高速公路、一级公路的路堤填筑材料应在野外取土(或取料)试验,浸水试件 96h 的 CBR 值应满足表 4-1 规定的质量要求。

路基填料最小强度和最大粒径要求 表 4-1

填料应用部位		路面底面以下深度(m)	填料最小压强(CBR)(%)			填料最大粒径(mm)
			高速公路、一级公路	二级公路	三、四级公路	
填方路基	上路床	0~0.30	8	6	5	100
	下路床	0.30~0.80	5	4	3	100
	上路堤	0.80~1.50	4	3	3	150
	下路堤	>1.50	3	2	2	150
零填及路堑路床		0~0.30	8	6	5	100
		0.30~0.80	5	4	3	100

注:1. 当路床填料 CBR 值达不到表列要求时,可采取掺石灰或其他稳定材料处理。

2. 其他公路铺筑高级路面时,应采用高速公路、一级公路的规定值。

3. 粗粒土(填石)填料的最大粒径,不应超过压实层厚度的 2/3。

②填方路基的压实标准。路堤、路堑和地基(指路堤的基底)施工时均应进行压实,其压实度代表值应满足表 4-2 所规定的压实标准。

填方路基压实标准(重型) 表 4-2

路基部位		路床顶面以下深度(m)	压实度(%)		
			高速公路、一级公路	二级公路	三级公路、四级公路
上路床		0~3	≥96	≥95	≥94
上路床	轻、中、重交通荷载等级	0.3~0.8	≥96	≥95	≥94
	特重、极重交通荷载等级	0.3~1.2	≥96	≥95	—
上路堤	轻、中、重交通荷载等级	0.8~1.5	≥94	≥94	≥93
	特重、极重交通荷载等级	1.2~1.9	≥94	≥94	≥93

续上表

路基部位		路床顶面以下深度(m)	压实度(%)		
			高速公路、一级公路	二级公路	三级公路、四级公路
下路堤	轻、中、重交通荷载等级	>1.5	≥94	≥92	≥90
	特重、极重交通荷载等级	>1.9			

注:1. 表列数值系按《公路土工试验规程》(JTG E40—2007)重型击实试验法及新颁技术标准确定。

2. 三、四级公路修建高级路面时,其压实标准采用二级公路的规定值。

3. 特殊干旱或特殊潮湿地区的路基压实度,表列数值可适当降低。

4. 当路堤填土高度小于路床厚度时,基底的压实度不宜小于路床的压实标准。

③桥涵及其他构造物处填土的压实标准。

桥台背后、涵洞两侧及顶部、锥坡及挡土墙等构造物背后的填土均应分层摊铺、分层压实,其压实标准应满足下列要求:

a. 高速公路和一级公路的桥台、涵身、通道背后和涵洞顶部填土的压实标准为96%。

b. 其他等级公路为94%。

④地基处理的压实标准:当用石灰土或天然砂处理地基时,其压实度应达到重型压实标准93%。

(2)填方路基机械化施工、工序质量监理流程图(图4-5)。

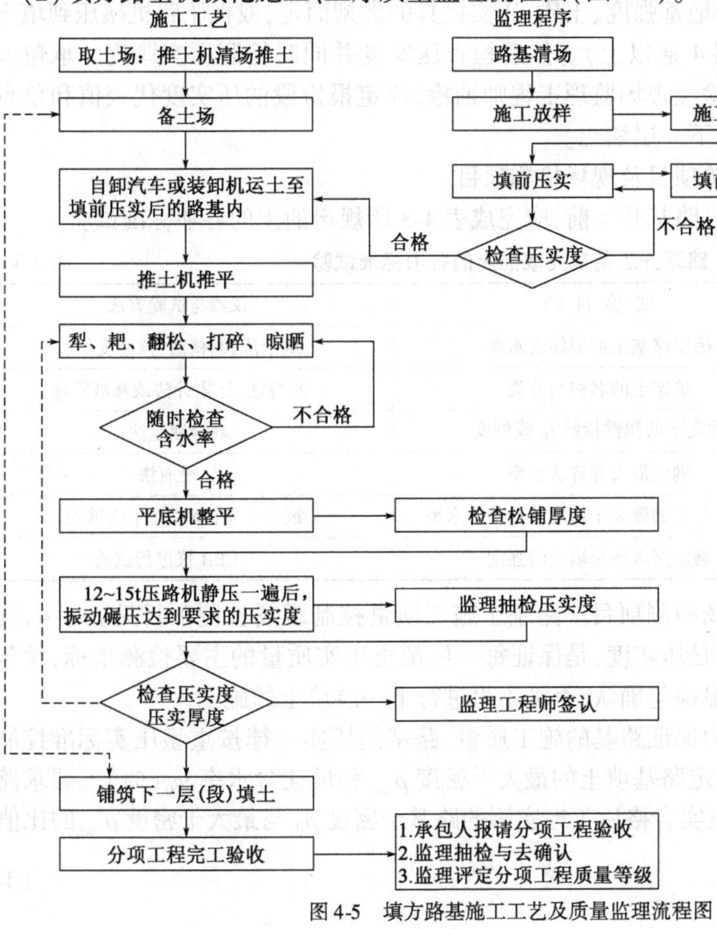

图4-5 填方路基施工工艺及质量监理流程图

(3)填方路基施工质量监理的重点

①清表与填前压实。在填筑路堤前,用推土机将路堤范围内原地面的坑、洞等用原地土局部回填并压实,清除原地面上的杂草、耕作物及地表层腐殖土,用平地机整平。清表整平后的原地基表面,用压路机进行填前压实,并达到表4-2所要求的压实标准。

进行填前压实,可采用以下两种方式:

a.清表后的原地面,表层含水率合适的填方路段,可直接用重型振动压路机碾压,并达到要求的压实度。

b.清表后的原地面,表层土含水率较大时,可就地翻松、打碎、晾晒,在最佳含水率条件下压实,并达到要求的压实度。

②严格控制松铺厚度。填筑路堤时分层铺松土整平后,首先应检查每一松铺土层的厚度,因为它直接影响到一层的压实厚度。不同吨位的轮胎压路机或其他压实机械,松铺厚度与地基条件、土质、松铺土层的干密度有关,可通过现场试验段进行碾压试验后确定。

每一层填土铺松土后,首先应检查含水率是否接近最佳含水率,若含水率超过最佳含水率过多(一般大于3%),就得进行翻松、晾晒。当松铺土层的含水率接近最佳含水率时,需经过人工或机械整平,并检查记录松铺厚度后,方可行进碾压。

③碾压、检查压实厚度及压实度。路堤必须在整个清场宽度范围内水平分层填筑,在最佳含水率条件下,分层碾压。压路机对路基填土压实时,应遵循先轻后重,先静压后开振动碾压的原则。其碾压遍数,可根据地基强度、土质、压实机具的类型而定,或视压路机碾压到填土层表面无轮迹为止(一般至少碾4遍以上)。然后检查压实度并同时检测压实厚度。承包人应将检测结果向监理工程师报检经现场监理工程师抽检、评定报检段的压实度代表值和单点极值达到标准要求时,方可进入下一层填土。

④施工中路基土标准试验项目及现场检测项目。

a.路基土标准试验项目。路基开工前,应完成表4-3所规定的土的各项标准试验。

路基开工前应完成的土的各项标准试验 表4-3

试验项目	试验目的	仪器与试验方法
含水率	确定路基土的原始含水率	烘干法、酒精法、核密度仪法
颗粒分析	确定土的名称与分类	筛分法、比重计法或移液管法
塑限、液限	确定土的塑性指数 I_P 或稠度	联合测定法
土的密度试验	确定最大容许含水率	比重瓶法
击实试验	确定路基土的最大干密度与最佳含水率	重型击实试验法(干法试验)
CBR试验	确定路床路基填土的强度	用CBR仪进行试验

b.路基施工质量控制现场检测项目。路基土施工质量控制现场检测项目见表4-4,这些项是要求承包人必检项,特别是压实度,是保证每一层填土压实质量的主要检测指标,承包人自检后还必须向监理工程师报检与确认,否则不得进行下一层填土的施工。

⑤路基压实度的评定。为保证路基的施工质量,路基的压实一律按重型压实标准控制施工,即以重型击实试验法来确定路基填土的最大干密度 ρ_{max} 和最佳含水率 w_0(%)。要求路基达到的压实度(K)是指路基压实合格后工地实测的路基干密度 ρ_d 与最大干密度 ρ_{max} 的比值:

$$K = \frac{\rho_d}{\rho_{max}} \tag{4-1}$$

路基施工质量控制现场检测项目 表4-4

检查项目	检查数量	检测方法	质量标准	
			允许误差(mm)	质量要求
压实度(%)	每一层,每100m检查两个断面,每个断面3点	环刀法或核密度仪法	—	不小于规定值
松铺土原始含水率(%)	每一施工作业段,每一层检查3个断面9点	烘干法、酒精法或核密度仪法	—	接近最佳含水率,方可碾压
松铺土层厚度(cm)	每一施工作业段,每一层检查3个断面9点	用尺、钢钎丈量	±30	—
分层压实厚度(cm)	每一施工作业段,每一层检查3个断面9点	水准仪抄平	≤20	—

要求达到的压实标准见表4-2。

a.对在特殊干旱地区,潮湿、过湿路基及软土地基,地上填筑高等级公路的路基,以及铺筑中、低级路面的三、四级公路的路基压实标准以路基设计及施工技术规范规定的标准为据(表3-3)。

b.单点测定压实度的极值规定。单点测定压实度的极值是指施工现场实测压实度的单点最低值不得小于规定标准减去5%的值。小于规定极值的单点实测值为不合格,应局部返工。

c.路基压实度合格点的定义。评定验收段压实度代表值($K_代$)≥标准值-2%的测点为合格点。小于规定标准2%~5%的测点,在进行压实度合格率评定时,应按其数量占评定路段总检查点的百分率计算扣分值。

d.路基压实度的评定。每一层每一验收作业段或施工作业段,实测验收段压实度平均代表值$K_代$(算数平均值的下置信界限)应满足式(4-2)要求:

$$K_{代} = K - \frac{t_\alpha s}{\sqrt{n}} \geqslant K_0 \tag{4-2}$$

式中:$K_代$——验收段实测压实度平均代表值,%;

K——验收段n个测点实测压实度平均值,%;

n——检测点数;

s——n个检测点的标准差;

K_0——压实度标准值,%;

t_α——t分布表中随测点数和保证率(或置信度α)而变的系数,高速公路、一级公路路基为95%,其他等级公路为90%,$t_\alpha/\sqrt{n}$值按表4-5选取。

$t_\alpha/\sqrt{n}$ 表4-5

n	保证率		
	99%	95%	90%
2	22.501	4.465	2.176
3	4.021	1.686	1.098
4	2.27	1.177	0.819

续上表

n	保证率		
	99%	95%	90%
5	1.676	0.953	0.686
6	1.374	0.823	0.603
7	1.188	0.734	0.544
8	1.060	0.670	0.500
9	0.966	0.620	0.466
10	0.982	0.580	0.437
11	0.833	0.546	0.414
12	0.785	0.518	0.393
13	0.744	0.494	0.376
14	0.708	0.473	0.361
15	0.678	0.455	0.347
16	0.651	0.438	0.335
17	0.626	0.423	0.324
18	0.605	0.410	0.314
19	0.586	0.398	0.305
20	0.568	0.387	0.297
21	0.552	0.376	0.289
22	0.537	0.367	0.282
23	0.523	0.358	0.275
24	0.51	0.350	0.269
25	0.498	0.342	0.264
26	0.487	0.335	0.258
27	0.477	0.328	0.253
28	0.467	0.322	0.248
29	0.458	0.316	0.244
30	0.449	0.310	0.239
40	0.383	0.266	0.206
50	0.340	0.237	0.184
60	0.308	0.216	0.167
70	0.285	0.199	0.155
80	0.266	0.186	0.145
90	0.249	0.175	0.136
100	0.236	0.166	0.129

(4)填石路堤施工技术要求

①填石路堤石料技术要求。路床填料粒径应小于100mm。

②填石路堤压实检验。填石路堤的密实程度宜在填实深度范围内,通过20t以上振动压路机进行现场压实试验时,以压实层顶面稳定(石块不再下沉、位移)为准。

③高速公路、一级公路填石路堤路床顶面以下 50cm 范围内应用细粒土分层填筑、分层碾压，填土的最大粒径不得大于 10cm，其他等级公路路床顶面以下 30cm 范围内亦应用土填筑，填土最大粒径不宜大于 15cm。

④高速公路、一级公路及其他等级公路的填石路堤均应分层填筑、分层碾压，高速公路、一级公路每层松铺厚度不宜大于 0.5m，其他等级公路不宜大于 1.0m。

⑤当石块级配较差，用于填石路堤的石块粒径相差太悬殊，松铺厚度层内石块间的空隙率较大时，可在每一填筑层的表面撒入石渣、石屑或粗砂等细料，用振动压路机边压边扫，使表面填隙料填满空隙。当填石路堤的基础稳定层为岩基时也可用高压水冲，将表层填隙料填入空隙，反复数次使空隙填满为止。

⑥当用人工铺填粒径 25cm 以上的石料时，应先铺大块石料，大面向下，小面向上，摆平放稳，再用小石块找平，石屑填缝，最后碾压。人工铺填粒径为 25cm 以下的石料时，可采用直接分层摊铺，压路机分层碾压的施工方法进行。

2. 挖方路基施工

(1)挖方路基施工的一般要求

①挖方路基施工前应作好下列准备工作：

a. 进行施工放样，核实挖方工程量及挖方调运线路图。

b. 路基开挖前对沿线挖方土质进行试验。

②做好挖方路堑的排水设施(如截水沟或临时排水设施)。

③检查各种施工机械的品种、数量及运行质量并做好保养工作。

(2)土方路堑开挖的监理要点

①开挖前应清场并将清场土运至监理工程师指定的地点储存。

②挖方路堑的弃土，一般应移挖作填。若设计文件无明确规定时，承包人应按监理工程师的指示处理。

③挖方路基应按设计的横断面及边坡坡度自上而下逐层开挖，不得乱挖、超挖和欠挖，严禁掏洞取土，不得因开挖方式不当而引起边坡失稳或坍塌。

④挖方路基施工，边坡修整与边坡的稳定是影响施工质量的主要工序之一。当遇到过高的边坡或挖方路段水文地质、工程地质情况不良时，应即时采取必要的应急措施或设置必要的防护工程。

⑤路堑的路床表层下为有机土、难以晾晒和压实的土或 CBR 值较低的土壤，不宜作路床用土时，均应清除后用质量符合规定的土壤换填。

⑥路堑路床深度范围内的压实度应达到表 4-2 规定的压实标准。施工时宜全部翻松，分层回填，分层压实，若含水率过大还应晾晒。

⑦土方路堑开挖的施工方法可采用横挖法和纵挖法进行施工。

(3)石方路堑开挖的监理要点

①开挖石方，应根据岩石类别、风化程度和节理发育程度来确定开挖方式。对于软质岩石和强风化岩石能用机械直接开挖的，均采用机械开挖，不能用机械或人工开挖的石方，则应采用爆破法开挖。

②采用爆破法开挖的石方，首先应确定爆破方案，根据确定的爆破方案，进行炮位、炮孔深度和用药量计算，其设计图纸和资料应报送主管部门或监理单位审批。

③选用爆破法开挖石方应按图4-6所示程序进行。

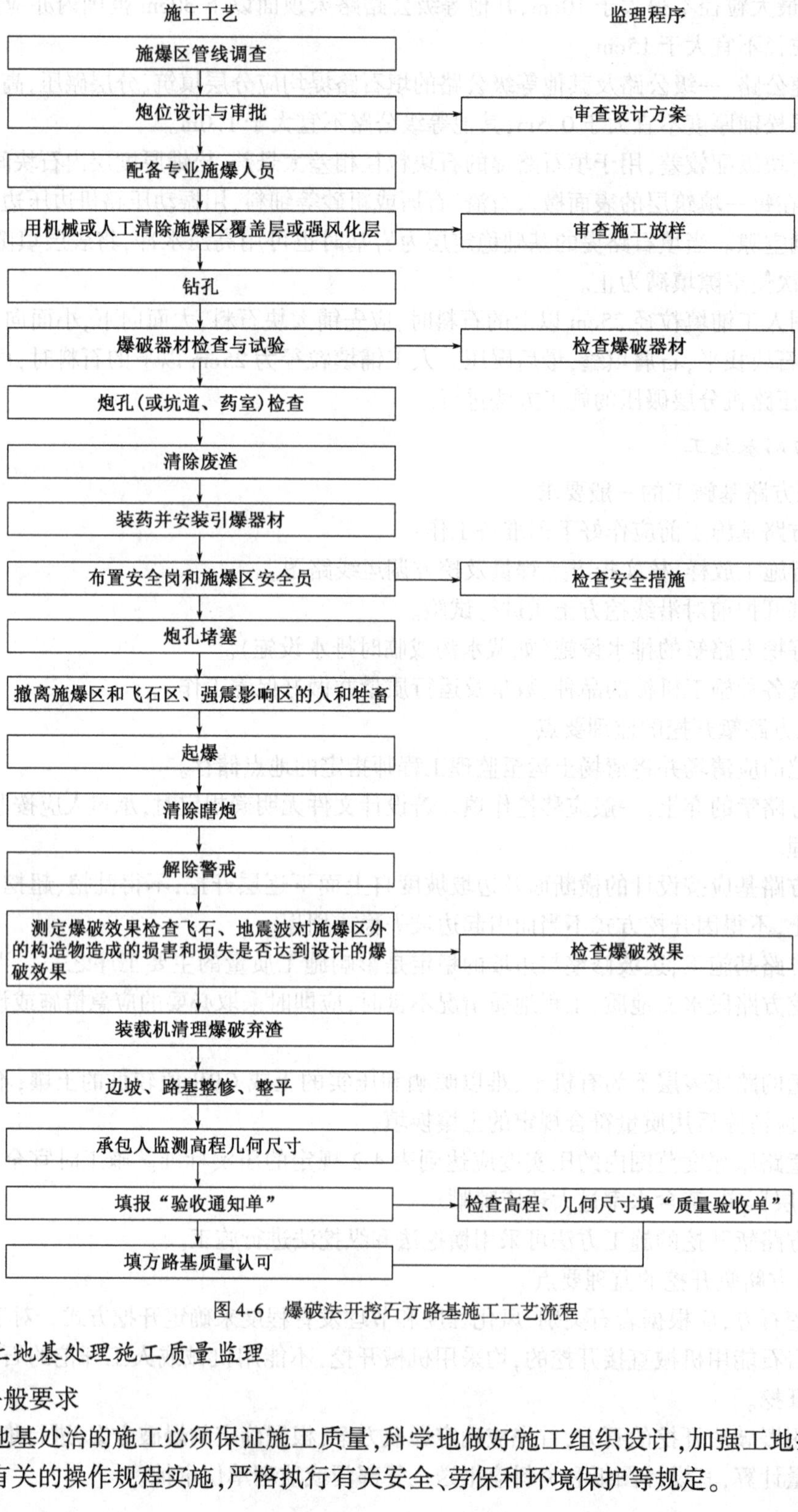

图4-6 爆破法开挖石方路基施工工艺流程

3. 软土地基处理施工质量监理

(1)一般要求

软土地基处治的施工必须保证施工质量,科学地做好施工组织设计,加强工地技术管理,严格按照有关的操作规程实施,严格执行有关安全、劳保和环境保护等规定。

所有运至工地的软土地基处治材料必须分类堆放，妥善保管，按有关标准进行质量检验，不合格材料不得用于工程。

软土处治施工前应做好施工期间的排水措施，对常年地表积水、水塘地段，应事先做好抽水、排淤、回填等工作。

施工中应遵守"按图施工"的原则，采用"边观察、边分析"的方法。如发现现场地质情况与提供资料不符或原设计的处治方法因故不能实施需改变设计时，应及时报告监理工程师依据有关规定报请变更设计。

采用新技术、新机具、新工艺、新材料、新测试方法时，必须制定不低于规范水平的标准和工艺要求，并应征得监理工程师认可。

(2)软土地基处治施工方法及质量要求

①砂垫层。砂垫层为设置在路堤填土与软土地基之间的透水性垫层，可起排水的作用，可保证在填土荷载作用下地基中孔隙水的顺利排出，从而加快地基的固结。

砂垫层材料宜采用洁净中、粗砂，含泥量不应大于5%，并应将其中的植物、杂质除净。也可采用天然级配砂砾料，其最大粒径不应大于5cm，砾石强度不低于四级（即洛杉矶法磨耗率小于60%）。

摊铺后适当洒水，分层压实，压实厚度宜为15～20cm。如采用砂砾石，应无粗细粒料分离现象。砂垫层宽度应宽出路基边脚0.5～1.0m，两侧端以片石护脚或采用其他方式防护，以免砂料流失。

②浅层处治。表层分布厚度小于3m的软土时，可采用换填、抛石挤淤的方法进行处治。

软土、泥沼地区采用换填地基时，其填筑、压实的施工与监理应按照本章路基填筑压实标准的规定执行。

抛石挤淤是强迫换土的一种形式，它不必抽水挖淤，施工简便。抛石挤淤应采用不易风化的石料，片石大小随泥炭稠度而定。对于容易流动的泥炭或淤泥，片石可稍小些，但不宜小于30cm，且小于30cm粒径含量不得超过20%。

当软土地层平坦时，抛投应沿路中线向前抛填，再渐次向两侧扩展。软土地层横坡陡于1∶10时，应自高侧向低侧抛投，并在低侧边部多抛投，使低侧边部约有2m宽的平台顶面。片石抛出软土面后，应用较小石块填塞垫平，用重型机械碾压紧密，然后在其上设反滤层，再行填土。

③反压护道。反压护道是在路堤一侧或两侧填筑一定宽度和高度的护道，运用力学平衡原理，平衡路堤自重作用产生的滑动力矩，以提高路基的稳定性。

用作反压护道填料材质及护道的高度、宽度应符合设计要求。反压护道施工宜与路基同时填筑，分开填筑时，必须在路堤达到临界高度前将反压护道筑好。

反压护道压实度应达到《公路土工试验规程》（JTG E40—2007）重型击实试验法测定的最大干密度的90%，或满足设计提出的要求。

④土工合成材料加筋路堤。用变形小、老化慢的土工合成材料作为路堤的加筋体，可以减少路堤填筑后的地基不均匀沉降，又可以提高地基承载能力，同时也不影响排水，故可提高路基的整体性和稳定性。

土工合成材料应具有质量轻、整体连续性好、抗拉强度较高、抗腐蚀性和抗微生物侵蚀性好、施工方便等优点；非织型的土工纤维应具备当量孔隙直径小、渗透性好、质地柔软、能与土很好结合的性质。

应根据出厂单位提供的幅宽、质量、厚度、抗拉强度、顶破强度和渗透系数等测试数据,选用满足设计要求的土工合成材料。土工合成材料在存放以及施工铺设过程中应尽量避免长时间暴露或暴晒,以免其性能劣化。

土工合成材料加筋路堤施工时应符合以下规定:

a.应在平整好的下承层上按路堤底宽断面铺设,摊铺时应拉直平顺,紧贴下承层,不致出现扭曲、折皱、重叠。在斜坡上摊铺时,应保持一定松紧度(可用U形钉控制)。

b.铺设土工聚合物,应在路堤每边各留足够的锚固长度,回折在压实的填料面上,平整顺适,外侧用土覆盖,以免人为破坏。锚固长度应满足设计要求。

c.应保证土工合成材料的整体性,当采用搭接法连接时,搭接长度宜为30~90cm;采用缝接法时,缝接宽度应不小于5cm;采用粘接法时,粘接宽度不应小于5cm,粘合强度应不低于土工合成材料的抗拉强度。

d.现场施工中发现土工合成材料有破损时必须立即修补好。双层土工合成材料上、下层接缝应交替错开,错开长度不应小于0.5m。

⑤袋装砂井。采用一定的施工方法在地基中获得按一定规律排列的孔眼,在孔眼中灌入砂袋即形成了袋装砂井。袋装砂井的主要材料是袋和砂,宜选用聚丙烯或其他适用的编织料制成袋,抗拉强度应能保证承受砂袋自重,装砂后砂袋的渗透系数应不小于砂的渗透系数。砂则宜采用渗水率较高的中、粗砂,大于0.5mm的砂的含量宜占总质量的50%以上,含泥量不应大于3%,渗透系数不应小于5×10^{-3}cm/s。

袋装砂井的主要施工机具为导管式振动打桩机,在行进方式上普遍采用的有轨道门架式、履带臂架式、吊机导架式等。

袋装砂井的施工工艺流程为:整平原地面→摊铺下层砂垫层→机具定位→打入套管→沉入砂袋→拔出套管→机具移位→埋砂袋头→摊铺上层砂垫层。

袋装砂井施工的质量应符合以下规定:

a.袋装砂井的井距、井长、井径及灌砂率均应符合设计规定,砂井的竖直度允许偏差为1.5%。

b.砂袋灌入砂后,露天堆放应有遮盖,切忌长时间暴晒,以免砂袋老化。砂袋入井,应用桩架吊起垂直起吊,以防止砂袋发生扭结、缩颈、断裂和磨损。

c.为控制砂井的设计入土深度,在钢套管上应画出标尺,以确保井底高程符合设计要求。拔钢套管时应注意垂直起吊,以防止带出或损坏砂袋,施工中若发现上述现象,应在原孔边缘重打;连续两次将砂袋带出来时,应停止施工,待查明原因后再施工。

d.砂袋留出孔口长度应保证伸入砂垫层至少30cm,并不得卧倒。

⑥塑料排水板。塑料排水板是由芯体和滤套组成的复合体,或是由单一材料制成的多孔管道板带(无滤套)。

芯板是由聚乙烯或聚丙烯加工而成的多孔管道或其他形式的板带,应具有足够的抗拉强度和垂直排水能力。其抗拉强度不应小于1 300kPa;当周围土体压力在15cm深度范围内不大于250kPa或在大于15cm范围内不大于350kPa条件下,其排水能力应不低于30cm^2/s。芯板应具有耐腐蚀性和足够的柔性,保证塑料排水板在地下的耐久性,并在土体固结变形时不会发生折断或破坏。

滤套一般由无纺织物制成，具有一定的隔离土颗粒和渗透功能，应等效于0.025mm孔隙，其最小自由透水表面积宜为1 500cm^2/m，渗透系数应不小于5×10^{-3}cm/s。

用塑料排水板处治软土的主要施工机具是插板机，也可与袋装砂井打设机具共用，但应将圆形套管换成矩形套管。

用塑料排水板处治软土的施工工艺流程为：整平原地面→铺设下层砂垫层→机具就位→塑料排水板穿靴→插入套管→拔出套管→割断塑料排水板→机具移位→摊铺上层砂垫层。

施工质量应符合以下规定：

a. 施工现场堆放的塑料排水板应加以适当覆盖，以防暴露在空气中老化。

b. 插入过程中导轨应垂直，钢套管不得弯曲，施工中防止泥土等杂物进入套管内，一旦发现应及时清除，透水滤套不应被撕破和污染，排水板底部应有可靠的锚固措施，以免拔出套管时将芯板带出。

c. 塑料排水板留出孔口长度应保证伸入砂垫层不小于50cm，使其与砂垫层贯通，并将其保护好，以防机械、车辆进出时受损，影响排水效果。

d. 塑料排水板搭接应采用滤套内平接的方法，芯板对扣，凹凸对齐，搭接长度不小于20cm，滤套包裹，用可靠措施固定。

e. 塑料排水板的板长要求不小于设计值，板距容许偏差为-15～+15cm，竖直度偏差不大于1.5%。

⑦砂桩。采用一定的施工方法在地基中获得按一定规律排列的孔眼，在孔眼中灌入中、粗砂即形成了砂桩。砂桩顶面应铺设砂垫层，以构成完整的地基排水系统。用作砂桩的砂，其要求同袋装砂井，也可使用含泥量小于5%的砂和角砾混合料。

砂桩的施工机具有振动打桩机、柴油打桩机，其成型工艺有冲击式和振动式，桩管下端装有活瓣钢桩靴。砂桩的施工工艺流程为：整平原地面→机具定位→桩管沉入→加料压密→拔管→机具移位。

砂桩的施工质量应符合以下规定：

a. 砂的含水率对桩体密实度有很大影响，应根据成桩方法分别符合以下规定：

当采用单管冲击法、一次打桩管成桩法或复打成桩法施工时，应使用饱和砂。

当采用双管冲击法、重复压拔法施工时，可使用含水率为7%～9%的砂。饱和土中施工也可用天然湿砂。

b. 地面以下1～2m土层由于侧向约束软弱，不利成桩，应取超载投砂法，通过压挤提高表层砂的密实程度。

c. 桩体在施工中应确保连续、密实；在软弱黏性土中成型困难时，可隔行施工，各行中也可间隔施工。

d. 实际灌砂量未达到设计用量要求时，应在原位将桩管打入，补充灌砂后复打1次，或在旁边补桩一根。

e. 砂桩的桩长、桩径、灌砂量应符合设计要求，桩距允许偏差为-15～+15cm，竖直度偏差应小于1.5%。

⑧碎石桩。采用砾石、碎石等散粒材料，以专用振动沉管机械或水振冲器施工形成碎石桩，碎石桩与周围地基组成复合地基。粒料桩对地基有置换、挤密和竖向排水作用。

碎石桩的填料应为未风化的干净砾石或轧制碎石，粒径宜为20～50mm，含泥量不应大于

10%。一般可饮用水均可用于碎石桩的施工。

施工前应按规定做成桩试验,监理工程师应检查承包人冲孔、清孔、制桩时间和深度、冲水量、水压、压入碎石量及电流的变化等记录。经验证设计参数和施工控制的有关参数作为碎石桩施工的控制指标。

碎石桩的主要施工机具是振冲器、吊机或施工专用平车和水泵。其施工工艺的程序为:整平原地面→振冲器就位对中→成孔→清孔→加料振密→关机停水→振冲器移位。

碎石桩施工质量控制应符合以下规定:

a. 碎石桩施工应根据制桩试验成果严格控制水压、电流和振冲器在固定深度位置的留振时间。

水压视土质及其强度而定,一般对强度较低的软土,水压要小些;对强度较高的软土,水压宜大。成孔时水压宜大,制桩振密时水压宜小。水量要充足,使孔内充满水,以防塌孔。

应严格控制电压稳定,一般为(380±20)V。应控制加料振密过程中的密实电流,密实电流的规定值应根据现场制桩试验定出,宜为潜水电动机的空载电流加上10~15A,或为额定电流的90%左右;严禁在超过额定电流的情况下作业。

振冲器在固定深度位置的留振时间宜为10~20s。

b. 填料要分批加入,不宜一次加料过量,原则上要“少吃多餐”,保证试桩标定的装料量,一般制作最深桩体时填料偏多。每一深度的桩体在未达到规定的密实电流时应继续加料,继续振实,严格防止“断桩”和“缩颈桩”的发生。

c. 施工时碎石桩的桩径、桩长、灌碎石量均应符合设计要求,桩距施工允许误差为±15cm,竖直度偏差小于1.5%。

d. 碎石桩密实度自检频率宜抽查5%,要求用重Ⅱ型动力触探测试,贯入量10cm时,击实不少于5次。

⑨加固土桩。用某种深层拌和的专用机械,将软土地基的局部范围内用固化材料加以改善、加固,即形成加固土桩。加固土桩与桩间土形成复合地基。

a. 加固土桩的固化材料可用水泥、生石灰、粉煤灰或NCS固化剂等,其质量规格应符合设计要求。

生石灰是磨细的,最大粒径应小于0.2cm。生石灰应无杂质,氧化镁和氧化钙含量不应低于85%,其中氧化钙含量不低于80%。

水泥宜采用普通水泥或矿渣水泥。严禁使用过期、受潮、结块、变质的劣质水泥。对非免检厂生产的水泥,应分批提供有关强度等级、安定性等试验报告。

粉煤灰化学成分中要求二氧化硅和三氧化二铝的含量大于70%,烧失量应小于10%。

有条件地区可采用石膏粉作为掺加剂,有利于强度的提高。

施工实际使用的固化剂和外掺剂,必须通过室内试验的检验,符合设计要求后方可使用。

b. 加固土桩施工前必须进行成桩试验,应达到下列要求并取得以下技术参数:

满足设计喷入量的各种技术参数,如钻进速度、提升速度、搅拌速度、喷气压力、单位时间喷入量等;

确定搅拌的均匀性;

掌握下钻和提升的阻力情况,选择合理的技术措施;

根据地层、地质情况确定覆喷范围,成桩工艺性试验桩数不宜少于5根。

c. 施工工艺应按以下程序进行:

整平原地面→钻机定位→钻杆下沉钻进→上提喷粉(或喷浆)强制搅拌→复拌→提杆出孔→钻机移位。

d. 施工前应丈量钻杆长度,并标上显著标志,以掌握钻杆钻入深度、复拌深度,保证设计桩长。

e. 施工机械应按固化剂喷入的形态(浆液或粉体),采用不同的施工机械组合。

对浆液固化剂:主机为深层搅拌机,有双搅拌轴中心管输浆方式和单搅拌轴叶片喷浆方式两种。配套机械主要有灰浆拌制机、集料斗、灰浆泵、控制柜及计量装置。

对粉体固化剂:主要为钻机、粉体发送器、空气压缩机、搅拌钻头。

f. 施工质量应符合以下规定。

采用浆液固化剂时:固化剂浆液应严格按预定的配比拌制。制备好的浆液不得离析,不得停置过长,超过2h的浆液应降低强度等级使用;浆液倒入集料时应加筛过滤,以免浆内结块,损坏泵体。

泵送浆液前,管路应保持潮湿,以利输浆。现场拌制浆液,应有专人记录固化剂、外掺剂用量,并记录泵送浆开始、结束时间。

根据成桩试验确定的技术参数进行施工。操作人员应记录每米下沉时间、提升时间,记录送浆时间、停泵时间等有关参数的变化。

供浆必须连续,拌和必须均匀。一旦因故停浆,为防止断桩和缺浆,应使浆搅拌机下沉至停浆面以下0.5m,待恢复供浆后再喷浆提升。如因故停机超过3h,为防止浆液硬结堵管,应先拆卸输浆管路,清洗后备用。

搅拌机提升至地面以下1m时宜用慢速;当喷浆口即将出地面时,应停止提升,搅拌数秒,以保证桩头均匀密实。

采用粉体固化剂时:加固土桩施工应根据成桩试验确定的技术参数进行,操作人员应随时记录压力、粉喷量、钻进速度、提升速度等有关参数的变化。

严格控制粉喷高程和停粉高程,不得中断喷粉,确保桩体长度。严禁在尚未喷粉的情况下进行钻杆的提升作业。

当钻头提升到地面以下不足50cm时,送灰器应停止喷灰,并用人工回填黏性土压实。

桩身根据设计要求在一定深度即在地面以下1/3～1/2桩长,并不小于5m的范围内,必须进行重复搅拌,使固化料与地基土均匀拌和。

施工中,发现喷粉量不足,应整桩复打,复打的喷粉量应不小于设计用量。

施工机具设备的粉体发送器必须配置粉料计量装置,并记录水泥的瞬时喷入量和累计喷入量。严禁无粉料喷入计量装置的粉体发送器投入使用。

储灰罐容量应不小于一根桩的用灰量加50kg;当储量不足时,不得对下一根桩开钻施工。

钻头直径的磨损量不得大于1cm。

g. 粉喷桩的桩径、桩长、单桩粉喷量均应符合设计要求,应在桩体三等分段各钻取芯样一个,一根桩取三个试块进行强度测试,强度应不低于设计要求。桩距允许偏差为±10cm,竖直度偏差应小于1.5%。

4. 路基排水工程、支挡与防护结构物的施工质量监理

(1)路基排水工程

路基排水工程主要分为地面排水设施和地下排水设施。地面排水设施包括边沟、截水沟、排水沟、跌水、急流槽、拦水缘石与蒸发池等;地下排水设施包括渗沟、渗井、隔离层等,渗沟又可分为填石渗沟、管式渗沟和洞式渗沟三种形式,三种渗沟均应设置排水层(或管、洞)、反滤层和封闭层。

路基排水工程施工质量监理的工作要点如下:

①根据路基施工的现场情况核对路基排水设计,如设计与现场情况相符时,应检查各类排水设施的位置、断面、尺寸、坡度、高程。如果需要变更,施工监理应根据实际需要确定。

②各类排水设施要求纵坡顺适、沟底平整、排水畅通,无冲刷和无阻水现象。

③检查沟槽护砌片石的强度,严禁采用风化岩石;检查确定护面砌体所用砂浆和混凝土的配合比,抽样检查其强度。

④检查沟槽护面砌体的质量(包括砂浆饱满程度和密实程度),要求砌体咬扣紧密,勾缝平顺无脱落,缝宽大体一致。

⑤检查渗沟、渗井及隔离层的底面高程及尺寸,确保地下排水设施的埋设深度符合设计要求。

⑥检查渗沟、渗井的回填渗透材料的规格尺寸。

⑦严格检查地下排水设施的施工程序,上一道工序的质量未经施工监理检查认可,不得进行下一道工序的施工。

⑧旁站地下排水设施施工后,对施工单位填报的"隐蔽工程记录单"进行审核检查,确认符合设计要求方能认可。

(2)涵洞及通道

涵洞按照形式可分为管式涵、盖板涵、拱涵与箱涵等。每座涵洞由涵身与进、出洞口组成。洞口的建筑形式有八字翼墙式、直墙式、端墙式,必要时尚须铺砌进洞口处的路堤,以防水流的冲刷。一般涵洞的设计可使用标准图。涵洞的施工一般可分为基础开挖、涵身砌筑与进、出洞口砌筑几道工序。

通道与涵洞构造形式相同,但不是过水,而属于过人或过人力车、马车和拖拉机的低等级立交构造物。

①挖基:

a. 基础开挖应符合图纸要求。开挖基坑时,应核对地质情况,检查基底土质的均匀性、地基稳定性及承载力(小桥和涵洞的地基检验,一般采用直观或触探方式,必要时可进行土壤分析试验和试压试验)。

b. 检查基底表面位置、尺寸大小、基底高程,并检查施工原始记录。

c. 基坑开挖后,应紧接着进行垫层铺设,并紧接着进行下一道工序的施工,承包人应采取措施,保护基坑的暴露面不致破坏。

d. 垫层和基座砂砾垫层应为压实的连续材料层,应分层摊铺压实,不得有离析现象,其压实度应在90%以上。混凝土基座浇筑时,应防止混凝土中的水分被基底吸收或积水渗入混凝土中而降低混凝土的强度,基座的尺寸应符合图纸要求,并按图纸要求设置沉降缝。

②涵管敷设与涵身砌筑:

a. 涵管敷设。管节安装从下游开始,使接头面向上游,每节涵管应紧贴于垫层或基座上,使涵管受力均匀,所有管节应按正确的轴线和坡度敷设。如管壁厚度不同,应使内壁齐平。

涵管接缝宽度应不大于10mm,并应用沥青麻絮或其他具有弹性的不透水材料填塞接缝的内、外侧,以形成一柔性密封层,不得有裂缝、空鼓、漏水等现象。

如果图纸有规定,在管节接缝填塞好后,应在其外部设置 C15 混凝土箍圈。箍圈环绕接缝浇筑好后,应给予充分养生使其达到规定的强度,且不产生裂缝、脱落等现象。

当管节采用承插式接缝时,在承口端应先施作干硬性水泥砂浆,在管节套接以后再在承口端的环形孔隙内塞以砂浆使接头紧密,并将内壁表面抹平。

b. 盖板涵施工。混凝土的涵台及基础分别浇筑时,基础顶面与涵台相接部分应拉毛。涵台或盖板可按图纸设置的沉降缝处分段修筑。

当设计有支撑梁时,应在安装或浇筑盖板之前完成。图纸要求将钢筋混凝土盖板用锚栓与涵台锚固在一起时,应按图纸规定或监理工程师批准的其他方法固定锚栓。

盖板安装前,应检查成品及边墙尺寸,并检查涵台强度是否达到设计强度的 70% 以上。

盖板安装后,盖板上的吊装装置,应用砂浆填满,相邻板块之间采用 1:2 水泥砂浆填塞密实。

c. 箱涵现场浇筑。在浇筑底板以前,应清除基座上的杂物,然后按图纸立模板,绑扎钢筋,浇筑混凝土。

底板达到设计强度后,方可在底板上绑扎钢筋、立模浇筑侧板及顶板。

为保证搭板与箱体的连接,在浇筑侧板上的牛腿时,应按图纸预埋锚固筋。

严格按图纸所示的高程、纵坡和预拱度设置垫层、基座,以及立模和浇筑混凝土。

d. 石拱涵施工。拱架、支架、模板等由承包人负责设计,经监理工程师批准后进行施工。

拱圈圬工砌筑,应由两端的拱脚向中间同时对称进行,砌筑时拱圈或支架不得有变形。

拱圈砂浆强度达到设计强度的 70% 时方可拆除拱架;拱顶填土,必须达到设计强度后方可进行。

沉降缝、防水层应按设计规定施工。

涵身顺直,涵底铺砌密实平整,拱圈圆滑。

③进出水口:

a. 进出水口应采用混凝土或圬工修筑,所用原材料及砂浆应符合设计要求。

b. 帽石及一字墙应表面平整、轮廓清晰、线条平直。

c. 进出水口与上下游沟槽连接顺适,流水畅通。

④回填:

a. 回填所用材料,应采用透水性土,严禁使用含有淤泥、杂草、腐殖物、含冻土块的土。

b. 回填材料的压实,应在接近最佳含水率时分层填筑和夯实。

c. 对圆管涵在检验管节安装及接缝符合要求后,在管节两侧分层回填至与涵管中心齐平。夯实作业方式应不使涵管和接缝部位引起任何损坏或扰动。

d. 盖板涵及箱涵台背填土必须在支撑梁(或涵底铺砌)及盖板安装且砂浆强度达到 70% 以后方可进行,填土时应在两个台背同时对称填筑,盖板上面填土时,第一层土的摊铺及碾压厚度分别不得少于 30cm 和 20cm,并防止剧烈的冲击。

e. 拱涵拱顶填土必须在拱圈砂浆达到设计强度后方可进行。

(3)支挡及石砌防护构造物

支挡构造物可利用墙身自重支撑墙背土压力,以防止路基变形或支挡路基本身,保证路基稳定性。常用的支挡构造物有各种挡土墙、护肩、砌石、石垛等。砌石、石垛多用干砌;护肩、挡墙则多为浆砌。

石砌防护构造物主要起隔离作用,以防止冲刷和风化。常用的石砌防护构造物有护坡和护面墙。支挡及石砌防护构造物施工一般分为挖基、构造物砌筑和回填等工序。路基支挡、石砌防护构造物施工流程及监理流程如图4-7所示。

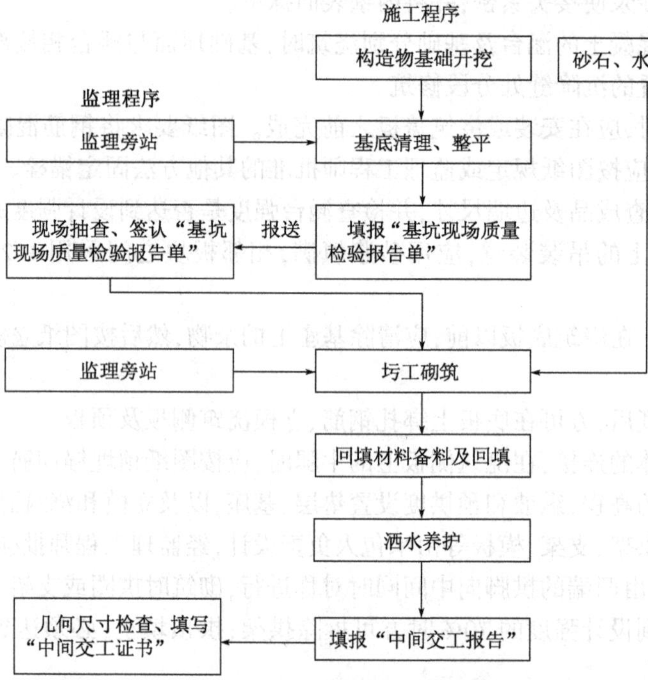

图4-7 路基支挡及石砌防护构造物施工流程及监理工作项目示意图

挖基与回填的质量控制与涵洞相同。构造物施工时应注意:

①沿构造物长度方向地面有纵坡时,应沿纵向挖成台阶。

②用来修筑构造物的片石、砂浆、混凝土等材料应满足规范要求。

③砌筑基础的第一层时,如基底为基岩或混凝土基础,应先将其表面加以清洗、湿润、坐浆砌筑。

④砌体应分层砌筑,砌筑上层时,不应振动下层。

⑤砌石分层错缝,砌筑时坐浆挤紧,嵌填饱满密实,无空洞。

⑥沉降缝、伸缩缝、防水层、泄水孔的位置和数量应符合图纸规定。

⑦墙背填料应符合设计要求。用作挡土墙泄水孔进口处的反滤层和墙背渗水层,其材料为砾石、砂石、砂或其组合,其级配应符合设计要求。

三、路基工程完工质量验收评定与管理

1.路基工程验收的范畴

(1)完工验收:指施工阶段各分项施工工程分段完成施工后,经承包人自检合格,并向监理工程师申请进行中间交验的阶段。

(2)交工验收:当承建工程在合同工期内已按工程承包合同的有关条款及设计文件和施

工验收技术规范要求建成，并完成竣工文件的编制，由承包人向建设单位（建设单位）申请对承建的整个工程进行交验的阶段。

完成交工验收的工程，标志着工程施工阶段的结束，缺陷责任期（保修期）的开始。交工验收合格的工程，可以投入运营使用。

（3）竣工验收：工程交工验收合格，在交工验收中的剩余收尾工程业已完成，并完成工程竣工决算财务审计，由建设单位（建设单位）向上级主管部门或投资隶属关系的上级主管部门申请对已完成了交工验收的工程进行竣工验收。

2. 路基工程完工质量验收的监理工作重点

（1）对每一项完工的分项工程，承包人应按《公路工程质量检验评定标准　第一册　土建工程》（JTG F80/1—2017）或建设单位提出的为本工程专用的验收标准中所规定的检测项目与检测频率，逐项进行检测。

（2）承包人将检测成果填入专项完工质量交验单，报监理工程师抽检与审核。

（3）监理工程师收到承包人报送的质量交验单后，按监理单位自行规定的抽检频率，进行抽检与质量等级评定：

①监理工程师未抽检的检测项目，应审核承包人所报检的合格率。

②当监理工程师的抽检频率小于承包人的自检频率时，该检测项目的合格率 =（承包人自检合格率 + 监理抽检合格率）/2。

③当监理工程师抽检频率大于承包人的自检频率时，以监理抽检的合格率计分。

（4）按《公路工程质量检验评定标准　第一册　土建工程》（JTG F80/1—2017）由监理工程师对完工交验的分项工程进行质量等级的评定；然后再以分项工程为基础，对分部工程、单位工程进行质量等级的逐级评定。

3. 路基工程完工质量交验单

按照《公路工程质量检验评定标准　第一册　土建工程》（JTG F80/1—2017）中所规定的属于路基工程中的各个分项工程的检查项目、规定值或允许偏差、检查方法和频率规定分及外观鉴定，进行“路基工程完工质量交验单”的填写。

复习思考题

1. 在工程质量监理过程中，出现质量缺陷该如何处理？
2. 在工程质量监理中，对路基的基本要求是什么？
3. 路基工程质量的检验评定标准是什么？
4. 软土地基处理方法及其质量监理的基本要求是什么？

第五章
路面施工质量监理

第一节　路面基层质量控制

一、路面基层(底基层)的基本形式与质量要求

1.路面基层的基本形式

公路路面由面层和基层(底基层)两个层次构成。路面基层又分为上基层和下基层,工程上一般把上基层称为基层,下基层称为底基层。

直接位于沥青面层(可以是一层、二层或三层)下用高质量材料铺筑的主要承重层,或直接位于水泥混凝土面板下用高质量材料铺筑的一层称为基层。在沥青路面基层下铺筑的次要承重层或在水泥混凝土路面基层下铺筑的辅助层称为底基层。

设计荷载由面层和基层共同承载(即为承重层),传布在底基层上。路面基层主要作用是承受由面层传递来的车辆荷载的垂直力,并把它扩散到底基层上,通过底基层传递、分布于垫层和路槽上。

实践证明,无论是对于沥青路面还是水泥混凝土路面,影响其使用性能和使用寿命的最关键因素是基层和底基层的材料和质量。新建高速公路和其他公路产生的一些早期破坏都与基

层和底基层质量不好有关。因此,公路工程路面基层和底基层施工监理中,基层和底基层质量控制是监理工作中的重点内容。基层和底基层质量监理主要包括所用材料的标准试验、铺筑试验段、施工过程中的质量监理和工序间的质量检查验收。

基层和底基层按组成材料可分为稳定土、石灰工业废渣、碎砾石三大类。稳定土又分为水泥稳定土、石灰稳定土两类。碎砾石分为三类:级配碎石、级配砾石和填隙碎石。本节就以上各种基层和底基层的质量监理进行介绍。

2. 路面基层质量要求

(1)具有足够的强度和刚度。基层必须能承受车轮荷载的反复作用,特别是柔性路面更为突出。在设计的标准轴次的重复作用下,基层应不产生过多的残余变形,更不能产生剪切破坏(柔性粒料基层)或疲劳弯拉破坏(各种结合料处理的半刚性基层)。要满足上述要求,除设计必需的厚度外,基层材料还应具有足够的强度,如抗压强度、抗拉强度、弯拉强度和必要的刚度(抗垂直位移和弯拉应变的能力)。

(2)具有足够的水稳定性和冰冻稳定性。我国南方多雨潮湿地区,路面结构的基层、底基层在水的作用下,强度会降低;北方冰冻地区,路面结构的基层、底基层在水和负温度季节性的反复作用下冬季会结冰,产生冻胀,春季会融化,引起强度较大幅度地降低。因此,要求路面的基层、底基层材料,在气候、水温条件作用下,应具有足够的水稳性和冰冻稳定性。

(3)具有足够的抗冲刷(抗腐蚀)能力。随着交通量和汽车载质量的增加,对刚性路面下的基层提出了新的抗冲刷要求。唧泥是在水泥混凝土板的接缝、裂缝和边缘部位,土与水的混合物在车轮荷载反复作用下发生的强制性位移。它是导致路面板失去均匀支承,在车轮荷载作用下发生破坏的重要原因之一。

(4)收缩性要小。对于高等级公路上的半刚性基层,还要求其具有较小的收缩性。半刚性材料的收缩包括两个方面,一是由于水分减少而产生的干缩,二是由于温度降低而产生的温度收缩。

基层材料的干缩和温度收缩是引起基层结构产生横向裂缝的主要原因,直接影响沥青面层的规则性反射裂缝的发生。

(5)具有足够的平整度。基层的平整度对薄沥青面层的平整度有十分重大的影响,薄沥青面层的平整度取决于基层的平整度。

对厚的沥青混凝土面层的平整度,基层平整度对它的影响要小,但基层的不平整会引起沥青面层厚薄不匀,影响沥青路面的使用寿命。

(6)与面层结合良好。面层与基层间的良好结合,对沥青面层的使用质量是非常重要的。基层与面层的良好结合,使路面结构在车轮荷载作用下处于完全连续的界面应力状态,可以减小沥青面层底面或半刚性基层内部的拉应力和拉应变,以及由温度梯度引起的沥青面层内的应力和应变,防止沥青路面发生病害。

3. 路面基层原材料质量要求

基层、底基层所用的原材料包括:土、石灰、水泥、粉煤灰、煤渣、碎石、砾石、石屑及施工用水等。

(1)土(按照粒径大小分类的细粒土)的塑性指数在12~20范围内,土中不得含有污物和有害杂质,土中的有机质含量不得超过8%,水泥稳定土有机质含量不得超过2%,硫酸盐含量不得超过0.25%。土块的最大粒径为20mm。

(2)石灰的质量应符合表5-1规定的Ⅲ级以上(含Ⅲ级)的消石灰或生石灰的技术要求。当石灰的 CaO + MgO 含量小于Ⅲ级灰标准时,应通过室内配合比试验,选择满足强度要求的剂量才可使用。

石灰的技术指标[《公路路面基层施工技术细则》(JTG/T F20—2015)] 表5-1

项目		钙质生石灰			镁质生石灰			钙质消石灰			镁质消石灰		
		等级											
		Ⅰ	Ⅱ	Ⅲ	Ⅰ	Ⅱ	Ⅲ	Ⅰ	Ⅱ	Ⅲ	Ⅰ	Ⅱ	Ⅲ
有效 CaO + MgO 含量(%) 不小于		85	80	70	80	75	65	65	60	55	60	55	50
未消解残渣含量(5mm)圆孔筛率(%) 不大于		7	11	17	10	14	20						
含水率(%) 不大于								4	4	4	4	4	4
细度	0.60mm 方孔筛的筛余(%) 不大于							0	1	1	0	1	1
	0.15mm 方孔筛的筛余(%) 不大于							13	20	—	13	20	—
钙镁石灰的分类界限,氯化镁含量(%)		≤5			>5			≤4			>4		

注:硅、铝、铁、氧化物含量之和大于5%的生石灰,有效 CaO + MgO 含量指标:Ⅰ级≥75%,Ⅱ级≥70%,Ⅲ级≥60%,未消解残渣含量指标与镁质生石灰指标相同。

(3)普通硅酸盐水泥、矿渣硅酸盐水泥和火山灰质硅酸盐水泥都可使用,但应选用终凝时间较长(宜在6h以上)的;宜采用强度等级不小于32.5MPa的水泥。快硬水泥、早强水泥以及受潮变质的水泥不宜使用。

(4)粉煤灰不应含有凝固团块和其他杂质。粉煤灰中 SiO_2、Al_2O_3 和 Fe_2O_3 的总含量应大于70%,粉煤灰的烧失量不应超过20%;粉煤灰的细度满足要求(比表面积宜大于2 500cm^2/g,或90%通过0.3mm筛孔,70%通过0.075mm筛孔)。干、湿粉煤灰都可以应用。湿粉煤灰的含水率不宜超过35%。

(5)煤渣主要成分是 SiO_2 及 Al_2O_3,其松干密度为700 ~ 1 100kg/m^3。最大粒径不应大于30mm,颗粒组成宜有一定的级配,但不含杂质。

(6)砾石用于基层的最大粒径不应超过40mm,用于底基层时最大粒径不应超过50mm。砾石颗粒中细长和扁平颗粒的含量不超过20%。级配砾石用于基层时,其颗粒组成与塑性指数应符合规范规定的级配及塑性指数的要求。级配砾石作基层与底基层时,集料的压碎值应满足下列规定:

高速公路、一级公路的底基层、二级公路基层不大于30%;

二级公路底基层及二级以下公路基层不大于35%;

二级以下公路底基层不大于40%。

(7)碎石由各种类型的坚硬岩石,通过碎石机砸制出来,再通过几种不同筛孔而得出不同粒径范围的碎石,如20 ~ 40mm、10 ~ 20mm、5 ~ 10mm等或混料(未筛分碎石)。碎石中的扁平、细长颗粒总含量不应超过20%。其中不应有土块及植物根茎等。

用作路面基层、底基层的级配碎石，其颗粒组成和塑性指数应满足规范的规定和要求。

级配碎石作基层、底基层时，集料压碎值应满足下列要求：

高速公路、一级公路的基层不大于26%；

高速公路、一级公路的底基层、二级公路基层不大于30%；

二级公路底基层及二级以下基层不大于35%；

二级公路以下底基层不大于40%。

(8)水泥稳定中粒土及粗粒土：如级配碎石、未筛分碎石、砂砾、碎石土、砂砾土和各种粒状矿渣等，混合料中集料的级配应满足规范规定的级配要求。

水泥稳定土中碎石或砾石的抗压碎能力应符合下列要求：

二级及二级以下公路集料压碎值不大于35%；

二级以下公路底基层集料压碎值不大于40%；

一级公路、高速公路集料压碎值不大于30%。

(9)石灰稳定中粒土、粗粒土。适宜作石灰稳定中粒的基层、底基层材料有：级配碎石、未筛分碎石、砂砾、碎石土、砂砾土及各种粒状矿渣等。混合料中集料的级配应满足规范规定的级配要求。

混合料中集料的压碎值应满足下列要求：

二级和二级以下公路底基层不大于40%；

高速公路和一级公路的底基层、二级以下公路的基层不大于35%；

二级公路的基层不大于30%。

(10)二灰稳定中粒土、粗粒土：如砂砾、碎石、矿渣、煤矸石、碎石土。混合料中集料的级配应满足规范所规定的级配要求。

混合料中集料的压碎值应满足下列要求：

二级和二级以下公路不大于35%；

二级以下公路底基层可达40%；

高速公路、一级公路不大于30%。

(11)填隙碎石。填隙碎石粗集料的最大粒径，作基层时不超过60mm，作底基层时不超过80mm，(均指圆孔筛)。粗集料的级配和填隙料的级配应符合规范标准要求。

填隙碎石粗集料的压碎值应符合下列规定：

用作基层不大于26%；

用作底基层不大于30%。

(12)石屑。水泥稳定石屑，可用作高速公路、一级公路的基层。石屑的最大粒径不宜超过20mm，集料的压碎值不大于30%。可在5～15mm石屑混合料中掺入适当比例的天然砂，使混合料的颗粒组成满足规范规定的级配范围。

(13)施工用水：一般人或牲畜饮用的水源，均可使用。

4. 路面基层混合料质量要求

基层、底基层混合料质量包括以下两方面。

(1)基层、底基层混合料的强度，应满足表5-2规定的强度标准。它是确定施工用配合比的主要依据。

不同基层、底基层材料的强度标准(单位:MPa)　　表5-2

基层、底基层材料名称	层位	公路等级	
		二级和二级以下公路	高级公路和一级公路
水泥稳定类	基层	2.5~3.0	3~5①
	底基层	1.5~2.0	1.5~2.5①
石灰稳定类	基层	≥0.8②	—
	底基层	0.5~0.7③	≥0.8
二灰混合料稳定类	基层	0.6~0.8	0.8~1.1④
	底基层	≥0.5	≥0.6

注:①设计累计标准轴次 $<12\times10^6$ 的公路可采用低限值,超过 12×10^6 的公路可用中值,主要行驶重载车辆的公路应用高限值。

②在低塑性(塑性指数小于7)土地区,石灰稳定砂砾土和碎石土的7天浸水抗压强度应大于0.5MPa。

③低限用于塑性指数小于7的黏性土,高限用于塑性指数大于7的黏性土。

④设计累计标准轴次 $<12\times10^6$ 的高速公路用低限值,大于 12×10^6 的高速公路用中值,主要行驶重载车辆的高速公路用高限值。

①混合料配合比试验。承包人应根据设计图纸所提供的设计配合比并结合选用原材料性质的试验结果,按照规定的试验方法,进行配合比试验。在室内制成1:1(直径:高度)的圆柱体试件,试件的压实度与施工要求达到的压实度相同,在规定的标准养生条件下,湿养6天,浸水1天,进行饱水抗压强度试验。根据试验结果提出基层、底基层混合料施工用配合比,并报监理工程师审批。

②进行混合料配合比试验时,试件7天龄期饱水抗压强度平均值,应满足式(5-1)的要求:

$$\bar{R} \geqslant \frac{R_d}{1 - Z_\alpha C_v} \tag{5-1}$$

式中:$\bar{R}$——7天龄期 n 个试件抗压强度平均值,MPa;

R_d——抗压强度设计值;

C_v——试验结果的偏差系数(以小数计);

Z_α——标准正态分布表中随保证率(或置信度 α)而变的系数:高速公路和一级公路取保证率95%,此时 $Z_\alpha=1.645$;二级公路应取保证率90%,即 $Z_\alpha=1.282$。

(2)基层、底基层的压实标准。路面基层、底基层,在施工时必须达到《公路路面基层施工技术细则》(JTG/T F20—2015)所规定的压实标准,以保证路面结构层具有足够的力学强度,从而保证路面的整体强度、使用质量与使用寿命。

二、路面基层(底基层)施工准备阶段质量监理

在路面基层(底基层)施工准备监理阶段,监理工作的主要内容如下。

1.原材料试验、配合比审批

(1)在工程正式开工之前,监理工程师要会同承包人对所选定的材料进行取样,取代表性样品,进行规定的各项试验,以评定材料质量是否符合规定要求,把好材料进场第一关,控制住工程质量源头。材料经试验不合格的,监理工程师应以书面形式通知承包人,要求改变材料料

源,不合格的材料严禁用于工程项目中。对于经监理工程师审查,质量合格的原材料,签认批准后方可使用。

(2)承包人在正式开工前,应根据经监理工程师签认批准使用的原材料进行混合料的配合比设计试验,以确定满足强度要求的施工用配合比,然后报监理工程师审批。监理工程师对承包人上报的混合料配合比设计,经审核计算,通过监理试验室进行复核试验验证后,方可批准其使用该配合比。

2. 承包人主要机械设备的配置及质量现状的审查

在正式开工前承包人应自行检查为本工程施工所配置的机械设备的品种、数量及运行质量。并将检查、调试结果报监理工程师审查。

监理工程师应按照报检的设备清单,按施工规范对施工机械的功能要求对其数量与质量逐一进行审查。

(1)拌和设备(场拌与路拌)。

(2)运输设备。

(3)与摊铺方式配套的摊铺机械与设备。

(4)整平机械。

(5)洒水车。

(6)压实设备(各种吨位的压路机)。

上述设备经监理工程师审查合格后,予以批准使用。对功能不全或不能满足施工精度要求的机械设备,应不允许使用。

3. 试验路段方案和施工技术总结方案的审批或审查

在正式开工前至少一个月,承包人应在监理工程师批准的地点铺筑一段面积为 200 ~ 300m^2 的基层(底基层)试验路段。若经验收合格,可作为主体工程的一部分。

承包人应提供用于试验路段的原材料、混合料组成设计,以及备料、拌和、摊铺、碾压、养生设备一览表和施工程序、施工工艺及操作计划等详细书面说明,并报监理工程师审核批准。

铺筑试验路段的目的是:检验承包人提出施工方案和施工方法的适用性;检验拌和、摊铺与压实机械所具有的实际效果;检验和确认基层(底基层)施工中各道工序的质量控制指标,并提出保证质量的有效措施及质量检验的试验方法。最终获得大面积基层(底基层)施工时的各项技术参数。

通过试验路段的修筑,需提交正式施工的技术参数,主要包括以下内容。

(1)用于正式施工的基层(底基层)材料的配合比。

(2)材料的松铺系数。

(3)水泥稳定类材料施工的允许延迟时间。

(4)标准的施工方法主要有:

①混合料的数量控制方法。

②混合料摊铺方法和适用的机具。

③拌和机械是否适用,正确的拌和方法、拌和深度及拌和遍数。

④混合料最佳含水率的控制方法。

⑤压实机械的选择和组合,压实的顺序、速度和遍数。

⑥现场密实度的检查方法,初定每一作业段的最小检查数量。

⑦整平和整形的合适机具和方法。

(5)确定每一作业段的合适长度。

(6)确定每一次铺筑的合适厚度。

通过试验段的铺筑,承包人应根据所取得的技术参数提交正式的施工总结技术方案,报监理工程师审查批复后方可正式大面积展开施工。具体所上报的施工总结技术方案,一般应包括以下内容:

①施工方法与施工工艺。

②施工机械与主要设备。

③主要施工技术人员的分工及劳力安排。

④施工中的施工技术难点及相应的质量保证措施。

⑤施工进度安排。

三、路面基层(底基层)施工阶段质量监理

施工阶段是工程实体质量的形成阶段,也是施工技术规范中各项技术指标与标准满足规定技术要求的实施阶段。

在工程施工的4个阶段中,即施工准备阶段、施工阶段、完工验收阶段及缺陷责任期(保修阶段)中,施工阶段是关键。在这一阶段中,监理工程师的工作重点应抓住影响施工质量的关键工序进行旁站和巡视监理,并加强抽检。

对已完成的基层和底基层,要在承包人自检合格的基础上进行检查验收,以判定已完成的项目是否满足设计文件和施工技术规范的要求。抽检验收合格的签署"中间交工证书",并作为工程计量的基础资料。

以下按照基层、底基层的不同类别,对施工过程中的监理要点逐一作说明。

1. 水泥稳定类基层(底基层)施工阶段质量监理

水泥稳定类基层、底基层包括水泥稳定细粒土及水泥稳定粒料等,水泥稳定粒料包括水泥稳定级配碎石、未筛分碎石、天然砂砾、碎石土、砂砾土和各种粒状矿渣,以及具有一定级配的石屑等。

从拌和方法上分,水泥稳定土的施工方法主要有三种,即路拌法、移动式拌和机沿线拌和法及集中拌和法(中心站拌和法)。

(1)路拌法:先将要稳定的土摊铺在下承层上,整形后在上摊铺水泥,然后用拌和机(或农用犁、耙设备)进行拌和,并整平(人工或机械可用平地机整平)后压实。

(2)移动式拌和机沿线拌和法:此法经常用于大型工程,在欧美工业发达的国家,有稳定土的专门路拌机及配套设备提供给工程施工使用。

(3)集中拌和法:集中拌和法又分场拌法和混合料用强制式拌和机拌和法。拌和后用自动卸料汽车将拌和的混合料运至施工现场进行摊铺和压实。

现以强制式拌和机拌制水泥石屑的施工工艺及监理要点说明如下。

(1)水泥稳定石屑施工工艺及质量监理。水泥稳定石屑施工工艺及质量监理流程,见图5-1。

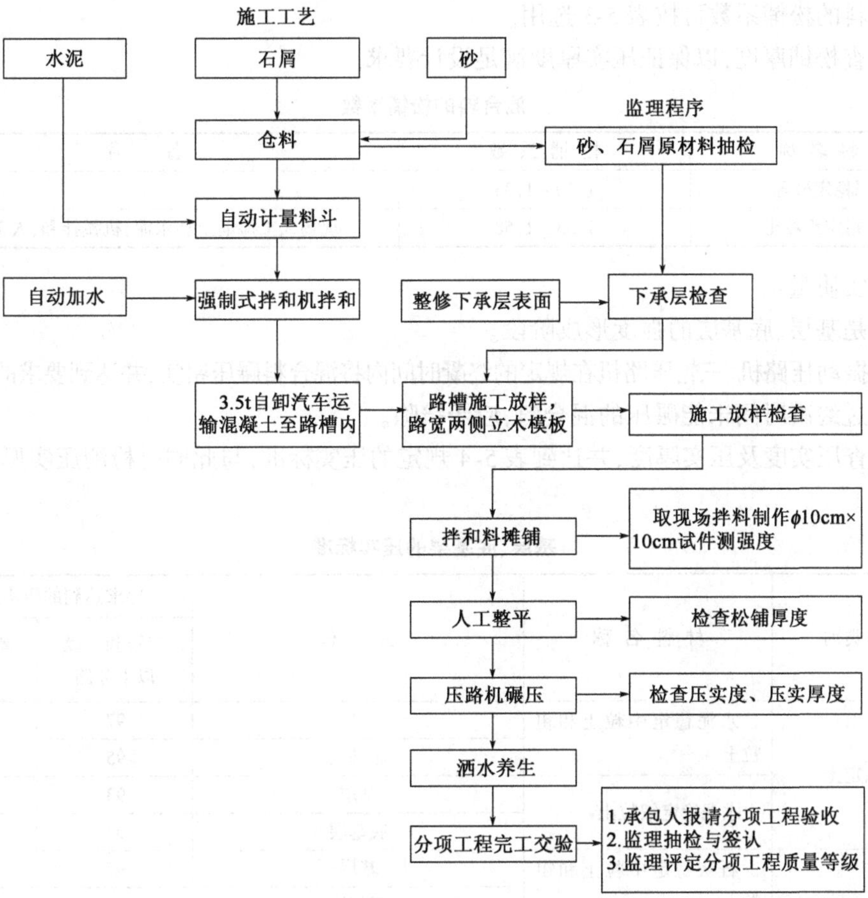

图 5-1　水泥稳定石屑施工工艺及质量监理流程图

(2)监理要点。

①拌和质量：

a. 配料必须准确，以保证混合料的级配及结合料用量满足施工用配合比要求。

b. 加水拌和要均匀，并保证达到工地混合料的含水率接近最佳含水率。

c. 必要时从出料口取拌好的混合料，做水泥剂量测定及筛分试验。

②摊铺质量：

a. 摊铺混合料时应尽量避免粗、细料离析。

b. 在施工作业段内，用摊铺机摊铺混合料时，中间不宜中断。如因故中断，超过了水泥初凝时间，应设置施工缝。

c. 因故超过水泥终凝时间的混合料，不宜使用。

d. 摊铺时取现场的拌和料制成 $\phi5cm \times 5cm$(水泥稳定细粒土)、$\phi10cm \times 10cm$(水泥稳定中粒土)或 $\phi15cm \times 15cm$(水泥稳定粗粒土)的圆柱体试件，做 7 天龄期饱水抗压强度试验，并满足强度标准要求。

③整平质量：

a.用平地机(或人工摊铺)将混合料按松铺厚度要求整平,并达到要求的横坡。

混合料的松铺系数可按表5-3选用。

b.检查松铺厚度,以保证压实厚度满足设计要求。

混合料的松铺系数 表5-3

材料名称	松铺系数	备注
水泥稳定砂砾	1.30~1.35	
水泥稳定细粒土	1.53~1.58	现场人工摊铺土和水泥,机械拌和,人工整平

④压实质量:

压实是基层、底基层的强度形成阶段。

a.用振动压路机、三轮压路机在规定的终凝时间内将混合料碾压密实,并达到要求的压实度。

b.超过终凝时间未能碾压的混合料,应予铲除。

c.检查压实度及压实厚度,并达到表5-4规定的压实标准,与此同时检测压实厚度满足设计要求。

基层、底基层的压实标准 表5-4

结合料类别	材料名称	层位	要求达到的压实度(%)	
			二级和二级以下公路	高速公路和一级公路
水泥稳定土	水泥稳定中粒土和粗粒土	基层	97	98
		底基层	95	97
	水泥稳定细粒土	基层	93	—
		底基层	93	95
石灰稳定土	石灰稳定中粒土和粗粒土	基层	97	—
		底基层	95	97
	石灰稳定细粒土	基层	93	—
		底基层	93	95
石灰工业废渣稳定土	石灰工业废渣稳定中粒土和粗粒土	基层	97	98
		底基层	95	97
	石灰工业废渣稳定细粒土	基层	93	—
		底基层	93	95
级配碎石 级配砾石	级配碎石	基层	98	98
		底基层	96	96
	级配砾石	基层	98	—
		底基层	96	96

2.石灰稳定类基层(底基层)施工阶段质量监理

石灰稳定类基层、底基层,包括石灰稳定细粒土及石灰稳定粒料,如石灰稳定级配碎石、未筛分碎石、砂砾、碎石土、砂砾土及各种粒状矿渣等。

从施工方法分,有路拌法施工和集中拌和法施工等。集中拌和法施工又可分为集中场拌法(即在灰土拌和场拌和)和拌和机拌和法(如强制式拌和机拌和)。

现以场拌石灰土的施工工艺及监理要点说明如下。

(1)石灰土施工工艺与质量监理程序。场拌石灰土的施工工艺及质量监理流程如图5-2所示。

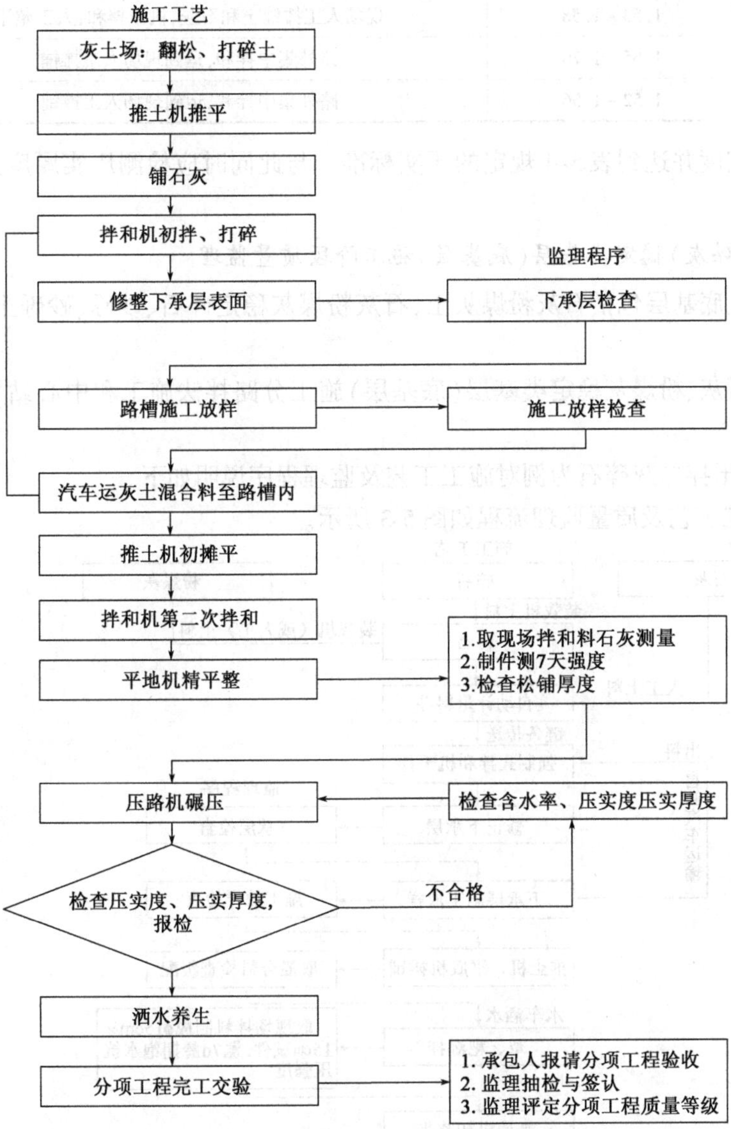

图5-2 场拌法石灰土施工工艺及质量监理流程图

(2)监理要点：

①严格按施工配合比配料。随时检查石灰剂量(拌和场检查、现场检查)，根据检查结果即时调整石灰用量，并达到施工配合比要求的剂量。

②取运自现场摊铺的混合料制成$\phi 5\text{cm} \times 5\text{cm}$(石灰稳定细粒土)，$\phi 10\text{cm} \times 10\text{cm}$(石灰稳定中粒土)的圆柱体试件，做7天龄期饱水抗压强度试验，并达到所规定的强度标准。

③用平地机将混合料按松铺厚度整平，达到要求的平整度，保持要求的路拱、横坡，并检查松铺厚度。

混合料的松铺系数可参考表5-5选用。

混合料的松铺系数　　表5-5

材料名称	松铺系数	备　注
石灰土	1.53～1.58	现场人工摊铺土和石灰,机械拌和,人工整平
	1.65～1.70	路外集中拌和,运到现场人工摊铺
石灰土砂砾	1.52～1.56	路外集中拌和,运到现场人工摊铺

④压实:检查压实度并达到表5-4规定的压实标准。与此同时应检测压实厚度并满足设计厚度要求。

3. 二灰(石灰、粉煤灰)稳定类基层(底基层)施工阶段质量监理

二灰稳定类基层、底基层包括石灰粉煤灰土,石灰粉煤灰稳定碎石、砂砾、砂砾土、碎石土及矿渣等。

从施工方法分,石灰、粉煤灰稳定类基层(底基层)施工分路拌法施工和中心站集中拌和法施工。

现以拌和机集中干拌二灰碎石为例对施工工艺及监理程序说明如下。

(1)二灰碎石施工工艺及质量监理流程如图5-3所示。

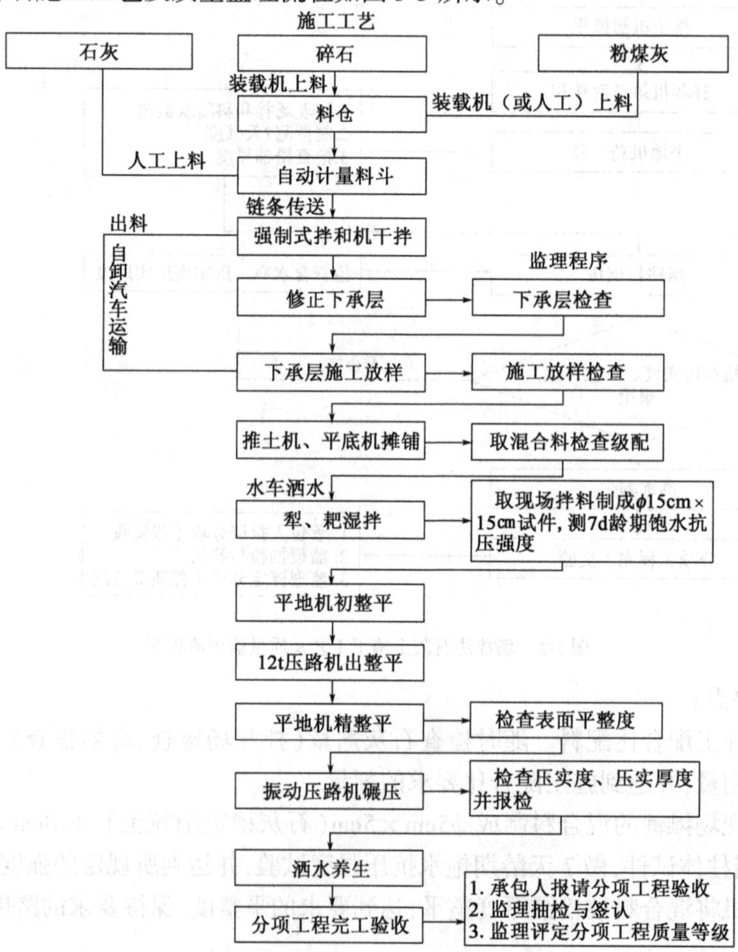

图5-3　二灰碎石施工工艺及质量监理流程图

(2)监理要点。

①严格控制干拌混合料质量,集料级配及集料、石灰、粉煤的配料比例,必须满足施工配合比要求。

②用推土机及平地机初步摊铺平整后,用洒水车洒水,用犁、耙湿拌,湿拌的混合料含水率略大于最佳含水率。取现场湿拌料制成 $\phi15cm \times 15cm$(或 $\phi10cm \times 10cm$)的圆柱体试件,测 7 天龄期饱水抗压强度,并达到规定的强度要求。

③用平地机反复整平,检查松铺厚度,达到要求的平整度,并保持一定的路拱、横坡。

二灰混合料的松铺系数可参考表 5-6 选用。

二灰混合料的松铺系数 表 5-6

材料名称	松铺系数	备　注
二灰土	1.5~1.65	人工摊铺,机械拌和,人工整平
二灰集料	1.3~1.5	场拌:机械摊铺,机械整平
二灰集料	1.2~1.3	机械拌和,机械摊铺,机械整平

④压实:混合料整平后,当含水率处于最佳含水率时即可进行碾压,碾压完成后检查压实度达到规定的压实标准,与此同时检查压实厚度,应满足设计厚度要求。

4. 级配碎(砾)石基层(底基层)施工阶段质量监理

级配碎石可用未筛分碎石和石屑掺配而成。

(1)级配碎(砾)石施工时,应符合下列规定:

①颗粒组成应符合规定的级配要求。

②配料必须准确。

③塑性指数必须符合规定。

④混合料拌和均匀,无离析现象。

⑤在最佳含水率时进行碾压,并达到表 5-4 所规定的压实标准。

现以场拌级配碎石为例说明施工工艺与监理程序。

场拌级配碎石施工工艺及质量监理流程如图 5-4 所示。

(2)级配碎石施工工艺及质量监理要点:

①配料必须准确,干拌后取混合料做筛分试验,检查混合是否满足施工用配合比的级配要求。

②摊铺时应尽量避免混合料离析。用平地机摊铺混合料时,松铺系数取 1.25~1.35,人工摊铺时取 1.40~1.50。

③要求平地机整平后保持规定的路拱,表面平整度达到规定的要求。

④加水湿拌后,当含水率达到最佳含水率时,进行碾压。碾压结束后检查压实度并达到规定的压实标准,同时检查压实厚度,满足设计厚度要求。

5. 填隙碎石基层(底基层)施工阶段质量监理

(1)填隙碎石施工时应遵守下列规定:

①填隙料应干燥。

②必须用振动压路机碾压,碾压时应边扫边碾压,靠压路机的振动将填隙料填满孔隙。

③填隙碎石基层、底基层未做封层时,不得开放交通。

④压实后填隙碎石基层的固体体积率不小于 85%,底基层不小于 83%。

(2)填隙碎石施工工艺如图5-5所示。

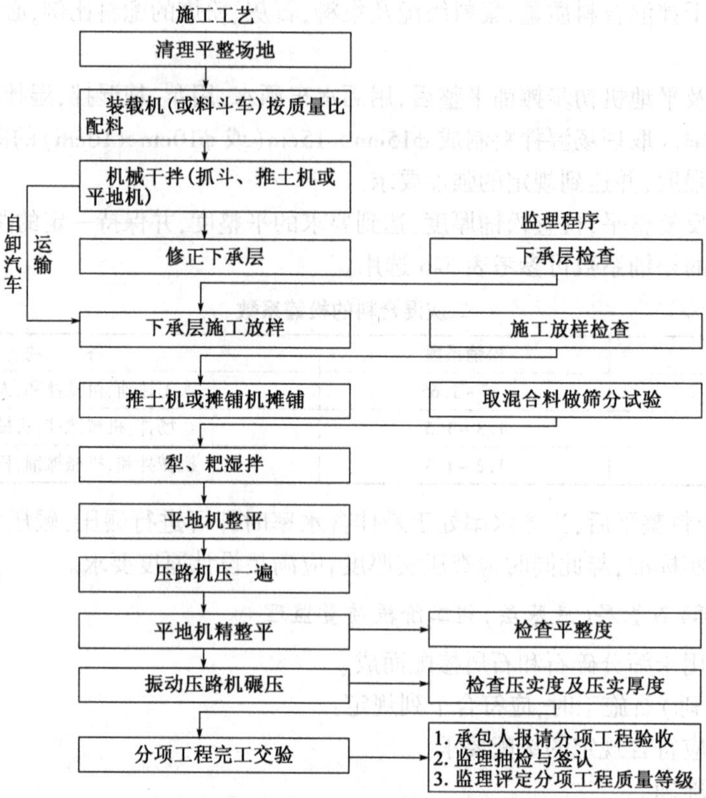

图5-4　场拌级配碎石施工工艺及质量监理流程图

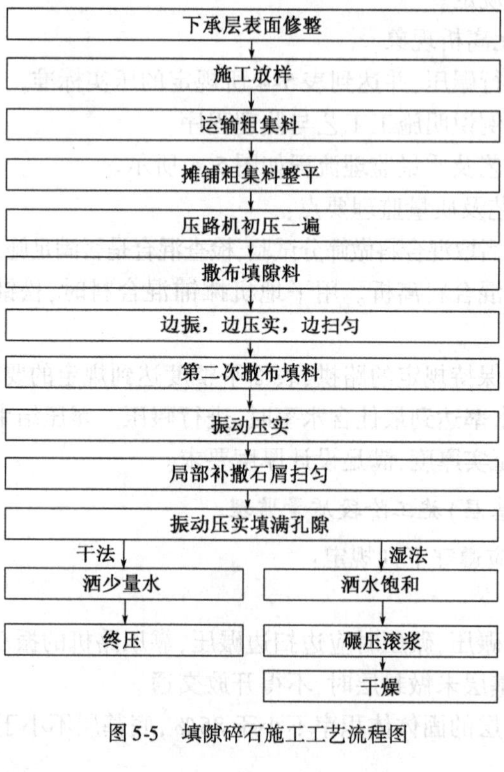

图5-5　填隙碎石施工工艺流程图

四、路面基层(底基层)完工质量验收评定与管理

完工验收是各分项(分段)工程施工完成后的验收阶段。

完工验收的目的是通过检查评定来判断已完工的基层(底基层)的施工质量、外形尺寸、外观质量与设计文件的符合程度;完工验收的各项技术指标是否达到了施工技术规范及质量检查评定标准的质量要求。

1. 完工验收阶段监理工作重点

(1)对每一项完工的分项工程,承包人应按《公路工程质量检验评定标准 第一册 土建工程》(JTG F80/1—2017)或建设单位提出的为本工程专用的验收标准中所规定的检测项目与检测频率,逐项进行检测。

(2)承包人将检测成果填入专项完工质量交验单,报监理工程师抽检与审核,监理工程师审查承包人报送的各分项工程完工质量交验单中各项验收指标的合格率。

(3)按照监理规定的抽检频率,对各分项工程的各项交工验收技术指标进行抽检、现场检测。

(4)监理工程师按照承包人自检与监理的抽检频率逐项审核计算监理认可的合格率。

(5)根据外观缺陷扣分及资料不全扣分,由监理工程师评定出已完工交验的各分项工程的质量等级。

2. 基层、底基层完工质量交验单

路面基层、底基层完工后,填写工程质量交验单。

第二节　沥青类路面质量控制

一、沥青类路面的特点及质量要求

1. 沥青路面的特点

沥青路面是指在柔性基层(或半刚性基层)上由沥青混凝土混合料铺筑而成的路面结构,是以沥青作为黏结料与一定级配的矿料相混合经碾压而成的一种路面结构。它与水泥混凝土路面相比,具有表面平整无接缝、振动小、噪声低、行车舒适、施工期短、养护维修简便,并能较快地开放交通等优点,因此在我国许多地区的高速公路、一级公路上获得广泛的应用。沥青路面的不足之处在于沥青因受汽车荷载、自然温度、日照、大气等作用,随着时间的延长,沥青的轻质油分挥发,化学性质改变而导致路面老化,使其使用寿命受到影响。此外,我国目前还缺少路用性能好的沥青材料,需要进口优质沥青,这些因素在一定程度上限制着沥青路面更为广泛的应用。

2. 沥青路面的类型与适用范围

沥青路面根据所用材料及施工方法,可分为沥青表面处治路面、沥青贯入式路面、沥青混凝土路面和沥青碎石路面及新型沥青混凝土路面。

(1)沥青表面处治及乳化沥青碎石混合料路面。这两种路面适用于三级及三级以下公

路,设计使用年限为8年。沥青表面处治也可作为旧沥青面层上加铺罩面层或磨耗层。乳化沥青碎石混合料可作为二级公路的罩面层以及各级公路沥青路面的联结层或整平层。

(2)沥青贯入式路面。沥青贯入式路面适用于二级及二级以下公路,设计使用年限为10年。沥青贯入层也可作为沥青混凝土路面的联结层。

(3)热拌沥青混合料路面。热拌沥青混合料路面适用于各等级公路的沥青面层。其中高速公路、一级公路应采用沥青混凝土混合料铺筑,设计使用年限为15年。沥青碎石混合料适用于过渡层及整平层以及二级公路面层,设计使用年限为10年。

3. 沥青路面质量要求

随着交通量的不断增长,高速公路、一级公路的不断修筑,车辆对路面的要求也越来越高,不仅要求沥青路面坚实、平整,具有足够的力学强度(路面承载能力)和耐久性(抗疲劳特性),同时还要求沥青路面具有良好的高温稳定性(抗车辙变形的能力)、低温抗裂性(沥青路面低温开裂及反射性裂缝)和抗滑性能。

(1)沥青路面应具有足够的路面抗力(路面承载能力)。路面应有足够承载力,以平衡车辆荷载反复作用下在路面结构层所产生的过量应力而引起的路面破坏。

(2)沥青路面应具有良好的抗疲劳特性。沥青路面在其设计使用年限内,将承受大量的行车荷载的反复作用,为了不至于过早地产生疲劳破坏,必须具有良好的抗疲劳特性。

室内试验研究表明:影响沥青路面中沥青混合料疲劳寿命的主要因素是沥青混合料的压实度、劲度、沥青含量、集料特性(指矿料的级配、矿料表面、纹理和形状)、温度(指确定沥青混合料劲度模量时的温度)和进行疲劳试验的加荷速度。

由于室内疲劳特性试验的条件与实际路面上的行车情况有较大的差异,因此,由室内得出的疲劳规律(疲劳方程)是不能直接用于实际道路上沥青路面疲劳寿命的预估,还必须进行必要的修正与调整。

(3)沥青路面应具有良好的高温稳定性。由于沥青混合料是一种黏弹性材料,其强度和模量对温度的敏感性(依赖性)极高,随着温度的升高其模量和强度都急剧下降。

在高速公路、一级公路上,交通量大,车辆均分车道渠道化行驶,因此在每年的高温季节,行车带在车轮荷载的反复作用下,沥青混合料中各种成分的位置发生相对位移而出现车辙,当车辙达到一定深度时就会影响到行车的舒适与安全,这是不允许的。

沥青路面的高温稳定性是指沥青混合料抵抗车辆反复压缩变形及侧向流动的能力,它首先取决于矿料骨架,尤其是粗集料的相互嵌挤作用及集料的级配,其次沥青结合料的性质与用量也起到阻碍混合料发生剪切变形的牵制作用。

研究结果表明:影响沥青路面车辙深度的主要因素如图5-6所示。

(4)沥青路面应具有良好的低温抗裂性。沥青路面的温缩裂缝,表现为寒冷季节沥青混合料的集料之间的沥青膜拉伸破坏导致集料间拉开,形成裂缝。因此,沥青混合料的低温抗裂性能主要取决于沥青结合料的低温拉伸变形性能,其次与沥青混合料的温度收缩系数、抗拉强度、劲度模量也有一定的关系。

(5)沥青路面应具有良好的抗滑性能。沥青路面的抗滑性能直接影响到行车安全。影响沥青路面抗滑性能的因素有路面的微观构造、宏观构造和防止滑溜性污染。

微观构造直接与沥青混合料中矿料的磨光值PSV有关,其次是抗滑表面层的级配与结合料类型。

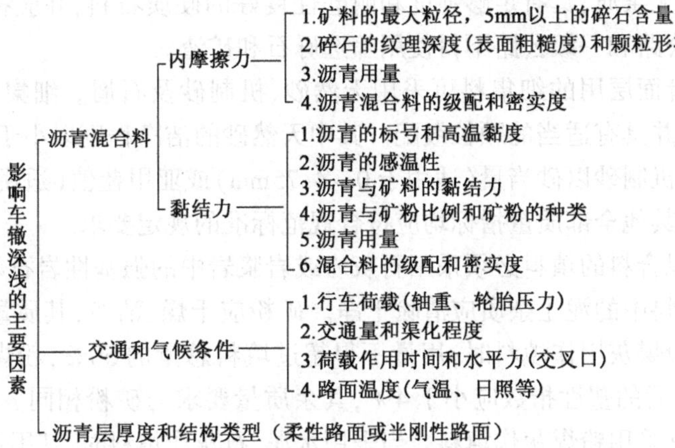

图5-6　影响车辙深浅的主要因素

宏观构造与沥青表面层的结构、平整度、孔隙率等有关。

4.沥青路面原材料技术要求

(1)沥青材料

沥青路面用的沥青材料可采用道路石油沥青、乳化石油沥青、液体石油沥青、煤沥青等。使用时应根据交通量、气候条件、施工方法、沥青面层类型、材料来源等情况确定。当采用改性沥青时,应进行试验后,经技术论证,酌情选用。

沥青面层所采用的沥青标号,宜根据气候分区、沥青路面类型和沥青种类与来源,按规范标准选用。

①道路石油沥青。高速公路、一级公路铺筑沥青路面时,应采用符合《公路沥青路面施工技术规范》(JTG F40)的规定;其他等级的公路可以采用符合《公路沥青路面施工技术规范》(JTG F40)的规定。

②乳化石油沥青。乳化沥青可用于沥青表面处治、沥青贯入式路面、常温沥青混合料路面以及透层、黏层与封层。

乳化石油沥青的质量应符合《公路沥青路面施工技术规范》(JTG F40)的规定。

乳化沥青的选用,应根据使用目的、矿料种类和气候条件来选择。

对于酸性石料,低温施工条件或石料表面处于潮湿状态时,宜选用阳离子乳化沥青。对于碱性石料宜选用阴离子乳化沥青。

③液体石油沥青。液体石油沥青可用于透层、黏层及常温下施工的沥青混合料。使用前应通过试验确定掺配比例,配制的液体石油沥青的类型与质量应符合“道路用液体石油沥青技术要求”规范标准的规定。

④煤沥青。道路用煤沥青可用于透层、黏层,也可用于三级或三级以下公路的沥青面层。

选用煤沥青的质量应符合《公路沥青路面施工技术规范》(JTG F40)的规定。

⑤改性沥青。改性沥青可单独或复合采用高分子聚合物、天然沥青及其他改性材料制作。各类聚合物改性沥青的质量应符合规范标准的技术要求,其中PI值可作为选择性指标。

(2)矿料。沥青混合料采用的矿料包括粗集料、细集料和填料。

①粗集料。用于沥青面层的粗集料包括碎石、破碎砾石、筛选砾石、矿渣等。粗集料应是

洁净、干燥、无风化、无杂质,具有足够强度和耐磨性良好的硬质石料,并应符合相应的规范标准要求。但是高速公路和一级公路不得使用筛选砾石和矿渣。

②细集料。沥青面层用的细集料可采用天然砂、机制砂及石屑。细集料表面应洁净、干燥、无风化、无杂质,并具有适当的颗粒级配。其中天然砂的洁净程度以小于0.075mm含量的百分数表示,石屑和机制砂以砂当量(适用于0~4.75mm)或亚甲蓝值(适用于0~2.36mm或0~0.15mm)表示。其他全部质量指标均应符合规范标准的规定要求。

③填料。沥青混合料的填料必须采用石灰岩或岩浆岩中的强基性岩石等憎水性石料经磨细得到的矿粉,原石料中的泥土杂质应清除干净。矿粉应干燥、洁净,其质量应符合规范规定的技术要求。其中粉煤灰用作填料时,用量不得超过填料总量的50%,粉煤灰的烧失量应小于12%,与矿粉混合后的塑性指数应小于4%,其余质量要求与矿粉相同。但高速公路、一级公路的沥青面层不宜采用粉煤灰作填料。当采用水泥、石灰作填料时,其用量不宜超过矿料总量的2%。

5. 沥青混合料配合比设计

(1)热拌沥青混合料的种类见表5-7。

热拌沥青混合料种类 表5-7

混合料类型	密级配			开级配		半开级配	公称最大粒径(mm)	最大粒径(mm)
	连续级配		间断级配	间断级配				
	沥青混凝土	沥青碎石	沥青玛蹄脂碎石	排水式沥青磨耗层	排水式沥青碎石基层	沥青碎石		
特粗式	—	ATB-40	—	—	ATPB-40	—	37.5	53.0
粗粒式	—	ATB-30	—	—	ATPB-30	—	31.5	37.5
	AC-25	ATB-25	—	—	ATPB-25	—	26.5	31.5
中粒式	AC-20	—	SMA-20	—	—	AM-20	19.0	26.5
	AC-16	—	SMA-16	OGFC-16	—	AM-16	16.0	19.0
细粒式	AC-13	—	SMA-13	OGFC-13	—	AM-13	13.2	16.0
	AC-10	—	SMA-10	OGFC-10	—	AM-10	9.5	13.2
砂粒式	AC-5	—	—	—	—	AM-5	4.75	9.5
设计空隙率(%)	3~5	3~6	3~4	>18	>18	6~12	—	—

注:设计空隙率可按配合比设计要求适当调整。

(2)热拌沥青混合料的适用层位。应根据不同地区道路等级、结构层位、施工机具和工程造价,综合考虑各层沥青混合料所在层位的功能性要求,使各层连续施工并结为一个整体。当发现混合料及级配类型不合理时,应进行修改、调整,以确保沥青路面的使用性能。

(3)热拌沥青混合料马歇尔试验技术标准。经过配合比试验的各种沥青混合料应符合部颁《公路沥青路面施工技术规范》(JTG F40—2004)规定的热拌沥青混合料马歇尔试验技术标准。

(4)热拌沥青混合料配合比设计。热拌沥青混合料的矿料级配应符合工程设计规定的级配范围。密级配沥青混合料宜根据公路等级、气候及交通条件按部颁《公路沥青路面施工技术规范》(JTG F40—2004)选择用粗型(C型)或细型(F型)混合料,并确定相应的级配范围。而其他类型的混合料亦采用规范规定的相应级配范围标准执行。其中高速公路、一级公路沥青混合料的配合比设计必须严格按目标配合比设计阶段、生产配合比设计阶段、生产配合比验证阶段三个阶段进行级配组成设计。经设计确定的标准配合比在施工过程中不得随意变更。

二、沥青路面施工准备阶段质量监理

在沥青路面施工准备监理阶段,监理工作的主要内容如下。

1. *原材料审核*

沥青路面开工前要求承包人对沥青路面所选用的原材料,如沥青和各种规格矿料的物理性质、级配等,进行试验后报监理工程师审核。

只有经过监理工程师审核、确认质量合格的原材料,才能在工程中使用。

2. *沥青混合料配合比审批*

沥青路面开工前,要求承包人应对沥青混合料的配合比进行试验后,报监理工程师审批。

只有经过监理工程师审核批准的配合比,才能在拌和场(站)试拌,最后确定施工用配合比,在工程施工中使用。

3. *施工机械、设备的检查*

开工前要求承包人对配备用于本工程施工的各种沥青路面施工机械、设备的配备数量及运行质量,进行自检自查后,向监理工程师报检,然后监理工程师按投标书承诺进行逐一落实检查,并根据工程进展实际需要指令承包人为保证质量、进度增加相应的补充机械、设备。

4. *施工放样及下承层检查*

施工放样包括高程测量与平面控制两项内容。沥青路面开工前,监理工程师应对承包人的施工放样自检报告进行复核、审批。

要求承包人对下承层(基层或底面层)进行检查,包括以下内容:

(1)下承层表面应清洁、干燥、坚实,无任何松散的石料、尘土与杂质,并不允许有油污。

(2)下承层表面应平整,当其平面凹洼的深度大于铺筑沥青面层容许误差的2倍时,应在主层料铺筑前,予以填充沥青混合料并压实。

(3)当下承层为基层时,应喷洒透层沥青,沥青用量为0.8~1.0kg/m²,当下承层为底面层且底面层与表面层的铺筑时间间隔较长时,应喷洒黏层沥青,沥青用量为0.4~0.6kg/m²。

5. *铺筑试验路段*

高速公路和一级公路在正式大面积施工前应铺筑试验段。其他等级公路在缺乏施工经验或初次使用重大设备时,也应铺筑试验段。

试验路段的长度宜为100~200m,试验段宜选择在直线段上。

监理工程师应对试验路段施工的全过程进行监理,检查试验路段的施工质量,并要求承包人提出试验总结报告,报监理工程师审批。

三、沥青路面施工阶段质量监理

施工阶段是沥青路面质量形成阶段。沥青路面施工阶段的监理工作包括沥青表面处治路面、沥青贯入式及沥青混凝土路面。特别是对热拌沥青混合料(沥青混凝土)的施工,施工阶段监理工作的重点,应着重抓以下工序的质量。

(1)沥青混合料的拌制质量。检查沥青混合料的拌和质量,宜在拌和场取样进行以下三项试验:

马歇尔试验、抽提试验及抽提后沥青混合料的筛分试验,以检查稳定度、流值、密度、孔隙率及沥青用量、矿料级配等是否满足《公路沥青路面施工技术规范》(JTG F40)的规定和沥青混合料的级配要求。

(2)控制沥青混合料的施工温度。沥青混合料的施工温度,包括沥青混合料的出厂温度、摊铺温度和碾压温度。

施工时的沥青混合料为黏、塑、弹性材料,温度太高使沥青混合料老化,温度太低使沥青混合料不能压实成型。因此,应严格控制沥青混合料的施工温度在规范规定的相应范围之内。

(3)沥青混合料的压实质量。碾压是沥青混合料质量成型的关键工序。

碾压成型后,沥青层的压实度是否达到了沥青路面规定的压实标准,沥青层的压实厚度是否满足了设计的路面厚度要求,沥青层的实测空隙率是否在规范规定的允许范围之内。这三个关键指标直接反映出沥青混合料的压实质量,同时也是衡量沥青混凝土路面施工质量好坏的关键技术指标。

(4)沥青路面平整度、渗水系数与抗滑系数。沥青路面的平整度是直接体现沥青路面行车舒适性的一个主要指标。

施工中影响沥青路面平整度的主要因素来自沥青路面下承层的平整度、沥青混合料摊铺时的平整度,以及沥青摊铺机平整度自动控制精度、沥青摊铺层的松铺厚度和沥青混合料的碾压等。只有在施工中严格控制影响平整度的各个施工环节(或工序)才能保证铺筑完成的路面具有良好的平整度。

沥青路面的渗水系数是直接衡量沥青路面长久使用性能的重要指标,目前所施工完成的沥青路面大部分的早期损坏均与排渗水不畅造成路面的早期水毁有关。

沥青路面的抗滑系数是直接体现沥青路面行车安全性的一个主要指标。影响沥青面层抗滑系数的因素有:矿料的品质与矿料的级配,沥青层的空隙率及宏观构造深度,以及外界环境对沥青表面层的滑溜污染程度等。

1. 沥青表面处治路面

沥青表面处治路面,可采用拌和法施工或层铺法施工。拌和法沥青表面处治的施工工艺与沥青混凝土路面的施工工艺相同,不再赘述。

(1)层铺法沥青表面处治施工工艺和监理流程如图 5-7 所示。

(2)沥青表面处治施工监理要点:

①沥青表面处治路面宜在干燥和较热的季节施工,并在最高温度低于 15℃时期到来之前半个月及雨季前施工完成。

②层铺法沥青表面处治路面宜采用沥青洒布车及集料撒布机联合作业。监理工程师应随时检查沥青洒布车在喷洒沥青时应保持的稳定速度和喷洒量,并抽检沥青的浇洒温度。同时浇洒的沥青层,应均匀、无花白,且接茬处搭接良好,方可允许施工单位进行下一道工序施工。

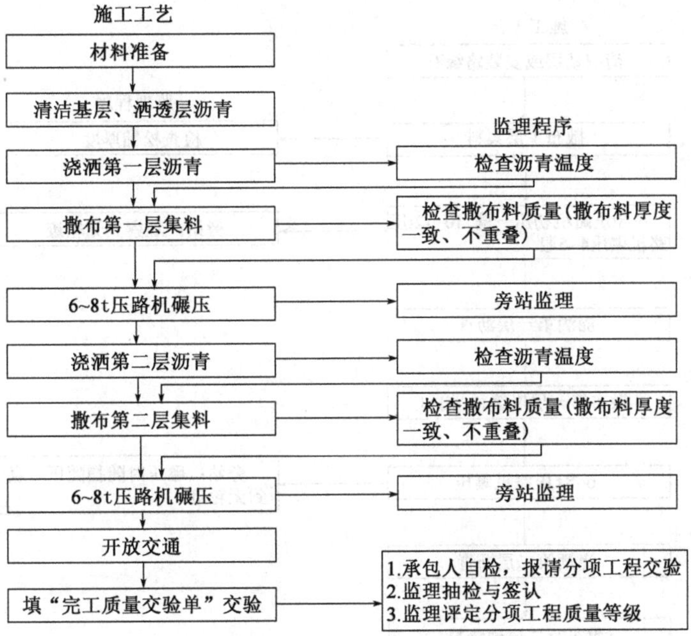

图 5-7　层铺法沥青表面处治施工工艺和监理流程图

③浇洒沥青时,应对周围道路构造物,管井盖座、路缘石、人行道面等加以遮盖,防止污染。

④集料撒布厚度应均匀一致,不重不漏。

⑤当使用乳化沥青时,集料撒布必须在乳液破乳之前完成。

⑥碾压时由路边压向路中,每层集料碾压 3 ~4 遍,碾压速度开始时不应超过 2km/h,以后可适当提高。

⑦要求施工单位在通车初期应设专人指挥交通或设置障碍物控制行车,限制行车速度不超过 20km/h,严禁畜力车及铁轮车行驶,要使路面全部宽度均匀压实。

⑧沥青表面处治路面应该监督检查施工单位加强初期养护,发现有泛油现象时,应及时补撒与最后一层石料规格相同的嵌缝料并扫匀,将过多的浮料清扫出路面。

2. 沥青贯入式路面

(1)沥青贯入式路面施工质量监理流程见图 5-8。

(2)沥青贯入式路面施工监理要点:

①沥青贯入式路面宜在干燥和较热的季节施工,并宜在日最高温度降低至 15℃时期以前半个月结束,使贯入式路面结构层通过开放交通碾压成型。

②主层集料撒布时,监理工程师应检查其松铺厚度,一般松铺系数为 1.25 ~1.30。

③监理工程师应检查沥青洒布时的温度,其温度控制标准同层铺法沥青表面处治时的要求。

④浇灌沥青时,应对周围已完成的道路附属物加以遮盖,防止污染。

⑤压实质量控制:压实机具及相应的压实遍数参见表 5-8。

⑥沥青贯入式路面开放交通后,监理工程师应按与沥青表面处治相同的方法监督检查施工单位实施交通控制,进行初期养护。

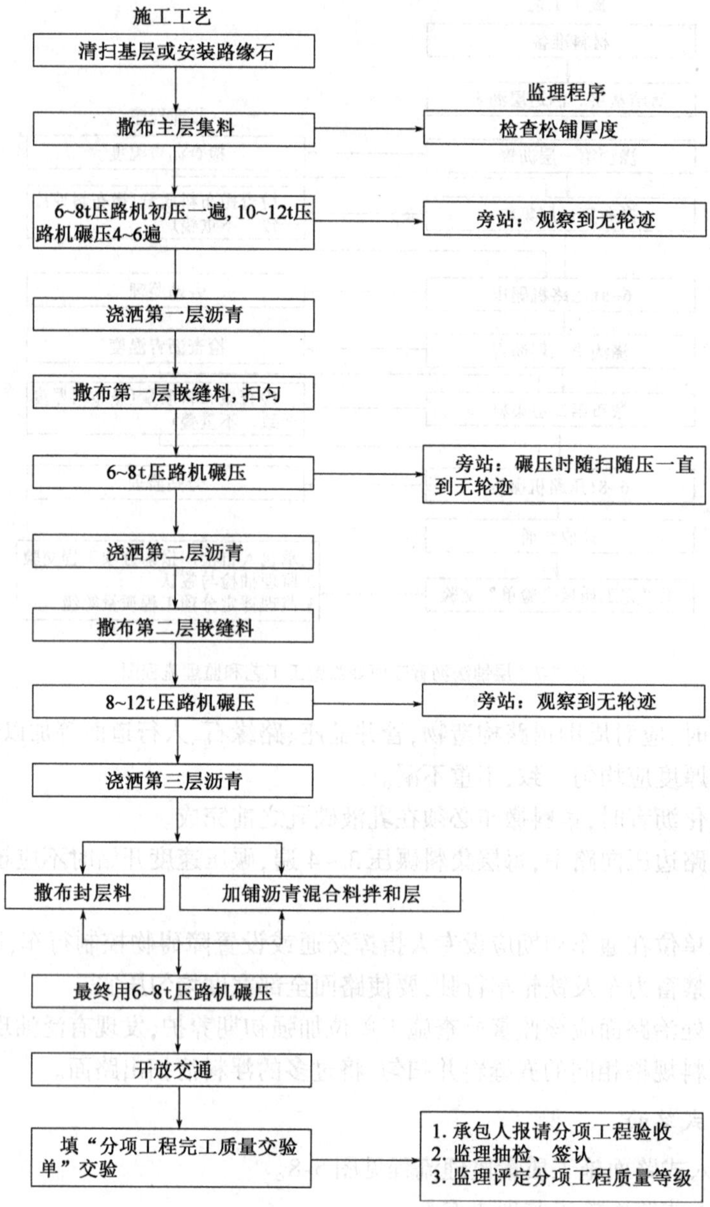

图 5-8　沥青贯入式路面施工质量监理流程图

压实机具及相应的压实遍数　　表 5-8

压实阶段	压实机具	压实遍数	检查标准
初压	6~8t 钢筒式压路机	2~4	集料表面无显著推移
复压	8~12t 钢筒式压路机	4~6	集料表面无明显轮迹
终压	6~8t 钢筒式压路机	2~4	表面平整、密实、无轮迹

3. 沥青混凝土路面

热拌沥青混合料路面(即沥青混凝土路面),只有在沥青混合料的拌制、摊铺、碾压等几道主要工序内严格把关,才能保证沥青混凝土路面的施工质量。

(1)沥青混凝土路面施工质量监理流程见图5-9。

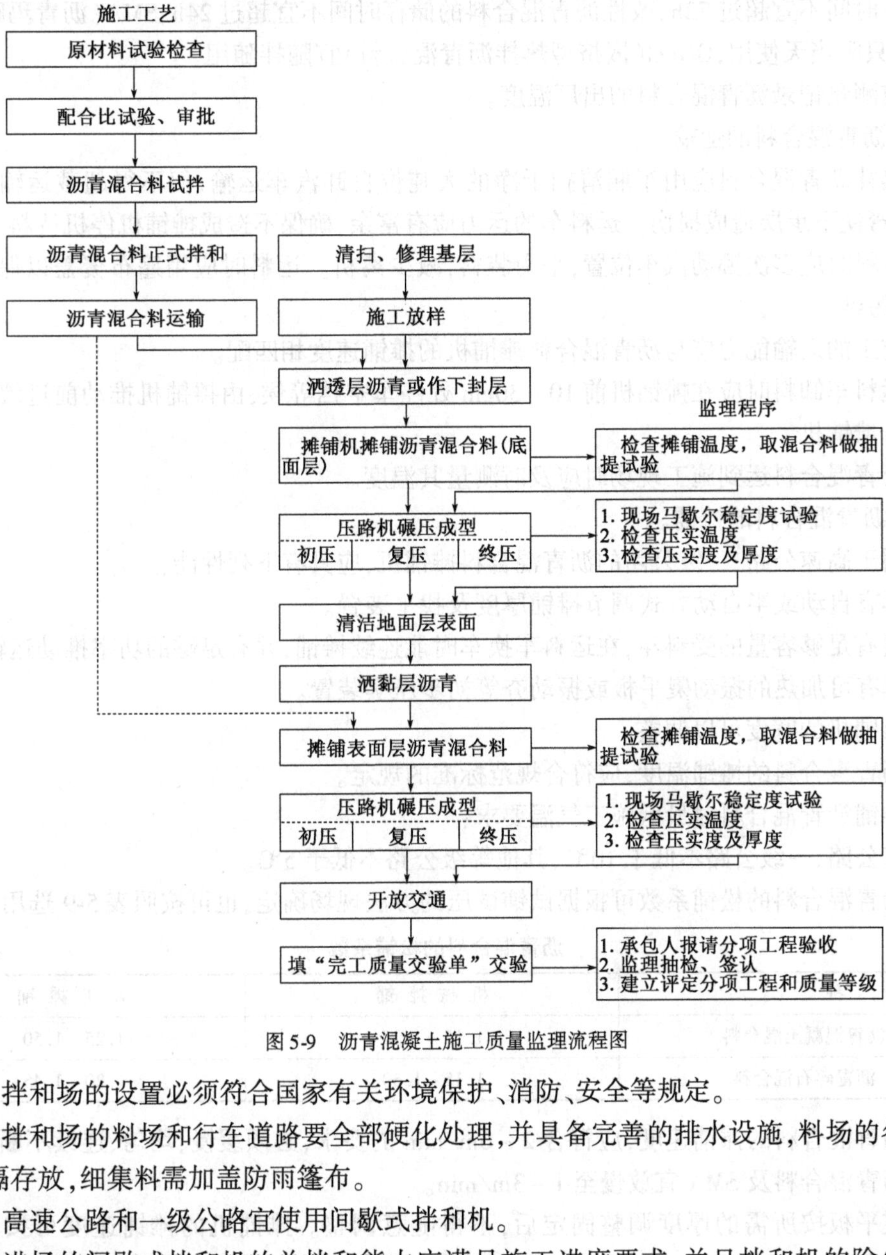

图5-9 沥青混凝土施工质量监理流程图

(2)拌和场的设置必须符合国家有关环境保护、消防、安全等规定。

(3)拌和场的料场和行车道路要全部硬化处理,并具备完善的排水设施,料场的各种集料必须分隔存放,细集料需加盖防雨篷布。

(4)高速公路和一级公路宜使用间歇式拌和机。

(5)进场的间歇式拌和机的总拌和能力应满足施工进度要求,并且拌和机的除尘设备要完好,达到环保要求,其冷料仓的数量通常不宜少于5~6个,并需具备添加外加剂的设备。

(6)沥青混合料的拌制:

①沥青混合料的拌和时间根据具体情况经试拌确定,以沥青均匀裹覆集料为度。间歇式拌和机每盘的拌和周期以不少于45s为宜,其中干拌时间不得少于5~10s,而改性沥青和SMA混合料的拌和时间应予延长。

②拌和好的沥青混合料色泽均匀一致,所有矿料颗粒以全部裹覆沥青结合料为度,无花白

料、结团成块和严重的粗细料分离现象。

③拌好的混合料应及时摊铺,若不能及时摊铺的可放入成品储存仓储存。普通沥青混合料的储存时间不宜超过72h,改性沥青混合料的储存时间不宜超过24h,SMA(沥青玛蹄脂碎石混合料)只限当天使用,OGFC(嵌挤型热拌沥青混合料)宜随拌随用。

④应测量记录沥青混合料的出厂温度。

(7)沥青混合料的运输:

①热拌沥青混合料应用车厢清扫干净的大吨位自卸汽车运输,但不得超载运输、紧急制动、急转弯使下承层造成损伤。运料车的运力应有富余,确保不造成摊铺机停机待料。

②装料时应多次挪动汽车位置,平衡装料,减少离析。运料时应用篷布覆盖以保温,做到防雨、防污染。

③施工的运输能力应与沥青混合料摊铺机的摊铺速度相匹配。

④运料车卸料时应在摊铺机前10~30cm处停车空挡等候,由摊铺机推动前进缓慢卸料,避免撞击摊铺机。

⑤沥青混合料运到施工现场时应及时测量其温度。

(8)沥青混合料的摊铺。

①用于高速公路、一级公路的沥青混合料摊铺机,应具有下列性能:

a.具有自动或半自动方式调节摊铺厚度及找平装置。

b.具有足够容量的受料斗,在运料车换车时能连续摊铺,并有足够的功率推动运输车。

c.具有可加热的振动熨平板或振动夯等初步压实装置。

d.摊铺机的宽度可以调整。

②沥青混合料的摊铺温度,应符合规范标准的规定。

③摊铺沥青混合料时最低施工气温要求:

高速公路、一级公路不低于10℃,其他等级公路不低于5℃。

④沥青混合料的松铺系数可根据试铺试压的方法现场确定,也可按照表5-9选用。

沥青混合料的松铺系数 表5-9

种 类	机械摊铺	人工摊铺
沥青混凝土混合料	1.15~1.35	1.25~1.50
沥青碎石混合料	1.15~1.30	1.20~1.45

⑤沥青混合料的摊铺速度,应符合2~6m/min的要求,必须缓慢、均匀、连续不断地摊铺,对改性沥青混合料及SMA宜放慢至1~3m/min。

当熨平板按所需的厚度调整固定后,不得随意调整。摊铺机的摊铺速度可按式(5-2)计算:

$$V=\frac{100Q}{60DWT}C \qquad (5\text{-}2)$$

式中:V——摊铺机摊铺速度,m/min;

D——压实成型后沥青混合料的密度,t/m³;

Q——拌和机产量,t/h;

W——摊铺宽度,m;

T——摊铺层压实成型后的平均厚度,cm;

C——效率系数,根据材料供应、运输能力确定,宜为0.6~0.8。

⑥应取现场摊铺的混合料进行马歇尔试验、油石比试验及筛分试验,并记录好取样的位置与桩号及沥青混合料层位。

(9)沥青混合料的压实及成型:

①沥青混合料的压实分为初压、复压和终压三个压实阶段,其压实机具可参照表5-10选用。

压实机具选用参照表 表5-10

碾压流程	压实机具	压实遍数	检查项目
初压	6~8t双轮钢筒式压路机 6~10t振动压路机 (关闭振动)	2	路拱、平整度
复压	8~12t三轮钢筒式压路机 12~15t轮胎压路机 20~25t轮胎压路机	4~6	达到要求的压实度,表面无轮迹
终压	6~8t双轮钢筒式压路机 6~10t振动压路机 (关闭振动)	2~4	表观、厚度、密实度

②压路机应从外侧向中心碾压,相邻碾压带应重叠1/3~1/2轮宽,最后碾压路中心部分,压实全幅路宽为1遍。

③当采用振动压路机对沥青混合料进行复压时,振动频率宜为35~50Hz,振幅宜为0.3~0.8mm,相邻碾压带重叠宽度为10~20cm,前进、倒退时均应开振动,以避混合料形成鼓包。

④应随时检查沥青层的碾压温度,路面压实成型的最低温度,应符合规范要求。

⑤接缝施工质量控制。沥青路面的纵、横缝在施工中是不可避免的,但应设法减少施工接缝,加强接缝质量控制。

摊铺时,采用梯队作业的纵缝应采用热接缝,半幅施工不能采用热接缝时,宜加设挡板或采用切刀切齐。上下层的纵向接缝应错开10~20m,两幅之间应有30~60mm的搭接宽度,上下层的横向接缝应错位1m以上。

压路机应以慢而均匀的速度碾压,压路机的碾压速度应符合表5-11的规定。

压路机碾压速度(单位:km/h) 表5-11

压路机类型	初压		复压		终压	
	适宜	最大	适宜	最大	适宜	最大
钢筒式压路机	2~3	4	3~5	6	3~6	6
轮胎压路机	2~3	4	3~5	6	4~6	8
振动压路机	2~3 (静压或振动)	3 (静压或振动)	3~4.5 (振动)	5 (振动)	3~6 (静压)	6 (静压)

纵向冷接缝处沥青混合料施工时,应将接缝处清扫干净,洒黏层油;横向接缝可采用斜接缝和平接缝两种形式,一般高速公路和一级公路的上面层宜采用平接缝。

监理工程师应随时注意接缝的施工质量,使接缝处沥青的面层紧密、平整、顺直。

⑥热拌沥青混合料路面,应待摊铺层完全自然冷却、混合料表面温度低于50℃后,方可开放交通。需要提早开放交通时,可洒水降低沥青混合料表面层的温度。

⑦沥青混合料碾压成型后,应按照规定的检查项目和检查频率要求承包人检查沥青面层的压实度和压实厚度。

4. 乳化沥青碎石混合料路面

乳化沥青混合料的施工,除拌和外,与热拌沥青混合料的施工工艺没有多大的区别,因此仅就施工质量监理要点简介如下:

(1)原材料质量抽检。用于乳化沥青混合料施工的各种原材料,都必须满足本章第一节中的质量标准要求。施工过程中,监理工程师应按规定的检测项目和检查频率,对原材料质量进行抽检。

(2)混合料质量控制。乳化沥青混合料的拌和时间应保证沥青乳液与集料拌和均匀。适宜的拌和时间一般通过试拌来确定,机械拌和不宜超过30s,人工拌和不宜超过60s。

混合料的拌和、运输和摊铺应在沥青乳液破乳前完成;在拌和与摊铺过程中严格禁止使用已破乳的混合料。

(3)混合料摊铺与压实质量控制。乳化沥青混合料的摊铺方法同热拌沥青混合料,其铺松系数可根据热拌沥青混合料的规定选用。

混合料的压实分初压、复压和终压三个阶段,碾压时要特别注意压实的时机,如表5-12所示。

初压、复压和终压阶段的压实时机　　表5-12

压实阶段	压实时机	压实机具	压实遍数	备注
初压	沥青破乳前	6~8t钢筒压路机 8~12t钢筒压路机	1~2 1~2	当混合料由褐色转变为黑色时,即乳化沥青开始破乳
复压	沥青开始破乳后	12~15t轮胎压路机 10~12t钢筒压路机	2~3 2~3	
	水分蒸发后	6~8t钢筒压路机 8~12t钢筒压路机	2~3 2~3	
终压	复压成型后	12~15t轮胎压路机 10~12t钢筒压路机	2~4 2~4	

四、沥青混凝土面层

沥青玛蹄脂碎石混合料(SMA)是近年来在国际上出现的一种新型的沥青混合料。SMA是由沥青、纤维稳定剂、矿粉及少量的细集料组成的沥青玛蹄脂填充间断级配的粗集料骨架间隙而成的沥青混合料。SMA的典型矿料组成为70%的粗集料(碎石)、20%的细集料(砂)和10%的填料(即矿粉),这些矿料与7%左右的沥青和沥青砂胶稳定剂(如纤维等)拌和在一起形成孔隙率为3%~4%的沥青混合料铺成的路面,称为SMA路面。

SMA路面,具有高温抗车辙性、低温抗裂性、抗疲劳特性、水稳性及较高的路面耐久性等多种优良的路面使用性能。

1. SMA 路面对原材料的质量要求

(1)沥青结合料的质量要求。SMA 中沥青结合料的质量必须满足沥青玛蹄脂的需要,要求有较高的黏度,以保证具有足够的高温稳定性和低温韧性。

在我国,必须采用满足规范规定的沥青。

(2)粗集料的质量要求。根据我国的具体情况,我国 SMA 的粗集料应符合《公路沥青路面施工技术规范》(JTG F40—2004)规定的质量标准,见表 5-13。

SMA 表面层用粗集料质量技术要求 表 5-13

指标		单位	技术要求	试验方法
石料压碎值	不大于	%	26	T 0316
洛杉矶磨耗损失	不大于	%	28	T 0317
表观相对密度	不小于	t/m³	2.60	T 0304
吸水率	不大于	%	2.0	T 0304
与沥青的黏附性	不小于	级	5	T 0616
坚固性	不大于	%	12	T 0314
针片状颗粒含量	不大于	%	15①	T 0312
水洗法 <0.075mm 颗粒含量	不大于	%	1	T 0310
软石含量	不大于	%	3	T 0320
石料磨光值	不小于	BPN	42	T 021
破碎砾石具有一定破碎面的颗粒含量	不大于	%	一个面:100 两个面:90	T 0346

注:①针片状颗粒含量最好小于 10%,绝对不得超过 15%。

(3)细集料的质量要求。细集料应由 100% 的轧碎机制砂的混合料组成,并应符合表 5-14 的质量要求。

SMA 路面用细集料质量技术要求 表 5-14

指标		技术要求	指标		技术要求
表观相对密度(t/m³)	不小于	2.50	砂当量(%)	不小于	60
坚固性(>0.3mm 部分)(%)	不小于	12	棱角性(流动时间)(s)	不小于	30

(4)矿质填料。矿质填料应由岩石粉末或石灰岩粉末或其他适合材料组成。使用时应干燥到能自由流动而不起团,不应含有机杂质,且塑性指数不大于 4。规定用于 SMA 的矿质填料中,小于 0.02mm 的质量应限制在 20% 之内。

SMA 路面对矿粉质量的技术要求见表 5-15。

SMA 路面对矿粉质量的技术要求 表 5-15

指标		单位	技术要求
视密度	不小于	t/m³	2.50
含水率	不小于	%	1
粒度范围			
	<0.6mm	%	100
	<0.15mm	%	90~100
	<0.075mm	%	75~100

续上表

指　　标		单　　位	技 术 要 求
外观			无团粒、不结块
亲水系数	小于		1
回收粉尘的用量	小于		填料总质量的25%
掺加回收粉以后的填料的塑性指数	小于	%	4

(5)稳定剂和添加剂。SMA路面的耐久性来源于较高的沥青胶结料含量,SMA在运输及摊铺过程中保持高含量的沥青胶结料而不产生析漏,是靠稳定添加剂。稳定添加剂一般分为两类:一类是纤维稳定剂,应用比较普遍;另一类是聚合物添加剂(与沥青胶结料形成改性沥青),也有用橡胶粉的。

①纤维稳定剂。纤维素纤维或矿质纤维均被采用。纤维素纤维的剂量为混合料总重的0.3%,矿质纤维为0.4%。纤维剂量的容许偏差为纤维总重的±10%。

②聚合物添加剂。用于SMA的聚合物添加剂通常有SBS和聚烯烃。添加的聚合物稳定剂数量均计入结合料总含量之中,实际上形成了聚合物改性沥青。SBS改性沥青通常由工厂化生产。而粉状或粒状的聚烯烃在沥青拌和场与沥青胶结料拌和之前,通常先与集料预拌。聚烯烃的剂量为结合料总质量的5%~8%,在温度100℃时溶化。用聚合物稳定的SMA,其结合料含量比用纤维稳定的SMA低一些。

③集料级配要求。SMA典型的矿料级配组成是70%碎石、20%砂(破碎砂与天然砂之比≥1:1)和10%矿粉,或混合料中2mm以上的集料70%~80%,2~0.09mm的集料12%~17%,小于0.09mm的填料8%~13%。

《公路沥青路面施工技术规范》(JTG F40—2004)中SMA级配标准范围见表5-16。

沥青玛蹄脂碎石混合料(SMA)矿料级配范围　　表5-16

通过下列筛孔的百分率(%)	规格(按公称最大粒径分)			
	SMA-20	SMA-16	SMA-13	SMA-10
26.5	100			
19	90~100	100		
16	72~92	90~100	100	
13.2	62~82	65~85	90~100	100
9.5	40~55	45~65	50~75	90~100
4.75	18~30	20~32	20~34	28~60
2.36	13~22	15~24	15~26	20~32
1.18	12~20	14~22	14~24	14~26
0.6	10~16	12~18	12~20	12~22
0.3	9~14	10~15	10~16	10~18
0.15	8~13	9~14	9~15	9~16
0.075	8~12	8~12	8~12	8~13

2. SMA的沥青路面施工

1)SMA路面施工与普通沥青混凝路面施工的异同之处

SMA所需的施工设备无特殊要求,混合料的生产装置、运输装备和摊铺机构均与普通的密级配沥青混合料几乎完全相同,压实机具亦无特殊要求。但其路面性能,如高温抗车辙性、低温抗裂性、抗疲劳特性,以及路面的耐久性等方面具有比普通的密实沥青混合料无可比拟的优越性。

SMA与普通的密级配沥青混凝土相比,其不同之处在于:

(1)在混合料拌制过程中由于下述原因,给混合料的生产增加了难度。

①改性沥青的预生产或现场制作,需增加改性沥青的制造设备。

②由于SMA为间断级配,粗集料粒径单一,用量多,细集料很少,矿粉用量多,这给混合料的拌和带来很大的困难。为保证SMA的拌和质量,对混合料的拌制工艺提出了更高的要求。由于SMA必须使用纤维,多一种材料,就多一个供料口;而且由于添加剂品种不同,加料方法不同,增加了加料设备,给SMA的拌制增加了难度。

(2)SMA拌和以后,不能像普通沥青混凝土那样储存太长的时间,拌料不能过夜,即当天拌和的SMA,必须当天使用完毕。

(3)SMA在运输和摊铺过程中,不会出现粗、细集料的离析现象。由于SMA的沥青用量比一般的密级配沥青混合料用量要大,因此,在混合料运输和摊铺过程中容易出现沥青的析漏现象,导致压实后的沥青路面出现油斑。

(4)由于SMA的可压缩性很小,其压实温度和压实方法与普通的密级配沥青混凝土有很大的不同。

2)SMA路面的施工

SMA路面的施工与普通密实沥青混凝土相比,施工工艺与质量监理程序基本相同。其中包括:

原材料的试验、检查与报检→配合比设计、试验与审批→SMA试验路段的试铺与监理→下承层的准备(包括:清理与整修基层、浇透层沥青或做下封层及面层的施工放样)→SMA的拌制→运输→摊铺机摊铺→混合料的碾压成型→开放交通→分项工程完工质量验收。

仅就几道主要工序分述如下。

(1)SMA的拌制。SMA的拌制与普通热拌沥青混合料相比有以下不同之处:

①SMA用的结合料应用改性沥青,对现场制作改性沥青拌和场来说,宜考虑以下施工要求,以保证质量。

a.改性沥青拌和场的沥青储罐与拌和机之间应留足够的空旷场地。

b.应考虑加大沥青加温油炉的功率及电力负荷。

c.纤维必须存放在室内或有棚盖的地方,松散纤维在运输及使用过程中应避免受潮,不得结团,且存放时间不宜过长,以防老化。

d.应对每一种改性剂和基质沥青,在现场采样,进行试验,掌握性能,以达到最佳的改性效果。

②SMA的拌制,必须拌和均匀,保证质量,为此宜做到以下施工要求:

a.鉴于SMA为间断级配,粗集料用量多,细集料用量少,矿粉用量多,这给混合料的拌和质量带来了极大的困难,因此在冷料仓、热料仓配置上数量应匹配,并应严格要求控制室操作员精心配料,及时调整,做到粗料仓不亏料,细集料不溢仓。

b.SMA所需的细集料用量很少,为保证细集料配料数量准确,要求细集料在存放期间,保证干燥、清洁,不能露天堆放,宜加盖篷布。

c. SMA矿粉用量大,比热拌沥青混合料需增加2倍,因此要求配置的螺旋升送器数量足够,以保证供料正常。

d. SMA必须使用纤维,增加了拌和时的供料口,由于使用纤维类型的不同,拌和时必须考虑上纤维的方法也不同,而且应保证上料及时,用量准确。

③SMA拌和后,拌和料的存放时间不宜过长,以免混合料表面结成硬壳,由于SMA沥青用量大,存放时间长,同时会发生沥青的析漏。因此,拌和好的SMA应存放不能过夜,即当天拌和的混合料必须当天使用完毕。

④SMA要求在较高的温度下拌和,比如用SBS改性沥青拌制的SMA规定出料温度为175~185℃,高于200℃的混合料应废弃。

SMA路面的正常施工温度范围见表5-17(以供参考)。

SMA路面的正常施工温度范围(单位:℃) 表5-17

工　序	不使用改性沥青	使用改性沥青			测量部位
		SBS类	SBR乳胶类	EVA、PE类	
沥青加热温度	150~160	160~165	160~165	150~160	沥青加热罐
改性沥青现场制作温度	—	165~170	—	160~165	改性沥青车
改性沥青最高加热温度	—	175	—	175	改性沥青车
集料加热温度	185~195	190~200	200~210	180~190	热料提升斗
SMA出厂温度	160~170	175~185	175~185	170~180	运料车
混合料最高温度(废弃温度)	195	不高于195			运料车
混合料储存温度	降低不超过10℃				储存罐及运料车
摊铺温度	≥150	≥160			摊铺机
初压开始温度	≥140	≥150			摊铺层内部
复压最低温度	≥120	≥130			碾压层内部
碾压终了温度	≥110	≥120			碾压层内部
开放交通温度	≥50	≤60			路面内部或路表面

(2)SMA的运输与摊铺。SMA在运输和摊铺过程中应满足以下施工要求:

①SMA的黏性较大,运料车的车箱底部要涂刷较多的油水混合物,运料车在运输过程中应加盖篷布。

②改性沥青混合料黏度高,摊铺阻力大,故混合料在摊铺时需要使用履带式摊铺机摊铺,以防产生打滑现象。

③为保证路面的平整度,应做到缓慢、匀速、连续不断地摊铺,摊铺过程中不得随意变换速度或中途停顿。其摊铺速度一般不超过1~3m/min。

④在摊铺过程,一般要求在摊铺机前至少要有5台以上的运料车等候。必须做到宁可运料车等候摊铺,也不能摊铺机等候运料车。

⑤SMA的可压缩性很小,松铺系数比普通混合料小得多,用ABG摊铺时,其松铺系数有时不超过1.05。

⑥如果出现运料车跟不上摊铺速度,摊铺机得不到连续供料时,摊铺机应将剩余的混合料都摊铺完,抬起摊铺机,做好临时接头处理,并将混合料压实,避免出现冷却结硬的情况。

⑦SMA 在摊铺过程中,突然遇到降雨时,必须立即停止摊铺,将已经摊铺的混合料迅速碾压。如果碾压不成型时,必须铲除掉。

⑧SMA 摊铺过程中,应精心找平,保证路面的高程和平整度。

(3)SMA 的碾压成型。SMA 在碾压成型过程中应满足以下施工要求:

①SMA 必须采用钢轮压路机碾压,不宜采用轮胎压路机碾压。因为轮胎压路机的搓揉碾压,会使玛蹄脂上浮,造成构造深度降低,甚至泛油。

②采用振动压路机或钢筒式压路机碾压时,振动压路机应遵循"紧跟、慢压、高频、低幅"的原则,即紧跟在摊铺机后面,采取高频率、低振幅的方式慢速碾压。

③对 SMA 来说,"过度碾压是个大忌"。过度碾压会出现弹簧现象,混合料无法稳定,因此压实度的现场控制只能靠碾压遍数来获得。对 10t 钢轮压路机,初压时紧跟摊铺机后压 1 ~ 2 遍,复压用钢性碾静压(不开振动)3 ~4 遍,或开振动碾压 2 ~3 遍,最后用较宽的刚性碾,终压 1 遍即告结束。

④SMA 须在混合料高温情况下(175 ~180℃)进行碾压,且不会出现混合料摊拥现象。

⑤SMA 的碾压速度,一般要求不能超过 4 ~5km/h。

(4)SMA 路面的接缝。

①SMA 路面应想办法防止出现冷接缝。因为处理冷接缝很困难,不仅镐刨不动,就是用切割机切缝也十分困难。

②当纵向冷接缝不可避免时,摊铺时最好在边部设置挡板,冷接缝的处理就不需要了。

③SMA 表面层的横向接缝质量对路面平整度的影响很大。因此,当 SMA 面层每天施工完后,稍稍停顿,在混合料尚未冷却之前,就切割好缝,并将接缝冲洗干净,次日,涂刷黏层油,即可继续铺新拌混合料。

3)SMA 路面施工的质量监理

SMA 路面施工质量监理的主要内容如下。

(1)改性沥青质量抽检。沥青的质量和改性沥青的用量是影响 SMA 质量的主要因素之一,因此,必须在现场对改性沥青制品随机抽样,进行检测,其检查项目见表 5-18。

施工过程中改性沥青质量的检测要求 表 5-18

项　目	改性剂类型			检测频度	备　注
	SBS 类	SBR 类	EVA、PE 类		
针入度	√	√	√	1 ~2 次/天	
软化点	√	√	√	1 ~2 次/天	
低温延度	√	√	—	必要时	
弹性恢复	√	—	—	必要时	
显微镜观察	√	—	√	1 ~2 次/天	必要时拍摄照片检查

(2)SMA 的质量检查。SMA 在拌制过程中的质量控制、检查包括以下 4 个方面。

①拌和温度:改性沥青的原材料和成品的温度、集料烘干加热温度、混合料拌和温度及混合料出厂温度,应严格按照施工技术规范的有关规定,及时检查,并做好记录。

②矿料级配:应随施工阶段随机计算出矿料级配与标准配合比进行比较对照。表 5-19 列出了不同沥青混合料矿料级配的施工要求。对纤维的质量误差不应超过要求数量的 ±10%。

沥青混合料矿料级配施工要求　　表 5-19

普通热拌沥青混合料(我国规范要求)		SMA(建议要求)	
筛孔径(mm)	与标准配合比的容许差(%)	筛孔径(mm)	与标准配合比的容许差(%)
0.075	±2	0.075	±2
≤2.36	±6	≤4.75	±4
≥4.75	±7	≥9.5	±5

③沥青用量(油石比):要求每天每一台拌和机取混合料进行抽提试验及筛分试验不少于一次,要求油石比的误差不能超过 ±0.3%。

④抽样进行马歇尔试验:其目的是检测混合料试件的密度和空隙率,VMA、VCA、VFA 等四大体积指标,这是确认 SMA 构成的必要指标。同时检查马歇尔稳定度和流值。

⑤施工现场检查内容包括压实度、厚度、平整度、宽度、面层构造深度和摩擦系数等。

3. 沥青路面完工质量验收评定与管理

完工验收阶段是各分项(分段)工程施工完成阶段。完工验收的目的是通过检查、评定来判断已完成的沥青面层的施工质量、外形尺寸、外观质量与设计文件要求的符合程度;完工验收的各项技术指标是否达到了施工技术规范及公路工程质量检查评定标准的质量要求。

(1)完工验收阶段监理工作重点:

①对每一项完工的分项工程,承包人应按《公路工程质量检验评定标准　第一册　土建工程》(JTG F80/1—2017)或建设单位提出的为本工程专用的验收标准中所规定的检测项目与检测频率,逐项进行检测。

②承包人将检测成果填入专项完工质量交验单,报监理工程师抽检与审核,监理工程师审查承包人各分项工程完工质量交验单中各项验收指标的合格率与实得分。

③按照监理规定的抽检频率,对各分项工程的各项交工验收技术指标进行抽检,现场检测。

④监理工程师按逐项审核、计算认可的合格率与实得分。

⑤根据外观缺陷扣分及资料不全扣分,由监理工程师评定出交验的各分项工程的质量等级。

(2)各种类型沥青面层完工质量交验单。沥青路面完工后,经检测验收填写“工程质量交验单”。

第三节　水泥混凝土路面质量控制

水泥混凝土路面是指用水泥混凝土板作面层的路面。和其他路面相比较,它有很多优点:强度高,具有较高的抗压强度和抗弯拉强度以及耐磨耗能力;稳定性好,具有较好的水稳定性、热稳定性,特别是它的强度能随着时间的延长而逐渐提高(不存在沥青类面层的“老化”现象);耐久性好;养护费用少;有利于夜间行车。但是,水泥混凝土路面也有造价较高、有接缝、行车时噪声较大、修复较难(行车干扰大)、开放交通较迟等缺点。

一、水泥混凝土路面性能及质量要求

1. 水泥混凝土路面质量性能要求

水泥混凝土路面是以刚度很大的水泥混凝土板作面层，它可以由较简单的结构层次组成面层、基层、垫层和路基，面层、基层和路基或面层和路基。另外，由于它直接承受行车荷载的反复作用及环境因素(温度和湿度等)的影响，因此，面层混凝土应具有比其他工程结构物混凝土更高的使用品质，具体表现在以下几个方面：

(1)强度。面层混凝土板承受着行车荷载和由温度梯度所产生的温度应力的共同作用，因此，面层混凝土应具有较高的弯拉强度，而抗弯拉强度又是影响混凝土路面使用寿命的主要因素。故工程实际中对面层混凝土规定了很高的抗弯拉强度要求值，施工中以小梁抗折强度作为控制指标。

(2)耐久性。面层混凝土直接受大气温度和湿度的反复作用，因而，在季节冰冻地区，要求混凝土具有较高的耐冻性，即需要较高的水泥含量、较低的水灰比和适宜的混合料。

(3)耐磨性。由于面层混凝土承受车轮的反复作用，因此需要混凝土具有较高的耐磨性。水泥用量不足，会出现起砂、露骨等病害。

此外，路面混凝土还要求有较低的弹性模量和温度膨胀系数，以减小温度应力。

按组成材料的不同，水泥混凝土路面主要可分为素混凝土、钢筋混凝土以及钢纤维混凝土等。

2. 水泥混凝土路面的原材料质量要求

(1)水泥

用于水泥混凝土路面的水泥对特重、重交通路面宜采用旋窑道路硅酸盐水泥，也可以采用旋窑硅酸盐水泥或普通硅酸盐水泥；中等及轻交通路面可采用矿渣硅酸盐水泥；低温天气施工或有快通要求的路段可采用R型水泥，此外都宜用普通型水泥。

①硅酸盐水泥：由硅酸盐水泥熟料、0% ~5%石灰石或粒化高炉矿渣、适量石膏磨细制成的水硬性胶凝材料。硅酸盐水泥分两种类型，不掺加混合材料的，称为Ⅰ型硅酸盐水泥；在硅酸盐水泥熟料磨细时掺加不超过水泥质量5%的石灰石或粒化高炉矿渣混合材料的，称为Ⅱ型硅酸盐水泥。

②普通硅酸盐水泥：由硅酸盐水泥熟料、6% ~20%混合材料、适量石膏磨细制成的水硬性胶凝材料，称为普通硅酸盐水泥。

掺活性混合材料时，最大掺量不得超过20%，其中允许用不超过水泥质量5%的窑灰或不超过水泥质量10%的非活性混合材料来代替。非活性混合材料的最大掺量不得超过水泥质量的10%。

硅酸盐水泥、普通硅酸盐水泥技术要求、强度标准见规范要求，强度按《道路硅酸盐水泥》(GB 13693)进行试验。

③矿渣硅酸盐水泥：由硅酸盐水泥熟料和粒化高炉矿渣、适量石膏磨细制成的水硬性胶凝材料。水泥中粒化高炉矿渣掺加量按质量百分比计为20% ~70%，允许用石灰石、窑灰、粉煤灰和火山灰质混合材料中的一种代替矿渣，代替数量不得超过水泥质量的8%，替代后水泥中的粒化高炉矿渣不得少于20%。矿渣硅酸盐水泥的技术要求及强度标准按规范标准执行。

④道路硅酸盐水泥:由道路硅酸盐水泥熟料、0 ~ 10% 活性混合材料和适量石膏磨细制成的水硬性胶凝材料,称为道路硅酸盐水泥(简称道路水泥)。道路水泥的技术要求按规范标准执行。

(2)粗集料(碎石或砾石)

粗集料应质地坚硬、耐久、耐磨耗、洁净、有良好级配,其线膨胀系数和吸水率宜较低。高速公路、一级公路、二级公路及有抗(盐)冻要求的三、四级公路混凝土路面使用的粗集料级别应不低于Ⅱ级,无抗(盐)冻要求的三、四级公路混凝土路面、碾压混凝土及贫混凝土基层可使用Ⅲ级粗集料。有抗(盐)冻要求时,Ⅰ级集料的吸水率不应大于1%;Ⅱ级集料吸水率不应大于2%。

用作路面的混凝土粗集料不得使用不分级的统料,并应按最大公称料径的不同采用2 ~ 4个料级的集料进行掺配,并应符合规范规定的合成级配要求。卵石的最大公称料径不宜大于19mm;碎卵石的最大公称料径不宜大于26.5mm;碎石的最大公称料径不应大于31mm;钢纤维混凝土与碾压混凝土粗集料最大公称料径不宜大于19mm。碎卵石或碎石中粒径小于75μm的石粉含量不宜大于1%。

(3)细集料(天然砂或石屑)

细集料应是质地坚硬、耐久、颗粒洁净的天然砂、机制砂或混合砂,并应符合规范规定的级配。高速公路、一级公路、二级公路及有抗(盐)冻要求的三、四级公路混凝土路面使用的砂应不低于Ⅱ级,无抗(盐)冻要求的三、四级公路混凝土路面、碾压混凝土及贫混凝土基层可使用Ⅲ级砂。特重、重交通混凝土路面宜使用河砂,砂的硅质含量不应低于25%。

(4)粉煤灰及其他掺和料

混凝土路面在掺用粉煤灰时,应掺用质量指标符合规范规定的电收尘Ⅰ、Ⅱ级干排或磨细粉煤灰,不得使用Ⅲ级粉煤灰。贫混凝土、碾压混凝土基层或复合式路面下面层应掺用符合规范规定的Ⅲ级或Ⅲ级以上粉煤灰,不能使用等外粉煤灰。

路面中可使用硅灰或磨细矿渣,使用前进行试配检验,确保路面混凝土弯拉强度、工作性、抗磨性、抗冻性等技术指标合格。

(5)水

一般人及牲畜的饮用水均适用于混凝土集料清洗、拌和及养生用水。

对于非饮用水,经化验符合下列要求时也可使用:

①硫酸盐含量(按 SO_4^{2-} 计)小于 $2.7mg/cm^3$。

②盐量不得超过 $5mg/cm^3$。

③pH 值宜大于4.5。

(6)外加剂

外加剂应符合现行国家标准的有关规定。

3.普通混凝土配合比设计

水泥混凝土路面板是一种长度和宽度有一定比例,并有地基支承的薄形结构物。它不仅在交通荷载作用下会产生较大的弯拉应力,而且常年裸露于自然环境之中,受到大气温度、湿度及地基水温情况变化的影响,当它在温度梯度的作用下所引起的胀缩和翘曲受到阻碍时,就会在混凝土板中产生较大的弯拉应力,因此,要求路面混凝土混合料具有较高的抗弯拉强度、较低的弹性模量及膨胀系数。

路面混凝土板还承受长期车辆行驶的摩擦、冲击和振动作用,以及正、负气温的反复冻融作用。因此,要求路面混凝土应具有耐磨、耐冻融、耐冲击和耐振动的良好耐久性能。

为了便于混凝土浇筑时的施工操作,要求混凝土混合料具有良好的工作性(施工和易性)。

1)普通混凝土配合比设计的基本要求

混凝土配合比设计主要是根据对路面混凝土的强度、耐久性、耐磨性、工作性(施工和易性)的要求及经济的原则,确定混凝土混合料中水、水泥、细集料和粗集料的配合比例。

通过试验了解原材料的质量,并满足粗、细集料级配要求。通过计算(或经验)确定混凝土配合比设计中的基本参数,如用水量、水灰比(确定水泥用量)、砂率(以计算粗、细集料的用量),并在水灰比不变的条件下,通过试拌提出供混凝土进行强度试验的基准配合比。然后在室内制作抗折试件 15cm × 15cm × 55cm 或立方体抗压试件 15cm × 15cm × 15cm,在标准养护条件养生到一定龄期 28 天(若有需要时可养生到 7 天)后,进行抗折(或抗压)强度试验,然后提出设计配合比。再根据混凝土拌和场(站)的拌制条件及气候条件,对设计配合比进行适当调整,并提出施工用配合比供生产使用。

2)配合比设计方法

(1)确定混凝土的试配弯拉强度(f_m),按《公路水泥混凝土路面设计规范》(JTG D40—2011)中公式计算:

$$f_m = \frac{f_r}{1 - 1.04c_v} + ts \tag{5-3}$$

式中:f_m——混凝土试配弯拉强度的均值,MPa;

f_r——混凝土弯拉强度的标准值,MPa;

c_v——混凝土弯拉强度的变异系数,按《公路水泥混凝土路面设计规范》(JTG D40—2011)取用;

s——混凝土弯拉强度试验样本的标准差;

t——保证率系数,按样本数 n 和判别概率 p 参照《公路水泥混凝土路面设计规范》(JTG D40—2011)确定。

(2)混凝土配合比设计中基本参数的确定。

①混凝土用水量 W_o 的选定。

a. 干硬性和塑性混凝土用水量的确定[《公路工程水泥及水泥混凝土试验规程》(JTG E30—2005)]:

当水灰比在 0.4 ~ 0.8 范围时,根据粗集料品种、粒径及施工要求的混凝土拌和物稠度,其用水量可按规范选取《公路工程水泥及水泥混凝土试验规程》(JTG E30—2005)。

当水灰比小于 0.4 或大于 0.8 的混凝土以及采用特殊成型工艺的混凝土用水量应通过试验确定。

b. 掺外加剂时的混凝土用水量可按式(5-4)计算:

$$W_a = W_o(1 - \beta) \tag{5-4}$$

式中:W_a——掺外加剂混凝土每立方米混凝土中的用水量,kg;

W_o——未掺外加剂混凝土每立方米混凝土中的用水量,kg;

β——外加剂的减水率,%,经试验确定。

②混凝土砂率的确定。混凝土砂率确定应符合下列规定:

a. 坍落度小于或等于60mm,且等于或大于10mm的混凝土砂率,可根据粗集料品种、粒径及水灰比按《公路工程水泥及水泥混凝土试验规程》(JTG E30—2005)规范选取。

b. 坍落度大于或等于100mm的混凝土砂率,按坍落度每增大20mm,砂率增大1%的幅度予以调整。

c. 坍落度大于60mm或小于10mm的混凝土及掺用外加剂和掺和料的混凝土,其砂率应经试验确定。

③混凝土水灰比的确定。

a. 按抗压强度配制混凝土时,水灰比可根据水泥的实际强度和混凝土的配制(抗压)强度,按式(5-5)计算出水灰比(W/C)[《公路工程水泥及水泥混凝土试验规程》(JTG E30—2005)]。

$$\frac{W}{C}=\frac{Af_{ce}}{f_b+ABf_{ce}} \tag{5-5}$$

式中:f_{ce}——水泥的实际强度,MPa;

f_b——混凝土的抗压配制强度,MPa;

A、B——回归系数,应根据工程所使用的水泥、集料、通过试验建立 W/C 与混凝土强度的回归关系确定,当无统计关系时,A、B 回归系数可按表5-20选定。

A、B 回 归 系 数 表5-20

碎石混凝土		砾石混凝土	
A	B	A	B
0.48	0.52	0.50	0.61

当无水泥实际强度数据时,式(5-5)中的 f_{ce} 可按式(5-6)确定:

$$f_{ce}=r_c\times f_{ce,k} \tag{5-6}$$

式中:$f_{ce,k}$——水泥强度等级的标准值;

r_c——水泥强度等级标准值的富余系数,由实际统计资料确定。

b. 按抗弯拉强度配制混凝土时,可根据试配抗弯拉强度水泥抗折强度,并按下列经验公式计算灰水比 C/W。

碎石: $$f_c=1.568\,4\frac{C}{W}+0.348\,5f_{sc}-1.007\,9$$

卵石: $$f_c=1.261\,8\frac{C}{W}+0.456\,5f_{sc}-1.549\,2 \tag{5-7}$$

式中:f_{sc}——水泥的抗弯拉强度,MPa。

普通水泥混凝土路面最大水灰比(W/C)应符合下列规定[《水泥混凝土路面施工及验收规范》(GBJ 97—87)]:

公路、城市道路和厂矿道路,不应大于0.50;

机场道路和高速公路,不应大于0.46;

冰冻地区冬季施工,不应大于0.45。

如采用真空脱水工艺施工,水灰比可放大5%~10%,但脱水后的剩余水灰比应满足上述要求。

④计算用水量。在灰水比已知的条件下，每立方米混凝土中的用水量 W_o 也可按下列经验关系计算确定。

碎石：
$$W_o = 104.97 + 3.09h + 11.27\frac{C}{W} + 0.61S_P \tag{5-8a}$$

卵石：
$$W_o = 86.89 + 3.70h + 11.24\frac{C}{W} + 1.00S_P \tag{5-8b}$$

式中：h——坍落度值，cm；

S_P——砂率，%。

当粗集料最大粒径为40mm时，混凝土单位用水量，经验值为：碎石150～170kg/m³，卵石140～160kg/m³。

⑤计算水泥用量：

$$m_{co} = W_o\frac{C}{W} \tag{5-9}$$

路面混凝土的水泥用量应不小于300kg/m³。一般情况，采用强度等级为32.5MPa的水泥时，水泥用量为310～340kg/m³；采用强度等级为52.5MPa的水泥时，水泥用量为300～330kg/m³。

⑥粗集料和细集料用量的确定。集料用量应符合下列规定。

a. 当采用假定质量法计算时，可按式(5-10)计算：

$$m_{co} + m_{go} + m_{so} + m_{wo} = m_{cp} \tag{5-10a}$$

$$S_P = \frac{m_{so}}{m_{so} + m_{go}} \times 100 \tag{5-10b}$$

式中：m_{co}——每立方米混凝土的水泥用量，kg；

m_{go}——每立方米混凝土的粗集料用量，kg；

m_{so}——每立方米混凝土的细集料用量，kg；

m_{wo}——每立方米混凝土的用水量，kg；

S_P——砂率，%；

m_{cp}——每立方米混凝土拌和物的假定质量，kg，其值可取2 400～2 500kg。

b. 当采用绝对体积法计算时，应按式(5-11)计算：

$$\frac{m_{co}}{\rho_c} + \frac{m_{go}}{\rho_g} + \frac{m_{so}}{\rho_s} + \frac{m_{wo}}{\rho_w} \times 0.01\alpha = 1 \tag{5-11a}$$

$$S_P = \frac{m_{so}}{m_{so} + m_{go}} \times 100 \tag{5-11b}$$

式中：ρ_c——水泥密度，kg/m³，可取2 900～3 100kg/m³；

ρ_g——粗集料的表观密度，kg/m³；

ρ_s——细集料的表观密度，kg/m³；

α——混凝土的含气量百分数，在不使用引气型外加剂时，α 可取为1。

粗集料和细集料的表观密度 ρ_g 及 ρ_s 可按交通运输部颁布的集料试验方法测定。

3)配合比的试配与调整

(1)混凝土试配时应采用工程中实际使用的原材料。混凝土的搅拌方法应与生产时使用的方法相同。

(2)混凝土试配时,每盘混凝土的最小搅拌量应符合表5-21的规定。当采用机械搅拌时,搅拌量不应小于搅拌机额定搅拌量的1/4。

混凝土试配用最小拌和量　　表5-21

集料最大粒径	拌和物数量(L)	集料最大粒径	拌和物数量(L)
31.5mm及以下	15	40mm	25

(3)按计算的配合比首先应进行试拌,以检查拌和物的性能。当试拌得出的拌和物坍落度或维勃稠度不能满足要求,或黏聚性和保水性能不好时,应在保证水灰比不变的条件下相应调整用水量或砂率,直到符合要求为止。然后提出供混凝土强度试验用的基准配合比。

(4)强度试验试件的制作与试验。

①混凝土强度试验时应至少采用三个不同的配合比,其中一个应是计算得出的基准配合比,另外两个配合比的水灰比,宜较基准配合比分别增加或减少0.05,其用水量与基准配合比基本相同,砂率可分别增加或减小1%。

当不同水灰比的混凝土拌和物坍落度(或维勃值)与要求值的差额超过允许偏差时,可以增、减用水量进行调整。

②制作混凝土强度试件时,应检查混凝土拌和物的坍落度或维勃稠度以反映拌和物的施工和易性。

③混凝土强度试验时,每种配合比应至少制作一组(三块)试件,并应按标准养护到28天时试验。

a.抗折混凝土试件的尺寸,应符合下列规定:

标准试件尺寸为150mm×150mm×550mm,当集料粒径不大于30mm时允许采用100mm×100mm×400mm的试件。但小梁(指100mm×100mm×400mm)试件的实测抗折强度应根据其相关关系换算成标准尺寸试件的抗折强度。

b.混凝土立方体试件的边长,应符合表5-22的规定。

抗压混凝土立方体试件的边长　　表5-22

集料最大粒径(mm)	试件边长(mm×mm×mm)	集料最大粒径(mm)	试件边长(mm×mm×mm)
30	100×100×100	60	200×200×200
40	150×150×150		

4)配合比的确定

(1)由试验得出的各水灰比及其相对应的混凝土强度关系,用作图法或计算法求出与混凝土配制强度(f_c)相对应的水灰比,并按下列原则确定每立方米混凝土的材料用量。

①用水量(m_w)应取基准配合比中的用水量,并根据制作强度试件时测得的坍落度或维勃稠度,进行调整。

②水泥用量(m_c)应以用水量乘以选定出的水灰比计算确定。

③粗集料和细集料用量(m_g和m_s)应取基准配合比中的粗集料和细集料用量,并按选定的水灰比进行调整。

(2)当配合比经试配确定后,尚应按下列步骤校正。

①应根据(1)中确定的材料用量,按下式计算混凝土的表现密度计算值$\rho_{c,c}$:

$$\rho_{c,c} = m_w + m_c + m_s + m_g$$

②应按下式计算混凝土配合比校正系数δ:

$$\delta = \frac{\rho_{c,t}}{\rho_{c,c}}$$

式中:$\rho_{c,t}$——混凝土表观密度实测值,kg/m^3;

$\rho_{c,c}$——混凝土表现密度计算值,kg/m^3。

③当混凝土表观密度实测值与表现密度计算值之差的绝对值不超过计算值的2%时,按(1)确定的配合比应为确定的设计配合比;当两者之差超过2%时,应将配合比中每项材料用量均乘以校正系数δ值,即为确定的混凝土设计配合比。

二、水泥混凝土路面施工准备阶段质量监理

水泥混凝土路面施工准备阶段的监理工作的主要内容如下。

1. 审批原材料

开工前承包人应在所选定的料场中,取有代表性的样品,按规定的试验方法对原材料进行自检试验。检查原材料是否满足施工技术规范的要求,并将试验结果和产品质量合格证书一并报监理工程师审查。经监理工程师逐一审查,必要时进行抽检试验,认证合格后,予以批准使用。

2. 审批混合料配合比

承包人在开工前,应用经监理工程师批准使用的原材料进行混凝土配合比试验,以确定满足抗折或抗压强度要求的混合料的施工用配合比,报监理工程师审批。监理工程师对承包人报检的配合比,经审核,并通过试拌认证合格后,批准施工用配合比反馈承包人在工程施工中使用。

3. 审查主要机械设备的配置及调试情况

在开工前承包人应自行检查为本工程施工所配置的主要机械设备与配套设备的数量与运行质量,并将检查、调试结果报监理工程师审查。

监理工程师应按照承包人报检的设备清单及质量自检结果,根据施工规范对混凝土路面施工精度的要求进行逐一检查:

(1)混凝土混合料拌和设备。

(2)小型机具摊铺与振实设备。

(3)轨道式摊铺机摊铺和振实,以及其他工序的配套设备。

(4)滑模式摊铺机摊铺和振实,以及其他工序的配套机械设备。

(5)平地机摊铺和振动压路机碾压,以及配套的小型机具。

(6)沥青混合料摊铺机摊铺和初步压实,振动压路机碾压,以及配套的小型机具。

监理工程师根据选定的施工方法及配套的施工机械设备进行检查合格后,予以批准使用。对不能满足施工精度要求或功能不全的机具,应不允许使用。

4. 模板、传力杆、拉杆制作质量检查

混凝土路面浇筑前,应对模板、传力杆、拉杆的加工制作质量进行逐一检查。

模板应具有足够的刚度。检查模板的高度、每块模板顶面平整度,沿长度方向的顺直度以及传力杆、胀缝板、拉杆的制作质量是否超过了规定的允许偏差。对加工精度不合格的模板、传力杆、拉杆均不得在施工中使用。

5. 施工放样数据审核

模板安装之前,监理工程师应审核复测施工放样数据是否准确无误。

6. 试验板块的浇筑

对施工难度较大,缺乏施工经验的混凝土路面的施工,宜事先浇筑一块或几块试验板块。根据试验目的,从中总结经验,采集施工数据,规范施工操作,核查机具、人员的组织安排情况。

7. 批准开工

经监理工程师审查、核实,施工准备工作就绪,确定具备开工条件,由总监(或总监代表)签发开工指令,批准开工。

三、水泥混凝土路面施工阶段质量监理

根据施工机械、施工工艺的不同,水泥混凝土路面有摊铺机施工和小型机具施工等施工作业形式。

1. 摊铺机施工

(1)高等级公路水泥混凝土路面的摊铺必须采用机械摊铺,所采用的摊铺机械性能必须达到监理工程师的要求。基层强度不符合要求者,不得进行路面摊铺。

(2)试验路段。

①在水泥混凝土路面摊铺开工之前,承包人应在严密的组织下,按照批准的施工方案,在监理工程师选定的现场上,铺筑面积不小于400m² 的试验路段,承包人应提供并使用要在正常生产工作中采用的全部设备。

②铺筑试验路段的目的是证明在正常生产的情况下,工程质量能达到要求。

③承包人应根据试验路段结果提出对机械设备或操作进行合理的改进意见。

④竣工的试验路段如经监理工程师认可验收,可作为竣工项目支付;如不予验收,则应由承包人把所有不合格的路段清除出去,重做试验,费用由承包人负担。

(3)钢筋的设置。

①横向缩缝及胀缝设置传力杆时,应与中线及路面表面平行,其偏差不应大于5mm,传力杆应采用监理工程师认可的支承装置,在铺筑路面之前装设好传力杆。

②传力杆长度的一半再加上5cm,应涂上两层沥青乳液或一层沥青,胀缝处的传力杆尚应在涂沥青的一端加一个预制的盖套,内留30mm的空隙,填以纱头或泡沫塑料。

③拉杆不应露头。拉杆端应切正,横断面面积上不应变形,装设拉杆时,不应使其穿过已摊铺好的混凝土顶面,拉杆应在混凝土摊铺之前就装设好,或者用一台拉杆振动器把它装入接缝边缘内,或者用混凝土摊铺机上的拉杆自动穿杆器来装设,在已凝固的混凝土内安装拉杆

时,应用经监理工程师认可的拉杆穿插装置来进行。

④工程中所用的全部钢筋的设置及绑扎都应先经监理工程师同意后才能浇筑混凝土。承包人至少应在12h以前把浇筑混凝土的意图通知监理工程师,以使他有足够的时间检查钢筋和采取纠正措施。

⑤钢筋不应沾土、污垢、油脂、油漆、毛刺以及松散的或厚的铁锈,以免影响钢筋与混凝土之间的黏结。

(4)混凝土拌和物的搅拌和运输。

混凝土的搅拌和运输应符合《公路水泥混凝土路面施工技术细则》(JTG/T F30—2014)的要求。

(5)混凝土拌和物的摊铺。

①承包人应提供摊铺混凝土而推荐的设备和方法,以及摊铺宽度、接缝布置和预计的进度等全部详情和细节报工程师审批。

②当庇荫处的气温低于5℃或高于35℃,或者正在下雨或估计4h内有雨时,不得铺筑混凝土。工程中铺筑的混凝土的温度不应低于5℃或高于35℃。

③承包人应提供测定保养气温、混凝土温度、相对湿度及风速的设备,并应按照监理工程师的指示测定和记录这些数据。当蒸发率超过0.75kg/(m^2·h),承包人应采取使监理工程师满意的防止水分损失的预防措施,如果监理工程师认为这些预防措施不能令人满意时,可下令停止施工。

④监理工程师应检查和批准所有的模板、基层准备情况、接缝和养生材料的供应情况,备用振捣器的储备情况,以及承包人的全面准备情况,以保证工程的正常进行。

⑤混凝土应采用摊铺机械铺筑。手工摊铺只局限于小范围或不能用机械摊铺的区域。手工摊铺应在施工前由承包人报经监理工程师审批。

⑥摊铺机应是经批准的自行式机械。铺摊时应以缓慢的速度均匀地进行,以保证摊铺机的连续操作。摊铺机还应有以下特点:

a.有带传感装置的自动控制系统,以便把线形和高程控制到规定的标准。

b.有能均匀摊铺混合料及调节混合料流向的振捣器,能捣实混凝土整个深度。

c.有单独的发动机作动力的插入式振捣器,能捣实混凝土整个深度。

d.有可调整的挤压整平板和整形板,并在所有表面上做出要求的修饰。

e.具有适应混凝土板不同宽度或组合宽度与板厚的摊铺能力,其组合板宽应符合图纸或监理工程师的要求。

⑦摊铺机应具有摊铺、捣实、整形和修饰的功能,使后来只需要最少的手工修饰,就能铺筑成符合规范要求的修饰表面和密实而均质的混凝土。

⑧摊铺机、汽车以及养生、切缝和做纹理的设备行走路线的承力面,应由承包人进行准备及保养,以便能适应操作。

⑨混凝土拌和物摊铺工作一旦开始,不得中断,摊铺机应不致因缺乏混凝土而停工,如停工时间延续超过30min,则应设置经批准的横向施工缝。距胀缝、缩缝或薄弱面3m之内不得出现横向施工缝。如果不能充分供应混凝土,则在至少做成3m长的板的工作中断之时,应把最后一条缝后面的多余混凝土按指示清除掉。

⑩混凝土均匀浇筑在模板内,不应有离析现象。靠边角应先用插入式振捣器顺序捣实,再

用平板振捣器纵横交错全面振捣,然后用振动梁振捣,平行移动往返施振 2 ~ 3 遍,使表面泛浆,赶出水泡。

(6)终饰。

①混凝土振动梁振动整平后,应保持路拱的准确,并检查平整度,由承包人用长度不小于 3m 的直尺检查新铺混凝土表面,每次用直尺进行检查时,都应与前一次检查带至少重叠 1/2 的直尺长度。

②表面修饰前应做好清边整缝,清除粘浆,修补掉边、缺角,表面修整时,严禁在混凝土面板上洒水、撒水泥。

③表面整修宜分二次进行,先找平抹面,等混凝土表面无泌水时,再做第二次抹平,板面应平整密实。

④整修作业应在混凝土保持塑性和具有和易性的时候进行,以确保从路表面上清除水分和浮浆。新铺混凝土表面,平整度检查出来的高处,应用手镘法清除,低洼处不得填以表面的浮浆,必须用新制混凝土填补与修整。

⑤板面抹平后在混凝土仍具有塑性时,应采用拉槽器、滚动压纹器或其他合适的工具在混凝土表面沿横方向制作纹理,但不得扰动混凝土。表面纹理应符合图纸规定。拉槽时,一般槽口宽度为 3 ~ 5mm,槽深为 3 ~ 4mm。

(7)工程防护。

①承包人应提交在下雨干扰工程时拟采用的防护方法及设备的详细建议。防护设备应停放在工地,以便随时可以投入使用。

②应采取预防措施,保证路面铺筑完的前 96h 期间混凝土的温度不降到 5℃以下,当主导温度偏低,或当有寒冷气候预报以及新铺混凝土的温度降到规定极限以下的危险时,承包人应停止摊铺混凝土拌和物作业。如果承包人采取了预防措施,可保证混凝土拌和物的温度能在上述时间内维持在 5℃时,施工可继续进行,否则,拒绝验收。

(8)接缝。

①承包人应在开始铺筑路面混凝土之前 28 天,提交一份整个工程范围的平面图,示出建议在混凝土路面内设置的全部接缝的部位和布置细节。路面板锚头、桥头搭板及末端板也均应在平面图中示出。

②横向施工缝:

a. 横向施工缝的位置宜改在胀缩缝处,设在缩缝处或非胀、缩缝处时,横向施工缝采用平缝加传力杆,并应垂直于中线和按图纸所示尺寸及其他要求施工。传力杆采用光面钢筋,其长度的一半以上,应涂以沥青,设在胀缝处时,横向施工缝应按胀缝的要求施工,传力杆最外边距接缝或自由边的距离,不应小于 15cm。

b. 横向施工缝只应在摊铺作业中断时间超过 30min 时才设置。

c. 横向施工缝若与横向缩缝、胀缝分开设置时,其距离不得小于 2m,必要时为了保证获得最小间距,监理工程师可授权改变横向缩缝的间距。

d. 横的施工缝应在做纹理之前修整出光顺平齐的表面。

③横向缩缝:

a. 横向缩缝应横过路面全宽设置。缩缝一般采用假缝形式,缝应做成一条直线,不得有任何中断。图纸规定缩缝处设传力杆时,其要求与施工缝的传力杆相同。

b. 除监理工程师另有指示外，横向缩缝(假缝)应采用锯缝，并按图纸规定的尺寸锯成，承包人应负责修建除规定位置外，不得出现任何横向裂缝的路面。在规定部位之外出现裂缝的混凝土路面应拒绝验收。

c. 锯缝垂直或水平的边缘剥落，不应超过5mm，边缘剥落长度，在任何1m长的锯缝内不得超过300mm。

d. 承包人应采用能适合锯混凝土硬度的锯刀、设备和控制方法，并应由有经验的操作人员来施工，以确保锯口平直和把边缘剥落控制在规定范围以内。工地上应储备充足的备用锯缝机和锯刀，以供损坏时更换。

e. 当混凝土硬化到足以承受锯缝设备时，即可开始锯缝作业，锯缝作业完成后，应立即把所有锯屑和杂物彻底清除干净。

f. 混凝土板养生完毕后，用空气压缩机很好地清扫接缝的沟槽内所有杂物，除混凝土充分干燥后，用符合图纸规定的填料予以填封。

④横向胀缝：

a. 横向胀缝应按图纸所示或监理工程师指示，在桥头搭板端部、路面板的锚头处、沿行车道与交叉道之间以及其他规定处设置，胀缝应采用滑动传力杆，即在传力杆涂沥青的一端加一盖套，内留30mm的空隙，填纱头或泡沫塑料，盖套一端宜在相邻板中交错布置。

b. 横向胀缝应连续贯通路面全宽，并应垂直于道路中心线以及按图纸所示尺寸设置，横向胀缝与其他横缝的距离不得小于2m，必要时，为保证获得最小净距，监理工程师可授权改变横向缩缝的间距。

c. 接缝用的接缝板和填缝料应符合图纸规定。

d. 在设置接缝材料时，胀缝要彻底扫净，缝的侧面均应用接缝材料制造厂家推荐的结合料抹涂。填缝料的顶部低于路面表面不得少于5mm，也不得多于7mm。

⑤纵向缩缝：

a. 纵向缩缝应平行于中线或按图纸所示，或在监理工程师指示的位置设置。拉杆应采用螺纹钢筋。

b. 除监理工程师另有指示外，纵向缩缝采用假缝，用锯缝机按图纸规定的尺寸锯成。

c. 所有纵向缩缝的缝线与平面图所示位置之间的偏差在任何一点上都不得超过10mm。

⑥纵向施工缝：纵向施工缝一般采用平缝，并应在板厚中央设置拉杆，拉杆的设置与纵向缩缝拉杆设置相同，接缝应符合规范或用图纸规定的填缝料予以填封。

(9)混凝土板养护及模板的拆除。

混凝土板表面修整完毕后，应及时采用湿治养护和塑料薄膜养护14～21天。模板的拆除，应符合《水泥混凝土路面施工及验收规范》(GBJ 97—87)的规定。

(10)开放交通。

混凝土板达到设计强度时，监理工程师可允许开放交通。当遇特殊情况需要提前开放交通时，应根据《公路工程水泥及水泥混凝土试验规程》(JTG E30—2005)的试验方法测定混凝土试块达到设计强度的80%以上，其车辆荷载不得大于设计荷载。在开放交通之前，路面应清扫干净，所有接缝均应封闭好。

(11)取样和试验。

①施工过程中，每拌和200～300m^3混凝土，应进行抽样检验，抽样数量为三组，每组三件，

其中一组为28天的抗压强度试验,一组为7天的抗压强度试验,一组为28天抗折强度试验,试验按《公路工程水泥及水泥混凝土试验规程》(JTG E30—2005)规定方法进行。如果试件的试验结果表明28天混凝土强度达不到规定强度时,监理工程师可允许承包人提交从工程中挖取的试件进行试验,此外,监理工程师可选择任何时间从工程中提取样芯以使和按要求制备的试样所取得的测试强度结果进行校验核对。

②摊铺好的混凝土面板厚度应在统计基础上取样,并进行量测,以确定面板厚度是否符合设计要求。

③所有试验结果均应报监理工程师审批,所发生的一切费用由承包人自理。

(12)混凝土面板的拆除及更换。

①凡不符合规定要求时,任何混凝土面板均应按监理工程师的指示予以拆除及更换,拆除及更换所发生的一切费用均由承包人负担。

②拆除的混凝土板应打碎后再拆除,拆除时不能损坏邻近的混凝土板和基层。

③更换的新板及接缝均应符合新建的规定。

(13)冬季施工和夏季施工。

在冬季或夏季施工时,应按《公路水泥混凝土路面施工技术规范》(JTG/T F30—2014)的要求进行施工。

2.人工、小型机械化施工

(1)模板安装的检查

①钢模板的高度应与混凝土板厚度一致。

②木模板应选用质地坚实、变形小,无腐朽、扭曲、裂纹的木料。

③模板高度的允许误差为±2mm,企口舌部或凹槽的长度允许误差:钢模板为±1mm;木模板为±2mm。

④立模的平面位置与高程应符合设计要求,并应支立准确稳固,接头紧密平顺,不得有离缝、前后错茬和高低不平等现象。

⑤混凝土拌和物摊铺前,应对模板的间隔、高度、润滑、支撑稳定情况和基层的平整、润湿情况,以及钢筋的位置和传力杆装置等进行全面检查。

(2)混凝土拌和物的搅拌和运输

①混凝土拌和物应采用机械搅拌施工,其搅拌站宜根据施工顺序和运输工具设置,搅拌机的容量应根据工程量大小和施工进度配置。施工工地宜有备用的搅拌机和发电机组。

②搅拌机每批的拌和物数量,应按混凝土施工配合比和搅拌机容量确定,并应符合下列规定:

a.进入拌和机的砂、石料必须准确过秤,磅秤使用前应检查校正。

b.散装水泥必须过秤,袋装水泥,当以袋计量时,应抽查其质量是否准确。

c.严格控制加水量,每班开工前,实测砂、石料的含水率,根据天气变化,由工地试验确定施工配合比。

③搅拌第一批混凝土拌和物,应先用适量的混凝土拌和物或砂浆搅拌,拌后排弃,然后再按规定的配合比进行搅拌。

④混凝土拌和物每批的搅拌时间,应根据搅拌机的性能合拌和物的和易性确定。

⑤混凝土拌和物的运输,宜采用自卸机动车运输。当运距较远时,宜采用搅拌运输车运

输。混凝土拌和物自搅拌机出料后，运至铺筑地点进行摊铺、振捣、做面，直至浇筑完毕的允许最长时间，由试验室根据水泥初凝时间及施工气温确定。

⑥装运混凝土拌和物，不得漏浆，并应防止离析。夏季和冬季施工，必需时应有遮盖或保温措施，出料及铺筑时的卸料高度，不应超过 1.5m，当有明显离析时，应在铺筑时重新拌匀。

(3)混凝土浇筑施工的质量控制

混凝土拌和物的施工，应符合下列规定：

①对厚度不大于 22cm 的混凝土板，靠边角应先用插入式振捣器顺序振捣，再用功率不小于 2.2kW 的平板振捣器纵横交错全面振捣。纵横振捣时，应重叠 10～20cm，然后用振动梁振捣拖平，有钢筋的部位，振捣时应防止钢筋变位。

②振捣器在每一位置振捣的持续时间，应以拌和物停止下沉、不再冒气泡、当水灰比小于 0.45 时，不宜少于 30s；用插入式振捣器时，不宜少于 20s。

③当采用插入式与平板振捣器配合使用时，应先用插入式振捣器振捣，后用平板式振捣器振捣。分二次摊铺的，振捣上层混凝土拌和物时，插入式振捣器应插入下层混凝土拌和物 5cm，上层混凝土拌和物的振捣必须在下层混凝土拌和物初凝以前完成。插入式振捣器的移动间距不宜大于其作用半径的 0.5 倍，并应避免碰撞模板和钢筋。

④振捣时应辅以人工找平，并应随时检查模板，如有下沉、变形或松动，应及时纠正。

⑤干硬性混凝土搅拌时可先增大水灰比，浇筑后采用真空吸水工艺再将水灰比降低，以提高混凝土在未凝结硬化前的表层结合强度。

⑥混凝土拌和物整平时，填补板面应先选用碎(砾)石较细的混凝土拌和物，严禁用纯水泥砂浆填补找平。经用振动梁整平后，可再用铁滚筒进一步整平。设有路拱时，应使用路拱成型板整平。整平时必须保持模板顶面整洁，接缝处板面平整。

⑦混凝土板做面，应符合下列规定：

a.做面前，应做好清边整缝，清除粘浆，修补掉边、缺角。做面时严禁在面板混凝土上洒水、撒水泥粉。

b.做面宜分二次进行。先找平抹平，待混凝土表面无泌水时，再作第二次抹平。混凝土板面应平整、密实。

c.抹平后沿横坡方向拉毛或采用机具压槽。公路和城市道路、厂矿道路的拉毛和压槽深度应为 1～2mm。民航机场道面拉毛的平均纹理深度(填砂法)：跑道、高速出口滑行道不得小于 0.8mm；滑行道、停机坪不得小于 0.4mm。

(4)水泥混凝土路面接缝施工

人工及小型机械化施工水泥混凝土路面接缝时，其要求与摊铺机施工水泥混凝土路面接缝相同。

(5)混凝土板养护及模板的拆除

混凝土板表面修整完毕后，应及时采用湿治养护或塑料薄膜养护 14～21 天，模板的拆除应符合《公路水泥混凝土路面施工技术细则》(JTG/T F30—2014)的规定。

四、水泥混凝土路面完工质量验收评定与管理

完工验收是各分项(分段)工程施工完成后的验收阶段。完工验收的目的是通过检查评定来判断已完工的水泥混凝土路面的施工质量、外形尺寸、外观质量与设计文件的符合程度；

完工验收的各项技术指标是否达到了施工技术规范及质量检查评定标准的质量要求。

1. 完工验收阶段监理工作重点

(1)对每一项完工的分项工程,承包人应按《公路工程质量检验评定标准　第一册　土建工程》(JTG F80/1—2017)或建设单位提出的为本工程专用的验收标准中所规定的检测项目与检测频率,逐项进行检测。

(2)承包人将检测成果填入专项完工质量交验单,报监理工程师抽检与审核,监理工程师审查承包人各分项工程完工质量交验单中各项验收指标的合格率与实得分。

(3)按照监理规定的抽检频率,对各分项工程的各项交工验收技术指标,进行抽检、现场检测。

(4)监理工程师按照承包人自检与监理的抽检频率逐项审核计算监理认可的合格率与实得分。

(5)根据外观缺陷扣分及资料不全扣分,由监理工程师评定出已完工交验的各分项工程的质量等级。

2. 水泥混凝土路面完工质量交验单

水泥混凝土路面完工后,填写工程质量交验单。

复习思考题

1. 路面基层质量基本要求是什么?
2. 水泥稳定土基层质量监理要点是什么?
3. 沥青类路面的质量要求是什么?
4. 沥青类路面混合料配合比如何设计?
5. 沥青类路面的结构形式有哪些?
6. SMA 沥青路面与普通沥青路面有哪些不同?
7. SMA 沥青路面质量监理的内容有哪些?
8. 水泥混凝土路面的质量性能要求是什么?
9. 水泥混凝土路面施工阶段质量监理的内容是什么?

第六章

桥梁工程质量控制

第一节 桥梁施工质量监理一般要求

一、桥梁的基本功能及组成

公路桥梁是为跨越江、河、湖、海,山谷、深沟以及其他路线等障碍时的人工构造物。其主要功能一方面是保持道路的连续性,保证交通运行,发挥道路正常的运输功能,另一方面是保证桥下水流的畅通,过往船只的通航或各种车辆的通行。

公路桥梁总体分为上部结构(或称桥跨结构、桥孔结构)、下部结构(或称桥墩、桥台)、墩台基础、桥面系及附属结构等几部分。

二、对施工单位在施工前准备工作质量的控制要求

1.对施工队伍及其人员素质的检查控制

施工单位桥梁施工人员是整个桥梁工程施工的主体,其施工人员技术素质及质量意识的高低直接影响到工程产品质量的好坏。监理工程师在开工前就要严格审查其施工人员的业务素质,对其资质进行审查,对其业务水平进行考核,以确保施工人员整体素质满足施工质量的

技术要求。

2. 场地清理及复测

承包人应按照有关规定要求,清理施工场地,做到使监理工程师满意的程度。

在监理工程师向承包人进行各桩位坐标及高程交接后,承包人即应在开工前对桥梁中心桩位、导线控制桩位、水准点及其他桩位进行复测,并将复测结果报监理工程师认可。如承包人对某些测量控制桩或数据经复测发现存在问题,应向监理工程师提交一份表格,列出承包人认为有误的控制桩的位置、编号及其修正数据。在监理工程师确认前不得触动原有控制桩及原有地面。由监理工程师组织重新复测或由设计部门进行复测。

所有控制桩移交给承包人后,承包人有义务做好所有控制桩的保护工作,监理工程师应督促承包人保护好控制桩直到竣工验收之后。承包人应对所有控制桩设立护桩等参考保护标志,以便在某个控制桩遭到破坏后能及时准确予以恢复定位。监理工程师应督促承包人定期对桩位进行测量检查,监理工程师同时进行复核检查,以保证桥梁各部位施工位置准确无误。

3. 审查施工总体方案、具体施工方法和施工工艺

认真审查承包人提交的施工组织设计、施工计划以及质量保证体系、保证措施等,特别应重点审查以下一些方面:

(1)施工组织设计是否符合有关规范、标准,是否同实际情况相符,是否具有针对性和可操作性,施工方案和工序安排是否合理。

(2)组织机构是否健全,尤其是质量保证体系是否健全,人员是否到位。

(3)进场施工机械能否满足施工需要。

(4)施工现场总体布置是否合理,临建及驻地建设是否满足施工要求。

4. 工地试验室建设及标准试验

开工前应督促承包人建立工地试验室,监理工程师检查其工地试验室是否满足施工期间的要求,同时监理及承包人的工地试验室均须由质监部门及计量部门的标定认可方可投入使用。监理工程师督促承包人完成原材料检测及料源确定,承包人对已进场原材料按照规定频率进行自检,监理工程师进行抽检;对一些特殊材料的检测,如果工地试验室无法进行,则应由监理工程师会同承包人共同取样后送交有相应资质的试验、检测单位进行检测。

在监理和承包人的工地试验室由质监部门及计量部门标定后,监理工程师应督促承包人在开工前尽快完成各标准试验,如混凝土、砂浆等材料的配合比试验,以保证施工过程中能够及时提供各材料配合比。

三、在桥梁施工前应做好的质量监理工作

1. 做好质量监理准备工作

针对桥梁施工建立完善的质量监理体系,做好相关准备工作,所建立的质量监理体系应能适应工程施工质量管理的需要。根据桥梁各分项工程的施工工艺拟定监理实施细则,配备必要的检测仪器设备进行有关质量检测工作;在开工前应组织监理及承包人有关人员学习熟悉监理实施细则,保证施工能够顺利进行,为质量控制的实施打下良好基础。

2. 技术交底及图纸会审

在施工前,由监理工程师组织有关设计部门向承包人进行技术交底工作,回答承包人提出的问题。由监理工程师组织有关设计、建设单位代表和承包人参加,对施工图设计中存在的问题进行讨论、协商,并由设计单位对会审中提出的问题通过书面形式进行解释或提出设计变更。

3. 审查开工报告,严把开工关

在各项准备工作已经完成,承包人提出开工申请、监理工程师检查合格后,可发布开工令。对桥梁工程中各分项工程,承包人在开工前必须提交分项工程开工报告,经监理工程师审查批准后,承包人才能开始施工。在分项工程开工报告中,应列出已进场各施工设备、材料、施工主要技术及管理人员、施工人员、原材料检测及标准试验、施工工艺、工期安排、质量保证体系及质量管理措施等内容。对于已暂时停工的未完工程,则须由承包人重新提交开工申请报告,由监理工程师下达复工指令方可继续进行施工。对不符合开工条件,或各施工准备工作未达到施工要求的开工申请报告,不得开工。

第二节　桥梁施工测量监理

一、概述

在所有控制桩移交给承包人后,承包人应立即组织进行有关桥梁的测量放样工作。承包人应对已接收的各控制桩进行妥善保护,并建立桥梁施工控制网。在控制网建立以后,即应进行控制网的测量工作,主要测量计算各控制桩坐标、高程等,测量后向监理工程师提交其测量成果,由监理工程师检查复核。如监理工程师认为其测量结果符合有关要求,则批准应用其控制桩的使用;如监理工程师经检查复核后发现其测量结果有误,则承包人应对其控制桩进行重新测量计算,直至测量结果达到要求。

二、桥梁施工测量监理要点

(1)控制网建立并经监理工程师批准后,即可以开始进行桥梁各具体部位的施工定位测量工作,主要包括桩位、墩台以及上部结构等。

在测量放样前,承包人应首先提交一份放样测量方案。测量方案应包括以下一些主要内容:

所要测量放样的部位;测量放样时所采用的方法,所采用的测量仪器及测量中所采用的控制桩编号;有关测量放样计算书,计算书应计算出相应的角度和边长;测量数据处理及校核方法,包括精度要求,校核时采用的控制桩编号及有关计算书。

在承包人上报有关测量方案后,监理工程师应对放样测量方案进行审查。其审查内容应包括:

①审查承包人测量放样所采用控制桩是否为桥梁施工控制网上的桩,控制桩有关坐标等基本测量数据是否经监理工程师认可批准使用;所使用的测量仪器是否满足测量精度要求,测

量仪器是否已经过有关计量监测部门的标定校核。应注意控制桩不得采用临时桩,以避免误差过大或出现错误。

②审查承包人的测量方案。承包人所拟采用测量方案必须能够保证足够的精度,并且在测量过程中不得受到施工或其他外界因素的干扰。

③审查承包人所采用的数据处理方法及校核方法。承包人所采用的数据计算及处理方法必须符合有关规范和标准要求,所有定位放样的测量都必须有可靠的校核方法,以确保测量工作的准确性,保证有关测量误差在允许范围内。

④审查计算过程及计算结果。主要审查承包人的计算过程是否符合有关部门规范要求,计算结果是否正确,计算精度是否满足有关要求。

在监理工程师审查完承包人所上报的测量方案并批准后,即可以进行有关测量放样工作。在进行测量放样时,测量时监理工程师应进行旁站监理工作,监督承包人在测量中严格按照所批准的测量方案进行,保证测量工作的严肃性和准确性。

放样测量的有关原始记录和相关计算应在测量工作完成后及时提交给测量监理工程师,由监理工程师进行复核计算。如监理工程师复核后认为计算过程及计算结果均符合要求,监理工程师应及时对承包人的放样结果进行复测,以确保有关测量工作准确无误。

(2)桥梁水准测量的等级选择和测量精度应满足设计和规范要求。如设计未规定其水准测量精度要求,可按照有关规范要求执行。

在水准测量前,承包人同样应首先提交一份水准测量方案。测量方案应包括以下一些主要内容:

所要测量的点位及部位;测量时所采用的方法,所采用的测量仪器及测量中所采用的水准点编号;测量数据处理及校核方法,包括精度要求,校核时采用的水准点编号及有关计算书。

在承包人上报有关测量方案后,监理工程师应对水准测量方案进行审查。其审查内容应包括:

①审查承包人测量放样所采用水准点是否是桥梁施工控制网上的桩,控制桩有关高程的基本测量数据是否经监理工程师认可批准使用;所使用的测量仪器是否满足测量精度要求,测量仪器是否已经过有关计量监测部门的标定校核。

②审查承包人的测量方案。承包人所拟采用测量方案必须能够保证足够的精度,并且在测量过程中不得受到施工或其他外界因素的干扰。

③审查承包人所采用的数据处理方法及校核方法。承包人所采用的数据计算及处理方法必须符合有关规范和标准要求,所有测量都必须有可靠的校核方法,以确保测量工作的准确性,保证有关测量误差在允许范围内。

④审查计算过程及计算结果。主要审查承包人的计算过程是否符合有关部门规范要求,计算结果是否正确,计算精度是否满足有关要求。

在监理工程师审查完承包人所上报的测量方案并批准后,即可以进行有关水准测量工作。在进行测量时,测量监理工程师应进行旁站监理工作,监督承包人在测量中严格按照所批准的测量方案进行,保证测量工作的严肃性和准确性。

测量的有关原始记录和相关计算应在测量工作完成后及时提交给测量监理工程师,由监理工程师进行复核计算。如监理工程师复核后认为计算过程及计算结果均符合要求,监理工程师应及时对承包人的测量结果进行复测,以确保有关测量工作准确无误。

第三节　桥梁施工质量监理

一、钢筋混凝土及预应力混凝土施工质量监理

1. 钢筋工程质量监理工作内容

钢筋工程质量监理工作内容包括：桥梁结构物中所有钢筋原材料、加工、制作及安装的质量监理。

(1)原材料质量监理

①所进场钢筋种类、型号应符合有关设计规定，所选用钢筋生产厂家已经监理工程师批复认可。

②进场钢筋生产厂家应提交钢筋有关质量文件资料及试验检验合格报告。

③钢筋进场后，承包人应按照规定频率对每批钢筋进行现场取样抽检试验，监理试验室也应对已进场钢筋进行抽检，进行力学性能指标的检测。主要检测指标有：冷弯、伸长量、焊接试验、设计要求进行的检测指标或监理工程师要求进行的检测指标。

④进场钢筋应按不同规格、型号及生产厂家分别存放，并设立明显标志进行区别。进场钢筋应存放在高出地面30～50cm的平台、垫木或其他支承物上，采取措施防止钢筋受潮生锈，露天存放应覆盖防止雨雪，同时应保证钢筋在存放过程中不受机械损伤和污染。

(2) 钢筋加工质量监理

①加工钢筋前应首先将钢筋表面的油渍、鳞锈及其他污染物清除干净；钢筋应平直，无局部弯折，成盘或弯曲的钢筋应进行调直，调直过程中不得造成钢筋受损；截断钢筋时应采用经监理工程师认可的设备进行，一般应采用冷截断方式进行，不得采用热熔方式截断，以避免钢筋因高温变性而影响其力学性能；钢筋的弯制和末端的弯钩应符合设计及规范要求。

②钢筋的焊接与绑扎接头质量要求：

a. 钢筋接头一般不宜采用绑扎，应采用焊接方式进行。

b. 钢筋的纵向焊接接头应采用闪光对焊(HRB500钢筋必须采用闪光对焊)。当缺乏闪光对焊条件时，可采用电弧焊、电渣压力焊、气压焊。

c. 钢筋焊接前必须根据施工具体条件进行试焊，合格后方可正式施焊。监理工程师应对承包人电焊工进行业务考核，凡业务水平达到要求的发给考试合格证上岗，否则不得进行电焊施工作业。焊条、焊剂应有合格证，各种焊接材料的性能应符合《钢筋焊接及验收规程》(JGJ 18—2012)的规定。

③钢筋机械连接质量控制：

钢筋的机械连接接头的设计，应满足接头强度及变形性能的要求。接头抗拉强度应达到或超过母材抗拉强度标准值，并应具有高延展性及反复拉压性能；连接件的屈服承载力和抗拉承载力的标准值不应小于被连接钢筋的屈服承载力和抗拉承载力标准值的1.1倍。

钢筋连接件处的混凝土保护层宜满足设计要求，且不得小于15mm，连接件之间的横向净距不宜小于25mm。对受力钢筋机械接头的位置要求，应满足焊接接头要求。钢筋机械连接方式主要有带肋钢筋套筒挤压接头和钢筋锥螺纹接头。

④钢筋制作安装质量监理：

现场绑扎钢筋时，钢筋接头布置，应符合规范及设计规定；钢筋的交叉点应用铁丝绑扎结实，必要时应采用点焊焊接牢固。除设计有规定外，桥梁墩柱及梁板中的箍筋应与主筋垂直。钢筋混凝土保护层厚度应符合设计及规范要求，应在钢筋与模板之间设置垫块，垫块应与钢筋扎紧，并相互错开。对于预制钢筋骨架或钢筋网必须有足够的刚度和稳定性。

2. 混凝土工程施工质量监理

(1)材料

①选用水泥时，应防止水泥品质对混凝土结构强度、耐久性产生不利影响。应以能够使所配制的混凝土强度达到设计要求、和易性好、收缩变形小、水泥用量少为佳。进场水泥应符合现行国家标准，并应附有生产厂家的品质试验报告等合格证明文件。水泥进场后，应按其品种、强度、证明文件及出厂日期等情况分批检验。袋装水泥在运输和储存时应防止受潮，堆垛高度不得超过10袋。散装水泥的储存应采用水泥罐或散装水泥仓库。不同强度等级、品种和出厂日期的水泥应分别存放，不得混放；对于散装水泥，应特别注意在水泥罐内原有水泥未用完之前，不得有不同出厂日期的水泥混放。水泥如受潮或存放时间超过3个月，应重新取样检验，并按最后取样检验结果使用。

②粗、细集料：

a. 桥涵混凝土用的粗细集料应采用级配良好、质地坚硬、颗粒洁净的砂、碎石或卵石。

b. 细集料宜优先选用粒径小于5mm的河砂，采用河砂困难时，也可选用山砂或硬质岩石加工的机制砂，一般不得采用海砂。混凝土配比应优先选用中砂，一般不宜选用细砂。

c. 粗集料的颗粒级配，可采用连续级配或连续级配与单粒级配合使用。在特殊情况下，通过试验证明混凝土无离析现象时，也可采用单粒级。粗集料的级配范围应符合规范要求，粗集料最大粒径应按混凝土结构情况及施工方法选取。

d. 施工前应对所用的碎石或卵石进行碱活性检验，在条件允许时应尽量避免采用碱活性反应的集料，或采取必要的措施。

e. 粗、细集料在生产、采集、运输与储存过程中，严禁混入影响混凝土性能的有害物质。集料应按品种规格分别堆放，不得混杂。在装卸及储存时，应采取措施，使集料颗粒均匀，并保持洁净。

③一般饮用水，可不经检验直接用作拌和水。拌和用水中不应含有影响水泥正常凝结与硬化的有害杂质或油脂、糖类及游离酸类等。污水、pH值小于5的酸性水及含硫酸盐量SO_4^{2-}合计超过0.27mg/cm^{3}的水不得使用。不得用海水拌制混凝土。

④应根据混凝土强度等级、施工要求等，通过技术、经济比较来选定外加剂。如果使用一种以上的外加剂，必须经过试验确定各材料混合后对混凝土不产生有害影响。不同品种的外加剂应分别存储，做好明显标记，在运输与存储时不得混入杂物和遭受污染。

⑤混合材料包括粉煤灰、火山灰质材料、粒化高炉矿渣等，应由生产单位专门加工，进行产品检验并出具合格证书，其技术指标应符合相关的国家标准要求。混合料在运输与储存中，应有明显标志，严禁与水泥等其他粉料混淆，防止用错。

(2)混凝土拌和质量控制

混凝土配合比应采用各材料的质量比，并应根据设计配合比及现场原材料实际情况进行试配,根据砂、石料含水率适当调整各材料实际用量及用水量,雨天施工应增加检测次数,保证施工配比符合设计配比及规范要求。拌制混凝土配料时,各计量衡器应保持准确。拌和第一盘混凝土时拌和机内应含有适量的水泥、砂和水,以补充附着于拌和筒内壁而造成混凝土中的砂浆减少量。拌和站的计量器具应定期检定,经大修或迁移至新的地点后,也应进行检定。

监理工程师检查混凝土拌和前各材料计量称重系统是否准确,应严格按照批复配合比进行配制拌和作业,在拌和过程中,监理工程师应随时抽检。

所配制的混凝土拌和物应满足和易性、凝结速度等施工要求。承包人应按规定检查混凝土拌和物的坍落度及和易性的好坏。监理工程师发现混凝土拌和物和易性较差或稠度不好时,可随时要求承包人进行坍落度试验,并检查原材料配合比及拌和过程,以改善混凝土和易性,保证拌和质量。混凝土生产应采用机械拌和,自全部材料装入搅拌桶至开始出料的最短拌和时间应符合有关要求。

混凝土拌和物应均匀,颜色一致,不得有离析和泌水现象。应按要求检测混凝土拌和物的各项性能,在搅拌地点和浇筑地点分别取样检测混凝土坍落度,在检测坍落度时,还应观察混凝土拌和物的黏聚性和保水性。

(3)混凝土的运输

混凝土的运输能力应满足施工中浇筑速度的需要,应保证浇筑工作不间断,并使混凝土运到浇筑地点时仍保持均匀性和规定的坍落度。混凝土拌和后必须在规定时间内运至施工现场浇筑入模,如果自混凝土拌和物出机至浇筑现场间隔时间过长,开始初凝的混凝土不得用于结构物实体工程施工。当运输距离较远时,宜采用搅拌运输车运输。

混凝土运送至浇筑地点后如发生离析、严重泌水或坍落度不符合要求,监理工程师应要求承包人在现场进行二次拌和。在二次拌和时不得任意加水,可加水泥浆以保持混凝土水灰比不变。如二次搅拌仍不符合要求,则不得使用。

(4)混凝土浇筑质量控制

在浇筑前,监理工程师应检查模内清理情况。在混凝土入模之前,应对模内进行彻底清理。所有杂物、积水等都必须清理干净。应将混凝土接缝处旧混凝土面凿毛,清除松动的混凝土及浮浆,并用水冲洗干净,同时将预埋钢筋上的混凝土、水泥浆及鳞锈清理干净。模板接缝应严密,平整度及加固情况符合要求。

在浇筑之前,基底及施工缝的混凝土表面应湿润,若为垂直接缝,宜刷涂一层水泥净浆,水平接缝则应铺筑一层1~2cm厚、1:2的水泥砂浆。

混凝土应按一定厚度、顺序和方向浇筑,应采取水平分层的方式进行,不得斜向分层浇筑。如上下层同时浇筑,上层与下层前后浇筑距离应保持1.5m以上。在倾斜面上浇筑时,应从低处开始向高处进行,并保持水平分层。

浇筑混凝土时应采用振动器振捣,对每一振动部位,必须振动到该部位混凝土密实,密实的标志是混凝土停止下沉,不再冒出气泡,表面平坦,泛浆良好。

施工缝的位置应在混凝土浇筑之前确定,其位置应按照设计要求预留,如设计无要求,应在结构受剪力和弯矩较小且便于施工的部位,施工缝处理应符合规范要求。

在浇筑过程中或浇筑完成时如混凝土表面泌水较多,应采取措施将水排除,但应注意不得扰动已浇筑混凝土。浇筑过程中,应设专人检查支架、模板、钢筋及预埋件等,如发现松动、变形或移位,应及时处理,保证结构内在质量。

现场监理工程师应做好施工监理记录,记录浇筑过程中的有关检查数据及施工情况(混凝土浇筑起止时间、中断情况及处理等)。

(5)墩台及大体积混凝土浇筑质量控制

对墩台基底的处理,当基底为非黏性土或干土时,应适当洒水将其润湿;当基底为岩石时,应首先洒水润湿,并铺筑一层厚20~30mm的水泥砂浆,然后于水泥砂浆凝结前浇筑第一层混凝土。

一般墩台及基础混凝土,应在整个平截面范围内水平分层进行浇筑;大体积墩台基础混凝土,当平截面过大,不能在前层混凝土初凝或能重塑前完成次层混凝土时,可分块进行浇筑。分块原则按照设计或规范进行。

大体积混凝土施工主要是控制混凝土水化热的影响,应采取必要措施降低水化热,一般在混凝土配比设计中考虑采取措施,如改善集料级配,降低水灰比,掺加混合料、外加剂等方法减少水泥用量;采用水化热较低的大坝水泥、矿渣水泥、粉煤灰水泥或低强度水泥等。

大体积混凝土浇筑应在一天中气温较低时进行,浇筑过程中应减小浇筑层厚度,加快混凝土散热速度;混凝土用原材料应进行覆盖,避免日光暴晒,尽量采用冷却水拌和混凝土,以降低入仓温度;为加快混凝土内水化热的散出,应在混凝土内埋设冷却管通水冷却,降低混凝土内部温度。如气温骤降或寒冷季节浇筑混凝土后,应在混凝土表面覆盖保温材料,加强养生工作,同时应采取措施降低混凝土内部温度,防止因内外温差过大,产生较大的温度应力造成混凝土内部开裂。

(6)混凝土养护

对于在施工现场养护的混凝土结构,应根据施工具体情况如现场环境、结构类型、水泥品种及对混凝土性能的要求等方面,制定具体的养护方案,并应严格执行规定的养护制度。

混凝土浇筑完成收浆后应及时进行覆盖和洒水养生。对于干硬性混凝土、炎热天气浇筑的混凝土以及桥面等大面积裸露的混凝土,有条件的可在浇筑完成后立即加设棚罩,待收浆后再予以覆盖和洒水养生。覆盖及洒水时不得损伤或污染混凝土的表面。当气温低于5℃时,应覆盖养生,一般不宜向混凝土面上洒水,但应保持混凝土表面处于湿润状态。

对于大体积混凝土的养护,应根据气候条件采取温度控制措施,并应定时测定混凝土表面和内部温度,将内外温差控制在设计要求的范围内,当设计无要求时,温差一般不得超过25℃。

(7)热期、雨期混凝土施工质量控制

热期混凝土施工,应首先制定在高温条件下保证工程质量的技术措施,同时在施工过程中应满足以下工作要求:

可掺加减水剂及活性材料如粉煤灰等减少水泥用量,降低水化热,提高混凝土早期强度。

应尽量采用温度较低的水进行拌和,对输送水管及储水容器应加遮阴和隔热设施,必要时应在拌和水中加碎冰降低温度。水泥、砂、石料应采取遮阴防晒措施,尽量避免阳光直晒,降低集料温度,必要时亦可向砂、石料堆上洒水降温,但应注意测定集料含水率。

拌和站料仓、拌和楼等设施都要尽可能采取遮阴措施,同时尽量缩短拌和、运输时间。

热期混凝土施工前应有全面的组织计划,施工设备应有足够的备件,保证施工连续进行,尽量缩短从拌和机到入仓的时间及浇筑时间,并尽快开始进行养护工作。混凝土的浇筑温度宜控制在30℃以下,应尽量选在一天温度较低的时间内进行施工。浇筑现场应尽量采取遮阴措施,降低模板、钢筋的温度,改善工作条件,必要时可向模板、钢筋和地基上洒水降温,但应保证在浇筑过程中不能有积水和附着水。

应尽量加快混凝土修整速度,如气温较高,蒸发量大可用喷雾器向混凝土表面喷洒少量水,防止表面产生裂纹,但不准直接往混凝土表面大量洒水。

养护时应优先采用自动喷淋系统,不宜单独使用养护膜覆盖法养护高强度混凝土,湿养护不应间断,不得形成干湿循环。混凝土浇筑完成后,应尽快覆盖塑料薄膜,混凝土初凝后应撤去薄膜,用浸湿的粗麻布覆盖并经常洒水,保持混凝土表面湿润状态不少于7天。

混凝土雨季施工是指在降雨量集中季节且对混凝土的质量造成影响时进行的施工。雨季施工应尽可能避开雨天,同时应制定防雨、防洪、防风措施,施工现场应设置排水系统。施工材料如钢材、水泥应采取防潮、防锈措施。

雨季施工工作面不宜过大,应逐段、逐片分期施工,对受洪水危害的工程应采取防洪措施。雨季应加强地基不良地段的观测,基础施工应防止雨水浸泡基坑;若被浸泡,应将基坑内积水排出后,挖除被浸泡部分,并用与基础同样的材料回填。基坑周围要设挡水埂,防止地面水流入,基坑内设置集水坑,配足抽水机以便随时进行排水。基坑开挖完成后应及时浇筑混凝土垫层,防止基底被水浸泡。

(8)冬季混凝土施工质量控制

冬期施工是指根据当地多年气温资料,室外日平均气温连续5天稳定低于5℃时混凝土、钢筋混凝土及预应力混凝土等工程的施工。

冬期施工的工程,应预先做好冬期施工组织计划及准备工作,对各项设施和材料应提前采取防雪、防冻等措施。

冬期施工期间,用硅酸盐水泥或普通硅酸盐水泥配制的混凝土,在抗压强度达到设计强度的40%及5MPa前,用矿渣硅酸盐水泥配制的混凝土,在抗压强度达到设计强度的50%前,不得受冻。基础的地基(永冻地区除外),在工程施工时和完工后,均不得受冻。

拌制混凝土的各项材料的温度,应满足混凝土拌和物搅拌和成后所需的温度。当材料原有的温度不能满足需要时,应首先考虑对拌和用水加热,仍不能满足需要时,再考虑对集料加热,拌和水及集料最高温度见表6-1。水泥只保温,不得加热。

拌和水及集料最高温度(℃) 表6-1

项目	拌和水	集料
强度等级小于52.5MPa的普通硅酸盐水泥、矿渣硅酸盐水泥	80	60
强度等级大于或等于52.5MPa的普通硅酸盐水泥、矿渣硅酸盐水泥	60	40

注:当集料不加热时,水可加热到100℃,但水泥不应与80℃以上的水直接接触。投料顺序为先投集料和已加热的水,再投入水泥。

冬季搅拌混凝土时,集料不得带有冰雪和冻结团块。投料前,应先用热水或蒸汽冲洗搅拌机,投料顺序为集料、水,搅拌一定时间后再加水泥搅拌,时间应较常温延长50%。混凝土拌和物的出机温度不宜低于10℃,入模温度不得低于5℃。

混凝土的运输时间应尽可能缩短,运输混凝土的容器应有保温措施。混凝土浇筑前应首先清除模板、钢筋上的冰雪及污染物。浇筑成型开始养生时的温度,用蓄热法养护时不得低于10℃;用蒸汽法养护时不得低于5℃,细薄结构不得低于8℃。浇筑接缝混凝土时,在新混凝土浇筑前应加热使结合面有5℃以上的温度,浇筑完成后,应采取措施使混凝土结合面继续保持正温,直到新浇筑混凝土获得规定的抗冻强度。预应力混凝土的孔道压浆应在正温条件下进行,压浆过程中及压浆后48h内,结构混凝土的温度不得低于5℃,否则应采取保温措施。

混凝土冬季施工时,除留标准试件外,还应制取相同数量与结构同条件养护的试件。对于用蒸汽加热法养护的混凝土结构,除制取标准养护试件外,应同时制取与混凝土结构同条件蒸养后再进行标准养护至28天的试件,以检查经过蒸养后混凝土28天的强度。

(9)高强度混凝土施工质量监理

采用常规工艺生产的C50及其以上级别的高强度混凝土的施工质量除应满足以上有关要求外,还应满足一些特殊要求:

高强度混凝土原材料宜优先选用高强度的硅酸盐水泥和普通硅酸盐水泥;细集料应采用级配良好的中砂,细度模数不应小于2.6,含泥量应小于2%;粗集料应采用质地坚硬、级配良好的碎石,其母材抗压强度应较混凝土强度高50%以上,含泥量应小于1%,针片状颗粒含量应小于5%,集料最大粒径不宜大于25mm。

混凝土拌和时必须掺加高效减水剂,并根据不同施工要求掺加其他外加剂,各外加剂之间不得相互影响;混凝土中适宜掺加磨细的粉煤灰、沸石粉、硅粉,其掺量应根据试验确定。

必须采用强制式搅拌机,且宜采用二次投料法拌制。拌和时各材料比允许偏差应符合规范要求,应准确控制用水量,砂石中的含水率应在测定后从用水量中扣除,严禁在混凝土拌和楼出机后再加水。

高效减水剂宜采用后加法,宜采用水溶剂加入,用水量中应扣除这部分水量。加入粉剂减水剂混凝土继续搅拌的时间不得少于60s,采用水溶液时不得少于30s。

(10)混凝土成品外观检查的监理

检查结构物轴线位置和外形尺寸。检查结构混凝土表面质量。拆模后未经监理工程师检查认可,承包人不得随意对混凝土表面进行涂抹修饰;任何表面修饰须经监理工程师同意并应采取可靠方案进行处理。

检查结构混凝土的抗压强度。混凝土的抗压强度试验按照有关试验规程进行。混凝土表面应平整,施工缝平顺无错台;预制梁、现浇梁不得出现蜂窝、麻面。对于混凝土表面裂缝应进行认真分析,如属于混凝土收缩或温度变化导致的表面裂缝且宽度超过0.15mm,应进行处理;如属于结构受力裂缝,必须会同设计部门研究处理。

小型预制构件不能出现翘曲现象,线条应直顺;预制管的管壁蜂窝面积每处应小于3cm×3cm,深度不超过1cm,且面积不得超过总面积的1%。

预应力封锚混凝土应密实平整。

(11)混凝土施工质量监理要点

承包人应在混凝土施工前的开工报告中明确施工工艺及要求,由监理工程师审批。

监理工程师主要督促承包人配备相应的技术管理人员和必要的检测、试验设备,建立健全必要的技术管理与质量控制制度,并制定质量保证措施,完善质量控制过程;通过对原材料的质量检验与控制、混凝土配合比的确定与控制、混凝土生产及施工过程中各工序的质量检查与控制,确保混凝土质量符合要求。

监理工程师在混凝土施工过程中应经常检查各材料及工序施工质量。

(12)模板检验

①模板制作检查。

模板材料应根据工程质量要求选用木模、钢模、竹压缩胶合板或钢木组合模板等，所采用模板形式应事先取得监理工程师的同意。模板制作允许偏差按照设计或监理工程师规定。

②模板安装检查。

模板安装的允许偏差应按照设计要求控制；检查模板及其支架的结构稳定性；模板必须保证在混凝土浇筑过程中不变形、不松动、不沉降；施工用脚手架不应与模板相连接，以避免施工时模板松动变形。必须保证所有的模板接缝、空隙及孔洞严密，防止混凝土漏浆。

3.桥梁基础工程施工质量监理

桥梁基础工程是桥梁施工监理工作的重点。桥梁基础属于隐蔽工程，是桥梁的主要承重结构部位，在整个桥梁工程施工中是比较困难的部位，而且常常在水中施工，遇到的问题较为复杂，因此在进行监理过程中应给予高度重视。桥梁基础形式包括明挖基础、桩基础、沉井基础等。明挖基础施工简单，一般不需要大型的机具设备，在中、小型桥梁上使用较为广泛，另外，在大桥陆地墩台、地基土承载力较高或基岩上应用也较多。桩基础承载能力大，能使用机械工程设备施工，施工方便快捷，尤其在水中施工更显其优越性，较其他基础形式经济实用。近年来，桩基础工程在大、中型桥梁上获得广泛应用，在国内外也获得了迅猛发展。特殊桥梁（如拱桥、钢架桥）在地质条件合适、基础埋置较深、经过技术和经济上的比较，施工方法可能时，可采用沉井基础。

(1)明挖基础施工质量监理

明挖基础一般分为刚性扩大基础、单独或联合基础、条形基础、箱形基础等。在进行施工监理工作中，最重要的就是要检测地基承载力是否符合要求。因此，在施工及监理过程中，必须进行基底承载力计算、基础稳定性验算、地基强度验算、地基的沉降及稳定性验算等。验算的目的就是要避免因为地基承载力不够而发生基础沉降、移位，甚至坍塌。

承包人在开工前应向监理工程师提交开工报告，主要内容应包括基坑开挖施工方案（包括基坑开挖工艺、防排水措施、边坡稳定支撑措施、基底承载力检测验算、基底处理方案等）；混凝土施工方案（包括混凝土配合比设计、混凝土拌和运输措施、混凝土浇筑及养护方案、模板支架方案、钢筋加工制作安装工艺及质量标准、原材料检测报告）；测量情况；施工设备；人员配置工期安排等。

单项工程开工报告的施工技术方案应做到详细具体，根据施工实际情况制定，具有可操作性。监理工程师收到开工报告后，应对其施工方案进行认真审查，并到工地现场检查承包人施工方案是否可行，检查人员设备到位情况、材料进场及检测情况等，经监理工程师批复后方可开工。

(2)明挖基础质量控制要求

明挖基础施工一般包括以下几项内容：基坑开挖、围堰、挖基和排水、基底处理、基底检验等。

①基坑。

a.基坑大小应满足基础施工的需要，一般情况下比设计平面尺寸各边增加50～100cm即可。如果有地下水渗出的土质基坑，其基底开挖尺寸应根据基坑排水需要及支立模板要求确定，应保证基底施工质量。

b.基坑坑壁坡度，应按照施工现场地质条件、基坑深度、施工经验来具体确定。

c.基坑顶面采取措施防止地面水流入基坑。如果基坑顶部位置有荷载时，坑顶与荷载之间的间距应不小于1m，如果工程地质及水文地质条件较差，应适当采取加固措施。

d. 基坑坡壁不易稳定并有地下水影响，或者开挖时放坡尺寸受到地形限制，或者开挖面积太大，不符合经济要求时，可根据现场具体情况，采取一些临时加固措施，如采用钢板支撑、混凝土护壁、钢木组合支撑等形式。

②围堰。

常采用的围堰形式有：土围堰、土袋或沙袋围堰、钢板围堰、钢筋混凝土围堰、铁丝笼(竹笼)围堰、套箱围堰等。

③挖基和排水。

挖基的一般要求：

a. 承包人应在基础开挖之前通知监理工程师，以便检查、测量基础平面位置和原地面高程。在未完成检查测量及监理工程师批准之前不得开挖。为便于开挖后的检查测量，基础轴线控制桩应延长至基坑以外加以固定。

b. 开挖应按照图纸标明或监理工程师所要求的高程为依据。开挖至要求高程后，应结合土工试验及实际情况确定地基实际承载力是否达到设计要求。在开挖的基坑未经监理工程师批准之前，不得进行下一步基础施工。如开挖基底高程低于批准高程的超挖或平面尺寸的超挖部分，应由承包人自费回填，回填必须采用批准材料并压实到规定标准。

c. 挖方的各侧面应予以可靠的支撑，并达到监理工程师要求。在原有建筑物附近进行基坑开挖时，应采取必要的防护措施，确保附近建筑物安全，所采取的防护措施应得到监理工程师同意。如果监理工程师认为开挖出的材料较适用，可以用作基坑回填料，否则应按照有关合同条款或监理工程师要求进行妥善处理。

d. 在基桩处开挖基坑，应在该基础所有桩基完成之后进行。

e. 石方基础挖方，也应符合上述要求。

排水的一般要求：

a. 所有基础挖方都应始终保持良好的排水，在挖方的整个过程中都不应受到水的危害。凡在低于已知地下水位的地方开挖基坑时，承包人应提交一份建议用于基础的排水方法以及为此而采取的各项措施，并应取得监理工程师同意。

b. 在施工期间，承包人应负责维护原有水道并保证地表排水畅通，同时应保证基坑不受地表水的影响。

④基底检查与基底处理。

当基坑开挖至设计高程时，承包人应提请监理工程师进行基底检查。基底检查内容包括：基底高程及平面位置和基底土的地基承载力。

地基承载力是指能够满足规范或设计有关变形和强度要求并考虑足够的安全储备后确定的地基土单位面积承载能力。如果不满足承载力要求，地基所发生的不均匀变形将超过结构所能允许的限度，土体会因剪切破坏而丧失稳定性，造成结构变形或破坏。所以要求地基和基础必须具有足够的强度、良好的稳定性，并满足耐久性的要求。

如果试验结果证明基底实际承载力大于设计要求，则可以继续下一步工序施工，否则应进行基底处理，直至达到设计要求。

当基坑内渗水过多时，应要求承包人采取措施进行排水，防止基坑壁受水浸泡发生坍塌，同时防止因基坑积水造成浇筑混凝土过程中受水浸泡。

当基坑开挖至设计高程时如基底不满足要求，则应进行处理。基底处理完毕后，承包人应报请监理工程师检查验收。承包人自检合格后填写有关资料,报请监理工程师检验并签字认可,未经监理工程师检验认可不得进行下一道工序。

⑤混凝土浇筑质量检查。

浇筑混凝土前应进行模板、钢筋工程检查。制作模板的材料可根据工程质量要求选用木模、钢模、防水竹胶合板等,所有模板材料选用应事先争得监理工程师的同意认可。

监理工程师应要求承包人按规定频率对每批进场钢筋进行抽检,抽检的项目包括:强度、伸长量、冷弯、焊接试件和监理工程师认为必要的其他试验项目。抽检合格后,方可进行加工并应用在工程上。监理试验室也应按规定抽检进场钢筋的性能。

监理工程师应要求承包人将钢筋表面的浮皮、鳞锈清除干净后方可进行下料加工。在加工过程中,监理工程师要求承包方的施工技术人员应根据设计及规范首先进行放大样,并就下料、加工中有关问题对操作工人进行技术交底,然后根据大样下料加工。监理工程师应在加工过程中深入钢筋加工场,对成型的钢筋进行检查,如发现问题,应及时通知承包人整改。

在钢筋架设、绑扎过程中,监理工程师应到现场巡视、检查,发现问题应及时指出,令其纠正。钢筋集架绑扎完毕,承包人自检合格后,填报有关自检资料表格报监理工程师检验。监理工程师验收时,应对照设计图纸,检查集架中钢筋的规格、数量、间距、长度、锚固长度、接头位置等是否符合设计及规范要求,合格后对施工自检资料进行签字认可。

混凝土施工应严格按照批准的配合比配料生产混凝土,配合比必须在生产前28天报监理工程师批准后,才能用于生产施工,在拌制过程中监理工程师应随时抽检各材料配比。

在混凝土拌制过程中承包人应按照规定频率抽检混凝土拌和物的坍落度。监理工程师发现混凝土拌和物和易性不好时,可随时要求承包人做坍落度试验,并检查各材料配比及拌和情况。混凝土拌和时间应按照有关规定执行。

混凝土出机后,必须在规定时间内入仓浇筑并振捣成型,如间隔时间过长,开始初凝的混凝土拌和物应废弃。监理工程师发现在运输过程中发生离析、严重泌水或坍落度不符合要求等现象时,应要求承包人现场作二次拌和,第二次拌和时不得任意加水,可添加同水灰比的水泥净浆,保持水灰比不变。二次拌和仍不符合要求,则该混凝土不得使用。

在浇筑混凝土之前,监理人员应检查模内、基底及施工缝等的处理情况,应将所有杂物、积水及污染物清除干净。在浇筑过程中,应防止混凝土产生离析,同时承包人应按规定要求控制振捣时间和铺层厚度,防止漏振及过振,保证混凝土密实。如在浇筑过程中发现混凝土表面泌水过多,承包人应采取妥善措施,在不扰动已浇筑振捣成型混凝土的条件下将水排除。同时监理人员应随时检查在施工中模板、钢筋及预埋件是否发生位移或变形。

(3)桩基础质量监理

桩基础主要有沉入桩基础和灌注桩基础两类。沉入桩基础是指用沉桩机具将预先制作的桩身沉入到设计规定的深度而成的桩基础。按预制桩身材料分,有钢桩、普通钢筋混凝土桩、预应力钢筋混凝土桩、木桩等。按沉桩的方式分,有锤击、静压、振动、射水等。灌注桩是指利用人工或机械在地基内成孔后,灌注混凝土而成的桩基础。按成孔方法不同,灌注桩又分为钻孔灌注桩、挖孔灌注桩、沉管灌注桩等,其中公路桥梁最常见的就是钻孔灌注桩。

①沉入桩桩身预制质量控制。

钢筋混凝土预制桩制作的质量监理工作与其他钢筋混凝土制品一样,若桩身是采购的成品,则应抽样进行试验检查。预制桩的检查验收:若预制桩为承包人自己制作,可以按常规混凝土构件进行监理和检查。其工序分别为模板、钢筋、混凝土施工等。

在沉桩施工之前,承包人应提交试桩方案。试桩的目的是确定施工工艺,选定施工机具及检测桩的承载力。试桩方案应包括以下内容:试桩的位置及数量;试桩的目的及待核定的指标;试桩的试验检测项目、检测方法和试验装置,试桩的机具及施工方法;试验人员名单;试桩日程安排。

试桩方案由专业工程师审查后报总监理工程师或总监代表批准,获经认可后,方可进行试桩施工。监理工程师要特别重视沉桩施工的试桩工作,许多施工工艺及控制指标都是在试桩过程中确定的,监理工程师应做好试桩的准备和观测检查工作,以便最后确定正确的施工工艺和控制标准。

试桩须检测,监理人员、监理试验室有关人员应参加现场的观测、记录。监理人员应检查核对地基的地质情况,选定桩锤(锤重)、桩垫及其参数,检验桩的实际承载力,确定施工工艺和停止沉桩的控制标准。

试桩结束后,由承包人提出试桩总结报告,包括全部观测记录、试验成果以及所选定的施工方案、施工工艺。专业监理工程师负责审查,总监或总监代表负责审批。试验检测的分析评价应按技术规范、设计要求和试桩方案实行。若试桩的各项指标都能满足设计和规范要求,可以按试桩方案推荐的施工方案和工艺进行施工。

若预制桩由承包人自己施工制作,承包人应提出开工申请。监理工程师应对承包人的开工准备情况进行审查,包括制作场地、底模、张拉机具、蒸汽养生设备以及现场施工和施工用材料的进场检验、试验报告等。在承包人具备条件后,可以批准开工。

若预制桩是由承包人购进的成品桩,则监理工程师应对生产预制的厂家做现场调查。只有在生产厂家的现场设备、施工工艺能够保证成品质量的情况下,方可同意订购该厂成品。成品桩进场后,监理人员应指令承包人按规范要求逐根进行检查,监理作抽样检查,必要时做荷载试验。

沉桩前必须检查桩位、桩架的垂直度、桩锤的中心轴线,确保沉桩时,桩锤、桩帽和桩身在同一直线上。

沉桩结束时,监理工程师应检查和记录贯入度和桩尖高程。贯入度和桩尖高程应符合设计的规定,但不应低于试桩核定的标准。沉入施工中以控制桩尖设计高程为主,当桩尖已达设计高程,而贯入度仍较大时,应继续锤击,使贯入度接近控制贯入度。当贯入度已达控制贯入度,而桩端未达到设计高程时,应继续锤击100mm左右(或锤击30~50击),如无异常变化时,即可停锤。若桩尖高程比设计高程高得多时,应与设计单位共同研究确定。

沉桩全部完成后,应按设计要求的频率和规定项目检测。检测合格后,监理工程师签署中间交工证书。

沉入桩基础工程质量监理汇总见表6-2。

沉入桩基础工程质量监理汇总　　表6-2

检查项目			规定值或允许偏差	检查方法和频率
桩位	群桩	中间桩	≤D/2 且≤250mm	全站仪:抽查20%桩,测桩中心坐标
		外缘桩	≤D/4 且≤150mm	
	排架桩	顺桥方向	≤40mm	
		垂直桥轴方向	≤50mm	

续上表

检 查 项 目		规定值或允许偏差	检查方法和频率
桩尖高程		≤设计值	水准仪测桩顶面高程后反算:每桩测量
贯入度		≤设计值	与控制贯入度比较:每桩测量
倾斜度	直桩	≤1%	铅锤法:每桩测量
	斜桩	≤15% $\tan\theta$	

注:D 为桩径。

②钻孔灌注桩基础质量监理。

a. 审批开工报告及试桩。灌注桩开工前,承包人应提交开工申请报告,开工报告应附有:灌注桩施工技术与组织设计;所有桩位的坐标计算和测量定位成果;已进场设备;施工技术、管理人员;施工材料检测试验报告;混凝土配合比设计。

承包人提交开工申请报告,征得监理工程师同意后可以先做试桩施工。试桩的目的是复核地层地质情况及检验施工技术方案的可行性,确定护筒埋深、泥浆比重等参数。试桩可以在桥位上进行,试桩成功,经监理工程师检查验收,可作为工程的一部分。也可以在场外做,试桩后废弃的试桩一般不灌注混凝土。

监理工程师应随时检查试桩的情况。若承包人申请的施工方案可以满足设计和规范的要求,试桩取得成功,可以批准开工,否则应修改施工方案。

b. 施工平台与护筒。场地为浅水时,宜采用筑岛法施工。筑岛面积应按钻孔方法、机具大小等要求决定;高度应高于最高施工水位 0.5 ~ 1.0m。

护筒直径宜比桩径大 20 ~ 40cm;护筒中心竖直线应与桩中心线重合,中心位置平面允许误差为 5cm,竖直线倾斜不大于 1%。旱地、筑岛处护筒可采用挖坑埋设法,护筒底部和四周所填黏性土必须分层夯实。护筒顶应高出地面 30cm 或水面 1.0 ~ 2.0m,同时应满足施工需要,方便施工操作。护筒顶高程还作为测量孔深的基准。护筒埋深应根据桩位的实际水文地质情况确定,特殊情况应加深,以保证钻孔和灌注混凝土的顺利进行。

c. 钻孔与清孔。钻孔时,应按照设计资料给出的地质情况,选用适当的钻机和泥浆;钻机就位后其底座和顶端应牢靠平稳,在钻进中不得产生位移或沉陷,否则应进行处理。

钻孔作业应分班连续进行,每班均应填写钻孔施工记录,交接班时应交代钻进情况及下一班应注意的事项。应经常对钻孔泥浆进行检测试验,不符合要求时应及时改正;施工人员应注意观察地层变化,在地层变化处应捞取钻渣样品提供给监理工程师,判明后做好记录并与地质剖面图进行核对。钻孔深度达到设计高程后,监理工程师应对孔深进行实测,如孔深符合设计要求可停止钻进,检查孔径,如孔径符合要求即可进行清孔作业。

清孔方法应根据设计要求、钻孔方法、机具设备和地层情况决定。无论采用何种清孔方法,在排渣时必须注意保持孔内水头,防止坍孔;清孔后应从孔底提出泥浆试样,进行各项性能指标试验,试验结果应符合表 6-3 中有关要求,不得用加深钻孔深度的方式代替清孔。

钻挖灌注桩实测项目 表 6-3

项次	检 查 项 目	规定值或允许偏差	检查方法和频率
1△	混凝土强度	在合格标准内	按《公路工程质量检验评定标准 第一册 土建工程》(JTG F80/1—2017)附录 D 检查

续上表

项次	检查项目		规定值或允许偏差	检查方法和频率
2	桩位	群桩	≤0.3mm	全站仪:每桩测中心坐标
		排架桩	≤0.5mm	
3△	孔深		≥设计值	测绳:每桩测量
4	孔径		≥设计值	探孔器或超声波成孔检测仪,每桩测量
5	钻孔倾斜度		≤1% S 且≤500mm	钻杆垂线法或超声波成孔检测仪,每桩测量
6	沉淀厚度		满足设计要求	沉淀盒或测渣仪:每桩测量
7△	桩身完整性		每桩均满足设计要求;设计未要求时,每桩不低于Ⅱ类	满足设计要求;设计未要求时:采用低应变反射波法或超声波透射法:每桩检测

钻、挖孔在终孔和清孔后,应进行孔位、孔深及沉淀厚度检验。孔径、孔形及倾斜度宜采用专用仪器测定,一般情况下常用外径不小于设计桩径,长度为4~6倍桩径的钢筋笼检孔器检查成孔质量。如采用吊装设备能将检孔器顺利自由沉至孔底,即可认为该孔合格,否则应进行处理。清孔后浇筑混凝土之前,每个桩都必须检查沉淀厚度及泥浆比重。沉淀厚度可用测绳系上测锤检查,其允许厚度见表6-3规定;清孔后泥浆密度应符合表中规定,否则应继续换浆清孔,以满足混凝土灌注需要。

d. 钢筋集架及灌注水下混凝土。钢筋集架的制作应符合钢筋加工有关技术要求。长集架应分段制作,分段长度应根据吊装条件确定,应保证集架在存放、运输及吊装过程中不变形,集架连接处各钢筋接头应相互错开。在吊装前首先检查各段集架制作质量,在吊装拼装时应严格检查各节段集架连接焊接质量,所有焊接缝都要满足规范要求,钢筋集架上、下段应在同一轴线上,下沉就位过程中应保证钢筋集架的垂直及对中。钢筋集架就位后,监理人员应检查钢筋集架的顶面高程和中心位置是否符合要求,位置调整后应进行固定。

灌注水下混凝土的搅拌能力,应能满足桩孔在规定时间内灌注完毕。灌注时间不得长于首批混凝土初凝时间,如估计灌注时间长于首批混凝土初凝时间,则应掺加缓凝剂。

水下混凝土一般采用钢导管灌注,灌注过程中监理工程师应进行全过程旁站,并经常检查混凝土坍落度,并随机抽样制作试件。

灌注过程中应检查钢筋集架是否上浮,如发现集架上浮,应采取措施防止钢筋上浮。记录灌注过程中有无故障和不正常现象,若出现卡管、坍孔等情况应及时采取措施防止断桩,一旦发生断桩事故,应及时报告建设单位及设计单位,采取有效措施进行处理。

成桩后,监理工程师应逐桩检查桩位及桩头混凝土质量,按照设计规定或有关要求指定进行无损检测。

③挖孔灌注桩质量监理。

挖孔灌注桩适用于无地下水或地下水较少且较密实的土层或风化岩层。

挖孔施工应根据地质及水文地质情况,因地制宜选择孔壁支护方案,并应经过计算,确保施工安全并满足设计要求。孔内遇到岩层须爆破时,应专门设计,宜采用浅眼松动爆破法,严格控制炸药用量,并在炮眼附近加强支护。

应按照设计规定开挖,开挖过程中应经常检查桩孔尺寸、平面位置及竖轴线倾斜情况,如有偏差应随时纠正。挖孔达到设计深度后,应进行孔底处理。必须做到孔底表面无松渣、泥、沉淀土。如地质复杂,应钎探了解孔底以下地质情况是否能满足设计要求,否则应与有关设计单位研究处理。

挖孔桩孔内无积水可不采用水下灌注混凝土施工工艺,不采用水下灌注混凝土时,可按照常规混凝土浇筑工艺施工。

④沉井基础。

a. 审查开工报告。沉井开工前,承包人应提交沉井施工开工报告,由监理工程师审批。监理审查报告时应重点审查以下内容:

沉井施工的技术方案,包括沉井就地制作或制造浮式沉井、浮运、定位、入土下沉和封底混凝土浇筑等主要施工过程及需要的设备、生产组织安排等;已进场施工机具设备和人员名单;施工材料的检测报告。

其中,浮式沉井的浮运定位和沉井下沉是关键工作,控制难度较大,应有严密周到的考虑。封底混凝土施工在沉井施工的后期,应当做充分准备。

监理工程师审查开工报告以后,认为方案可行,准备充分,则批准开工。

沉井位于浅水或可能被水淹没的岸滩上时,宜就地筑岛制作;沉井在制作至下沉过程中位于无被水淹没可能的岸滩上时,如地基承载力满足设计要求,可就地整平夯实制作,如地基承载力不够,应采取加固措施。在地下水位较低的岸滩,若土质较好时,可开挖基坑制作沉井。

b. 就地制作沉井的质量监理。就地制作沉井应仔细定位,并检查地基承载力、工作面及其高程是否满足工程施工要求。按常规项目对沉井结构混凝土的模板、钢筋、混凝土浇筑等进行监理检查。沉井制作的允许偏差见表6-4。

沉井制作的允许偏差　　表6-4

项目		允许偏差
沉井平面尺寸	长度、宽度	±0.5%,当长、宽大于24m时,±12cm
	曲线部分的半径	±0.5%,当半径大于12m时,±6cm
	两对角线的差异	对角线长度的±1%,最大±18cm
沉井井壁厚度	混凝土、片石混凝土	+40mm,-30mm
	钢筋混凝土	±15mm

注:1. 对于钢沉井及结构构造、拼装等方面有特殊要求的沉井,其平面尺寸允许偏差值应按照设计要求确定。
2. 井壁的表面要平滑而不外凸,且不得向外倾斜。

对于就地筑岛制作沉井,应检查承包人的筑岛材料、筑岛质量和沉井平面位置,使之满足设计要求和施工条件。

浮式沉井的浮运与定位检查:

当沉井混凝土达到设计要求的强度时,监理工程师方可同意进行沉井浮运与定位。沉井浮运前,须灌水下沉,各节段沉井均应进行水密性检查,底节还应进行水压试验,合格后方可下水;同时,还必须要求承包人对浮式沉井的浮运、定位和灌水着床的稳定性进行验算。检查拖运、定位、导向、锚碇、潜水、起吊及排、灌水设备是否完备无缺。

监理工程师应要求承包人浮运沉井时尽可能选择低水位或水位平稳季节,并宜在白天无风或风力较小时以拖轮拖运或绞车牵引进行。在沉井浮运、下沉的任何时间内,露出水面的高度均不应小于1m。

沉井就位前,应对所有缆绳、锚链、锚碇和导向设备进行检查调整,注意水位涨落时对锚碇的影响。当准确定位后,即可向井壁腔格内迅速、对称、均衡地灌水,使之下落至河床。沉井定位着床后,承包人应对沉井的平面位置、偏斜情况和着床状况进行认真检查,发现问题应立即采取措施进行调整处理。

浮运沉井的定位工作在水中进行。应做好充分准备,定位时监理工程师应旁站检查定位工作。浮运定位允许偏差见表6-5。

浮运定位允许偏差　　表6-5

项　目		允许偏差
刃脚地面高程		符合设计要求
顶面、底面中心偏差	纵横方向	1/50沉井高度,浮式沉井增加25cm
	最大倾斜度	1/50沉井高度
	平面扭转偏角	浮式沉井 <2°

沉井除土下沉:

沉井一般宜采用不排水除土法下沉,在较稳定的土层中,也可采用排水除土下沉法,采用排水除土下沉时,应有安全措施,防止发生人身安全事故。为使沉井下沉中不产生倾斜,施工人员应协调控制各井室之间的除土面不要有明显的高差,并注意随时进行校正。监理人员应随时抽检沉井下沉记录和巡视现场,及时了解地质情况,随时校正位置,防止倾斜。

沉井下沉接近设计高程以上2m时,应放慢下沉速度,并注意控制井内除土量和除土位置,以促使沉井平稳下沉,准确就位。沉井封底前应得到监理工程师的认可批准,并进行检查,沉井刃脚底高程应与设计要求相符;检查基底地质情况,不排水时由潜水员进行水下检查和取样鉴定。

沉井基底检验合格后,应及时进行混凝土封底,监理人员应进行全过程跟踪、旁站检查。封底时如井内渗水上升速度不大于每分钟6mm,按一般无水浇筑混凝土工艺进行封底;否则,应采用水下混凝土灌注工艺封底。

⑤地下连续墙质量监理。

地下连续墙适用于地下挡土墙、挡水围堰,承受竖向和侧向荷载的桥梁基础和平面尺寸大、形状复杂的地下构造物及除了岩溶和有地下承压水很高处的其他各类土层中施工。

a. 地下连续墙施工质量的事前监理:

审核承包人的施工组织设计和施工方案;审核单元槽段的划分是否充分考虑了设计、施工和自然条件等方面的诸多因素;检查混凝土施工所用原材料、外加剂、配合比等是否符合设计要求和施工规范的规定;核查施工机械设备的性能、能力是否满足挖槽、泥浆循环、起吊、混凝土灌注等施工作业的需要;检查泥浆试验和配制及其质量管理是否有专人负责;复查地下连续墙工程定位放线和轴线是否符合设计要求。

b. 地下连续墙施工过程中的质量监理:

导沟挖至规定高程后,应整平夯实。遇有软弱土层或松散砂类土,应要求承包人进行换土处理,以防止导墙沉陷和护壁泥浆漏失。

导墙施工时,监理人员应高度重视导墙施工质量控制工作,确保导墙的平面轴线与地下连续墙轴线平行。

根据地质情况和施工条件,须选用能成槽的机具设备进行单元槽段开挖;槽段的平面位置、深度、宽度和垂直度必须符合设计要求,监理人员应经常检查,发现问题应要求承包人及时纠正;泥浆的配制质量、沟槽的稳定性、槽底清理和置换泥浆必须符合施工规范的规定;监理工程师应经常检查现场材料和实际配合比是否符合要求,必要时进行抽检。

地下连续墙工程中的钢筋集架和预埋管件等制作及安装应符合设计和规范要求,验收合格后,填写"隐蔽工程验收单";检查地下连续墙裸露墙面、接缝处夹泥及漏水情况,并检查成墙后墙顶中心线和高程是否符合设计要求;地下连续墙的混凝土抗压强度、抗渗指标必须符合设计要求和施工规范的规定,必要时进行混凝土强度检测。

c. 地下连续墙工程质量监理工作要点。

地下连续墙是以抓斗式或回旋式钻头挖槽机械成槽,以泥浆护壁现浇素混凝土或钢筋混凝土而成的地下连续墙体。其监理工作的要点如下:

划分的施工单元槽段,必须和所设计的地下连续墙结构形式、施工过程采用的机械设备能力及现场地质与水文地质条件相适应,为此监理工程师应特别注意审查。

构筑的导墙质量将极大地关系到地下连续墙的施工质量,因此在导墙施工时,监理人员对导墙的材料、平面位置、埋置深度、顶面高程以及两内墙间距、内墙面竖直度等应严格按设计文件要求和施工技术规范进行检验。

在成槽过程中,监理工程师应随时作泥浆性能指标检验,以保持其护壁作用的有效性。当重复使用的泥浆性质发生变化时,应通知承包人进行再生处理或废弃。在开挖过程中,监理人员还应定时检测成槽质量,沟槽若有偏斜或槽壁坍塌,应立即查清原因并及时妥善处理。

钢筋集架应根据设计图和单元槽段的划分长度制作。吊放钢筋骨架必须使骨架中心对准槽段中心。大片钢筋骨架起吊不得发生摆动,不得产生变形,并准确地插入槽内。若不能顺利插入,应重新吊起,查明原因,绝不允许强行压入槽内。

地下连续墙的水下混凝土应连续灌注,严禁有夹层和断墙,因此必须根据施工技术规范的要求,控制好导管灌注混凝土的扩散半径及取用合适的坍落度。

4. 桥墩及桥台质量监理

(1) 圬工结构质量监理。

圬工包括砖、石和混凝土预制块砌体等几种,常用的有砌石墩、台,石料又分片石、块石、粗料石等几种。监理工作内容如下:

①原材料检查。砖、混凝土预制块的强度由试验确定,石料石质的要求应符合设计要求。

②测量检查。监理工程师要复测墩台平面位置、几何尺寸轴线及基坑底高程等,应符合设计及规范要求。

③审批开工报告。承包人在开工前应向监理工程师提交开工报告,主要内容应包括基坑开挖施工方案、圬工砌体施工方案。圬工砌体施工方案中应包括砌筑工艺、砂浆配合比设计、养护方案、原材料检测报告、测量情况、施工设备、人员配置及工期安排等。

监理工程师收到开工报告后,应对其施工方案进行认真审查,并到工地现场检查承包人施工方案是否可行,检查人员、设备到位情况,放样测量情况,材料进场及检测,砂浆配合比设计等,经监理工程师批复后方可开工。

④砌筑检查。首先检查基坑开挖质量。基坑底面应整平、夯实,地基承载力达到设计要

求。砌筑过程中,监理工程师在每次砌筑前应注意检查与前次砌筑接触面及施工缝的处理情况。施工缝处应将浮渣、杂物清理干净并洒水湿润。

⑤砂浆检查。砂浆的类别和强度等级应符合设计要求,砂浆配合比应通过试验确定并报监理工程师,强度等级满足设计要求后可批准施工。施工时应严格按照配合比拌和生产,施工拌和现场应有配合比标识牌及称量设备,现场监理人员可随时进行抽检。

砌筑时应挂线对齐,准确控制外形尺寸。墩、台身砌体实测项目见表6-6。

墩、台身砌体实测项目 表6-6

检查项目		规定值或允许偏差	检查方法和频率
砂浆强度		在合格标准内	每工作班一组
轴线偏位		20mm	用经纬仪测量纵、横各2点
墩台长、宽	料石	+20mm,-10mm	用尺量3个断面
	块石	+30mm,-10mm	
	片石	+40mm,-10mm	
竖直度或坡度	料石、块石	0.3%	用垂线或经纬仪测量纵、横2点
	片石	0.5%	
墩、台顶面高程		±10mm	用水准仪测3点
大面积平整度	料石	10mm	用2m直尺检查
	块石	20mm	
	片石	30mm	

(2)钢筋混凝土墩、台质量监理。

钢筋混凝土墩、台包括承台(系梁)、墩台、墩柱、盖梁(桥台)等。

桥台、桥墩、承台都是传递荷载作用的构造物。桥梁上部的荷载由此传递到基础顶面,因此监理工程师要加强对该部分构件强度的控制。桥台、桥墩和盖梁都是外露于地面以上的结构,总体要求是内实外光,未经许可,不得在其表面做任何修饰。因此,监理工程师应从模板、混凝土配合比及浇筑振捣等各个环节着手,加强混凝土外观质量控制。特别是高等级公路的大型桥梁,外观质量应严格控制。这些结构的开工申请报告可同基础工程一起按照常规进行审批。

施工质量控制:

由于墩台属外露工程,外观质量要求较高,混凝土表面平整度、几何尺寸等均与模板质量有密切关系,因此,模板选用应报监理工程师批准。目前大多数高等级公路桥梁墩台施工均要求选用整体钢模,以保证混凝土外观质量。监理工程师在施工前应注意检查模板刚度、平整度、几何尺寸及焊接接缝处理等是否满足混凝土外观要求。

钢筋加工过程中除检验其强度、伸长量、冷弯、焊接等常规性能外,还应检查钢筋焊接接头的质量,主要应检查接头位置、焊接质量、搭接长度等,对焊接接头应现场取样检验其抗拉强度。在绑扎安装过程中应主要检查钢筋的规格、间距、弯起点、预埋件等是否满足设计及规范要求,同时应严格检查垫块使用是否符合要求,钢筋保护层厚度是否符合设计要求。

混凝土施工前监理工程师应检查原材料是否合格,现场施工配合比要根据砂石料含水率的不同进行调整,并经现场监理工程师批准。拌和中应保证混凝土各原材料计量准确,原材料计量应按照质量比进行控制,拌和时间符合要求,出机后应检查混凝土坍落度是否符合设计要求。混凝土浇筑施工,要严格控制每层浇筑厚度及振捣质量,防止漏振、欠振;如果混凝土浇筑时落距较大,应采取串筒或其他措施防止混凝土产生离析。

应根据在施工现场的施工对象、外界环境、水泥品种、外加剂及混凝土性能等方面的要求,制定出具体养护方案,监理工程师在混凝土浇筑完成后,应注意检查养护措施是否落实。一般混凝土浇筑完收浆后应及时进行覆盖并洒水养护,对于干硬性混凝土、炎热天气浇筑的混凝土及大面积裸露的混凝土,应在浇筑完成后加设棚罩,防止混凝土表面水分散失过快,待收浆后应立即进行覆盖并洒水养生。对大体积混凝土的养护,应根据气候条件采取控温措施,并应按需要测定混凝土表面及内部温度,防止内外温差过大造成混凝土产生裂缝;混凝土内外温差应满足设计要求,当设计无具体规定时,温差不宜超过25℃。

墩台混凝土浇筑完成并拆模后,应及时进行检验。主要检查混凝土外观质量,混凝土表面是否密实、平整,有无蜂窝、麻面(蜂窝、麻面面积不得超过结构同侧面积的0.5%,裂缝宽度不得大于设计及规范要求);混凝土表面平整度、垂直度是否满足质量标准;结构尺寸、轴线位置、中心偏位及高程是否符合设计及规范要求。未经监理工程师同意,混凝土表面不得进行任何涂抹修饰处理。各检测项目标准见表6-7~表6-10。

混凝土基础实测项目 表6-7

检查项目		规定值或允许偏差	检查方法和频率
混凝土强度		在合格标准内	按规范要求
平面尺寸		±50mm	用尺量长、宽各3处
基础底面高程	土质	±50mm	用水准仪测量5~8点
	石质	+50mm,-200mm	
基础顶面高程		±30mm	用水准仪测量5~8点
轴线偏位		25mm	用经纬仪测量纵、横各2点

承台实测项目 表6-8

检查项目	规定值或允许偏差	检查方法和频率
强度	在合格标准内	按规范要求
尺寸	±30mm	用尺量长、宽、高各2点
顶面高程	±20mm	用水准仪测量
轴线偏位	15mm	用经纬仪测量纵、横各2点

墩、台身实测项目 表6-9

检查项目	规定值或允许偏差	检查方法和频率
强度	在合格标准内	按规范要求
断面尺寸	±20mm	检查3个断面
竖直度或倾斜度	$H \leq 30$m时,H/1 500且不大于20mm; $H > 30$m时,H/3 000且不大于30mm	用垂线或经纬仪测量2点
顶面高程	±10mm	用水准仪测量3处
轴线偏位	10mm	用经纬仪测量纵、横各2点
大面积平整度	5mm	用2m直尺检查
预埋件位置	10mm	用尺量

注:H为墩、台身高度。

墩、台帽或盖梁实测项目　表6-10

项次	检查项目	规定值或允许偏差	检查方法和频率
1△	混凝土强度	在合格标准内	按《公路工程质量检验评定标准　第一册　土建工程》(JTG F80/1—2017)附录D检查
2	断面尺寸	≤20mm	
3	轴线偏位	≤10mm	全站仪:纵、横向各测2点
4	顶面高程	±10mm	水准仪:测5点
5	支座垫石预留位置	≤10mm	尺量:每个检查
6	平整度	≤8mm	2m直尺:顺盖梁长度方向每侧面测3处

5.上部结构质量监理

(1)预制装配式梁(拱)质量监理

预制装配式梁(拱)桥是指桥梁的上部结构在桥外场地上预制而成,利用机械设备吊运到桥位上安装后建成的桥梁。预制的主梁(拱圈)是桥梁的主要承重结构,主要有普通钢筋混凝土和预应力钢筋混凝土梁(拱)两种。预应力混凝土预制梁又分为先张法预应力梁和后张法预应力梁。由于拱圈主要承受荷载压力,所以一般采用普通钢筋混凝土结构。先张法预应力梁是在张拉台座上先张拉预应力筋,并将其临时锚固于台座上,然后绑扎钢筋,浇筑混凝土,待混凝土强度达到设计要求后放松临时锚固,依靠预应力筋和混凝土之间的自锚实现预应力传递。先张法预应力梁一般跨度相对较小,采用直线配筋的形式,绝大多数用于预应力混凝土空心板的施工中。后张法预应力混凝土梁是先绑扎钢筋,预留预应力孔道并浇筑梁体混凝土,然后在梁体上穿束、张拉、锚固并压浆,依靠专门的锚具传递预应力,一般用来生产跨度大于20m的曲线配筋的主梁。

①预制装配式梁(拱)的监理工作内容。

进场后,承包人应先提交单项工程开工申请报告,并附有施工组织设计。监理工程师对施工组织设计中的施工工艺、材料试验报告、配合比设计报告进行审查,并检查进场人员、机械设备是否满足施工需要,预应力张拉机具是否已进行配套标定,预应力钢筋张拉理论计算是否符合规范及设计要求等。监理工程师应召开施工前技术交底会议,对承包人上报的施工方案做出评价,提出修改意见,向承包人明确有关施工技术要求和技术质量标准,并就施工要点及难点进行重点说明。

承包人按照要求完善施工组织设计并满足施工要求后,监理工程师方可批准开工报告,同时监理人员应督促承包人对预制场地及预制梁板的底模进行检查。一般情况下,预制梁板在张拉锚固后会产生上拱现象,梁体端部产生应力集中,因此底模两端应适当采取加强措施,保证底模不变形或开裂。

监理工程师应对进场原材料进行取样抽检,尤其对预应力材料应严格按照规范要求进行检验,对锚具应按照规范要求检测其强度、硬度并进行探伤检测,同时还应进行锚具和预应力钢筋的配套试验,检测锚固效率是否符合要求。

预制构件的质量检查主要包括模板、钢筋、预埋件、混凝土施工、预应力张拉及压浆、封锚及成品质量检查等。预应力施工是预制构件的主要工序,它决定了预制构件的承载能力,必须严格按照设计及规范要求施工操作。张拉施工完成后即无法检测其施工质量,因此在张拉施工过程中监理工程师必须进行全过程旁站监理工作,并做好张拉记录。后张法施工预应力时混凝土强度应符合设计或规范要求,预应力孔道应畅通。

现场监理人员应检查和记录张拉力及伸长量,实际伸长量与理论计算伸长量之差应小于6%的理论伸长量,若实际误差超过规定则应停止张拉并分析原因,采取措施保证预应力施工质量。应严格控制断丝、滑丝,对高强钢丝及钢绞线,只允许每束一根钢线断丝或滑丝,每个断面断丝总数不得超过该断面钢丝总数的1%,否则应更换预应力钢束重新张拉;对于单根钢筋,不允许出现断筋或滑移。对于先张法施工,预应力张拉后一般需要放置4h方可进行绑扎钢筋或其他工序操作,预应力钢材表面应洁净,不得沾有油污或其他污染物;对于后张法,预应力钢材张拉后,应尽早进行孔道压浆施工,防止预应力钢材在孔道内锈蚀。

支座成品质量检查。支座成品应具有产品检验合格证明,且经监理工程师审批同意后方可进场,监理工程师应对已进场产品进行抽检。安装支座的高程应符合设计要求,应保证支座水平。

②预制构件安装质量控制。

预制构件安装开始前,承包人应提交安装开工报告,开工报告应附有详细的安装方案、设备及人员准备情况,监理工程师在审批安装施工方案前,应先检查支座及支座垫石的施工质量、安装设备及人员的准备情况,如有必要应安装设备中的主要承重构件进行荷载试验,以确保设备安全可靠。检查合格后,可批准开工。

预制梁在安装前,监理人员应对预制构件进行检查,主要检查构件是否存在质量缺陷,在运输过程中是否有损伤等。如果梁体存在损伤、裂缝等缺陷,承包人应在安装前进行修补;如果梁体长度过大,应在安装前凿除超长部分。梁体就位前,现场监理人员应检查梁底对应于支座中心的位置是否正确,以保证梁体就位的准确性。在安放梁体时,不得移动板式橡胶支座的位置,应使梁体就位准确且梁底与支座密贴。如果第一次就位不准确,则必须将梁体吊起重新安放,不得用撬棍移动梁体。就位后应采用水平尺检查梁体的垂直度,检查合格后应及时采取措施固定好,防止梁体倾倒,梁体安装偏差必须在允许范围内。

预制拱肋吊装前,承包人应提交吊装开工报告,并应附有详细的吊装方案和设备准备情况。监理工程师在审批安装施工前,应复测每根拱肋的拱座起拱线处的实际高程、跨间距离、拱座的横向间隔、拱座斜面的倾斜度以及几何尺寸等,并仔细检查吊装设备的安全情况。如采用缆索吊装施工,监理人员应对吊装设计方案进行审核,复核检查各缆索的断面能否满足承载要求,检查合格后,方可同意开工。

预制拱肋安装前,监理人员主要应检验构件在运输过程中是否损伤,每根拱肋的实际长度、几何尺寸及接头、吊环情况等是否符合要求。如不符合要求,应督促承包人在吊装前采取相应补救措施。检查合格后,方可同意吊装。拱肋的安装,必须严格按设计规定的施工程序进行。拱肋的合龙温度应符合设计要求,如设计无规定,宜在气温接近年平均气温时进行(一般在5~15℃)。天气炎热时,可在夜间洒水降温进行合龙。拱段接头采用现浇混凝土,应确保强度,并在其强度达到设计强度的70%后,方可进行拱上建筑施工。在安装过程中,应经常对构件混凝土进行裂缝观测,若发现裂缝超过允许值或有继续发展的趋势,应暂停施工,及时分析原因并采取有效措施后方可继续施工。安装过程中应随时注意对吊装设备的强度、刚度和稳定性进行检查。在各拱段接头部位焊接成为一个整体后,方可放松缆索,松索前,应校正拱轴线位置及各接头高程。

装配式梁(拱)的预制构件在脱底模、移运、堆放、吊装时,混凝土的强度不应低于设计所要求的吊装强度,一般不得低于设计强度的70%。对于孔道已压浆的预应力混凝土构件,其孔道水泥浆的强度不应低于设计要求,设计无规定时,则不应低于构件混凝土设计强度的55%,且不低于20MPa。构件安装就位完毕并经过检查校正符合要求后,方可焊接或浇筑混凝土。对装配式梁桥,当梁、板安装完毕并整体化后,在尚未浇筑桥面混凝土铺装层前,重型机械不得通过。

在装配式拱桥安装时,应对拱肋、拱圈或拱片的挠度、横向偏移、混凝土裂缝、墩台变位、安装设施的变形、变位等项目进行观测。拱肋、拱片吊装定位合龙时,应进行接头高程和轴线位置的观测,以控制、调整其拱轴线。当发现挠度和横向偏移值超过允许值时,应及时采取措施进行调整。对两端起拱线不在同一高程上的拱桥,其预制构件安装在施工进度的掌握上,应注意使较低的一端安装稍快于较高的一端,其具体差距可配合施工观测调整,以使拱轴线变化对称、均匀。各检测项目标准见表6-11、表6-12。

预应力混凝土预制梁质量检验表

表6-11

项目		质量标准	允许误差	检查频率	检查方法
模板	长度		+5mm,-10mm	逐片	钢尺、水平尺
	宽度	干接缝	±10mm		
		湿接缝	±20mm		
	高度		±5mm		
	腹板厚度		+5mm,0		
	支座板		2mm		
钢筋	排距		±5mm	逐片	钢尺
	间距		±10mm		
	弯起位置		±20mm		
	箍筋间距		±20mm		
	保护层厚度		±5mm		
	主筋长度		+5mm,-10mm		
预埋件		中心位置	5mm	逐件	钢尺、水准仪
		水平高差	3mm		
张拉	应力	按设计要求	小于控制应力	逐束	压力表
	伸长量		<6%		钢尺
	锚固	锚具合格			合格证
压浆	水泥浆	配合比合格	<4%	随机	现场称量
	压浆	孔道干净		逐孔	压力表目测
松张(先张)		混凝土强度	大于设计规定	逐批	试件
封堵		封端混凝土强度	不小于80%梁体	逐片	试件
成品检验		外形尺寸		逐片	钢尺
混凝土强度		符合设计要求		逐片	试件

注:张拉前承包人应提交张拉工艺报告,包括预应力张拉程序、各束张拉次序、理论伸长值等,经监理工程师认可。

预制梁、支座安装质量汇总表 表6-12

项目		质量标准	允许误差	检查频率	检查方法
预制梁		同预制梁成品		逐片	目测
支座成品检查		符合设计要求		逐个	合格证
板式支座	支座偏位	梁	2mm	逐个	水准仪、钢尺、垂球
		板	10mm		
	倾斜度		1.2%		
	高程	简支梁	符合设计规定，未规定时为±5mm		
		连续梁			
	支座顶面高差		2mm		
盆式支座	四角高差	≤5000kN	≤1mm		水平尺、钢尺
		>5000kN	≤2mm		
	纵向活动		≤5′		

(2)就地浇筑梁(拱)质量监理

在支架上就地浇筑施工是传统的施工方法，多用于桥墩较低的中、小跨径及小半径曲线连续梁桥和拱桥的施工。这种施工方法的主要优点是桥梁整体性好，施工简便可靠，对机具和起重能力要求不高。对连续梁来说，结构在施工中不出现体系转换的问题，不产生恒载徐变二次弯矩。但这种方法需要大量支架，材料消耗大，工期长，受气候影响较大。近年来，桥梁结构向多样化发展，斜桥、弯桥及异形桥大量出现，对这些桥施工采用支架现浇方案，既经济又安全。

现场就地浇筑混凝土梁桥的监理工作：

进场后，承包人应首先提交开工申请报告，开工申请报告应附有施工技术方案，监理工程师对其申报的施工工艺流程、材料试验报告等进行审查，检查承包人进场人员、机械设备等是否满足施工要求。对材料试验报告主要包括砂石料、钢筋、水泥、预应力材料等的出厂证明、产品合格证和质保书等的检查。对混凝土配合比设计审查时，监理工程师应进行配合比平行试验，复核承包人进行的配合比是否满足要求。

监理工程师应重点对支架及支架荷载预压方案审查，应重视支架的安全可靠性问题，对承包人提交的支架方案进行认真审查，复核拟采用的支架强度、刚度和稳定性。复核时应考虑风力、水压力、船只、漂流物等冲击力荷载对支架的稳定性及安全性的影响，一般支架抗倾覆的稳定系数不得小于1.3。

支架的立柱基础应进行特殊处理，防止地基下沉造成支架沉降。为了减少因支架自身压缩变形影响梁体混凝土，在浇筑梁体混凝土前必须对支架进行预压，监理工程师应审查承包人提交的预压荷载质量、加载方式、布载范围、观测方案及支架调整等。

在支架上浇筑梁体混凝土时，应考虑浇筑速度，尽量使全梁混凝土在最初浇筑的混凝土终凝前浇筑完毕；或者将梁体分成数段，考虑新浇筑混凝土对已初凝混凝土的影响，按适当顺序分段浇筑，或设置施工缝。无论采取何种方式，承包人都必须保证梁体高程满足设计要求，梁体不得产生裂缝。

如梁体为预应力混凝土连续梁，承包人应上报预应力施工方案。预应力施工方案应包括以下主要内容：

张拉、压浆设备、机具的检验及标定证书;预应力筋张拉顺序及示意图,张拉应按照设计要求进行,以防止梁体受力不平衡而产生扭曲;张拉控制应力计算,预应力筋的张拉控制应力应符合设计要求,张拉时如需要超张拉,其最大张拉应力对钢绞线不得超过80% R_y^b,对冷拔钢丝不得超过75% R_y^b;预应力筋理论伸长值计算;压浆管道的设置及压浆方案,包括管道成形及固定方案、浆液配比及相关试验报告等。

监理工程师应对以上施工方案进行严格审查,并检查有关人员、机具设备是否满足施工需要。

监理工程师应特别注意梁体支架落架时间及对落架方案的审查。当梁体混凝土达到设计要求值时,方可开始落架。落架顺序应根据梁体受力情况制定,按步骤依次循环进行,卸落量开始时应较小,以后逐渐增大。落架时顺梁体纵向应对称均衡,在横向应同时下落,应注意避免跨中产生负弯矩,在卸落过程中应加强观测。

监理工程师应对以上各方案进行认真审查,并召开会议,对承包人提交的施工方案提出具体修改意见、建议、质量标准要求或批准其施工方案。

支架检查:

支架应稳固,能抵抗在施工过程中有可能发生的偶然冲撞和振动。支架安装完毕后,承包人应对支架平面位置、顶部高程、节点连接及纵横向稳定性进行全面检测,并将有关数据报监理工程师,监理工程师认可后方可进行支架预压。支架预压应按照批准的预压方案进行,加载过程中,承包人应全过程观测支架情况,每级荷载加载完毕,承包人应测量地基及支架高程变化情况,绘制高程变化曲线;在卸载时同样进行观测工作,最后卸载完毕测定地基及支架高程,计算支架及地基弹性、非弹性变形,调整支架顶面高程,根据测量计算结果预留支架及地基下沉量。

支架预压完成后,即可安装模板,绑扎钢筋。模板安装完毕,承包人自检合格后报监理工程师,监理工程师应对模板的平面位置、高程、模板接缝处理、纵横向加固及稳定性进行全面检查。为防止内模上浮、偏位,在内模安装时应使用定位钢筋将内模与外模或支架连接加以固定。同时会同承包人对钢筋、预应力筋、锚具、支座及其他预埋件进行检查,检验合格后方可同意浇筑梁体混凝土。

在浇筑混凝土过程中,施工及监理人员应随时检查支架、模板、钢筋、预埋件等,确保在施工中不发生移位及变形,观测支架变形、下沉情况,保证支架及模板的安全及稳定,并做好相关记录。浇筑混凝土应对称、均衡、连续进行,一般不得中断,如因故必须中断时,其间断时间应小于前层混凝土初凝时间,否则应按施工缝进行处理,一般应尽量选择在弯矩较小的断面设置施工缝。

落架必须在混凝土达到设计要求的强度后进行。落架应严格按照施工方案进行,应对称、少量、多次完成落架工作,使结构逐步承受荷载,避免在落架过程中梁体出现裂缝等质量问题。现浇连续梁质量标准汇总见表6-13。

现浇连续梁质量标准汇总表 表6-13

项 目	允许误差	检验频率	检验方法
断面尺寸	+8mm, -5mm	每孔检查5~10点	钢尺
长度	0, -10mm	每孔检查2~5点	
跨度	±20mm	每孔检查2~5点	

续上表

项目	允许误差	检验频率	检验方法
轴线偏位	10mm	每孔检查3处	经纬仪
预埋件位置	5mm	每个预埋件检查	钢尺
平整度	8mm	每孔检查5~10点	2m直尺
支座平面高差	2mm	每个	查记录
混凝土强度	符合要求		试块

(3)转体施工质量监理

转体施工可分为有平衡重转体和无平衡重转体两种,前者需要加平衡配重,后者可利用锚碇张拉平衡和自体平衡。基本原理是:将梁体整跨或从跨中分成两个半跨,利用桥梁两端地形搭设预制,在桥台处设置转盘,将预制的整跨或半跨悬臂梁体置于其上,以桥台或锚碇体系或锚固梁体重力平衡,用卷扬机牵引转盘,将梁体平转至跨中合龙;合龙后用吊架等方式浇筑合龙段混凝土,待混凝土强度达到设计强度后,最终封固转盘,完成施工。

进场后,承包人应首先提交开工报告,开工报告应附有详细的施工技术方案,施工方案应包括施工工艺流程、材料试验报告、进场人员、机具设备、进度计划等内容。监理工程师应对开工报告进行认真审查。

监理工程师在审查转动设施及锚固体系的施工设计方案时应注意:

①采用外锚扣体系时,扣点应设在旋转梁体的端点或拱顶点附近,必要时可增设其他扣点,使梁体各截面均处于受压状态,或仅部分截面受拉且拉应力处于允许范围内。扣索可采用钢丝绳或高强钢筋,其直径大小的选用必须经过计算确定。此外,锚固点宜跨过平衡墙尾绞下面的桥台转盘的尾端,如平衡尾绞高程比扣点高程低,应在拱圈适当位置设立钢支架,使其顶端高于扣点,扣索穿过支架顶端、锚梁、顶梁和尾绞,锚固在平衡墙上,利用平衡墙重力(或部分桥台重力和临时压重)平衡半跨悬臂梁体重力,使梁体转动时能够保持稳定。支架位置、高度必须经过计算确定。

②内锚扣体系是以结构本身或在其杆件内部穿入拉杆作为扣杆,前端锚碇在实腹部位,后端锚固在桥台背面。张拉扣杆时可采用千斤顶,张拉力大小应根据设计计算确定,张拉完毕后立即锚固。

③采用双侧对称同步转体施工时,必须设位控体系,严格控制两侧同步,使误差控制在设计允许的范围内。

监理工程师在对施工方案进行审核后,应召开工作会议,对施工方案进行评价,提出具体修改意见、建议、质量标准要求或批准其施工方案。此外,还应向承包人进行技术交底,交代转体施工中的各检测项目、检测方法、检测频率以及相关的规定等。

桥梁预制方案批准后,监理工程师应监督承包人对预制场地及设施进行检查。梁体的预制应按照设计要求施工,充分利用桥两端的地形,合理布置预制场地,使梁体转动角度小,支架或土胎消耗工料最少。

有平衡重转体施工质量控制:

当梁体混凝土强度达到设计规定时,方可按施工方案采用外锚扣体系或内锚扣体系,对梁体进行张拉,提高梁体高程,脱离支架,成为以转动体系为支点的悬臂状态。

梁体正式转动时,其悬臂端的线速度不宜大于5cm/min。梁体转动合龙后,监理工程师应督促承包人测量并调整梁体的轴线及高程,允许偏差为±10mm。如超过允许误差,应采用千斤顶张拉或松扣索的方法调整高程。梁体合龙符合要求后,应立即将接头钢板进行连接锁定,然后浇筑上、下转盘混凝土,并进行合龙段混凝土浇筑工作。

合龙混凝土达到实际强度的80%以上时,方可拆除锚扣体系,完成桥梁的体系转换。锚扣体系的拆除应按照对称、均衡的原则进行,分级卸除扣索。开始卸载前,监理工程师应配合承包人复测扣索内力,并设立梁体悬臂端水平和轴线测点,测量并记录初读数。每卸载一次,应测量一次扣索内力、轴线位置和高程,全部扣索卸除后,应最后复核轴线位置和高程。拱上建筑在桥梁受力体系转换后施工,注意按照设计预留伸缩缝。

无平衡重转体施工质量检查:

无平衡重转体施工一般用于跨径超过100m的拱桥,其原理是用锚固体系、转动体系构成平衡的转体系统,用锚固体系代替较难实现的平衡重。施工期间,监理工程师应加强旁站检查或巡视,掌握各体系的施工质量情况,督促承包人精心组织施工,实现拱体的顺利合龙。施工过程中,应要求承包人注意以下事项:

①转动体系施工质量检查。转动体系由拱体、上转轴、下转轴、转盘、环道和扣索组成,其施工程序为:安装下转轴、浇筑环道、安装转盘并浇筑转盘混凝土、安装拱脚铰、浇筑铰脚混凝土、拼装拱体、穿扣索、安装上转轴等。在下转轴的轴圈安装前,应要求承包人进行试装,防止钢轴的支撑角钢与所在桩柱主钢筋发生干扰,随后安装下转轴(下转轴一般设置在桩基上)。

②锚固体系施工质量检查。锚固体系由锚碇、尾锁、支撑、锚梁(或锚块)及立柱等部分组成。为确保锚固体系的安全可靠,在施工过程中,监理工程师应注意检查以下方面。

锚碇应根据设计要求,设于引道或其他适当位置的边坡岩石中。尾锁和锚固设备的尺寸、规格、性能均应符合设计要求。锚固尾锁时,应注意其着力点和受力方向,防止混凝土开裂。浇筑的锚梁混凝土达到设计强度的50%后方可将轴套穿入上下轴套和缓套中,这一点必须保证。锚梁施工时,应注意防止钢筋布设于尾锁、扣锁和预应力筋孔道相互之间发生干扰。

在立柱施工过程中,应监督承包人加强观测,以保证立柱的平面位置和高程的施工误差在允许范围内。

③位控体系施工质量检查。位控体系包括扣点缆风索和转盘牵引系统。监理人员应对施工所采用的缆风索和牵引索进行检查,其尺寸、规格均应符合设计要求。

④尾索张拉检查。尾索张拉时,监理人员应进行现场旁站监理。尾索张拉一般在立柱顶部的锚梁(锚块)内进行,操作程序同后张法,应按照上下左右对齐、均衡张拉的原则进行。监理人员必须了解尾索的张拉力,每张拉一级荷载,必须配合承包人全面检查各根尾索的内力及变形情况,当变形值未超过允许值时,方可进行下一级张拉。张拉下一级荷载时,应按照上一级荷载张拉后的伸长值与拉索中应力数值进行分析,调整本级张拉荷载,力求使各尾索内力均衡。尾索张拉荷载达到设计要求后,仍必须对各尾索的内力观测1~3天,如发现内力损耗过大或各尾索间内力相差过大,则必须再进行一次张拉,以使各尾索均衡地达到设计内力。

⑤扣锁张拉检查。扣锁张拉前,应督促承包人设立桥轴向和斜向支撑以及拱体轴线上的拱顶、3/8、1/4、1/8跨径处的平面位置及高程观测点,以便在张拉前和张拉过程中随时进行观测。此外,监理工程师还必须对支撑、锚梁、轴套、拱体和锚碇进行全面的检查,如有变形、裂纹,应做记录,并进行综合分析,确认不影响安全时,方可同意开始张拉。

扣索张拉时,监理工程师应进行旁站检查,要求每索必须分级张拉至设计内力。每级荷载的张拉对称于拱由下而上进行,各索相对应力差必须要求承包人控制在5kPa以内。每加一级荷载,均应对各控制部位进行观测检查,无异常情况时方可同意张拉下一级荷载。上述操作重复进行,直至张拉到设计荷载而使拱体脱落。

⑥拱体转体检查。转体前,监理工程师应指令承包人对全桥各部位(包括转盘、转轴、风缆、电力线路、拱体下的障碍等)进行测量和全面检查,确认符合要求后方可同意进行转体施工,拱体的转体速度是由风缆控制的,因此,应控制住转体过程中风缆的走速。

转体施工梁(拱)的质量监理工作要点:

施工过程中,监理工程师应加强旁站和巡视,掌握各工序的实际质量情况;各工序完成后,承包人应在自检合格的基础上填写工序报验单,报监理工程师签认;转动设施和锚固体系必须经过严格的检查,确认安全可靠后,方可批准进行施工;采用双侧对称同步转体施工时,必须设位控体系,严格控制两侧同步,使误差控制在设计允许的范围内;如发现桥体在转体施工过程中出现裂缝,则必须指令承包人暂停施工,尽快查明原因,采取可靠的补救措施后方可继续转体;合龙段两侧高差必须严格控制在设计范围内。接头混凝土的浇筑应在当日最低气温时进行;当接头混凝土强度达到设计强度的70%以上时,应撤除锚固体系,实现由悬臂受力体系至梁(拱)受力体系的转换。当接头混凝土达到设计强度后,方可最终封固转盘,完成全桥主体的施工。

(4)顶推施工梁质量监理

顶推法的施工原理是沿桥轴向方向的后台开辟场地,分节段预制混凝土梁身,并用纵向预应力筋连成整体,然后通过水平液压千斤顶施力,借助不锈钢板与聚四氟乙烯模压板特制的滑动装置,将梁段向对岸预进,就位后落架,更换正式支座,完成桥梁施工。

顶推法施工适应于多跨桥梁,这样可以利用预制场的设备,但必须注意到:桥越长所需的顶推力越大。顶推法施工的桥梁总长与顶推方法有关。一般来说,采用顶推法施工宜选用等截面梁,但也有变截面连续梁采用顶推法施工的。在弯桥中采用顶推法效果最佳,可以取得施工简便、提高质量、减少工料、缩短工期的效果。

顶推施工梁的监理工作内容:

施工方案的审查。承包人进场后,应尽快提交开工申请报告,监理工程师应及时对承包人提交的开工报告申请进行认真审查,具体内容包括:原材料试验报告及混凝土配合比设计方案的审查;梁的预制方案审查。

监理工程师在审查梁的预制方案时,应重点审查以下几个方面的内容:

预制场的布置;主梁节段的划分;施工中临时设施的方案审查;梁段顶推设计方案审查;落梁方案审查;施工组织设计及进度计划审查。以上方案经监理工程师审查批准后方可实施。

在桥端路基上或引桥上设置预制台座时,监理工程师应要求承包人对其他地基或引桥的强度、刚度和稳定性进行检查,必须符合设计要求,同时应做好台座地基的防水、排水设施,以防发生沉降。

预制梁段时,监理工程师应要求承包人注意以下几点:

必须严格控制预制梁段的截面尺寸、底面平整度和梁段端部的垂直度;严格控制钢筋、预应力筋的孔道位置、预埋件位置和混凝土浇筑质量;配置混凝土在必要时可使用早强水泥或掺入早强减水剂,并采用蒸汽养护,以提高早期强度,缩短顶推周期。

梁段预应力筋的布置、张拉顺序、临时束拆除顺序等,应严格按照设计规定执行。在桥梁顶推就位后需要拆除的临时预应力钢材,张拉后不应压浆,锚具外露的多余预应力筋不必切除。对梁段间需连接的永久预应力钢材,应在两梁段间留出适当空间,用连接器连接,张拉后用混凝土填塞。

在台座上安装导梁前,承包人应先在地面进行试装。导梁与梁身必须牢固连接。梁段前端设置导梁时,应先将导梁全部节间拼装平整,再与预埋在梁前端的预埋件联结并正位,最后浇筑混凝土。施工过程中需设置临时墩,为了减少临时墩承受的水平力,增加临时墩的稳定性,在顶推前将临时墩与永久墩用钢丝绳拉紧。在符合使用要求的前提下,要尽可能便于装拆。

顶推施工前,在梁段中各种预应力筋均张拉完成后,监理工程师应要求承包人对顶推设备如千斤顶、高压油泵、控制装置及梁段中线、各滑道顶的高程等进行检查,检验合格并做好顶推的各项准备后,方可开始顶推。为了使顶推能准确就位,施工中的横向导向是不可少的。横向导向千斤顶在顶推施工中一般只控制两个位置,一个设置在预制梁段刚刚离开预制场的位置,另一个设置在顶推千斤顶的最前段的桥墩上,因此,梁前端的导向装置将随着顶推梁的前进而不断变换位置。施工过程中如发现梁的横向偏差较大,必须要求承包人在梁顶推进的过程中进行纠偏。

在顶推过程中,承包人要设专人观测墩台沉降、墩台位移、导梁和梁的挠度等数据,并提供给监理工程师观测数据。

顶推过程中,监理工程师应在现场旁站监理,跟踪检查,发现问题及时通知承包人处理,同时应注意以下几个方面:

①顶推及落梁程序要正确。万一梁体出现裂缝应立即停止顶推,指令承包人查明开裂原因,采取补救措施后,方可允许继续顶推。

②顶推时,如发现导梁杆件有变形、螺栓松动、导梁与主梁联结处有变形或混凝土开裂等情况,必须要求承包人停止顶推,进行处理后方可继续施工。

③梁段中未压浆的各预应力筋的锚具如被发现有松动,应责令承包人停止顶推并将松动的锚具重新张拉和锚固,满足设计要求后,方可继续顶推。

④采用拉杆方式顶推时,如拉杆有变形、锚碇联结螺栓有松动等情况,应及时处理。

当全梁被顶推到设计位置,将梁落到正式支座上时,承包人应按照设计文件规定的张拉顺序,对补充的预应力筋进行张拉、锚固和压浆,并将供顶推时使用的临时预应力钢材按设计规定的顺序拆除。落梁前必须拆除墩台上的活动装置,拆除时监理人员应进行旁站检查,要求承包人将各支点均匀顶起,其顶力应按设计支点反力控制,同时,相邻桥墩上各顶点的高差不得大于5mm,同一桥墩两侧梁底的顶起高差不得大于1mm。落梁时,必须要求承包人严格按照设计规定的顺序和每次下落量进行,同一墩、台上的千斤顶应同步运行。安装活动支座时,台上的千斤顶应同步运行,必须按照落梁时的气温调整其具体位置。

顶推施工桥梁监理工作要点:

①台座和滑动组的中心线应与桥梁中心线的延长线重合,台座的纵坡应与桥梁的纵坡相一致。

②监理工程师应提醒承包人注意:导梁在地面试装后,方可在台座上进行正式安装,必须确保导梁与梁身之间的连接牢固、可靠。

③顶推过程中,应要求承包人设专人进行以下项目的施工观测。

墩台和临时墩的竖直、水平位移。必要时还应观测其应力变化情况;桥梁顶推过程中,主梁和导梁控制截面的挠度,必要时还应观测其应力变化;活动装置的静摩擦和动摩擦系数。

监理工程师应经常巡视和检查承包人所进行的上述观测,观测的结果应随时记录、整理。如发现超过设计规定的数值,须分析原因,及时采取措施纠正。

④用顶推法安装的平曲线桥只适用于同半径的圆曲线桥,且其曲线半径不能太小,即每孔曲线桥的平面重心应落在相邻两桥墩上箱梁板底的内外两侧弦连线以内。

顶推安装平曲线桥时,监理人员应要求承包人在施工中均按以下技术要求进行作业。

预制台座的平面及梁身均应按设计制成圆弧线;导梁仍应制成直线,但在其与主梁的连接处应偏转一定的角度,使两片导梁前端的中心落在曲线梁圆弧的中线上。

对平曲线连续梁桥,宜采用多点拉杆方式顶推,也可采用水平、竖直千斤顶方式顶推。采取纵向与横向顶推相结合的工艺,即在纵向水平千斤顶向前顶推的同时,启动各墩曲线外侧的横向千斤顶,使梁体沿圆弧曲线前进。

当桥梁大部分为直线,只有前端为曲线时,可以采取特殊措施,用千斤顶安装。

⑤用顶推法安装的竖曲线桥只适用于同曲率的竖曲线桥,这一点必须注意。竖曲线桥的顶推工艺与顶推平桥的工艺基本上相同,但应注意以下几点。

各桥墩的墩顶高程必须与竖曲线相符合;预制台座的底模板高程应符合设计竖曲线的曲率;顶推时所需的水平顶推力的大小应考虑纵坡正负的影响。

(5)悬臂浇筑梁桥质量监理

悬臂施工法是从桥墩开始对称地、不断悬出接长的施工方法,一般分为悬臂拼装法和悬臂浇筑法。悬臂拼装法是将预制段块件从桥墩两侧依次对称地安装,通过张拉预应力筋,使悬臂不断接长,直至合龙。这种施工方法要求有一定起重能力的吊装设备,对施工的精度要求较高,因此,通常适用于跨径小于100m的多跨长桥。悬臂浇筑法是在桥墩两侧对称逐段地就地浇筑混凝土,待混凝土达到一定强度后张拉预应力筋,移动机具、模板继续施工。此方法是大跨径连续梁常用的施工方法。

①悬臂浇筑梁桥的监理工作内容如下。

a. 施工方案的审查:

内容包括挂篮结构设计方案的审查;0号块支撑结构设计方案的审查;模板结构设计方案的审查;混凝土配合比设计方案审查;预应力张拉施工方案审查;施工期的挠度计算以及监控方案审查;施工组织设计及进度计划审查。以上方案须经监理工程师审查批准后方可实施。

b. 进场施工的材料和设备检查:

a)材料的质量检查。包括水泥、砂石料、水、外加剂、钢筋及钢绞线等的质量检查,检查合格后方可批准使用。

b)设备的质量检查。

挂篮的质量检查。监理工程师必须对挂篮各部位的强度、刚度和稳定度等进行检查。挂篮组拼后,应全面检查安装质量,并指令承包人做载重试验,以测定其各部位的变形量,并设法消除其永久变形。监理工程师必须对挂篮的安装进行跟踪监理,检查合格后方可批准使用。

张拉设备检查。张拉设备应与锚具配合使用,在进厂时必须进行检查和校验。此外,千斤顶与压力表也应进行配套校验,以确定张拉力与压力表读数之间的关系曲线。张拉设备必须经有资质的计量单位进行标定,且在有效期范围内,或在有监理工程师在场的情况下标定,并把详细的记录存档,满足要求后方可批准使用。

测量定位检查。桥梁的测量定位检查应包括桥梁轴线的检查和顶面高程的检查。悬浇块件前,必须对0号块的高程、桥轴线作详细复核,符合设计要求后,方可进行悬浇。悬臂浇筑必须对称、平衡地进行,并保证轴线和挠度的偏差满足设计要求。

模板质量的检查中应注意:悬臂浇筑段的模板必须与前段梁段紧密结合,以保证线形平顺,无明显折变。

钢筋及预埋件的检查,可参照本书相关内容进行。

混凝土浇筑过程中的旁站检查。浇筑混凝土时,应从前端开始浇筑,至根部与前段混凝土连接,以确保接头质量,防止产生裂缝。浇筑时,采用振捣器振实,防止出现蜂窝、麻面。监理人员应注意检查挂篮、模板、钢筋和预埋件等的牢固情况。当发现有松动、变形、移位时,应指令承包人及时处理。

预应力筋张拉及孔道压浆的质量检查,可参照本书相关内容进行。

施工期的挠度控制。监理工程师应旁站检查挂篮的拼装、前移就位及预压,记录并验证预压沉降量,同时对同跨对称点的高程差进行检查。悬臂浇筑段前端底板和桥面的高程,应根据挂篮的垂直变形和各阶段混凝土梁的弹、塑性变形设置预拱度。

合龙段施工的质量监理。合龙段的施工是悬臂浇筑施工的关键。按照一般的施工顺序,通过浇筑合龙段的混凝土,施加预应力后,实现结构的体系转换。在合龙段的施工过程中,监理工程师应督促承包人做好下列事项:

a. 合龙前应调整两端中线高程,将合龙跨两侧墩的临时锚固解除,同时在设计合龙温度时将两悬臂端的合龙口予以临时锁定。锁定力应大于释放任何一侧各墩的全部活动支座的摩擦力。

b. 合龙前应在两端悬臂预加压重,并于浇筑混凝土的过程中逐步撤除,以使悬臂挠度保持稳定。

c. 合龙段的施工应在一天中的最低气温时完成,并在混凝土早期硬结过程中处于升温的受压状态,减少温度变化对合龙段混凝土的影响,一般选在凌晨施工为宜。

d. 必须加强对合龙段混凝土的养护,使之保持潮湿状态,减少日照引起的温度影响。

②悬臂浇筑梁桥的质量监理工作要点:

a. 如果梁身与桥墩设计为非刚性连接,在悬臂浇筑梁身混凝土时,应要求承包人先将墩顶梁段与桥墩临时固结。临时固结措施必须安全可靠,构造简单,制作和安装、拆除方便。

b. 在施工过程中,梁体不允许出现受力裂缝,一旦出现受力裂缝,应立即要求承包人暂停施工。待查明原因,进行妥善处理后,方可继续进行施工。

c. 挂篮在已完成的梁段上行走时,后端应压重稳定;浇筑混凝土时,后端应锚固在已完成的梁段上。挂篮行走和浇筑混凝土时的稳定系数均不应小于1.5。

d. 监理工程师必须提醒承包人注意,悬臂浇筑梁桥的桥跨体系转换工作,应在合龙段纵向连续预应力筋张拉压浆全部完成,且临时固结已解除后方可进行,也就是在合龙后将各墩临时支座的反力全部按连续梁支点反力的要求进行转换。支座反力的调整应以高程控制为主,反力作为校核。

e. 在合龙段施工的过程中,由于昼夜温度的变化,新浇混凝土的早期收缩,已完成结构混凝土的收缩、徐变、新浇混凝土的水化热影响,结构体系的变化以及施工荷载等因素,对尚未达到强度的合龙段混凝土的质量有直接影响,监理工程师必须重视合龙段的构造措施,认真检查承包人的临时锁定装置,保证合龙段与两侧梁体保持变形协调,在施工过程中能够传递内力,确保施工质量。

(6)系杆拱桥质量监理

系杆拱桥是梁与拱的组合体系,其中梁和拱都是主要承重结构,两者相互配合受力。由于吊杆将梁向上吊起(与荷载作用的挠度方向相反),显著减小了梁内的弯矩。与梁桥相比,系杆拱桥能够跨越一般简支梁更大的跨度;与拱桥相比,系杆拱桥虽然具有拱的外形,但由于拱与梁连接在一起,拱的水平推力就传给梁来承受。而对桥墩、台没有水平推力作用,因此对地基无过高要求。系杆拱桥的施工方法有多种,这里仅以拱圈预制、系梁现浇的施工方法为例,介绍系杆拱桥的质量监理。

①施工方案的审批。

进场后,承包人应首先提交开工申请报告,开工报告应附施工技术设计方案,监理工程师对其申报的施工工艺流程、原材料试验报告、混凝土配合比设计及试验报告、施工组织设计等进行审查,并检查承包人进场的施工人员、机具设备等,召开工地会议,对承包人提交的施工工艺做出评价,提出修改意见或批准其开工申请,向承包人交代杆系拱桥施工过程中的检测项目、质量标准、检测频率和检查方法等。施工方案的审查主要包括以下几方面内容:

材料试验报告的审查;混凝土配合比设计的审查;现浇系梁施工方案审查;拱圈及横梁的预制方案审查;竖向吊杆的施工方案审查。

②施工质量检查。

支架安装质量检查;模板安装质量检查;支架预压检查;钢筋、预埋件质量检查;支座安装质量检查;混凝土浇筑质量检查控制;预应力张拉、压浆检查。

预制横梁出场前,监理人员应对其混凝土强度、构件尺寸及混凝土外观质量等进行成品质量检验。安装前,现场监理人员主要应检查在运输吊装过程中是否有损伤。安装横梁时,监理人员应督促承包人检查其平面和立面的位置。在系梁的纵向预应力筋张拉前,横梁应先与系梁铰接,以免张拉纵向预应力筋时对横梁产生次内力的影响。所有纵向预应力筋张拉完毕后,再实现横梁与系梁的固结。

预制拱圈施工质量检查包括:拱圈预制质量检查;拱圈安装质量检查。对拱圈安装的质量控制,主要是控制拱圈的平面和立面位置,直顺、垂直和平整情况以及强度等,而更为重要的是拱圈与系梁之间的连接是否牢固、吻合。监理的主要目的是使拱圈安装后能满足设计所要求的受力状态和使用要求。

吊杆施工质量监理。安装之前,监理工程师应要求承包人对吊杆进行验收,合格后方可进行安装。吊杆所用钢材必须符合设计要求,锚具也应经过检验。在吊杆的施工过程中,监理人员应着重检查以下几项内容:

a. 吊杆应顺直,无扭转现象。吊杆的防护层必须完好无损。根据设计要求,逐根检查吊杆锚固处的防护。

b. 吊杆的吊点位置必须准确,其平面位置、高程及两侧高差的误差在允许范围内。

c. 严格控制吊杆的拉力和张拉顺序,其拉力必须满足设计要求,防止因拉力过大而造成拱圈和系梁固结处开裂。

质量监理工作要点:

a. 施工期间监理人员应加强旁站及巡视,各道工序承包人必须首先自检,在自检合格的基础上再报监理人员检验认可。

b. 为了减少支架的压缩变形造成模板和梁体跨中的下沉,在浇筑混凝土前要求承包人必须对支架进行预压。预压荷载重量及加载方式,应在支架设计方案时确定。为防止地基下沉造成支架沉落或变形,支架立柱应尽量落在墩台基础的襟边或现浇混凝土基座上。监理工程师应重视支架的安装与稳定性,在审查支架方案时,应对其强度、刚度和稳定性进行复核计算。在整个施工过程中,应加强巡视检查,随时观测检查支架的偏移和下沉变形等。

c. 拱圈开始吊装前,监理人员应检查吊点位置和吊装设备的安全情况。吊点位置必须符合设计要求。必要时应对吊装设备中的主要承重构件进行承载试验。

d. 必须保证系梁与预制拱圈的接头部位能满足设计所要求的受力状态和使用功能。

e. 在竖向吊杆施工过程中,承包人必须严格按照设计要求的张拉力和张拉顺序进行操作,防止因操作失当而产生施工裂缝,影响结构的强度和正常使用功能。

吊杆安装质量技术指标见表6-14。

吊杆安装质量技术指标 表6-14

项次	检查项目		规定值或允许偏差	检查方法和频率
1	吊杆长度		$\pm L/1\,000$ 及 ± 10mm	尺量:测每根
2△	吊杆拉力		满足设计要求,设计未要求时 ±10%	测力仪:测每吊杆
3	吊杆位置		≤10mm	全站仪:测每吊杆
4	吊杆高程	高程	±10mm	水准仪:测每吊杆
		两侧高差	≤20mm	

注:L 为跨径,计算规定值或允许偏差时以 mm 计。

(7)吊桥质量监理

吊桥由塔索、缆索、锚碇和吊杆等部分组成,其中悬挂在两边塔索上的强大缆索是其主要承重结构,在竖向荷载作用下,通过吊杆的传力,缆索承受了很大的拉力,因此需要在两岸桥台的后方修建非常大的锚碇结构,所以吊桥对地质条件有一定的要求。

相对于其他体系的桥梁而言,吊桥的自重轻、跨度大,便于无支架悬吊拼装;但结构的刚度较差,在车辆荷载和风荷载作用下,梁体有较大的变形和振动,目前吊桥一般只在公路上修建。

监理对施工方案的审查主要包括:混凝土配合比设计审查;索塔施工技术方案审查;锚固系统施工技术方案审查;索鞍安装及主缆索架设方案审查;索夹、吊杆和加劲梁安装方案审查。以上施工方案须经监理工程师审查后方可实施。

①材料的质量审查。

原材料质量检查,包括钢筋、水泥、砂石料等原材料的质量检查;成品、半成品的质量检查。刚架、锚具、索鞍、索夹、索股钢丝和加劲梁等必须符合实际和规范要求,且具有产品合格证书,经监理工程师验收合格后方可进场使用。使用之前监理工程师应要求承包人做到以下几点:

索鞍的索槽内部应清洁,不得沾上会减少缆索和索鞍之间摩擦力的油或油漆等材料。主缆索防护前必须清洗洁净。索夹螺栓的紧固力及重紧次数必须符合设计要求。

钢箱或钢桁梁的加劲梁节段必须先进行厂内预拼装,工地施工技术人员应参加验收,验收合格后方可运至工地安装。构件应无变形、无漆面损失。

②设备的质量检查。

内容包括:测量仪器的校正和标定;张拉设备的检查;缠丝机的质量评定。以上设备必须经有资质的计量单位进行标定,且在有效期范围内,或在有监理工程师在场的情况下标定,并把详细记录存档,满足要求后方可批准使用。

③测量定位检查。

a. 桥位测量检查。吊桥的桥位测量除应符合施工测量的有关规定外,对复测桥位的测量精度尚应符合表6-15。

吊桥桥位复测精度要求 表6-15

桩中线桩间距离(m)	基线相对中误差	桥中线相对中误差
≤200	1/25 000	1/10 000
20~500	1/50 000	1/20 000
>500	1/80 000	1/40 000

b. 索塔的测量检查。索塔的测量应该包括以下几个方面:

平面位置的检查;塔身斜度的检查;高程检查。其中塔基、塔身平面位置和水平位置应严格控制,以保证塔顶的平面和水平高度的正确性。

c. 锚固系统测量检查。锚固系统的测量检查包括以下内容:

刚架坐标检查;锚固点偏位及高程检查;后锚梁偏位及高程测量;锚碇轴线及断面尺寸检查;锚碇顶面积基础底面高程检查。以上各项在施工前必须仔细测量,施工过程中必须经常复核,严格掌控。

d. 索鞍安装时偏位、高程及四角高差的检查。

e. 主缆索高程的测量检查。

f. 加劲梁安装时的测量检查。加劲梁安装时应进行以下几个方面的测量检查:

加劲梁吊点偏位检查;加劲梁顶面高程在两吊索处的高程检查;加劲梁相邻节段匹配高差的检查;支座偏位及高程检查。

以上测量检查的误差必须在允许范围之内。

④索塔施工质量检查。

索塔施工时,应着重控制各部位的平面位置、高度、尺寸和质量,尤其应注意结构的施工安全质量。

⑤锚碇施工质量检查。

锚碇施工过程中,监理工程师应经常旁站,跟踪检查,确保施工质量。锚固系统的安装必须牢固、可靠,在浇筑混凝土时不挠动、不变位。在预应力张拉、压浆过程中,应坚持旁站检查,在混凝土达到设计规定的养护龄期和强度后,方可按照规定程序进行张拉。预应力孔道压浆必须饱满,灰浆强度不小于设计强度。混凝土浇筑过程中监理人员应全过程旁站,检查混凝土拌制及浇筑质量。

⑥索鞍安装质量检查。

索鞍运输安装过程中应避免焊接损坏和涂层损伤,主索鞍必须锁定牢固。下端与墩台固结的索塔,安装时,应考虑全桥(全部恒载)安装完毕后,在设计温度时使索鞍处于索塔中心附近要求的位置,因此,安装主索时,索鞍位置应向边跨预先偏离适当距离 L(预留量)。索塔下端设计为铰接时,必须在铰接部位临时固结,待主索安装并调整完毕后,恢复铰接。此时不考虑索鞍预偏离问题,跨过索塔顶的主索应紧固在索鞍上,索鞍安装在索塔顶中心。

⑦主索制备与安装质量检查。

主索的制备与安装是吊桥施工各工序中的重点和难点。由于主索是吊桥最主要的承重结构,其施工质量直接影响到桥梁结构的安全性、适用性和耐久性。应要求承包人精心组织,精心施工。在施工过程中,监理工程师必须加强现场检查与测试工作。

⑧缠丝质量检查。

按设计规定的张力进行缠丝,且用于缠丝的镀锌钢丝应保护完好。

⑨索夹、吊杆和加劲梁安装质量检查。

索夹安装前应使用水平仪检查钢索跨中的垂直标志是否与设计相符,否则应调整。索夹位置应以钢索中挠度点与设计相符合时所标志的位置为准。

制造索夹和索夹螺栓时,应按安在主索上的位置次序予以编号,安装前,油漆时不可将号码盖住,避免安装位置与号码不符,使索夹与主索斜度不合而夹不紧或螺栓穿不上。索夹如采用高强度螺栓栓合时,螺栓的拧合扭矩应先经试验,使索夹下的吊杆承受全部的荷载时,索夹不致在主索上向下滑移。

⑩支座安装质量检查。

全部构件安装完毕,将加劲梁的建筑拱度和两端支垫高程调整好,并将两端用临时支座垫隔后,方可浇筑支座垫块混凝土,安装两端的固定和活动支座。支座安装后,应将支座垫块、上下摇座等焊接成整体。待支座垫块混凝土符合设计要求的强度后,将加劲梁顶起,撤除临时支座,使之落在正式支座上。

吊桥的监理工作要点:

a. 索塔施工应严格遵守高空作业的安全操作规程,在块件或杆件安装过程中,应要求承包人随时检查起重设备,保证施工安全。塔身修建到一定高度后,应采取稳定措施或设置风缆。在修建塔身的过程中,应密切注意天气变化,发生大风或雷雨时应停止作业。

b. 基础的地基承载力必须满足设计要求。锚室内不得渗水、积水。

c. 利用吊桥主索作为运送梁节的索道以安装加劲梁时,应从两岸进行,索夹与吊加劲梁同吊杆应配合安装,不允许先安装索夹、吊杆。

d. 在安装活动支座时,应考虑安装时的温度与设计温度之差及加劲梁下承受荷载发生的平均拉应力引起的伸长量而使支座摇臂产生偏移的因素,将支座摇臂或滚轴按照上述偏移值的一半向反向的一侧偏移。

吊桥质量监理汇总见表6-16~表6-24。

吊桥钢筋混凝土索塔质量监理汇总表 表6-16

项　目	允许误差	检查频率	检查方法
混凝土强度	符合设计要求		压试块
塔柱底水平偏移	10mm	纵、横向各3处	经纬仪或全站仪
倾斜度	1/30 000且不大于30mm		
断面尺寸	±20mm	每5m查1个	钢尺
系梁高程	±10mm	每个	经纬仪或全站仪
索鞍底板面高程	+10mm,0		
预埋件位置	符合设计要求		钢尺

预应力锚固系统安装质量监理汇总表 表6-17

项　目	允许误差	检验频率	检验方法
拉杆张拉力	符合设计要求	每根拉杆	查记录
前锚面孔道中心坐标偏差	±10mm	每孔道	全站仪
前锚面孔道角度	±0.2°		经纬仪或全站仪
拉杆轴线偏位	5mm	每拉杆	
连接器轴线偏位	5mm	每连接器	

刚架锚固系统安装质量监理汇总表 表6-18

项　目	允许误差	检验频率	检验方法
刚架坐标	10mm	轮廓控制点	水准仪或经纬仪
锚固点纵横偏位	纵10mm,横5mm	每根	
锚固点高程	±5mm		
后锚梁偏位	5mm		
后锚梁高程	±5mm		

吊桥锚碇混凝土质量监理汇总表 表6-19

项　目		允许误差	检验频率	检验方法
轴线偏位	基础	20mm	逐个	经纬仪或全站仪
	锚面槽口	10mm		
断面尺寸		±30mm	3~5处	钢尺
基础底面高程	土质	±50mm	8~10处	水准仪或全站仪
	石质	+50mm,-200mm		
顶面高程		±20mm		
大面积平整度		8mm	每20m²测1处×3尺	2m钢尺
预埋件位置		符合设计要求	每个	钢尺
混凝土强度		在合格标准内		

索鞍安装质量监理汇总表 表6-20

项　目	允许误差	检验频率	检验方法
纵向最终偏位	符合设计要求	每个	全站仪或经纬仪
横向偏位	10mm		
高程	+20mm,0		
四角高差	2mm		

散索鞍安装质量监理汇总表 表6-21

项　目	允许误差	检验频率	检验方法
纵向最终偏位	5mm	每个	全站仪或经纬仪
高程	±5mm		
四角高差	符合设计要求		

主缆架设与防护质量监理汇总表 表 6-22

<table>
<tr><th colspan="2">项目</th><th>允许误差</th><th>检验频率</th><th>检验方法</th></tr>
<tr><td rowspan="2">索股高程</td><td>基准</td><td>中跨跨中 ± L/20 000;
边跨跨中 ± L/1 000;
上下游基准索股高差 10mm</td><td rowspan="2">每根</td><td rowspan="2">全站仪</td></tr>
<tr><td>一般</td><td>与基准索股比 10mm, - 5mm</td></tr>
<tr><td colspan="2">索股与设计的偏差</td><td>符合设计要求</td><td>每股</td><td>锚端放传感器测量</td></tr>
<tr><td colspan="2">主缆空隙率</td><td>±2%</td><td rowspan="2">每根</td><td>查记录</td></tr>
<tr><td colspan="2">主缆防护</td><td>符合设计要求</td><td>查防护记录</td></tr>
</table>

注:L 为中跨跨径,计算规定值或允许偏差时以 mm 计。

钢加劲梁安装质量监理汇总表 表 6-23

项次	检查项目	规定值或允许偏差	检查方法和频率
1	吊点偏位	≤30mm	全站仪:测每吊点
2△	同一梁段两侧对称吊点处梁顶高差	≤20mm	水准仪:测每吊点
3	相邻节段匹配高差	≤2mm	尺量:测每段接缝最大处
4	焊缝尺寸	满足设计要求	量规:检查全部、每条焊缝检查 2 处
5△	焊缝探伤	满足设计要求	超声波法:检查全部 射线法:按设计要求;设计未要求时按 10% 抽检,且不少于 3 条
6△	高强螺栓扭矩	±10%	扭矩扳手:检查 5%,且不少于 2 个

吊桥支座安装质量监理汇总表 表 6-24

项目	允许偏差	检验频率	检验方法
竖向支座垫石钢板水平度	2mm	每个	水准仪
竖向支座纵、横向偏位	5mm	每个	全站仪或钢尺
支座高程	±10mm	每个	水准仪
抗风支座与牛腿侧面间隙	2mm	每个	卡尺

(8)斜拉桥质量监理

斜拉桥是由索、塔、梁三种基本构件组成的梁、吊组合体系结构。其主要特点是:利用由桥塔引出的斜缆索作为桥跨的弹性中间支撑,借以降低桥跨的截面弯矩,减轻梁重,提高桥跨跨越能力。

斜拉桥的拉索一方面对主梁起着弹性支撑的作用,大大减小了主梁的弯矩,另一方面斜拉索的水平分力对主梁产生轴向压力,这对混凝土斜拉桥而言,相当于对混凝土主梁施加了预压力,有利于增强梁的抗裂性,充分发挥高强材料的力学性能。此外,混凝土斜拉桥的塔与梁的外形变化形式较多,容易适应景观要求而取得满意的造型。又由于混凝土斜拉桥质量较钢斜拉桥大,提高了结构的阻尼效果,改善了振动特性,抗风和抗震性能均优于钢斜拉桥,且造价相对较低,因此在一般情况下均修建钢筋混凝土斜拉桥。

斜拉桥的施工架设方法有三种:支架法、顶推法和悬臂施工法,这里仅阐述大跨径斜拉桥常用的悬臂施工法的质量监理。

斜拉桥的质量监理应包括索塔、主梁系和斜缆索三个方面的内容。从监理程序上讲,应从下列步骤进行。

①施工方案的审查主要包括:混凝土配合比审查;索塔施工技术设计方案审查;主梁施工方案审查;斜缆索施工方案审查。以上施工方案须经监理工程师审查核准后方可实施。

②材料的质量检查主要是进行原材料质量检查和成品、半成品质量检查。

③测量定位检查。

斜拉桥的定位测量与吊桥一样,除应符合施工测量的有关规定外,对复测桥位的测量精度尚应符合要求。在索塔施工前,监理工程师应配合承包人检查索塔的放样计算资料并复核样桩。在索塔的施工过程中,监理工程师应对其平面位置、垂直度、锚箱位置、锚箱各孔道的角度以及各部分几何尺寸进行检查,以上各项检查的误差必须在允许范围之内。

④索塔施工质量检查主要包括:检查放样资料并复核桥桩;检查锚箱各孔道的角度和各部分几何尺寸;检查钢筋、模板和预埋件;检查索塔的平面尺寸和轴线位置;检查支架,监理工程师应重视对支架的检查工作,对承包人提交的支架方案进行认真审核,保证支架与操作平台具有足够的强度、刚度和稳定性,并设置施工安全设施;混凝土浇筑旁站检查。

⑤主梁施工质量监理。

混凝土斜拉桥悬臂浇筑的质量监理:

a. 当塔、墩设计为固结,主梁设计为悬浮,在墩顶或横梁上施工时,应要求承包人在梁下设立临时支座,并在进行斜缆索安装张拉调整和主梁合龙后拆除。

b. 桥墩两旁的梁段,一般采用在墩旁托架或支架上浇筑。监理工程师应指令承包人对托架或支架的强度、刚度、稳定性及高程进行全面检查,托架或支架两端支撑点的允许高差应符合设计要求。

c. 箱梁截面混凝土浇筑顺序应严格按设计要求进行,当采用两次浇筑时,各梁段的施工缝必须错开。

d. 在挂篮和桁架前移定位,梁段浇筑混凝土、安装斜缆索和张拉等主要工序施工前后,监理工程师应指令承包人对悬臂挠度和悬臂端高度进行测量、记录,并与设计计算核对。监理按一定频率抽检。如偏差大于设计控制值,应及时查找原因,进行改进,必要时与设计部门商讨,采用适当方法进行挠度控制。

e. 跨中合龙段处最易发现混凝土开裂或压碎混凝土等质量问题,监理工程师应特别注意梁段的锁定。可要求承包人在合龙设置临时支撑和穿以部分预应力束进行张拉,撑住和拉住合龙段,同时释放梁被临时固定的活动支座。或尽量选择变化不大的短时间(如夜间)用速凝混凝土浇筑合龙段,浇筑前预先穿好部分预应力束并释放桥梁被临时固定的活动支座,待混凝土强度达到设计强度时,即张拉预应力束。

斜缆索施工质量监理:

a. 要求承包人在丈量、制备和切割斜拉索之前,首先对安装在索塔与相应梁段的锚具底端的直线长度进行复测计算。

b. 应对缆索和锚具进行破断、锚固能力试验,各项试验结果均应符合设计规定。

c. 应对所有锚具和配件进行全部或抽样检查,以确保其符合设计要求。

d. 丈量、计算斜缆索的切割长度时,除计算长度外,还应考虑使用缆索种类、张拉机具所需的锚固长度,夹具长度,缆索安装时下垂需要的增长量,采用应力下料时的延长度,应力下料时的温度与设计温度之差引起的缆索伸长量以及缆索张拉时设计张拉力引起的延伸长度,确保张拉应力。

e. 承包人应要求施工人员在搬运斜缆索时,必须尽量保持顺直,不得折损或磨坏缆索的防护层,未作外防护的缆索必须存放在干燥阴凉处。锚头须架空保护,不使其生锈,施工中不得碰伤锚头,锚头发生移位时不得强击复位。缆索的防护层如有折损或磨损,应要求承包人及时修补,采取临时保护措施,并做好记录。

f. 斜拉索的安装和张拉顺序必须严格按照设计规定进行。穿束张拉时,应控制索的应力值,穿束或张拉时的牵引力或张拉力均不应超过张拉时的数值。斜拉索的张拉力以设计规定的拉力值控制,以延伸值作为校核。

g. 在斜拉索的张拉过程中,监理工程师应督促检查承包人所进行的梁段和索塔的变位观测,并与设计变位值相比较。超过设计规定的范围时,应及时查找原因,必要时应与设计单位商讨,采取适当措施进行控制调整。

h. 索塔顺桥向及横向两侧对称的缆索组的缆索应同步张拉,中孔无挂梁的连续梁与两端索塔和主梁两侧对称位置的缆索也同步张拉,同步张拉的缆索,张拉不同拉力的相对差值不得超过设计规定,如设计无规定,则不得大于张拉力的10%。不同步拉力使塔顶产生的顺桥向偏移值不得大于$H/1\ 500$(H为从桥面起算得的索塔高度)。

i. 斜缆索组索制作和临时防护后,应对各种不同长度和不同大小的缆索分别标定其张拉频率,以供安全张拉后检验其张拉力时使用。在斜拉索张拉完成后,应使用振动频率测力计测验各缆索张拉完成后的张拉力值,每组及每索的拉力误差均不得超过设计规定,如有超过,应指令承包人进行调整。调整时可以从超过设计拉力值最大值或最小值的缆索开始调整(放松或拉紧)到设计拉力。在调整拉力时,应要求承包人对索塔和相应梁段进行位移观测。

当斜拉桥采用悬臂施工进行到跨中合龙前后、梁体内预应力张拉完毕时和桥面及附属设备安装完成时的各阶段,应分别对所有斜缆索采用振动频率计进行拉力测验并调整。各斜缆索的拉力调整值和调整程序应会同设计单位决定。

斜拉桥监理工作要点:

a. 斜拉桥的施工方案和施工程序直接影响斜拉桥的内力和变形,在施工过程中必须严格按设计规定的程序进行。

b. 斜拉索制备的铸锚工序十分重要。监理工程师必须提醒承包人注意以下几点。

a)材料控制。严格控制环氧树脂胶黏剂的配方和密实程度。氧化树脂钢球的抗压强度应在160MPa以上或符合设计要求,使用前必须除锈、烘干后密封保存,使用时应光亮,且呈白色。

b)温度控制。高温固化条件应是升温30~40℃/h,升温至150℃后恒温4h。最后将至室温保持6~8h。

在铸锚过程中,监理人员应加强巡视检查。

c. 索塔逐节上升,其垂直度必须从下而上保持在规定的范围内。施工过程中任何支架的架设均应避开观测索塔纵、横向中线的方向。

d. 在各施工阶段,承包人必须根据当时的实际结构体系和荷载进行计算。施工过程中对包括临时构件在内的结构体系进行计算分析。监理工程师应对承包人的计算结果进行复核验算。验算项目一般有:主梁应力、挠度、转角、桥中线方向的长度变化;塔架的应力、顶部水平位移、倾斜角;斜缆(包括临时斜缆)的拉力、伸缩量;支座(包括临时支座及临时支撑)的反力计变位量。

e. 为使主梁的线形和高程符合设计要求，施工过程中应要求承包人随时对主梁高程进行测量和控制，并对其测量结果进行复核。在控制中，还必须考虑到主梁受体系温差和不均匀温升引起的高程变化。

斜拉桥质量监理汇总见表6-25～表6-27。

钢筋混凝土塔索及锚箱质量监理汇总表 表6-25

项　目	允许偏差	检验频率	检验方法
塔索混凝土强度	在合理标准内		按《公路工程质量检验评定标准　第一册　土建工程》(JTG F80/1—2017)附录D检查
断面尺寸	±20mm		钢尺
垂直度	符合设计要求，设计未规定时按1/3 000塔高且不大于30mm	每节2～5点	经纬仪或全站仪
轴线偏位	±10mm		经纬仪
混凝土强度	在标准范围内	每节2～3组试件	压试件
表面工艺	平整、顺直、无蜂窝漏筋		目测
高程	±5mm	每箱测2点	水准仪或全站仪

主梁系梁质量监理汇总表 表6-26

项　目	允许误差	检验频率	检验方法
挂篮预压	全部荷载，稳定12h		水准仪
下锚箱轴线偏位	±10mm		经纬仪
断面尺寸	±20mm	每个测定	钢尺
高程	±5mm		水准仪
中线偏位	<5mm		钢尺
保护层厚度	符合设计要求		
混凝土强度	在合格标准内	每浇一段至少做3组试件	压试件

斜缆索制备质量监理汇总表 表6-27

项　目	质量标准	检验频率	检验方法
锚环螺母	探伤合格，肉眼不见偏斜		探伤
编束预拉应力	控制105%～110% 相对误差±5mm		张拉控制
冷铸钢球直径	1～2mm		筛分
冷铸钢球相对密度	7.5	每个检查	
冷铸钢球密度	4 900kg/m³		
冷铸钢球硬度	HR<38～46		硬度仪
填实密度	150MPa		压力仪
加热固化强度	升温30～40℃/h控制 最高温为150℃		测温

二、桥面系及附属工程质量监理

1. 桥面铺装质量监理

桥面铺装是桥梁直接承受车辆荷载作用的部位，它对车轮荷载起到均布作用，同时避免了车轮荷载对桥面的直接冲击,而且有效地防止雨水渗入桥面板,对桥面板起到一定的保护作用,因此,桥面铺装的施工质量直接关系到桥梁的使用性能,是桥梁施工最后的关键工序。

(1)桥面铺装施工前准备工作的监理

①桥面铺装作为桥梁总体及桥面的一个重要分项工程,承包人在开工前应提交开工报告。开工报告中应附有水泥混凝土或沥青混凝土质量监理所需的一切资料,还应附泄水管、伸缩缝、桥面连续的施工工艺。分项工程报批的施工技术方案应详细具体,可操作执行。

②正式开工报告前应对下列项目检查验收:

检查梁、板顶面高程;桥面清扫的干净程度;泄水孔的平面位置;伸缩缝处用砂袋等材料填满,以保证桥面施工时伸缩缝附近的混凝土的密实性。

若梁、板顶面高程不符合要求,应要求承包人返工修补或报变更设计。符合要求后,监理人员应复核承包人的桥面三角垫层的施工放样,由于三角垫层主要起到整体化效果和调整高度的作用,顶面高程必须严格控制,以避免造成面层的过厚或过薄。

(2)桥面铺装施工时监理工作内容

a. 桥面铺装混凝土的监理:

验收桥面钢筋网、大梁联结钢板焊接、上部构件中的预埋横向伸出钢筋,以及桥面连续钢筋(按设计要求铺设)。

桥面铺装应在全桥宽上进行,顶面高程应严格控制在规定误差范围内;进行桥面铺装施工时,应按图纸所示的位置及尺寸做好伸缩缝的预留工作,有桥面伸缩缝时,应特别注意与其相配合。

b. 泄水孔的监理:

成品验收。泄水管管部与顶盖不得有浇铸缺陷、气孔、裂缝、砂眼和其他影响强度和使用价值的缺陷。铸件的角应为圆角,边棱位置完整,表面光洁。

泄水管埋设位置应符合设计要求,管顶高程略低于桥面设计高程,保证在后续面层施工时管口周围形成相应的聚水槽,利于雨水汇集宣泄。出水管口应伸出结构物底面或侧面10~15cm。

c. 防水层的设置。应按设计图纸的要求设置必要的防水层。

d. 水泥混凝土面层施工监理。应按已进行的施工放样控制摊铺高程,并使用监理工程师批准的整平设备压实整平。

e. 沥青面层施工监理:

摊铺沥青前应将桥面彻底清除干净,未做防水处理的应用刷子或喷枪给表面彻底刷上或喷上一道沥青封层,每层应在上层完全吸收后才喷刷下一层,面层施工必须放样拉线,直线段不少于1点/10m,曲线段不少于1点/5m。

泄水管口应用物体罩盖或填塞,避免沥青混凝土掉入其中;底层水泥混凝土的强度必须达到设计强度的70%以上时方可铺筑沥青混凝土桥面;沥青摊铺必须在全桥(整幅)宽范围内进行;沥青路面施工监理,监理工程师应对摊铺过程进行旁站,并按规定进行必要的试验;泄水管附近不易压实的角落,应安排人工捣实,防止不实引起渗水。

(3)桥面铺装监理工作要点

①审阅承包人申报的施工工艺;对各种原材料进行抽检试验,不合格材料不得用于配合比

试验及施工中；对于承包人的配合比试验，监理必须进行独立的对比试验。

②沥青混凝土铺装前对桥面进行检查，桥面应平整、粗糙、干燥、整洁。桥面横坡应符合要求，不符合时应予以处理。

③水泥混凝土铺筑必须在横向联结钢板焊接工作完成后才可进行，以免后焊的钢板使桥面水泥混凝土在接缝处产生裂纹。

④摊铺作业应从一联的一端伸缩缝开始，单幅全宽向前推移施工，并且一联摊铺作业应连续进行，不得中断。特殊情况必须停止施工时，施工缝应采用横向平接缝，下次摊铺前施工缝严格按规范要求处理。

⑤水泥混凝土桥面铺装，其做面应采取防滑措施，做面宜分两次进行，第二次抹平后，沿横坡方向拉毛或采用机具压槽，其深度应为1～2mm。

桥面铺装质量监理汇总见表6-28。

桥面铺装质量监理汇表 表6-28

<table>
<tr><th colspan="4">检查项目</th><th>允许误差</th><th>检查频率</th><th>检验方法</th></tr>
<tr><td colspan="4">强度和压实度</td><td>在合格标准内</td><td colspan="2">按《公路工程质量检验评定标准 第一册 土建工程》(JTG F80/1—2017)附录D检查</td></tr>
<tr><td colspan="4">厚度</td><td>+10mm，-5mm</td><td>每100m 5处</td><td>对比路面浇筑前后高程</td></tr>
<tr><td rowspan="7">平整度</td><td rowspan="4">高速公路、一级公路</td><td rowspan="2">IRI</td><td>沥青混凝土</td><td>2.5m/km</td><td rowspan="6">全桥连续监测
每100m计算IRI或σ</td><td rowspan="6">平整度仪每车道连续检测</td></tr>
<tr><td>水泥混凝土</td><td>3.0m/km</td></tr>
<tr><td rowspan="2">σ</td><td>沥青混凝土</td><td>1.5mm</td></tr>
<tr><td>水泥混凝土</td><td>1.8mm</td></tr>
<tr><td rowspan="3">其他公路</td><td colspan="2">IRI</td><td>4.2mm</td></tr>
<tr><td colspan="2">σ</td><td>2.5mm</td></tr>
<tr><td colspan="2">最大间隙h</td><td>5mm</td><td>100m/3处×3尺</td><td>3m直尺</td></tr>
<tr><td colspan="2" rowspan="2">横坡</td><td colspan="2">水泥混凝土</td><td>±0.15%</td><td rowspan="2">100m/3个断面</td><td rowspan="2">水准仪</td></tr>
<tr><td colspan="2">沥青面层</td><td>±0.30%</td></tr>
<tr><td colspan="4">抗滑构造深度</td><td>符合设计要求</td><td>200m/3处</td><td>砂铺法</td></tr>
<tr><td colspan="4">外观鉴定</td><td colspan="3">桥面排水良好</td></tr>
</table>

注：1. 桥长不满100m，按100m处理。

2. 复合桥面时，必须对混凝土桥面及沥青面层都作评定，但混凝土桥面不做抗滑构造。

2. 伸缩装置质量监理

桥梁伸缩装置，是桥梁构造上能够满足梁体伸缩自如的构造，要求伸缩装置具有良好的耐久性、防水性及行驶舒适性。但由于受桥梁的温度变化、混凝土的收缩与徐变引起的收缩、梁端的旋转、梁的挠度等因素引起的接缝变化，同时由于它直接承受着车轮荷载的反复冲击，是桥梁结构上最薄弱也是最易于破坏的部分，且维修或更换又十分困难，在实际运营中，伸缩装置因质量缺陷而出现早期破坏的例子不胜枚举。因此，在伸缩装置施工过程中，必须进行严格的质量监理。

(1)伸缩装置监理的内容

监理工程师必须按照设计图纸提供的尺寸，核对施工完的梁、板端部及桥台处伸缩装置的预埋锚固钢筋,以及两端梁板与桥台间的伸缩装置缝隙是否与设计值一致。不符合要求的,必须首先进行处理,满足设计要求后方可安装伸缩装置。

检查桥面板端部预留空间尺寸、钢筋,若为沥青混凝土桥面铺装,应要求承包人采用后开槽工艺安装伸缩缝,以提高与桥面的顺直度;检查伸缩装置内的加强钢筋、螺栓焊接及就位情况,符合要求即可浇筑混凝土。

采用后嵌式橡胶伸缩体时,应在桥面混凝土干燥收缩完成且徐变也大部分完成后再进行安装。安装密封橡胶带前(有的橡胶带在安装前安装),监理必须检查伸缩缝内的泡沫板等残留物是否已清除干净。橡胶带必须保证通长到底,中间不允许有接头。

气温在5℃以下时,不得进行橡胶伸缩装置施工。

对预留槽进行检查,尺寸应符合设计要求,槽内混凝土必须凿平并清洗干净。

伸缩装置的定位。顺桥向的宽度值,应对称放置在伸缩缝的间隙上;高程必须与两端切缝处的桥面高程平顺过渡。检查时可用3m直尺沿顺桥方向检查伸缩装置的顶面高程是否与前后桥面高程一致。

浇筑混凝土前,监理应对钢筋、伸缩装置与预埋锚固筋的焊接进行验收,同时检查预留槽表面的清洁、凿平、修整情况以及伸缩缝间隙是否已用聚乙烯泡沫板填塞封闭,避免漏浆堵塞梁端缝隙。

为保证现浇混凝土与切缝口的密贴、防水,施工单位可使用胶粘剂涂在切缝口,监理工程师应要求承包人提供其产品合格证、使用说明书及购货单。

浇筑混凝土时,监理工程师应用3m直尺严格控制伸缩周围混凝土顶面高程与切缝处沥青混凝土顶面高程一致;浇筑混凝土必须全过程旁站,不允许将混凝土溅到密封橡胶带缝内及表面上,一旦发生此现象,应立即要求清除。应严格控制角隅周围的混凝土浇筑,保证捣固密实;伸缩缝的定位角钢在混凝土初凝前不得拆除;梳形伸缩缝混凝土宜在接缝伸缩开放状态下浇筑;伸缩装置两侧预留槽混凝土强度满足设计要求后,方可开放交通。

(2)监理工作要点

监理工程师应对进场产品进行检查验收,伸缩装置必须有生产厂家有效的产品合格证、施工说明书以及承包人的购货单。对于板式橡胶伸缩装置,应有成品解剖检验证明,其附件(包括螺栓、螺母、弹簧垫圈等)均应配套供应,所有上述要求,承包人均必须自检合格,证明材料的规格、性能均符合设计要求时,才可向监理工程师报检。

监理工程师必须检查两梁端板间以及梁板与桥台间的缝隙是否与设计值一致,若梁端不齐或缝隙宽度超出允许误差,必须采取调整梁位等措施进行处理,缝宽满足要求后方可安装伸缩装置。

伸缩装置的缝隙是与设计施工温度相对应的。监理必须首先控制在规定温度范围内进行伸缩装置安装。施工温度不能保证与设计温度一致时,应根据有关规定调整当时施工温度下的缝隙宽度。

现浇过渡段混凝土前,监理必须对伸缩装置与预埋锚固筋的焊接进行检查,特别注意伸缩缝间隙必须用聚乙烯泡沫板填塞严密,避免混凝土漏浆堵塞梁端缝隙;伸缩装置的现浇混凝土必须是防水混凝土。

安装橡胶板时,在螺栓旋紧后,监理应旁站密封胶灌注及防蚀脂的涂刷,要求每段橡胶板拼装时,在企口连接处涂刷密封胶,接缝平整严密不漏水。

伸缩缝质量监理汇总见表6-29。

伸缩缝质量监理汇总表　　表6-29

项次	检查项目		规定值或允许偏差	检查方法和频率
1	长度		满足设计要求	尺量:测每道
2△	缝宽		满足设计要求	尺量:每道每2m测1处
3	与桥面高差		≤2mm	尺量:伸缩装置两侧各测5处
4	纵坡	一般	±0.5%	水准仪:每道测5处
		大型	±0.2%	
5	横向平整度		≤3mm	3m直尺:每道顺长度方向检查伸缩装置及锚固混凝土各2尺
6	焊缝尺寸		满足设计要求;设计未要求时,按焊缝质量二级	量规:检查全部,每条焊缝检查2处
7△	焊缝探伤			超声法:检查全部

3. 护栏质量监理

护栏施工主要是小型构件的预制安装或现浇防撞墙,由于混凝土体积小、工序烦琐、构件数量多,而产值却不高,工程质量往往不被人们所重视,但现实中它却是直接影响桥梁美观的一个重要方面,同时也是桥上的安全防护设施。因此,控制好护栏施工质量,在桥梁施工中,乃至对整个桥梁形象,有着独特的重要意义。

(1)监理工作内容

护栏模板尺寸必须符合设计图纸要求,模板刚度、平整度满足要求,不得有麻面现象。模板拼接无错缝。位于曲线段的桥梁,应具有调节弧度的钢模,以保证护栏线形在弯曲段的调整。

检查护栏放样的平面位置,施工单位应在桥面上划出边线,以便安装模板;检查护栏预埋钢筋,并验收护栏钢筋;审核设计配合比,并对承包人浇筑护栏混凝土的过程进行常规旁站。

护栏在伸缩缝处应断开,断缝同桥面伸缩缝在同一直线上,同时应考虑伸缩装置的伸入。在桥面连续处可做1cm断缝,中间填沥青麻絮或防水密封胶;镀锌钢管安装后,应对电焊及油漆脱落情况进行检查,如有缺陷,应要求承包人加以清理,补涂防锈底漆后统一涂刷面漆;钢管在伸缩缝、桥面连续处均匀断开,端部皆密封或焊死,防止雨水浸入钢管内。

波形钢护栏产品必须符合有关规定。监理人员应定期或不定期地到生产厂进行工艺检查,对进场成品按规定频率检验,凡偏差超过允许范围或外观质量有扭曲、擦痕、污染的成品必须令生产厂派人员来工地修复到符合要求,或直接退回生产厂返工。

护栏柱必须在人行道板铺设完毕后才可安装。安装护栏时,必须全桥对直、校平(弯桥、坡桥要求平顺),竖直后用水泥砂浆填缝固定;立柱顶部高程应符合设计要求;护栏搭接头方向,应与邻近车道的交通流向一致,工型柱的锐角端应迎向来车方向;波形梁的连接螺栓和拼接螺栓,开始不宜拧紧,以便安装过程中充分利用护栏板上的圆孔,进行上下、左右的调整,以形成平顺的线形。

立柱锚固混凝土浇筑完成后,应立即对现场进行清理,将被水泥浆溅落的部位冲刷干净,保持外观整洁。

监理工程师对护栏应逐级检查,波形护栏成品质量监理汇总见表6-30。

波形护栏成品质量监理汇总表 表6-30

检查项目		允许误差	检查频率	检验方法
立柱	长度	+10mm	自检100%,抽查20%~30%	钢尺
	弯曲度	2mm/m		
波形梁	平面翘曲、立面翘曲	3mm		
	厚度	-0.2mm		
	宽度	5mm		
	长度4 320	+5mm,-5mm		
	长度3 820	+4mm,-4mm		
	长度3 321	+4mm,-4mm		
	长度2 820	+3mm,-2mm		
	长度2 322	+3mm,-2mm		
外观鉴定		色泽均匀一致,光洁无裂纹,无疤痕、气泡或剥落,无凹凸不平等缺陷		

(2)监理工作要点

审查生产厂(分包人)的资质,考察生产厂的生产设备、工艺流程、质保体系以及是否具备在合同期内完成任务的能力;若有疑问,应向建设单位或承包人提出改进或转换分包人。

考察生产材料的进口渠道,以及能否满足加工要求及材料品质,定期或不定期地对生产厂商进行检查,主要检查生产工艺(如护栏的热镀塑或热镀锌工艺能否满足规定要求),除锈及涂料厚度能否达到质量标准要求。如有疑问,应向建设单位或承包人提出改进或转换分包人。

成品进入工地,应有生产厂家的合格证书,并由承包方的质检人员检查其是否有缺件、掉角、扭曲、擦伤等缺陷。监理工程师可陪同旁站检查或另抽检20%~30%。检查出的缺陷产品超过误差允许规定时应加倍检查,检查结果无论合格与否,该批产品在未修复到合格前都不能用于工程上。

安装或浇筑混凝土前,应检查复核承包人的施工放样是否符合设计图纸规定,并应随着主体工程顺直或弯曲,使整体线形协调顺畅。

对于防撞护栏,应检查复核承包人施工放样是否符合设计图纸规定,钢模是否变形;对现浇混凝土施工进行旁站检查。

预制安装的质量控制。护栏柱埋入深度必须符合图纸规定,所有用于工程的成品必须无瑕疵和缺陷。工程完工后由承包人自检,自检合格向监理工程师报送中间交工证书,监理工程师按规范标准及频率进行验收。对不符合要求的工程,承包人应自费进行整修或返工。护栏施工质量监理汇总见表6-31。

护栏施工质量监理汇总表 表6-31

检查项目		允许偏差	检查频率	检查方法
防撞护栏	混凝土强度	在合格标准内	按《公路工程质量检验评定标准 第一册 土建工程》(JTG F80/1—2017)附录D检查	
	平面位置	4mm	每30m或每4节	拉线检查
	断面尺寸	±5mm		
	竖直度	4mm	每100m每侧3处	用尺量
	护栏接缝两侧高差	5mm		用垂线检查

续上表

检查项目		允许偏差	检查频率	检查方法
栏杆扶手	护栏柱平面偏差	4mm	每100m每侧3处	用尺量
	栏杆扶手平面位置	4mm	每5根柱	
	栏杆柱顶面高差	4mm	每30m	
	栏杆柱纵、横向竖直度	4mm	抽检20%	水准仪检查
	相邻栏杆扶手高差	3mm		用垂线检查
	立柱平面位置	4mm		用尺量
波形护栏	立柱中距	5mm	抽检10%	直尺
	立柱竖直度	2mm/m		
	护栏顺直度	3mm/m		垂线、直尺
	横梁中心高度	10mm		接线、塞尺
	防撞护栏	1. 混凝土块件之间的错位不大于2mm； 2. 混凝土表面的蜂窝麻面面积的0.5%，深度不超过10mm； 3. 护栏线形顺适		直尺
外观鉴定	栏杆安装	1. 护栏、栏杆牢固直顺美观； 2. 栏杆接缝无开裂现象		
	波形护栏	1. 波形护栏及立柱的镀锌层剥落面、气泡、未镀锌面、刻痕、划伤面等不超过该构件表面积的1%； 2. 波形梁线形舒顺，色泽一致		

4. 桥头搭板质量监理

在桥梁和小型构造物台后与路基衔接部分，为防止因结构与路基沉降不均匀引起“桥头跳车”的质量通病，保证行车舒顺，通常设置桥头搭板。

(1)监理工作内容

检查承包人施工放样，检查验收进场材料，审核承包人的混凝土配合比。

检查桥头搭板下的基层高程是否满足设计要求，若高出允许偏差范围，应人工凿除高出部分，并保持表面平整密实；若低于设计高程，则不允许贴补调高。

检查钢筋(包括台背预埋钢筋)、模板，检查台背墙顶水泥混凝土面的平整性，以及墙顶面是否垫有油毛毡，油毛毡厚度是否满足要求，搭板与背墙间是否按图纸要求留有缝隙。

桥头搭板部下设有枕梁的，应先检查枕梁的混凝土施工；对搭板混凝土浇筑的准备工作进行检查，旁站检查混凝土的浇筑过程。

(2)监理工作要点

若台后为软土处理，应首先观测结构物台后路基沉降控制值是否已完成，只有沉降满足设计要求后，方可开始桥头搭板的施工。

板底基层高程、压实度和平整度必须符合有关规定，高程不足的部分禁止用基层料贴补。

征得监理工程师同意后,可用素混凝土找平或在搭板浇筑时与搭板混凝土一次浇筑完毕。

台背墙顶与搭板的接缝必须垫有油毛毡。

桥头搭板质量监理见表6-32。

桥头搭板质量监理汇总表　　表6-32

项次	检查项目		规定值或允许偏差	检查方法和频率
1△	混凝土强度		在合格标准内	按《公路工程质量检验评定标准　第一册　土建工程》(JTG F80/1—2017)附录D检查
2	枕梁尺寸	宽、高	±20mm	尺量:每梁测2个断面
		长	±30mm	尺量:测每梁中心线处
3	板尺寸	长、宽	±30mm	尺量:各测2处
		厚	±10mm	尺量:测4处
4	顶面高程		±5mm	水准仪:测四角及中心附近5处

复习思考题

1. 桥梁施工监理的一般要求有哪些内容?
2. 试述钢筋连接的几种基本形式。
3. 拌和混凝土对各原材料分别有何要求?
4. 混凝土成品外观检查的监理有哪些内容?
5. 钻孔灌注桩质量监理工作内容有哪些?
6. 预制装配式梁(拱)的监理工作内容有哪些?
7. 悬臂浇筑梁桥的监理工作内容有哪些?
8. 悬臂浇筑梁桥的质量监理工作要点有哪些?
9. 伸缩装置监理的作用是什么?

第七章

隧道工程质量监理

第一节 概 述

一、公路隧道质量监理的特点

1. 公路隧道内的主要设施简介

公路隧道为地下开辟的交通通道。隧道内的主要设施除了保持隧道洞身安全可靠的永久结构(如喷锚支护和衬砌等)和行车道路外,还设置营运管理和保障行车安全的设施。隧道内的主要设施有以下几项。

(1)防水与排水系统。隧道内要设置防水和排水系统,以妥善处理隧道内的地表水和地下水,保证使用期内行车安全和设备正常使用。公路隧道的质量应达到不渗水、不滴水,路面不冒水、不积水。

(2)照明系统。公路隧道一般都设置电光照明系统。隧道照明分白天照明和夜间照明两种情况;长度超过100m的二级以上公路隧道,均设置白天照明设施和夜间照明设施。较短隧道可只设夜间照明设施。

(3)通风系统。隧道要具有良好的通风条件。隧道内空气中影响行车和维修管理人员身体的有害物浓度应低于允许标准值。一些长隧道内设置控制室,在控制室内的工作人员若须长时间停留在隧道内,则隧道内空气中一氧化碳浓度应控制在24mg/m³以下。隧道内发现交通事故时产生的有害气体要尽快排出。因此,除交通量小的短隧道采用自然通风以外,其他隧道一般都采用机械通风,长隧道还在隧道中部设置通风竖井或斜井。

(4)供电系统。供电系统为隧道内的照明、通风以及监控等机电设备供应电力。高等级公路隧道一般均设置独立的供电系统。

(5)消防系统。隧道营运期间,对交通事故或其他原因引起的火灾要及时报警并尽快处理。长隧道内均设置火灾报警器及消防器材。消防器材存放在专用洞室内,配备储水设施及专用供水管道,以确保消防用水。

(6)通信系统。高等级公路上的长隧道,均设置紧急电话,在出现交通事故或其他紧急情况时,便于滞留在隧道内的人员及时与营运管理部门联系,使管理人员及时进行处理。

(7)监控系统。在特长隧道内,一般均设置监控系统,即每隔一定距离设置一架摄像机,将图像传送至中央控制室内的显示器中,以便于管理人员对隧道内的交通情况进行全天候的监控,处理紧急情况时能及时地封闭交通并疏散人员和车辆。各摄像机布设间距,以能监控隧道全程、不出现任何监控盲点为宜。

2. 公路隧道质量监理的特点

与一般道路、桥涵质量监理相比,公路隧道质量监理具有以下特点:

(1)地质条件复杂。隧道施工为地下作业,地质条件的变化对隧道施工影响很大,施工前往往不能对地质情况进行准确了解。对围岩变化、断层、地下水、溶洞及瓦斯地层等预先勘测不准,开挖施工时则容易遇到塌方、涌水、滑坡等意外情况。隧道监理工程师要有丰富的地质知识和处理意外情况的经验,在开挖施工过程能根据地理条件的微小变化预测即将遇到的地质情况,以提醒承包人改变施工工艺或做好处理意外情况的准备。出现意外情况后,监理工程师要熟悉安全可靠的处理措施,以判断承包人提交的处理方案是否有效,或提出改进意见。

(2)空间小、工序复杂。隧道施工的施工空间小,工序繁杂,有开挖、支护、衬砌、排水、路面、内壁装饰等多道工序。并且隧道内的设施较多,防排水材料、供电供水管线、通信管线以及设备安装基座等均需预埋。监理工程师要时刻注意各工序的衔接和对预埋件的检查。

(3)安全隐患多。隧道施工中安全隐患多,塌方、危石坠落的危险性很大;爆破材料、施工供电供水设施、通风机具、运输车辆等均在狭小的施工空间内。监理工程师不仅要注意自身安全,还要检查施工安全的可靠性。

二、隧道工程质量监理的工作要点

监理工程师按合同要求对隧道施工的全过程进行监控,包括对施工方案、施工工艺的审核和对各工程部位、各道工序施工的控制,使隧道的工程质量满足合同的要求。

(1)审核承包人的施工组织设计和每道工序的施工方案、施工工艺。施工方案和施工工艺要符合设计文件、技术规范及实际地质情况。审核机械设备及人员投入情况和承包人质量保证体系建立情况。

(2)严格控制隧道钻进和衬砌时的轴线位置和高程的测量精度。由两端洞口同时向内钻进施工时,最后贯通的轴线位置和高程误差要控制在规范允许范围内。

(3)严格控制洞身开挖的断面尺寸。要杜绝欠挖,超挖量控制在规范允许范围。遇到地质情况变化时,应及时要求承包人调整开挖工艺。

(4)检查每道工序的施工质量,尤其要加强对隐蔽工程和预埋件的检查验收。

第二节 隧道施工质量监理内容

一、隧道洞口工程质量监理

1. 简述

洞口是隧道工程中唯一外露的部分。洞口工程施工时,不仅要为隧道洞身施工创造条件,还要保证洞口边坡稳定,外表美观。洞口工程通常包括边坡与仰坡、洞门、明洞等。

2. 仰坡和边坡施工质量监理

仰坡和边坡施工,主要包括开挖和坡面防护两个重要工序。

(1)仰坡和边坡施工质量监理工作内容

仰坡边坡开挖前,承包人应按设计文件放出中线桩及开挖边线。监理工程师需对承包人的放样进行复测,并将复测结果与设计文件对照,一方面检查放样是否正确;另一方面,检查实际地形是否与设计一致,若实际地形与设计差异较大,需变更坡率甚至改变洞门位置时,监理工程师要及时通知设计单位进行变更。

①开挖施工过程中,监理工程师应巡视检查施工情况,包括以下几项主要内容。

开挖应自上而下进行,不得掏空开挖或上下重叠开挖;按设计横断面及坡度要求开挖,坡面的坡度要不陡于设计;开挖石方时,如采用爆破施工,应禁止采用深眼大爆破开挖,以免影响山体稳定,最好使用松动爆破;检查开挖段的地质情况,若地质情况与设计文件差别较大,需对设计坡度进行较大的变更,或需要改变坡面防护形式,或需要调整洞口构造物的位置时,应报设计代表进行变更。

②仰坡和边坡开挖完成后,监理要检查坡面质量。

③坡面的防护施工采用锚喷支护时,监理要对施工情况进行以下几方面的检查:

锚杆及钢筋网的材料及规格符合设计要求;对承包人的喷射混凝土配合比进行对比试验,其强度应满足设计要求;按设计要求加工和安装锚杆,钻孔的孔位、孔深、孔径、杆体长度及锚杆杆体插入孔内的长度符合设计或规范要求;钢筋网应在岩面喷射一层混凝土后铺设;喷射混凝土施工完成后,不允许钢筋与锚杆外露,混凝土无开裂脱落现象;检查锚喷支护质量,具体的内容见表7-1。

采用砌石防护时,监理应检查以下几项工作:

基坑的平面位置、外形尺寸、基底高程和基底承载力应满足设计要求,基坑内无积水;石料的规格和强度符合设计规定;砂浆配合比试验,强度应符合要求;砌筑时,石料表面应干净,并洒水润湿,砂浆要饱满,砌体内不得有空洞,砌缝应错开,无垂直通缝,按设计要求设置沉降缝;砌体的厚度应不小于设计厚度,坡度不陡于设计坡度,表面应平顺,平整度允许偏差为±30mm,勾缝无脱落。

(2)仰坡和边坡施工监理工作要点

①复测中桩及开挖边线的平面位置和高程。若实际地形与设计偏差较大,应通知设计代表变更仰坡和边坡设计,使开挖及隧道洞口位置更加合理。

锚喷支护实测项目质量要求 表7-1

项次	检查项目	规定值或允许偏差	检查方法和频率
1	混凝土强度	在合格标准内	按《公路工程质量检验评定标准 第一册 土建工程》(JTG F80/1—2017)附录E检查
2	锚杆拔力	拔力平均值不小于设计值,最小拔力不小于0.9倍的设计值	按锚杆数1%,且不少于3根做拔力试验
3	喷层厚度	平均厚度不小于设计厚度,检查点的60%不小于设计厚度,最小厚度不小于0.6倍的设计厚度,且不小于50mm	每10cm检查1个断面,每3m检查1点,用凿孔或激光断面仪确定厚度

②巡视检查仰坡、边坡开挖施工过程。开挖方法要合理,避免开挖施工时对坡面和山体的稳定造成影响。

③坡面修坡合格后,方可同意承包人进行防护施工,是为了防止出现边防护边修坡现象,以保证防护质量。

3.明洞施工质量监理

明洞是用明挖法修建的隧道。明洞施工主要有两大部分:先修筑结构物,然后回填覆盖土石。

(1)明洞结构物施工监理工作内容

明洞结构物有拱式明洞和棚式明洞等形式,一般为钢筋混凝土结构。明洞结构物施工需要与明洞地段土石方开挖配合进行,监理应控制各施工环节的质量。

①明洞施工准备阶段的监理工作。监理要熟悉设计文件、技术规范和施工地段的地形情况,以便于掌握施工技术要求和质量控制要求。

监理要审核承包人的分项开工报告。重点要审核施工方法。明洞施工方法,应根据地形地质条件、明洞类型等因素确定。

②明洞施工阶段监理工作内容。

a.施工阶段,监理要检查各工序施工情况,开挖施工时,监理工作内容如下:

开挖前及施工中,监理工程师要复测承包人的施工放样,以检查各部分的平面位置、高程和开挖尺寸。

检查承包人的开挖施工。开挖应自上而下逐级开挖,不得掏空开挖。随时检查边坡和仰坡的稳定情况,必要时应督促承包人采取措施,避免塌方。

采取先拱后墙或墙拱交替法施工时,监理工程师要督促承包人采取措施,防止拱圈移动,而且要检查实施情况。

b.明洞结构物浇筑施工中,监理工作内容如下:

复核施工放样,检查各部分平面位置及高程是否准确。

检查边墙基坑情况。边墙基坑的基底承载力应满足设计要求,否则应及时进行处理。基坑内应无积水和杂物。检查钢筋及模板的加工及安装;钢筋要按设计布置,拱圈及边墙分段施工时,分界处的钢筋要预留接头长度,使明洞连成整体。模板的外形尺寸符合设计要求,定位准确,安装牢固,设置必要的支撑,防止跑模,以保证明洞的建筑限界和断面尺寸满足设计要求。

旁站检查混凝土浇筑情况。边墙基础要与边墙身一次浇筑而成;浇筑拱圈混凝土时,应从拱圈两侧拱脚处同时对称地灌筑到拱顶。浇筑混凝土施工应连续不间断,并分层浇捣。采用跳槽边墙浇筑拱圈时,应加强对拱脚处的基底处理,保持拱脚稳定,必要时加设锚杆,使拱脚混凝土与岩壁连接牢固,防止拱脚基底松动沉落。

③明洞回填施工监理工作内容。明洞衬砌完成后,需按设计在明洞背后施工防水层,然后进行回填。

④明洞背后防水层施工监理工作内容。检查防水层材料的质量。防水材料的种类及技术指标应符合设计文件规定。铺设防水层前,监理要检查拱墙背后的情况。拱墙背后的灰尘污垢必须清除干净,用砂浆抹平,不得有外露钢筋。

⑤拱墙背回填监理工作的内容。拱墙背做好防水层,待混凝土强度达到设计强度的70%时,即可进行回填。监理人员要对回填施工进行检查。

(2)明洞施工监理工作要点

①审核承包人的分项工程开工申请报告,重点审核其施工工艺。施工工艺要满足设计和技术规范要求,满足实际地形地质条件。根据明洞的结构形式、地形地质状况等选取最合适的施工方案,使今后施工能够在保证质量的前提下,做到经济和高效。

②加强对钢筋、模板的加工和安装情况检查,旁站混凝土灌注过程。确保明洞结构物的平面位置、高程、断面尺寸及内在质量均满足要求。

③当采用先拱后墙或拱墙交替法施工时,监理要时刻注意拱圈的稳定情况,必要时应督促承包人对拱脚进行加固处理,防止拱圈下沉。

④检查明洞衬砌背后的防水层和回填施工情况。防水层需分层施工,与衬砌混凝土紧贴。回填要对称分层填筑,填筑材料应符合设计或规范要求,回填土的密实度要满足设计要求。

4.洞门施工质量监理

隧道两端洞口一般均设置洞门。隧道洞门可以起稳定洞口处的边坡仰坡、引离洞口地面水和美化装饰洞口的作用。洞门的形式多种多样,其结构有浆砌片石、片石混凝土及钢筋混凝土等,通常根据洞口的地形地质条件和周围环境确定洞门的结构形式。有些洞门外表面还镶贴大理石、瓷面砖或喷涂涂料等,美化装饰。

(1)洞门施工质量监理工作内容

①监理工程师首先要熟悉洞口施工的基本要求,洞口应尽早修建,并宜在冬季、雨季前做好,从而增强洞口的稳定。洞口部分的衬托拱墙,应与隧道洞口进口段相连的衬砌拱墙同时施工,连成整体。洞口段墙的砌筑与墙背回填,应两侧同时进行,防止对衬墙产生偏压。洞口翼墙式挡墙应与端墙同时砌筑。

②检查原材料的质量,审核混凝土及砂浆配合比,主要包括以下几项内容:

对水泥、钢筋、砂石料原材料质量进行检查;对承包人的混凝土及砂浆配合比进行试验,合格后批准使用;砌筑用的块石和片石强度及规格要符合设计要求;镶面用的粗料石,除强度要满足设计外,还应事先按砌体表面的形状和尺寸进行计算,专门加工,以保证今后洞口的美观;洞口装饰材料,其品种和规格应符合设计规定。

③复核承包人的施工放样,保证洞口各部分的位置准确。

④检查端墙和翼墙基坑情况。基地高程、基坑平面位置符合要求,基坑周边尺寸应能满足施工需要。基底承载力符合设计要求,否则应通知设计代表进行变更。基坑内无积水和杂物。

⑤检查洞门施工过程及质量,主要包括以下几个方面。

洞口衬砌拱墙与洞身进口段衬砌整体施工,一并检查。检查洞口端墙和翼墙施工情况,包括:

a. 施工超挖部分,需使用与基础相同材质回填,回填与基础施工同时进行。

b. 混凝土、片石混凝土及钢筋混凝土端墙和翼墙,其钢筋、模板及混凝土灌筑施工,均按常规逐项检查。

c. 浆砌端墙和翼墙,按挡土墙砌筑要求进行检查。

检查洞口排水、截面设施的施工情况。当端墙顶水沟砌筑在填土上时,填土必须夯实。洞口排水设施应与路堑排水系统连通。洞口排水、截水设施施工质量要求,根据类型不同,按排水工程项目检查。

⑥对洞门工程检查验收,主要包括以下几项:

洞口衬砌,按隧道洞身衬砌质量标准检查验收;端墙和翼墙,按砌体及混凝土挡土墙质量标准检查验收;外表装饰要平整美观,粘贴紧密无空洞。

(2)洞门施工质量监理工作要点

洞口端墙和翼墙施工质量要求,与砌体及混凝土挡土墙相同,洞口施工的质量监理工作,除按相应的挡土墙施工质量监理外,监理工程师还应注意以下内容:

①督促承包人尽早修筑洞门,以增强洞口的稳定,避免洞口滑坡塌方而影响施工。

②洞门端墙要与衬砌紧密连接,使之成一整体。

③洞门端墙的砌筑与墙背回填要同时进行,衬砌拱两侧端墙和回填要同时对称施工,防止施工不当对衬砌产生偏压。

④镶面用的粗料石,要事先根据墙身形状和尺寸进行计算,专门加工,使砌筑后的洞门美观。

⑤洞门墙的基础必须置于稳固的地基上,基底承载力及埋深深度均要满足设计要求,保证洞门的稳定性。

二、洞身开挖质量监理

1. 简述

隧道洞身开挖施工是整个隧道施工中最关键、难度最大的工序。监理工程师在进行洞身开挖施工质量监理工作中,首先要对围岩的性质有所了解,并且要熟悉针对不同的围岩应采用的开挖方法。

根据各类围岩的工程性质不同,需要采用不同的开挖方法。监理工程师应对这些开挖方法有所了解,以便督促承包人根据具体围岩情况使用正确的开挖方法,确保洞身开挖的质量和安全。洞身开挖一般要与施工支护配合施作,确保施工安全。

2. 洞身开挖施工质量监理工作内容

(1)全面熟悉设计文件和技术规范

掌握工程地质资料,熟悉不同地质情况下对开挖的设计要求。由于开挖于支护及衬砌需要配合施工,监理要熟悉支护及衬砌的设计要求。

(2)察看施工现场及周围环境

开挖施工之前,监理工程师要察看施工现场的地形地貌、排水供水条件、弃渣情况等,察看周围建筑物等是否会受到由开挖而引起地表塌陷的影响。

检查承包人洞外导线点、水准点桩位埋设和保护情况。复测承包人导线点测量成果。

(3)审核洞身开挖分项工程开工申请报告

①分项工程开工申请报告的内容。分项工程开工申请报告应包括以下内容:

本分项工程情况,不同围岩段开挖方法、掘进方法,每个开挖循环的进尺深度及需要时间,开挖过程中的临时支护措施,开挖时应采用的辅助施工方法,开挖施工的供水、供电和通风方案,安全措施,投入的主要机械设备,质保体系,进度计划等。

②分项开工申请报告审核的重点:不同围岩段开挖方法、掘进方法的选择、钻爆设计。

③洞内测量方案设计。隧道洞身开挖之前,承包人应在分项开工报告中列明随着开挖的进行,导线点、水准点向洞内引伸的测量方案,监理工程师对该方案应仔细审核,以保证隧道开挖及衬砌的精度。

④开挖施工中的临时支护措施。施工支护应配合开挖及时施作,确保施工安全。

⑤辅助施工方法。辅助施工方法应符合设计要求。

⑥开挖施工与防、排水和衬砌施工的衔接、采取的措施。

⑦开挖施工中钻进设备、排水设备、临时供电供水和通风设施、出渣设备等的准备情况。这些设备应配套,出渣设备的运输能力应与每次循环的开挖量相匹配。

⑧开挖施工安全措施。开挖前,承包人应制定详细的安全措施和制度,要有专人负责钻进、出渣、爆破等作业的安全检查。

(4)审核承包人提交的钻爆设计。

当采用钻爆方法掘进时,在施工时,承包人应编制钻爆设计监理工程审核。钻爆设计的内容包括:炮眼(掏槽眼、辅助眼、周边眼)的布置、数目、深度和角度,炸药种类,装药量和装药结构,起爆材料,起爆方法和起爆顺序等。

(5)洞身开挖施工质量监理工作内容

①密切注意围岩情况。

对开挖面处的围岩特征进行记录、整理分析,并与实际文件对照,若有差异时,视不同情况采取以下措施:

a. 提醒承包人改变开挖方法和开挖顺序,必要时增加施工支护措施,保证开挖能够安全顺利地进行。

b. 遇到软弱围岩或涌水等地质情况而需要对围岩采取预先加固时,督促承包人选择适当的措施,如地面砂浆锚杆、超前锚杆、管棚钢架超前支护或超前小导管预注浆等,对围岩进行预先加固处理,然后才能进行开挖施工。

c. 实际围岩情况与设计文件中的差异较大,需改变支护及衬砌结构时,监理要及时通知设计进行变更,并督促承包人按变更后的衬砌施工。

②检查导线点、中线点和水准点。

检查并复核承包人引进洞内的导线点、中线点和水准点情况。应按分项开工报告中经监理工程师认可的方案和测量精度布设洞内导线点、中线点和水准点。

③检查开挖轮廓线。

在每一次开挖循环中,要求承包人先在掌子面上放出开挖轮廓线,监理人员要检查开挖轮廓线的准确性。采用掘进机开挖时,要沿开挖轮廓线进行开挖;采用钻爆开挖时,周边炮眼要沿轮廓线布置,以避免超、欠挖。

监理在检查开挖轮廓线尺寸时,尤其要注意按设计要求预留变形量,防止开挖出的洞身因围岩变形而导致衬砌厚度不足。

④监理工程师对钻爆施工的质量控制。

a. 督促承包人严格按照经监理工程师认可的钻爆设计进行施工。

b. 查询和检查承包人为保证钻孔、装药和钻爆的质量,是否采取以下措施:

有凿岩机、钻孔台车的钻杆底位和钻孔角度、钻孔深度控制的保证措施。炸药和起爆器材的品种及规格满足钻爆设计及地质条件的要求。有专人负责安装炸药和起爆器材,有必要的装药工具,按正确顺序谨慎装药,保证装药量合适、药卷和起爆材料的安装位置及药卷间的间隙大小准确,不致发生误爆或不爆现象。

c. 检查爆破效果。每一次循环爆破后,监理应对爆破效果进行检查,并将结果整理分析。如果爆破效果不理想,应督促承包人提高炮眼的孔深、角度及布置的控制精度,加强对装药量、炸药及起爆材料安装位置的控制。必要时,应要求承包人针对不同的围岩情况调查钻爆参数。

⑤监理工程师对开挖质量的控制。

a. 开挖出的洞深断面尺寸,按设计要求预留一定的围岩变形量。

b. 拱、墙角以上 1m 内断面严禁欠挖。当岩层完整、岩石抗压强度大于 30MPa 并确认不影响衬砌结构稳定和强度时,允许岩石个别突出部分(每 $1m^2$ 内部大于 $0.1m^2$)欠挖,但隆起量不得大于 5cm。

c. 不同围岩的超挖量不得超过表 7-2 的允许值。

允许超挖值 表 7-2

开挖部位	围岩条件类别		
	硬岩(一般相当于Ⅵ类围岩)	中硬岩、软岩(相当于Ⅴ~Ⅲ类围岩)	破碎松散岩石及土质(相当于Ⅱ~Ⅰ类围岩,一般不需要爆破开挖)
拱部	平均 10cm,最大 20cm	平均 15cm,最大 25cm	平均 10cm,最大 15cm
边墙、仰拱、隧底	平均 10cm	平均 10cm	平均 10cm

d. 开挖施工过程中,监理工程师要督促承包人对已开挖出的洞身及时进行施工支护。施工支护优先于采用锚杆、喷射混凝土或锚喷联合支护。围岩软弱导致开挖出的洞身不稳定时,可采用构件支护。

施工支护一方面可确保施工安全,另一方面,喷射混凝土可防止围岩暴露在空气中而风化,增加围岩的稳定性。

(6)监理工程师对隧道贯通的质量控制

当隧道由两端同时向内开挖贯通时,监理工程师应对承包人的贯通误差测量成果进行审核和复测,并审核承包人的贯通误差调整方案。

3. 洞身开挖质量监理工作要点

(1)监理工程师首先要全面熟悉设计文件和技术规范。了解围岩的地质条件和设计要求。

(2)仔细审核承包人的分项工程开工申请报告。重点审核不同围岩段的开挖方法、开挖顺序以及辅助施工措施。

(3)对承包人的洞外洞内导线点、中线点和高程点进行复测,督促承包人对这些桩点加以保护,以确保洞身开挖的中线和高程精度。

(4)密切注意围岩地质变化情况。当实际围岩与设计文件中的该段围岩描述差异较大时,应提醒承包人调整开挖方法或提请设计代表进行支护和衬砌结构的变更。

(5)控制超、欠挖量。重点控制以下几点:

①检查承包人的开挖方法及开挖支护顺序是否符合实际围岩情况,防止因不恰当的开挖造成塌方。

②仔细审核承包人的钻爆技术。应采用光面爆破、预留光面层爆破或预裂爆破等控制爆破技术。炮眼的孔径、孔数、孔深及炮眼布置满足要求,炸药及起爆器材的品种及规格选取合适,装药量、装药结构及起爆顺序要合理。

③督促承包人严格按监理工程师认可的钻爆技术进行施作。查询检查承包人的钻孔、装药和起爆的质量保证措施,检查爆破效果。

④督促并检查承包人按设计预留围岩变形量,避免开挖出的洞身围岩变形而导致衬砌断面不足。

(6)督促并检查承包人对已开挖合格的洞身进行施工支护。施工支护优先选用锚杆、喷射混凝土或锚喷联合支护。软弱围岩段洞身稳定性适宜采用构件支护。应确保开挖安全,避免围岩较长时间暴露在空气中而风化。

(7)审核并检查承包人提交的贯通误差的测量成果和调整方案以及实施情况。

4. 洞身开挖质量检验与评定

(1)实测项目

见表7-3。

(2)外观鉴定

洞顶无浮石,不符合要求时必须清除。

洞身开挖实测项目 表7-3

项次	检查项目		规定值或允许偏差	检查方法和频率
1△	拱部超挖	Ⅰ级围岩(硬岩)	平均100mm,最大200mm	全站仪或按《公路工程质量检验评定标准 第一册 土建工程》(JTG F80/1—2017)附录Q检查:每20m检查1个断面,每个断面自拱顶起每2m测1点
		Ⅱ、Ⅲ、Ⅳ级围岩(中硬岩、软岩)	平均150mm,最大250mm	
		Ⅴ、Ⅵ级围岩(破碎岩、土)	平均100mm,最大150mm	
2	边墙超挖	每侧	+100mm,0	
		全宽	+200mm,0	
3	仰拱、隧底超挖		平均100mm,最大250mm	水准仪:每20m检查3处

三、洞身衬砌质量监理

1. 简述

目前公路隧道中,很多都使用锚喷支护与混凝土衬砌相组合的复合式衬砌结合。本节主要讲述锚喷支护及混凝土衬砌的质量监理工作。

2. 锚喷支护质量监理

锚喷支护的基本工序是锚杆的加工、安装和喷射混凝土施工。一些围岩条件较差的隧道,在锚喷支护中还设置钢筋网或钢架支撑。锚喷支护可以作为施工期的临时支护或复合式衬砌中初期支护,也有些低等级公路的隧道中,仅将锚喷支护作为永久性支护而无混凝土衬砌。

监理工程师首先要熟悉设计文件对锚杆的要求,了解不同锚杆的作用和使用范围。

(1)锚杆加工及安装质量监理工作内容

①检查承包人施工准备情况。

a. 锚杆的材料类型、规格、质量及性能要与设计相符。

b. 钻孔机具与锚杆类型、规格及围岩情况相匹配。

c. 全长黏着式锚杆长度应满足设计要求,并要整直、除锈和除油。

d. 楔缝式锚杆的长度、楔块、螺母、螺栓的尺寸及配合比情况须符合设计文件的规格。

②检查锚杆施工时的钻孔及安装情况。

钻孔作业时应注意孔位、间距、钻孔方法、孔径、孔深等问题;锚杆安装前,应清除孔内石渣和孔口悬石,防止孔壁坍塌。

(2)检查锚杆施工质量

①按隐蔽工程要求,对锚杆的长度、间距、角度、方向、数量进行检查验收。

②对安装完成的锚杆抽样进行抗拉拔力试验。抗拉拔力大小是衡量锚杆是否发挥作用的主要指标,也是衡量锚杆质量状况的综合指标。

(3)锚杆施工质量监理工作要点

锚杆的主要作用是加固围岩,增加围岩的稳定性。衡量锚杆的锚固效果指标是锚杆抗拉拔力。为确保锚杆施工质量,监理工程师应重点进行以下工作:

①检查锚杆的型号、规格、材质、锚固剂(黏结剂)的品种及锚杆施工设备情况。锚杆及锚固剂应符合设计及具体围岩的要求。施工机具与锚杆的类型匹配。

②按隐蔽工程检查验收方法,对钻孔质量(孔位、孔深、孔径、钻孔角度)和安装质量(锚固剂安放、锚杆插入深度)进行检查和记录。

③抽样进行锚杆抗拉拔力试验。锚杆抗拉拔力不小于设计值。

④根据围岩具体情况,要求承包人呈报局部增强锚固方案。监理工程师应审核批准该方案,并检查承包人实施情况。

(4)喷射混凝土施工质量监理工作内容

喷射混凝土支护,就是使用特定机械把掺有速凝剂的混凝土喷射到岩壁上,迅速凝固而成的一层支护结构。

①原材料检验。

监理工程师在进行喷射混凝土质量监理工作时,首先应对混凝土的原材料进行检验,确认其符合相关要求。

②审核喷射混凝土配合比。

审核承包人的喷射混凝土配合比设计,并应进行平行试验。喷射混凝土配合比应通过试喷试验选定,以满足设计强度和喷射工艺要求;配合比设计应重点考虑增大混凝土与岩石的黏结力和减少回弹。

③审核喷射混凝土施工方法。

喷射方式的选择,要考虑作业条件、现场的维修养护能力,粉尘及回弹量的限制程度等因素。

④钢筋网喷射混凝土施工质量控制。

采用钢筋网喷射混凝土时,监理按以下要求对钢筋网的加工及安装进行检查:

a. 钢筋网的铺设,应在锚杆安设后,并在岩面喷射一层混凝土后进行。

b. 按常规检查钢筋型号、规格、间距、表面除锈及接头情况。

c. 钢筋网应随受喷面的起伏铺设,与受喷面的间隙一般不大于3cm。

d. 钢筋网应与锚杆或其他固定装置连接牢固,在喷射混凝土时不得晃动。

⑤钢架喷射混凝土施工质量控制。

采用钢架喷射混凝土时,监理按以下要求检查钢架施工质量:

a. 制作钢架的材料品种、型号、规格及性能要符合设计要求。

b. 钢架加工尺寸符合设计要求,接头用螺栓连接或焊接牢固。

c. 钢架应准确按设计位置架设,上下 左右允许偏差为 ±5cm,倾斜度偏差不大于2°。钢架与围岩应尽量靠近,但应留 2 ~3cm 间隙做混凝土保护层。用作永久性支护的钢架,安装后不得侵人衬砌混凝土内。

d. 钢架之间必须用纵向钢筋连接,拱脚必须放在牢固的基础上。当拱脚处围岩承载力不够时,可用混凝土加固基底,或向围岩方向加大拱脚接触面积。

e. 钢架喷射混凝土作为永久性支护结构时,钢架与围岩之间的间隙必须用喷射混凝土充填密实。间隙过大时,可用钢楔或混凝土楔块顶紧。喷射混凝土应由两侧拱脚向上对称喷射,并将钢架覆盖。

⑥喷射混凝土质量验收。

喷射混凝土施工过程中及完成后,监理人员应对其强度、厚度、喷层与围岩黏结情况及外观质量进行检查验收。

⑦喷射混凝土施工质量监理工作要点。

喷射混凝土施工质量工作,主要是通过对施工方案、混凝土配合比的审批,对施工过程检查控制,使喷射混凝土的强度、厚度及外观质量满足要求,以获得良好的支护效果。

监理工作要点如下:

a. 审批混凝土所用的进场原材料,包括水泥、速凝剂的品种、出厂合格证和质量、石子的级配粒径、砂的细度、钢筋网和钢架所用的钢材品种、规格和性能等。

b. 审批喷射混凝土配合比设计。承包人提出的配合比应满足喷射混凝土具有必要的强度、附着性及良好的施工性。配合比应通过试喷进行验证。

c. 审批承包人的施工方案。包括人员机具进场情况、喷射方式的选择、每道工序的施工方法和质量保证措施、安全措施等。

d.喷射施工前,对受喷面进行检查。岩面粉尘要冲洗干净、渗水涌水已处理、松动岩石凿除,以提高喷层与岩面的黏结力。

e.检查钢筋网及钢架的加工及安装质量。钢架在喷射作业前安装,钢筋网在喷完第一层混凝土后安装,其安装质量均应符合规范规定。

f.巡视检查混合料及喷射作业情况。混合料拌和均匀,各材料用量准确。喷射作业应由下向上分层施工。要埋有铁丝以控制喷层厚度,混凝土回弹量控制要适当,喷射回弹材料不得再次使用。喷射混凝土应将锚杆、钢筋网、钢架覆盖。

g.巡视检查喷水养护情况。一般应养护7天以上。

h.对喷层的强度、厚度、外观及喷层与围岩的黏结效果进行全面检查。发现强度不合格时,需查明原因,并采取增设钢筋、增设锚杆、加厚喷层等措施补强。厚度不足时应补喷一层。喷射混凝土表面有裂缝、脱落,或用锤敲击有空时,应凿除喷层,洗净后重喷。

3.*衬砌施工质量监理*

隧道衬砌施工方法,根据洞身开挖方法的不同,分为拱墙体全断面衬砌施工方法和分部衬砌施工方法两大类。分部衬砌又分为先拱后墙和先墙后拱两种施工方式。全断面开挖及复合衬砌中的二次衬砌,应尽量使用衬砌施工。

隧道衬砌通常为模筑混凝土结构,在一些软弱围岩段或交叉口断面变化区段,衬砌混凝土中设置钢筋。任何形式的衬砌均不得侵入隧道建筑限界。

隧道衬砌施工时,需与隧道的防排水、通风照明设备基座预埋、供电管线预埋等交叉作业或平行作业。监理工程师在进行衬砌施工监理时,也要注意这些相关工程的质量监理工作。

(1)衬砌施工质量监理工作内容

监理工程师首先要全面熟悉设计文件和技术规范,掌握不同围岩段的衬砌施工要求,了解在衬砌施工阶段应进行的防、排水作业、设备基座及供电的预埋,防止今后施工中漏洞。

①检查进场的原材料质量。

a.检查每批进场的水泥、钢材及外掺剂的品种、规格及出厂质量证明,并按常规抽样进行有关性能指标试验。

b.检查每批进场的碎石(或卵石)、砂的质量情况,并按常规抽样进行级配、坚固性和有害物质的含量试验。

②检查施工设备情况。

审核承包人进场的模板、混凝土拌和机、运输设备及筑捣设备的性能及配套情况。

③审核混凝土配合比。

审核承包人的混凝土配合比试验,并进行验证配合比试验,满足要求后批准使用。

④审核承包人的施工方案。

衬砌施工前,承包人应将施工方案报监理工程师审批。施工方案应包括以下内容:

a.根据开挖施工及围岩情况,选择适当的衬砌施工方式(全断面整体式、先拱后墙式或先墙后拱式)和分段施工长度。

b.模板的定位、拼装及支撑措施。

c.混凝土的拌和及运输方法,混凝土的浇筑顺序、浇筑方法及振捣措施。

d.根据设计要求、地质情况及施工需要确定的沉降缝、施工缝的设置、处理及防水措施。

e.施工中应注意的其他问题及质量保证措施,如对防、排水的保证措施,如对防、排水设施的保护、预埋件的安装定位、开挖施工对衬砌的影响等。

f. 施工安全保证措施。

⑤检查衬砌施工的准备工作。

在每段衬砌施工前，监理应对以下几项进行检查，确认满足要求后，方可同意承包人进行该段衬砌施工。

a. 洞身开挖及支护施工完成，并已检查验收。

衬砌背后的各项防排水设施已施工完成，并已检查验收。

b. 采用复合衬砌中的二次衬砌，需通过监控量测分析围岩及支护的变形情况。在确认围岩及支护变形基本稳定后，方可进行二次衬砌的施工。

c. 围岩条件较差，围岩及支护变形较大时，宜及早施作衬砌，必要时应边开挖边衬砌。

⑥检查模板的加工、拼装及安装质量。

模板的外形尺寸、安装位置及拼装接缝质量，将直接影响衬砌厚度、偏位及混凝土的质量，影响隧道净空。同时，模板需承受混凝土的重力及围岩压力，因此，衬砌模板必须采用拱架、墙架予以支撑。监理工程师应按要求，对衬砌模板工程仔细检查。

⑦旁站检查衬砌混凝土浇筑全过程。

⑧拆模及养护监理事项。

a. 不承受外荷载的拱墙，混凝土强度达到 5.0MPa 时方可拆模，二次衬砌混凝土强度达到 2.5MPa 时方可拆模。拆模时混凝土表面和棱角应不损坏，并能承受自重。

b. 承受围岩压力较大的拱墙，封顶和封口的混凝土达到设计强度的 100% 时方可拆模。

c. 承受围岩压力较小的拱墙，封顶和封口的混凝土达到设计强度 70% 时方可拆模。

d. 拆模后应立即养护。采用硅酸盐水泥拌制的混凝土，其养护时间不得少于 7 天；掺有外加剂或有抗渗要求的混凝土，养护时间不少于 14 天。寒冷地区，应做好衬砌的防寒保温工作。

⑨检查验收。

每段衬砌施工完成后，承包人应对衬砌质量进行全面检查，合格后报监理工程师检查验收。

(2)衬砌施工质量监理工作要点

①检查并确认拱(墙)架及模板结构具有所需要的形状、尺寸，并且有能承受混凝土浇筑压力的强度。

②仔细审核承包人的施工方案。衬砌施工方法(先拱后墙、先墙后拱、全断面整体)和分段作业长度需满足围岩地质条件、设计要求、开挖和支护施工需要以及承包人的施工能力。拱(墙)架及模板的架立方案、混凝土的拌制浇筑捣固方法符合规范要求，且能保证衬砌质量和施工安全。

③复合衬砌的二次衬砌施作，必须根据监控量测的结果及设计要求，待围岩和初期支护变形稳定后施作。

④检查并确认每次组装就位的拱(墙)架模板，其中心线和高程准确，拱架模板预留了适当的沉落量，支撑牢固，不至于浇筑混凝土时出现倾倒、扭转、移动、沉陷及变形等情况。

⑤检查模板背后衬砌厚度所需空间，欠挖部分要求承包人凿除，超挖部分按要求回填。

⑥检查边墙基底的虚渣杂物及积水清理情况，基底承载力要满足要求。

⑦检查混凝土拌制，旁站混凝土浇筑全过程。旁站要点：

a. 混凝土浇筑顺序及捣固密实情况,混凝土浇筑间歇及中断时间、间歇面(施工缝)处理情况。

b. 浇筑过程中拱(墙)架及模板的移动变形情况。

c. 拱部封顶混凝土浇筑捣固方法能否保证质量要求。

d. 拱(墙)背后超挖部分的回填是否满足要求。

e. 混凝土坍落度及拌和均匀情况检查,抽样制取抗压试块。

(3)洞身衬砌质量监理汇总表及检验与评定

①洞身衬砌质量监理汇总见表7-4。

衬砌质量监理汇总表 表7-4

检 查 项 目	规定值或允许偏差	检查方法和频率
混凝土强度	在合格标准内	按《公路工程质量检验评定标准 第一册 土建工程》(JTG F80/1—2017)附录D检查
衬砌厚度	90%的检查点的厚度≥设计厚度,且最小厚度≥0.5倍设计厚度	尺量:每20m检查1个断面,每个断面测5点 按《公路工程质量检验评定标准 第一册 土建工程》(JTG F80/1—2017)附录R检查:沿隧道纵向分别在拱顶、两侧拱腰、两侧边墙连续测试共5条测线,每20m检查1个断面,每个断面测5点
墙面平整度	施工缝、变形缝处≤20mm	2m直尺:每20m每侧连续检查5尺,每尺测最大间隙
	其他部位≤5mm	
衬砌背部密实状况	无空洞,无杂物	按《公路工程质量检验评定标准 第一册 土建工程》(JTG F80/1—2017)附录R检查:沿隧道纵向分别在拱顶、两侧拱腰、两侧边墙连续测试共5条测线

②质量检验与评定。

基本要求包括如下内容:

a. 所用材料必须满足规范或设计要求。

b. 衬砌前应做好排水措施,对个别漏水孔洞的缝隙应采取堵水措施,保证衬砌质量。

c. 采用先拱后墙程序施工时,拱脚应有支撑,防止开挖边墙时拱脚下沉引起拱圈开裂。

d. 衬砌应与围岩支护结合牢固,回填密实。

4. 监控量测的监理

现代理论将围岩看作隧道结构体系的主要承载单元。隧道开挖后,围岩的变形和松弛程度,将影响围岩的承载力和稳定性,也影响支护和衬砌结构的受力条件。因此,隧道施工中,应进行必要的现场监控量测。监控量测应达到以下两个目的:

掌握围岩和支护的动态信息并及时反馈,可预报事故和险情,指导施工作业,便于合理安排施工顺序,确保施工安全;

通过对围岩和支护的变位、应力量测,判断围岩和支护结构的受力条件和工作状态,确定是否需要修正支护系统设计。

(1)监控量测质量监理工作内容

监理工程师首先要熟悉设计文件和隧道周围的环境情况,了解隧道周围建筑物及隧道施工时地表沉降要求,以便于监控量测监理工作。

在隧道洞身开挖之前，监理工程师应要求承包人将监控量测实施方案列入施工组织设计中，报监理工程师审核。监理量测施工方案要包括以下内容：

现场监控量测项目的选取，量测手段、仪表和工具的选择；施测部位和测点布置；测试方法的制定和实施计划的措施。

监理工程师按以下原则审核承包人的现场监控量测方案，满足要求后批准实施。

①量测项目的选取应满足设计要求、围岩条件及地表沉淀要求等。

②量测手段、仪表和工具的选择，应满足量测项目要求，稳定性能好，被测量的物理概念明确，有足够大的量程，便于进行数据分析和信息反馈。

③施测部位和测点布置的确定，需综合考虑设计要求、量测项目、围岩水文地质条件、开挖方法等。

④测试方法及实施措施的制定，应满足以下要求：

各量测项目应配合隧道施工及时进行。测点的测试频率应根据围岩和支护的位移速度及离开挖面的距离情况，参考隧道现场监控量测项目及量测方法选定。要成立专门的量测小组，制定详细的测点埋设、日常量测、数据处理、量测信息反馈等实施措施。

随着洞身开挖或其他工序的施工进展，监理工程师要督促承包人严格按已批准的量测方案进行现场监控量测，并随时检查量测实施情况。监理检查要点包括：测点埋设及初次读数是否及时；各量测项目的量测频率及量测记录情况；测点和基准点是否松动或遭损坏，是否采取可靠的保护措施；量测仪器的工作状况。监理应随机独立进行抽检，以验证承包人量测操作的规律性和数据的准确性。发现问题，监理工程师要及时指令承包人纠正，并对前阶段的量测数据的可靠性进行分析和处理，并采取补救措施。

监理工程师要注意观察并记录洞内围岩的水文地质状况、开挖面的稳定状态、锚杆是否被拉断或垫板是否脱离或压入围岩、喷射混凝土表面是否出现裂缝或喷层崩落剥离、钢拱架压变形情况等。重要地段应拍工程照片予以记载。观察结果与量测结果相结合，便于监理工程师能够准确地进行分析和判断。

在检查监控量测实施过程中，监理工程师应要求承包人将量测数据进行及时的整理和处理，并随时检查处理情况。

⑤通过监控量测结果，监理工程师可控制二次衬砌作业时间。

当监控量测结果满足下列条件时，监理工程师方可同意承包人进行二次衬砌施工：

a. 各项测试项目的位移速率明显收敛，围岩基本稳定。

b. 已产生的各项位移已达到预计总位移量的 80% ~90%。

c. 周边位移速率小于 0.1 ~0.2mm/天，或拱顶下沉速率小于 0.07 ~0.15 mm/天。

(2)监控量测质量监理工作要点

①审批承包人的监控量测方案，应重点审核量测项目、量测断面、测点布置、量测频率以及人员、仪器的配置情况是否满足施工要求。

②检查量测操作过程，尤其注意初始数据的读取应及时，一般要求周边位移、拱顶下沉的初始值应在开挖爆破后 24h 内或下次爆破前读取。

③检查测点及基准点是否松动或遭破坏，是否采取可靠的保护措施。

④检查量测的数据处理结果，对照洞内记录做出判断。对异常现象及时反馈到设计单位，并指示承包人采取措施。

四、隧道防水排水工程质量监理

1. 简述

隧道防、排水应按照防、截、排、堵组合的原则进行综合治理,以达到隧道拱部、边墙、路面、设备洞室、横通道等均不渗水的要求,从而保证在运营期间隧道中的各机电设备和行车在干燥的环境中运行。

2. 隧道防水工程质量监理

隧道防水措施主要有注浆堵水、衬砌背后设置防水卷材或喷涂防水层、衬砌施工缝、沉降处设置止水带、采用防水混凝土浇筑衬砌等。

(1)注浆施工质量监理

注浆堵水主要是对隧道各部位的渗漏水进行注浆封堵。

①注浆施工质量监理工作内容。

施工前,监理工程师应熟悉设计文件和隧道周围水源情况,对隧道内的地质状态和地下水分布有充分了解,以便于进行监理工作。

监理工程师要了解注浆材料的性质、配方和使用范围,具体包括以下几项内容。

a. 注浆材料的基本性能要求包括:具有良好的可灌性;凝胶时间可根据需要调节;固化收缩小,与岩石、混凝土、砂土等有一定的黏结力;固结后有一定的强度和抗渗性、耐久性;无毒或低毒,对环境污染小。

b. 注浆材料的选择。注浆材料有很多品种,施工时,应按工程地质条件及注浆目的选择注浆材料。

c. 浆液的组成配方及拌制要求。浆液的组成配方,应根据围岩性质、渗水涌水量的大小、注浆后的强度要求、注浆材料种类等因素,经现场试验后确定。

监理工程师要随时察看隧道各部位是否有渗漏水及涌水情况。如果有,应结合其他防、排水措施,要求承包人呈报注浆方案。

②预注浆作业监理事项包括如下内容。

a. 预注浆应分段施行。每段作业长度视水文地质条件及施工能力确定,但必须满足一次掘进后留有一定的注浆止水岩层厚度。

b. 钻孔顺序应由外圈向内圈进行,注浆孔呈梅花形布置。

c. 注浆材料宜采用水泥浆或水泥—水玻璃浆液。

d. 注浆前,应对钻孔进行掏空检查,在确定无塌孔和探头石时,才可安设注浆管。

e. 注浆顺序应由外圈向内圈进行。注浆压力视岩性、施工条件及涌水压力而定,一般注浆压力应比涌水压力高2~4MPa。

f. 单孔注浆结束条件:注浆终压达到地下静水压力的2~6倍,检查水的吸水量(漏水量)每米应小于1.0L/min。

③洞身开挖后围岩注浆作业监理事项包括如下内容。

a. 洞身开挖后,若有渗水或涌水时,应尽快进行注浆堵水,便于锚喷支护施工。

b. 注浆材料,应优先采用水泥浆或水泥—水玻璃浆液。

c. 注浆布孔,应根据渗水情况、围岩地质条件等,按下列原则确定:大面积渗漏,布孔宜密,钻孔宜浅(一般为1~4m);裂隙渗漏,布孔宜疏,钻孔宜深;大股涌水,布孔应在水流上游。

d. 注浆顺序,应从上往下,先注无水孔,后注有水孔。

e. 注浆压力,应根据岩性、注浆目的、渗漏水压力等因素在现场试验确定,以便获得良好注浆效果。

④衬砌背后压注水泥砂浆作业监理事项包括如下内容:

a. 水泥砂浆的配比,视渗漏水程度合理选择。

b. 压浆段混凝土强度达设计强度的70%时,方可进行压浆。

c. 冬季注浆时,洞内气温不低于+5℃以上。

d. 如遇流砂或含水土质地层,不宜采用水泥砂浆做防水层。

e. 注浆地段衬砌背面宜用干砌片石回填紧密,并每隔20m左右用1m厚砌浆片石或混凝土作阻浆隔墙,分段进行压浆。

f. 注浆孔宜按梅花形排列,孔距视岩层渗水和裂隙情况确定,一般不宜大于2m,孔深应穿过衬砌进入岩层0.5m。

g. 浆孔应避开排水设施,防止浆液堵塞衬砌背后的排水系统。

h. 压浆顺序应从下而上,从无水、少水的地段向有水或多水处,从下坡方向往上坡方向,从两端洞口向洞身中间压浆。每段压浆长度不宜小于20m。

i. 初次压浆压力为0.3~0.5MPa;检查压浆压力为0.6~1.0MPa,但不超过1.2MPa。

⑤衬砌体内压浆作业监理事项包括如下内容:

a. 当各种防、排水施工完成后,衬砌表面仍有渗漏水地段,应进行衬砌体内压浆堵水。

b. 应优先采用水泥—水玻璃浆液作注浆材料。

c. 压注化学浆液时应随时注意对隧道附近水源的影响,一旦发生污染应立即停止使用。

d. 注浆孔间距和注浆压力,视渗漏水情况、衬砌质量等,由现场试验确定。

e. 压注化学浆液时,其安全技术、防护用品应按国家有关规定执行。

⑥各种注浆施工,每段注浆结束后,监理工程师应对注浆效果进行检查。如果未达到要求时,应要求承包人补孔再注浆。

(2)注浆施工质量监理工要点

①随着隧道施工进展,注意察看各部门渗漏水情况及围岩地质条件,要求承包人及时对渗漏水及涌水进行注浆堵水。

②审核承包人呈报的注浆方案,其中注浆的浆液配比、凝胶时间、注浆压力、浆液扩散半径应通过现场试验确定,以便获得良好的注浆效果。

③检查承包人施工准备情况,对注浆材料的质量进行检查,必要时可取样检验。

④按隐蔽工程验收方法,对注浆效果进行检验。不满足要求时,应指令承包人补孔再注浆。

(3)防水层施工质量监理

隧道中的防水层,一般设置在衬砌背后,处于围岩或锚喷支护与衬砌之间。常用的防水层有:压注水泥浆、防水卷材、喷涂防水材料三种。复合式衬砌中一般均使用防水卷材或喷涂防水材料两种防水层。

①防水卷材防水层施工质量监理。

防水卷材的铺设,应在围岩及初期支护变形稳定后、二次衬砌施工前进行。

检查已进场的防水材料质量。材料的品种、材质、规格应符合设计要求。要有完整的质量保证资料(产品鉴定合格证、生产许可证、出厂检验合格证)。若设计要求某些物理力学性能指标时,监理和承包人均应进行相应试验,复合要求的材料方可使用。

卷材防水层铺设前,监理要对喷射混凝土表面进行相应试验,喷层表面不得有锚杆头或钢筋头外露,对凹凸不平部位应要求承包人修凿喷补,使混凝土表面平顺,喷层表面漏水时,指令承包人结合排水措施及时引排。

衬砌混凝土浇筑前,监理工程师要对防水层的施工质量进行检查。防水层属于隐蔽工程,监理检查验收后方可覆盖。

监理工程师在旁站衬砌混凝土浇筑时,应注意察看防水层的情况,发现下列情况时,要求承包人及时处理:

a. 防水层有破损,要求承包人及时用同质材料焊接(或黏结)覆盖破损部位。

b. 防水层局部过度绷紧或下滑时,将导致防水层与喷射混凝土不能密贴,下滑量大时,由于防水层充当混凝土的外模板而导致衬砌厚度不足和衬砌背后出现较大空洞。此时,监理人员要指令承包人将绷紧处剪开,然后用同质材料焊接(或黏结)牢固,并将防水层重新固定在喷射混凝土表面使之密贴。

②喷涂材料防水层施工质量监理。

喷涂材料防水层在我国隧道中应用较少,还是一项新工艺,目前尚无成熟经验。现简要介绍喷涂材料防水层施工质量监理注意事项。

喷涂作业监理注意事项包括如下几项内容:

a. 涂防水层的基面,必须清洁、无浮浆、无水珠、不渗水,使用油溶性或非湿固性涂料时,基面应保持干燥。

b. 涂料的配合比、制备及施工,必须严格按各种涂料的要求进行。

c. 涂料的涂刷或喷涂,不得少于两遍,后层的涂料必须待前一层涂料结膜后方可进行,涂刷或喷涂必须均匀。第二层的涂刷方向,应与第一层相垂直。

d. 为增强防水效果,涂料可与玻璃丝布、玻璃毡片、土工布等纤维材料复合使用。

③止水带施工质量监理。

隧道衬砌的施工缝、沉降缝和伸缩缝,是隧道防水的薄弱环节,处理不当则是渗漏水的主要通道,甚至会造成衬砌侵蚀、电器设备锈蚀以及危害交通安全等后患,因此必须对沉降缝、施工缝、伸缩缝进行防水处理。止水带具有高弹性和压缩变形的特点,已广泛用于隧道衬砌的施工缝和沉降缝的防水中。目前国内常用的止水带有塑料带和橡胶止水带两种。

止水带通常与衬砌施工同时进行,监理工程师要仔细检查止水带施工的每一环节,以达到良好的效果。

施工前,监理工程师要认真审核承包人呈报的止水带施工方案。方案中应重点说明止水带的安装方式、定位及固定方法、接头处理、浇筑衬砌混凝土时对止水带的保护措施。

监理人员要对每批进场的止水带进行检查。止水带的材质、型号和规格要符合设计要求,要有质量保证资料(产品鉴定证、生产许可证和出厂合格证)。必要时,监理还应抽样进行设计规定的物理力学性能试验。合格的止水带方可准许使用。

监理工程师须加强对止水带的安装检查。检查要点及具体要求如下:

a. 承包人必须严格按已批准的施工方案进行施工。

b.止水带不得有任何损伤及破裂。如果有损伤及破裂处需及时修补。

c.止水带的安装位置、固定情况及接头质量须符合施工方案的要求。

监理人员在旁站衬砌混凝土浇筑时，应注意察看止水带是否有位移、变形、扭曲或受到损伤等情况，如果有，则要求承包人立即处理。同时，监理工程师还应督促承包人加强对止水带周围的混凝土进行振捣，排除止水带底部的气泡和空隙，使止水带与混凝土密切结合。

监理工程师应随时察看已设置止水带的施工缝和沉降缝是否存在渗漏水情况。如果有渗漏水，则要求承包人进行处理，如填充有弹性的防水材料堵漏，或埋置暗槽将渗漏水引排。

3.隧道排水工程质量监理

隧道中的排水设施，一般均埋置在衬砌背后和隧道低部，纵横交错，有纵向、横向和环向等埋置方式，并且需要与衬砌、隧道底部铺砌和路面等同时施工，逐步形成完善的排水系统。一旦施工不当，将很难进行处理，致使排水不畅，隧道结构就会遭受水的侵蚀损害等。因此监理工程师应仔细检查每一阶段施工的排水系统质量，使隧道中的各种水源能顺利排出。

监理工程师要按照公路排水工程中相应的质量要求，仔细检查每一阶段施工的隧道内排水设施的高程、平面位置、断面尺寸，管沟预制及安装、反滤层设置及回填等施工质量。此外，监理工程师还要注意以下几个方面的质量监理工作。

(1)审核排水设施设计文件

开工前，监理工程师要仔细阅读设计文件，全面了解隧道内排水设施的设置和设计要求。同时应核算设计中各排水设施的平面位置和高程，以检查排水系统的畅通情况，判断排水设施是否与隧道的衬砌、仰拱、路面结构层、电缆管沟等发生平面及高程上的位置冲突，如有冲突，应通知设计人员变更。

(2)调整排水设施设计

根据隧道内各部位的渗水情况，监理工程师应要求承包人及时增设或调整排水设施。增设或调整排水设施须按以下要求进行：

①衬砌背后的纵向主排水管沟、隧道底部的中心沟(或边沟)、横向排水管沟以及集水井等，是排水系统中关键的排水设施，对整个排水系统的畅通影响很大，因此这些排水设施需按设计进行施工，不宜变动和调整。

②围岩或锚喷支护的表面有渗漏水时，应在出水处设置管沟引排。拱部出水设环形暗沟，边墙出水设竖向暗沟(或盲沟)。暗沟(或盲沟)不得侵占锚喷支护及衬砌断面，并连通衬砌背后的纵向主排水沟。渗水面大时，宜先钻集水孔，后设暗沟(或盲沟)引排。

③隧道底部岩层松软有裂隙水时，应视具体情况设置横向盲沟或铺设渗水滤层，并与中心沟(或边沟)连通。也可增设仰拱以增加衬砌边墙的稳定性。

(3)注意排水设施与隧道其他结构施工的相互影响

监理工程师要随时注意排水设施与隧道其他结构施工时的相互影响，包括以下内容：

①锚喷支护和衬砌施工时，不得污染和堵塞衬砌背后的排水设施及预埋在墙下面的横向管沟。

②衬砌背后压浆施工时，应避开衬砌背后的排水设施，或预先采用设施加以保护，严防浆液流入管沟堵塞水流。

③边沟位置应在开挖边墙基础时一次挖好，以免做好边墙基础后进行爆破，但也要防止开挖的边沟影响边墙的稳定性。

④防冻排水边沟深度超过边墙基础很多,可能会影响边墙稳定,宜采用分段跳槽开挖,间隔施工。

⑤隧道底部铺砌、仰拱及路面施工,不得污染和堵塞隧道底部的排水设施和集水井。

⑥监理工程师随时要注意排水设施与洞身衬砌、仰拱及路面等配合施工情况,防止遗漏了局部的排水设施而影响排水畅通。

(4)质量跟踪检查

监理工程师要随时注意对以下几项的检查:

①设置在软弱围岩区段的盲沟、管渗沟,周侧应设置砂砾石反滤层或用无纺布包裹,防止堵塞水路。

②严寒地区的排水管沟应设置防冻保温设施,出水口、集水井、检查井等亦要有防冻设施。施工时应有防潮措施,防止保温材料受潮而影响保温性能。管沟回填时,要使用级配骨料分层回填,不得让石屑、泥砂渗入管沟中。

③边沟与边墙衬砌应连接牢固,必要时可在墙部加设短钢筋,使墙与沟整联为一体。

④各种管沟中的杂物必须清除,防止堵塞水路。

4. 隧道防、排水工程质量评定

(1)基本要求

①必须按照设计设置洞内外的排水设施系统,不淤积、不堵塞。

②隧道应做到拱部边墙不滴水,路面不冒水、不积水,设备箱洞不渗水。

(2)评定标准

各排水分项工程的质量检验与评定,按照公路排水工程标准进行。

(3)外观鉴定

洞内应无渗漏水现象。

五、隧道通风质量监理

1. 简述

隧道通风的主要目的是稀释隧道空间内一氧化碳、烟雾、异味和粉尘等的浓度,使隧道内的空气环境符合国家卫生标准,以利于人体健康和行车安全。隧道通风分施工期通风和永久性通风。施工期通风是指隧道施工期间的临时性通风措施,永久性通风是指在隧道内设置通风设施,为隧道的整个运营期进行通风。

2. 临时性通风设施施工质量监理

施工期间,隧道洞内各施工车辆排出的废气、爆破时产生的大量烟雾和粉尘、岩层中排出的瓦斯或其他有害气体等,严重影响洞内作业人员的健康和正常工作,容易造成安全质量事故。由于施工期间隧道没有开通,洞内空气难以流动,因此,施工期间必须采用机械通风装置,将有害气体、烟雾和粉尘等排出洞外。承包人和监理工程师均要充分重视施工通风,为洞内作业提供符合国家标准的施工环境。

(1)施工通风质量监理工作内容

进洞作业前,承包人应进行施工设计并报监理工程师审批。监理工程师要认真审核通风设计的实用性。

施工通风设计需要包括以下内容：

①选择合适的通风方式。确定施工通风的最大风量。确定配套的通风机和通风管，通风机型号及通风管直径应根据通风量计算确定。

②施工过程中，进行隧道空气检测。

③施工过程中，完成通风机和风管的布置及向洞内延伸方案。通风机和风管的布置应满足施工要求。

随着工程进展，监理工程师要随时注意察看施工通风设施的运转情况及承包人的空气检测情况，督促承包人将通风设施及时随着开挖的进展向洞内延伸，以保证施工时整个洞内的空气质量符合施工环境卫生标准。

当通风设备出故障，严重影响洞内人员的正常工作时，监理工程师应要求承包人暂停洞内施工作业，避免出现安全事故和质量事故。

(2)施工通风质量监理工作要点

施工通风质量监理工作要点，就是通过对承包人通风设计的审核及检查其施工情况，督促承包人使用合适的通风方式及通风设备，及时排出洞内的有害废气和粉尘，使整个隧道的施工能够在符合施工卫生标准的环境下进行，为保证隧道施工质量创造良好的环境条件。

3. 永久性通风设施施工质量监理

一般交通量小的短隧道，不设置机械通风装置而采用自然通风方式。长隧道中均采用机械通风。

隧道运营期间的机械通风，根据隧道长度及交通状况不同，有很多通风方式。如射流风机式、集中送风式、竖井送排风式、全横向和半横向送排风式等。其中，射流风机式通风最简单，使用也较多，是由安装在隧道拱顶的射流风机实现通风。其余各种通风方式，基本上由风机房、风道、送(排)风机和供电等几部分组成。此外，一些高速公路隧道还安装通风监控装置。

监理工程师首先要熟悉设计图纸，了解隧道中的各通风设施及设计要求。通风设施中的风机房、风道、竖井等需配合隧道的开挖、支护、衬砌、防排水等施工同步进行，通风机械设备的基座需要预埋在衬砌混凝土中。因此，监理工程师在开工前，要对隧道的各种通风设施有全面了解，便于随着隧道的施工进展及时进行通风设施的质量监理工作。

(1)通风设施施工质量监理工作内容

监理工程师应对承包人采购及安装通风机进行全面监督和检查，包括如下几项内容：

①通风机应由有资质、信誉好的专业生产厂家进行生产。承包人在订购前，需将生产厂家的资质证明、生产许可证等报监理工程师审核。监理工程师经过必要的调查，认为该厂家符合要求后方可同意承包人订购。

②通风机进厂后，监理工程师要全面检查其质量情况。通风机的型号、性能、外形尺寸等应符合设计要求，要有出厂合格证，外表应无损伤，配件要齐全，应进行试运转检验。合格后方可进行安装。

③通风机的基础与基座，应按设计要求施工。风机底盘与基座相连的地脚螺栓应按设计要求的风机底盘螺栓孔布置，并预留灌注孔眼。螺栓预埋设时，灌浆应密实，螺栓应与基座面垂直。

④通风机安装的位置、悬吊高度及风机间的间距必须符合设计要求，风机不得侵入隧道的建筑限界，安装应牢固可靠。

监理工程师应全面检查风机房、竖井、风道的施工情况及质量。

通风设施的施工完成后,要进行通风检查,检查合格后,监理方可对通风设施验收。

(2)通风设施施工质量监理工作要点

①监理工程师要随时注意通风设施与隧道正洞配合施工情况,及时督促承包人改正不规范施工。

②检查通风机的质量及安装情况。通风机的型号、性能、外形尺寸及安装位置均需符合设计要求,安装牢固。

③安装好的通风设施应通过试验进行检查。

六、隧道照明系统施工质量监理

1. 简述

长度大于100m的隧道,一般都设置照明系统。由于隧道洞内与洞外亮度的差异,为减少驾乘人员进出隧道时的视觉差,隧道照明系统分入口段照明、出口段照明、过渡段照明和中间段照明。此外,由于洞外晴天、阴天和夜晚等的亮度不同,在入口处、出口处和过渡段还设置可分级调整亮度的灯具。因此,隧道中各段的照明灯具型号和布置均有所不同。

隧道照明系统主要由灯具、配电控制器和供电设施三大部分组成。

2. 照明系统施工质量监理工作内容

施工前,监理工程师要熟悉设计文件中各段照明灯具的型号、数量和布置,了解各灯具的照明作用。施工中要仔细核对和检查,防止安装错误。

在隧道的衬砌、路面等施工中,监理工程师应注意检查灯座、供电管线和接地装置的预埋情况。必须按设计要求的型号、位置和间距预埋施工。若供电管道中未穿电线,则应在管道中安放铅丝引线,同时封闭管道,防止混凝土堵塞管道。

检查每批进厂的灯具、电缆电线及配电控制装置的质量。它们的型号、规格均要符合设计要求,要有出厂检查合格证。

监理工程师要仔细检查灯具、电线电缆及配电控制装置的安置情况。隧道内各区段的灯具及电缆电线的型号规格和间距应符合设计要求,灯具与配件控制设备的电路连接要正确,尤其是分级调光照明灯具要控制设备正确连接,使各灯具能起到应有的作用。

照明设施安装完成后,必须进行调试,检查各段照明亮度是否满足设计要求。监理应参与运行调试全过程,督促施工人员调整和固定灯具的照明角度,以取得最佳的照明效果。

七、隧道消防设施质量监理

1. 简述

隧道消防设施主要包括设备洞室、消防器材、蓄水池和供水管四大部分。

2. 消防设施施工质量监理工作内容

设备洞室的开挖、支护、防水和衬砌与隧道主洞施工同时进行。监理人应及时检查洞室施工情况。设备洞室应按设计位置设置,其外形尺寸、支护衬砌厚度及防水均要符合设计要求,洞室内不得有渗漏水现象。

检查蓄水池施工质量。蓄水池的断面尺寸及混凝土强度要满足设计要求,混凝土要灌注密实,不渗水。当混凝土强度达到设计强度时,应进行注水试验。注水试验应分三次进行,每次注水量为其总容量的1/3,间隔时间不少于3h,注水后经24h观察池壁有无潮湿痕迹。如果有渗水现象,应要求承包人修补处理。

检查供水量的质量和安装情况。供水管的材质、厚度及外形尺寸均应符合设计要求,水管连接件、密封件及水阀等要配套。供水管要安装牢固、密封,不渗水。水管、连接件及水阀等均要进行防锈处理。

检查消防器材的质量及安装情况。消防器材(消火栓、水枪和水龙带等)应由专业厂家生产,要有相关的质量保证资料。消防器材型号须符合设计要求,安装要牢固且便于使用。

消防措施安装完成后,要进行供水检查。此时,监理人员应检查以下几项内容:

①管道的耐水能力是否满足要求。

②各部位的密封情况,是否有渗水、漏水现象。

③是否有堵塞情况。水源应能送到每一个消防器材中。

供水检查合格后,监理工程师方可验收。

八、隧道内壁装饰质量监理

1.简述

隧道内壁装饰,有喷涂装饰和贴面装饰两种形式。很多隧道内壁装饰中,边墙部分采用贴面装饰,拱部采用喷涂装饰。

2.喷涂装饰质量监理

喷涂装饰施工分基层处理和喷涂装饰涂料两大工序。喷涂装饰质量监理工作内容有以下几点:

①审核承包人的施工方案。施工方案中应明确对基层处理、喷涂作业的操作方法。为达到涂刷均匀、颜色一致,应有明确的技术措施。

②检查喷涂的质量。进场的涂料要有品名、种类、颜色、制作时间、有效期限、使用说明和质量保证资料。涂料的品种、颜色要符合设计要求。取样试验,涂料的性能指标应达到设计要求的级别。不合格的涂料一律退场。

③检查基层处理情况。基层(即衬砌内壁)采用批嵌腻子、打磨等方法,达到平整光洁。

④巡视喷料施工作业。喷料要均匀、不漏喷;分层喷涂时,后一遍喷涂作业必须等前一层成膜干燥后进行;阴雨天及潮湿环境不宜喷涂施作。

⑤对整个隧道的喷涂质量检验验收。喷层外表应光滑、不起泡;颜色均匀,无变色现象;与基底层黏结牢固,无脱落起皮。不符合要求时,督促承包人处理。

3.贴面装饰质量监理

隧道内的贴面装饰,就是把饰面砖镶贴到衬砌内壁上,以得到良好的装饰效果。

贴面装饰施工质量监理工作内容如下。

①审核承包人呈报的施工方案。贴面装饰的施工工艺流程为:基层处理→弹线→浸砖→粘贴→擦缝→清洗。承包人的施工方案中应详细说明这些工序的操作方法、技术措施和质量标准。

②检查装饰材料的质量。材料的材质、型号、规格要符合设计要求规定,材料颜色要符合

设计要求,不同批次进场的材料,颜色要均匀一致,没有色差。抽样试验,材料的技术指标要满足设计要求的等级。

③巡视检查贴面施工情况。

复习思考题

1. 简要介绍公路隧道内的主要设施。
2. 简要介绍隧道工程质量监理的工作要点。
3. 边、仰坡锚喷支护时,监理要对施工情况进行哪些检查?
4. 简述洞身开挖质量监理工作要点。
5. 锚杆施工质量主要检查哪些内容?
6. 喷射混凝土施工质量监理工作内容有哪些?
7. 隧道施工监控量测应达到的目的是什么?
8. 分别简要介绍隧道防、排水的主要措施。

第八章 交通工程设施施工质量控制

第一节 概 述

交通工程设施是以公路主体工程为基础,为使行驶的车辆高速、高效、安全、舒适而设置的各类设施的总称。它具体包括交通安全设施(护栏、标志、标线、视线诱导标、隔离栅和防眩板等)、监控、收费、通信、配电照明及服务设施等。交通工程设施对主体工程发挥其功能,提高其安全性、舒适性、可靠性、实用性起了很大的作用。因此,其施工质量监理非常重要。本节将从施工准备阶段、施工阶段及交工验收阶段来重点介绍几种安全设施的质量监理。安全设施施工质量监理程序如图 8-1 所示。

(1)施工准备阶段的监理内容

该阶段的监理工作主要有:审查施工单位的资质,施工组织计划,质量保证体系,机械、人员进场情况及原材料检测等。以上各项内容均符合合同规定及相关技术规范要求时,监理工程师可签发工程分项开工申请批复单。该阶段最重要的工作是原材料检测,检测内容为相关产品相应批量的生产合格证、外观尺寸、颜色及各种内在质量指标。检测依据是招标文件、设计及相关规范要求,检测方式为施工单位自检和监理工程师抽检相结合。

(2)施工阶段的监理内容

监理工程师检查施工单位是否按监理工程师批复的施工方案进行施工,施工工艺是否符合技术规范要求;如有混凝土施工,还应检查混合料是否符合批准的配合比设计。这个阶段最重要的是工序检查,即每道工序开工前,应得到监理工程师的审批,该工序在进行过程中和结束后,施工单位必须进行自检,自检合格后上报监理工程师抽检,监理工程师依据规范要求抽检合格后,才可进入下道工序,在一些关键工序及隐蔽工程的施工过程中,监理工程师必须坚持全过程旁站,及时发现工程缺陷和质量事故隐患并加以解决。

(3)交工验收阶段的监理内容

完工后,施工单位根据合同及规范要求进行自检,合格后填报"工程交工证书",报送监理工程师,监理工程师收到后,首先汇总,检查该工程每道工序的"质量验收单",会同建设、设计、施工等有关单位,再对整个工程进行现场检查验收。合格后,即可签认"工程交工证书"。

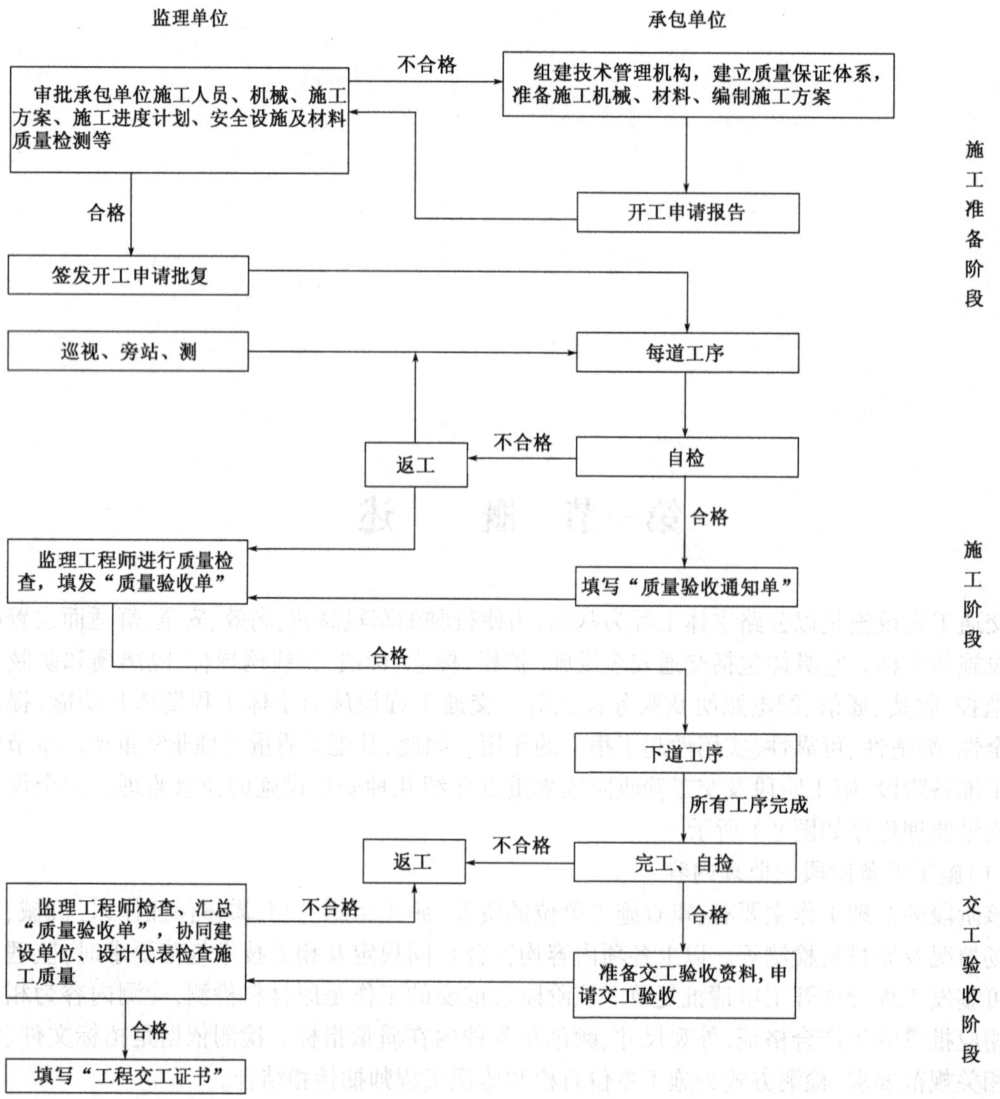

图 8-1 安全设施施工质量监理程序

第二节 护栏工程监理

高速公路护栏一般包括刚性护栏、半刚性护栏、柔性护栏三大类。常见的有波形钢梁护栏、缆索护栏、混凝土护栏等。本节以波形梁护栏为主介绍护栏工程的监理内容。波形梁护栏是半刚性护栏的主要形式,是一种以波纹状护栏板相互拼接并由立柱支撑的连续结构。它主要利用土基、立柱、横梁的变形来吸收碰撞能量,并迫使失控的车辆改变方向,防止车辆冲出路外。

一、施工准备阶段的监理

监理工程师审批施工单位呈报的分项工程开工报告,对报告内容逐项落实。报告内容一般包括工程名称、位置桩号、开工条件、施工人员及机械测试设备配备情况、施工方案、工艺流程图、质量保证体系、安全生产及环保措施、工期安排等。防撞护栏材料进场后,首先应由施工单位自检,自检合格后,报请监理工程师到现场进行抽检,检测内容包括到场材料的结构尺寸(如波形梁板外形尺寸、定尺长度、螺孔尺寸及螺距、立柱截面尺寸、防阻块、托架的外形尺寸等)、热浸镀锌层质量、涂膜颜色、材质证明文件等,对达不到招标文件及《公路交通安全设施施工技术规范》(JTG F71—2006)要求的材料,要求施工单位无条件更换。检验时填写"进场材料验收单"。

二、施工阶段的监理

护栏施工工序一般包括:立柱放样、立柱安装、护栏板安装、线形调整等。

1. 立柱放样

放样前首先检查土路肩及边坡的施工质量,其压实度是否满足护栏施工要求。施工单位按图纸要求及实际地形、地物的情况进行放样,以桥梁、人孔、中央分隔带开口、立交等为参照物进行测距定位,如果涵洞顶部埋土深度不足或遇到地下管线、横向排水管时,可以对某些立柱位置、固定方式做出适当调整。

2. 立柱安装

立柱安装与设计图纸相符合,并与道路线形保持一致,施工时应达到设计深度并与路面垂直,打入过深时必须将其全部拔出,待基础压实后再重新打入。施工时立柱顶部应无明显塌边、变形和开裂现象,不得损坏立柱涂层,凡属过度损害而达不到规范要求时,施工单位负责更换新柱,费用自理。

3. 护栏板安装

波形梁板搭接方向应与行车方向一致。护栏板应通过拼接螺栓相互拼接,并经防阻块由连接螺栓固定于立柱上,护栏的各种螺栓和连接片必须全部安装,不允许遗漏。护栏板在安装过程中应不断进行调整,因此,不应过早拧紧其连接螺栓和拼接螺栓,否则将无法发挥长圆孔的调节作用。调整后的护栏板应形成平顺的线形,避免局部凹凸。

4. 线形调整

立柱的纵向、横向都应垂直竖立,各立柱在水平方向和竖直方向都应成平顺线形。护栏线形调整不好时,不允许通过改变防阻块形状的方法来达到目的。

三、交工验收阶段的监理

交工验收阶段的监理内容按表 8-1 所列项目进行检验。

交工验收阶段的监理内容　　表 8-1

项次	检验项目	规定值或允许偏差	检查仪具和频率
1	护栏安装线形顺畅程度	直线段护栏不允许有明显的凹凸现象,在 200m 的直线上,三点应成一线;曲线段护栏应与线形协调一致,护栏应圆滑顺畅;中央分隔带开口端头护栏的抛物线形应与设计图纸相符	十字架、花杆、皮尺、钢尺,抽检 10%
2	护栏在道路横断面上的位置	1. 路侧护栏:立柱外边缘到路肩边缘的最小距离规定为,当土路肩宽度为 75cm 时,不应小于 25cm,当土路肩宽为 50cm 时,不应小于 14cm,或根据设计图; 2. 中央分隔带护栏:按分设型布设时,不宜使护栏面侵入到公路建筑限界以内,当分设型护栏设置在有路缘石的中央分隔带内,波形梁护栏面到缘石面的最小 C 值可减小到 25cm,或根据设计图; 3. 桥梁护栏:应与路侧护栏处于同一横断面位置,高速公路上的小桥通道应设置与路基上相同的护栏	钢卷尺,抽检 10%
3	立柱中距	±50mm	钢卷尺,抽检 10%
4	立柱安装竖直度	±10mm/m	垂线直尺或靠尺,抽检 10%
5	横梁中心高度	±20mm	直尺,抽检 10%
6	护栏板拼接安装情况	波形梁搭接方向应与交通流方向一致,螺栓应垂直插入螺孔中,不允许斜插。搭接平顺,垫圈齐备,螺栓上紧	目测检查、专用扳手,抽检 10%
7	防阻块、托架安装情况	安装到位,不得有明显的扭转、倾斜	目测或钢卷尺,抽检 5%
8	波形梁板基底金属厚度	±0.16mm	板厚千分尺,抽检 5%
9	立柱壁厚	(4.5 ± 0.25)mm	测厚仪、千分尺,抽检 5%
10	镀(涂)层厚度	符合设计值	测厚仪,抽检 10%
11	拼接螺栓(45 号钢)抗拉强度	≥600	抽样做拉力试验,每批 3 组
12	护栏顺直度	±5mm/m	拉线、直尺,抽检 10%
13	立柱埋入深度	符合设计规定	过程检查,直尺,抽检 10%

第三节　标志工程监理

道路交通标志是用图形符号、颜色和文字向车辆驾驶人员传递特定信息,用于管理交通的各类设施的总称。它不仅能诱导交通,保证车辆驾乘人员的安全,同时还能美化公路环境,色彩丰富、形象生动、比例协调、图文并茂的交通标志是道路上的一道美丽景观。

一、施工准备阶段的监理

监理工程师审批施工单位分项工程开工报告,内容同护栏工程监理,此处不再赘述。施工单位对进场的标志板和结构件等材料自检合格后将结果报监理工程师。监理工程师应依据合同文件和相关技术规范要求，对标志板外形尺寸、标志符尺寸、标志面反光膜等级及逆反射系数、标志面反光膜缺陷、反光膜的拼接缝、横梁及连接件质量、金属构件防腐处理等内容进行检测。另外，还应检查混凝土配合比设计和试验结果、进场水泥强度等级、出厂日期及工程用砂和石料等。检验时填写“进场材料验收单”。以上各项内容均应符合设计图纸及相应技术规范要求。

二、施工阶段的监理

标志施工工序一般包括：标志基础施工，标志立柱施工，标志板制作、安装等。

1. 标志基础施工

(1)施工单位按图纸设计要求及实际地形、地物的情况进行基础放样，在基坑开挖前，应通知监理工程师复核基坑位置。基础深度和大小应符合图纸规定，基坑超挖部分，应用不低于设计强度等级的混凝土回填，费用由施工单位自理。

(2)基础浇筑混凝土前，监理工程师应检查以下内容：

浇筑使用的混凝土应符合经监理工程师审批的混凝土配合比；基础配筋连接应符合设计要求；混凝土应紧靠未松动的开挖面浇筑；每个底座顶部的地面外露部分要立无缝钢模或竹胶板；基础法兰要水平。

(3)混凝土浇筑时要振捣密实，要求定位法兰盘基础对中、顶面水平，地脚螺栓外露长度要符合设计要求；底座顶面要抹平，所有外露边要修抹整齐，混凝土颜色要一致，回填土要与基坑四周地面或坡面相平，并分层夯实。

2. 标志立柱施工

标志牌的支柱座按图纸和技术规范的规定制作和安装；每个标志的位置、桩号要与设计图纸一致。

3. 标志板制作、安装

标志板的形状、尺寸符合图纸要求；标志板正面要经过清洁、脱脂及防腐处理，表面应光滑平整，背面应进行防锈处理，应喷涂不反光的油漆；所有连接件及配件均应进行热镀锌处理；路侧式标志的装设可参考《道路交通标志和标线》(GB 5768—2009)中有关技术要求。

三、交工验收阶段的监理

交工验收阶段按表8-2所列项目进行检验。

标志工程交工验收阶段的监理 表8-2

项次	检查项目	规定值或允许偏差	检查方法和频率
1	标志面反光膜逆反射系数	满足设计要求	逆反射系数测试仪：每块板每种颜色测3点
2	标志板下缘至路面净空高度	+100mm，0	经纬仪、全站仪或尺量：每块板测2点
3	柱式标志牌、悬臂式和门架式标志立柱的内边缘距土路肩边缘线距离	≥250mm	尺量：每处测1点

续上表

项次	检查项目	规定值或允许偏差	检查方法和频率
4	立柱竖直度	3mm/m	垂线法:每根柱测2点
5	基础平面平整度	4mm	尺量:对角拉线测量最大间隙,每个基础测2点
6	标志基础尺寸	+100mm, -50mm	尺量:每个基础长度、宽度各测2点

第四节 标线工程监理

道路交通标线是由标画于路面上的各种线条、箭头、文字、符号等所构成的交通安全设施,它的作用是管制和引导交通,依据国家有关法规来制约行驶的车辆,有效地减少交通事故和提高运行效率。

一、施工准备阶段的监理

监理工程师审批施工单位的分项工程开工报告;施工单位对进场的原材料自检合格后报监理工程师。监理工程师进行抽检,检测内容和频率可参考《路面标线涂料》(JTJ/T 280—2004)中的有关技术要求,检验时填写"进场材料验收单"。

二、施工阶段监理

标线施工工序一般包括:线形放样,路面清扫,画底漆、画标线等。

1. 线形放样

路面标线的设置位置以设计图纸为准,并符合《道路交通标志和标线》(GB 5768—2009)中的有关规定。要求线形美观、流畅,与道路平纵线形配合协调。

2. 路面清扫

喷涂或涂刷标线前,应清扫路面,施工时保证路面清洁、干燥。

3. 画底漆、画标线

要根据不同路面而采用相应的下涂剂,下涂剂干燥后才能进行涂覆施工,如果路面凹凸不平,深凹中的下涂剂不容易干燥,可喷涂两次,效果较好。涂覆作业应在白天进行,施工时路面要求干燥,路面温度不低于13℃。热溶涂料温度应控制在180~230℃,并充分搅拌,防止沉淀分层。热熔涂料中玻璃珠的用量应控制在涂料总量的15%~20%,并要求撒布均匀,加入方法经监理工程师批准,涂层厚度一般掌握在1.2~2.0mm为宜。标线施工完毕应督促施工单位对路面进行保护,并将路面上多余的标线涂料及时清除。

三、交工验收阶段的监理

交工验收阶段按表8-3所列项目进行检验。

标线工程交工验收阶段的监理　　表 8-3

项次	检查项目				规定值或允许偏差	检查方法和频率
1	标线厚度（干膜）	预成型标线带			不小于设计值	标线厚度测量仪或卡尺：每 1km 测 3 处，每处测 6 点
		突起带	突起高度		不小于设计值	
			基线厚度		不小于设计值	
2	标线横向偏位				≤30mm	尺量：每 1km 测 3 处，每处测 2 点
3	标线纵向间距	9 000mm			±45mm	尺量：每 1km 测 3 处，每处测 3 个线段
		6 000mm			±30mm	
		4 000mm			±20mm	
		3 000mm			±10mm	
4	逆反光系数 R_L	非雨夜反光标线	Ⅰ级	白色	≥150cd/(lx · m^2)	标线逆反射系数测试仪：每 1km 测 3 处，每处测 9 点
				黄色	≥100cd/(lx · m^2)	
			Ⅱ级	白色	≥250cd/(lx · m^2)	
				黄色	≥125cd/(lx · m^2)	
			Ⅲ级	白色	≥350cd/(lx · m^2)	
				黄色	≥150cd/(lx · m^2)	
			Ⅳ级	白色	≥450cd/(lx · m^2)	
				黄色	≥175cd/(lx · m^2)	
		雨夜反光标线	干燥	白色	≥350cd/(lx · m^2)	干湿表面逆反射系数测试仪：每 1km 测 3 处，每处测 9 点
				黄色	≥200cd/(lx · m^2)	
			潮湿	白色	≥175cd/(lx · m^2)	
				黄色	≥100cd/(lx · m^2)	
			连续降雨	白色	≥75cd/(lx · m^2)	
				黄色	≥75cd/(lx · m^2)	
		立面反光标记	干燥	白色	≥400cd/(lx · m^2)	
				黄色	≥350cd/(lx · m^2)	
			潮湿	白色	≥1 300cd/(lx · m^2)	
				黄色	≥175cd/(lx · m^2)	
			连续降雨	白色	≥100cd/(lx · m^2)	
				黄色	≥100cd/(lx · m^2)	
5	抗滑值(BPN)	抗滑标线			≥45	摆式摩擦系数测定仪：每 1km 测 3 处
		彩色抗滑路面			满足设计要求	

第五节　视线诱导标工程监理

以突起路标施工为例介绍其施工监理质量控制内容。

一、施工准备阶段的监理

监理工程师审批施工单位分项工程开工报告;施工单位对运抵现场的突起路标自检合格后报监理工程师。监理工程师进行抽检,检验时填写“进场材料验收单”。要求突起路标表面光滑,不允许有损坏轮胎的尖角、毛刺存在,表面无明显划伤、裂纹,突起路标的色度、逆反射、抗冲击、抗压等性能应符合《突起路标》(GB/T 24725)及《太阳能突起路标》(GB/T 19813)中的有关规定。

二、施工阶段的监理

突起路标施工工序一般包括:放样、路面清扫、涂胶、安装等。

1. 放样

突起路标放样的位置应符合图纸要求。

2. 路面清扫、涂胶

施工时要求路面干燥、清洁。突起路标应用环氧树脂将其固定在路面上,设置时将环氧树脂均匀覆于突起路标底部,厚度约 8mm。

3. 安装

安装突起路标时应用力将其压在放样位置上,并轻微转动,直至四周出现挤浆,在黏结剂凝固前,突起路标不得扰动。

三、交工验收阶段的监理

交工验收阶段按表 8-4 所列项目进行检验。

视线诱导标交工验收阶段的监理　　表 8-4

项次	检验项目	规定值或允许偏差	检查方法和频率
1	外观要求	安装后的突起路标仍应表面光滑,无明显的划伤、裂纹	目测检查外表,用 4 倍放大镜检查细部缺陷
2	安装尺寸及与道路线形的顺畅程度	突起路标纵向安装与设计位置允许偏差为 ±50mm,横断位置与设计位置允许偏差为 ±20mm;任选 500m 直线段,突起路标纵向应成直线,不允许出现折线;曲线段的突起路标应与道路曲线相吻合,突起路标构成的曲线应圆滑、顺畅	钢卷尺,抽检 10%
3	与路面黏结牢度	突起路标与路面黏结要牢固,不允许有松动,能经受汽车冲撞	用橡皮手锤重击检查与路面黏结牢度,每标段 5 个
4	损坏及脱落个数	0.5%	检查损坏及脱落个数,抽检 30%

续上表

项次	检验项目	规定值或允许偏差	检查方法和频率
5	承受压力	160kN	检查测试记录
6	安装角度	±5°	角尺,抽检10%

第六节 隔离栅工程监理

隔离栅是对高速公路进行隔离封闭的人工构造物。其作用是阻止无关人员及牲畜进入、穿越高速公路,防止非法侵占公路用地,有效地排除横向干扰,保证车辆快速、舒适、安全地运行。

一、施工准备阶段的监理

监理工程师审批分项工程开工报告;隔离栅材料进场后,施工单位首先进行自检,自检合格后将结果报监理工程师。监理工程师按照设计图纸及有关技术规范《公路交通安全设施施工技术规范》(JTG F71—2006)要求,对网片及钢管的外观质量、结构尺寸、镀膜防腐层质量以及施工所用水泥、砂和石料等进行检测,检测方法可按从每批次进场总量中随机抽取一定数量的产品进行检测,检验时填写"进场材料验收单"。

二、施工阶段的监理

隔离栅施工工序一般包括:基坑放样、基坑开挖、立柱安装、挂网等。

1. 基坑放样

按设计图纸要求及实际地形、地物的情况进行放样,定出立柱中心线,为清除杂物及整平工作做准备。

2. 基坑开挖

基坑开挖完毕,监理工程师可进行随机抽查,抽查内容包括:基坑尺寸是否符合图纸要求、坑内是否有浮土或杂物,检查合格,才能进行下道工序的施工。

3. 立柱安装

立柱埋设应保证立柱轴线在一条直线上,纵向上与道路线形一致,高度上柱顶应平顺,不得出现高低不平的现象。当地面纵坡面发生突变,无法满足规定的离地净高时,可使用较长立柱。立柱混凝土应密实平整,无裂缝、翘曲、蜂窝、麻面等现象。

4. 挂网

安装后的网片要求网面平整,无明显扭曲和凹凸现象。有框架的隔离栅应检查框架与网片的连接情况,一般网片应与框架焊牢,网片拉紧;整网铺设的隔离栅,端柱应把网挂牢(或螺栓固定),然后纵向展开,边铺设边拉紧,网面应平整、绷紧;刺钢丝间距符合设计要求,刺线平直、绷紧,刺钢丝可通过立柱挂钩压死,横向与斜向刺钢丝相交处用钢丝绑扎。

三、交工验收阶段的监理

交工验收阶段按表8-5所列项目进行检验。

隔离栅交工验收阶段的监理　　表8-5

项次	检查项目		规定值或允许偏差	检查方法和频率
1	高度		±15mm	尺量:每1km测5处
2	刺钢丝的中心垂度		≤15mm	尺量:每1km测5处
3	立柱中距	焊接网	±30mm	尺量:每1km测5处
		钢板网	±30mm	
		刺钢丝网	±60mm	
		编织网	±60mm	
4	立柱竖直度		±10mm/m	垂线法:每1km测5处
5	立柱埋置深度		不小于设计要求	过程检查,尺量:抽查2%

第七节　防眩板工程监理

防眩板施工较简单,对其质量监理控制内容略作介绍。

一、施工准备阶段的监理

监理工程师审批施工单位分项工程开工报告;施工单位对运抵现场的防眩板材料自检合格后报监理工程师。监理工程师应依据设计及有关规范《公路交通安全设施施工技术规范》(JTG F71—2006)的要求对防眩板(网)的高度、宽度以及外观质量进行抽检,检验时填写“进场材料验收单”。

二、施工阶段的监理

防眩板安装过程中,应根据道路线形随时调整设置位置及高度,使其与道路线形相协调,保证线形顺畅,满足遮光要求。

三、交工验收阶段的监理

交工验收阶段按表8-6所列项目进行检验。

防眩板交工验收阶段的监理　　表8-6

项次	检查项目	规定值或允许偏差	检查方法和频率
1△	安装高度	±10mm	尺量:每1km测10处
2	防眩板设置间距	±10mm	尺量:每1km测10处
3	竖直度	±5mm/m	垂线法:每1km测5处
4	防眩板网孔尺寸	满足设计要求	尺量:每1km测5处,每处测3点

复习思考题

1. 分别简述交通工程设施施工准备阶段、施工阶段、交工验收阶段的监理内容。
2. 护栏施工工序包括哪些内容?
3. 交通标志的意义及其作用有哪些?
4. 简述标线施工阶段的监理内容。

第九章

公路绿化及防护工程质量监理

第一节　公路绿化质量控制

公路绿化是公路建设的一项重要内容,它不仅可以美化路容,改善景观,更重要的是可以降低噪声干扰和防止环境污染。有关资料表明,每公顷阔叶林(相当于1km公路两侧单行行车道树)每天能吸收1 000kg的二氧化碳,释放出730kg的氧气;有$10m^2$的树木或者$25m^2$的草坪,就能自动调节空气中二氧化碳和氧气的平衡,保持空气清新。据测定,快车道的汽车噪声,在穿过12m宽的防护林带后可以降低噪声3~5dB,穿过40m宽防护林带后可以降低噪声10~15dB。公路绿化还能对公路起到保护作用,栽植的树木或者草坪可以固着土壤,涵养水源,阻止或者减少地表径流,降低雨水对路基的冲刷,在高填方路段,这种作用更加明显。另外,公路绿化还可以改善交通条件,为高速行车提供安全保障等。因此,其施工质量控制十分重要,下面重点介绍绿化施工过程中质量监理所包括的内容。

以植树为例,公路绿化施工工艺与监理程序如图9-1所示。

一、施工准备阶段的监理

监理工程师审批施工单位分项工程开工报告。报告内容包括:工程名称、位置桩号、开工条件、施工人员和机械设备配备情况、施工方案、工艺流程图、质保体系、安全生产及环保措施、工期安排、项目负责人等。施工单位根据设计图纸要求标出种植地段、种植位置及品种的轮廓,并进行放样,这些位置应得到监理工程师的认可。原材料进场后,施工单位进行自检,自检合格后报监理工程师。监理工程师根据图纸设计要求和技术规范中所列技术指标,对到场材料进行外观、检疫证明文件和数量检查,不允许低于指标和要求的植物进场,否则全部退货,由此产生的一切损失由施工单位负责,且因此耽误的工期不予顺延。

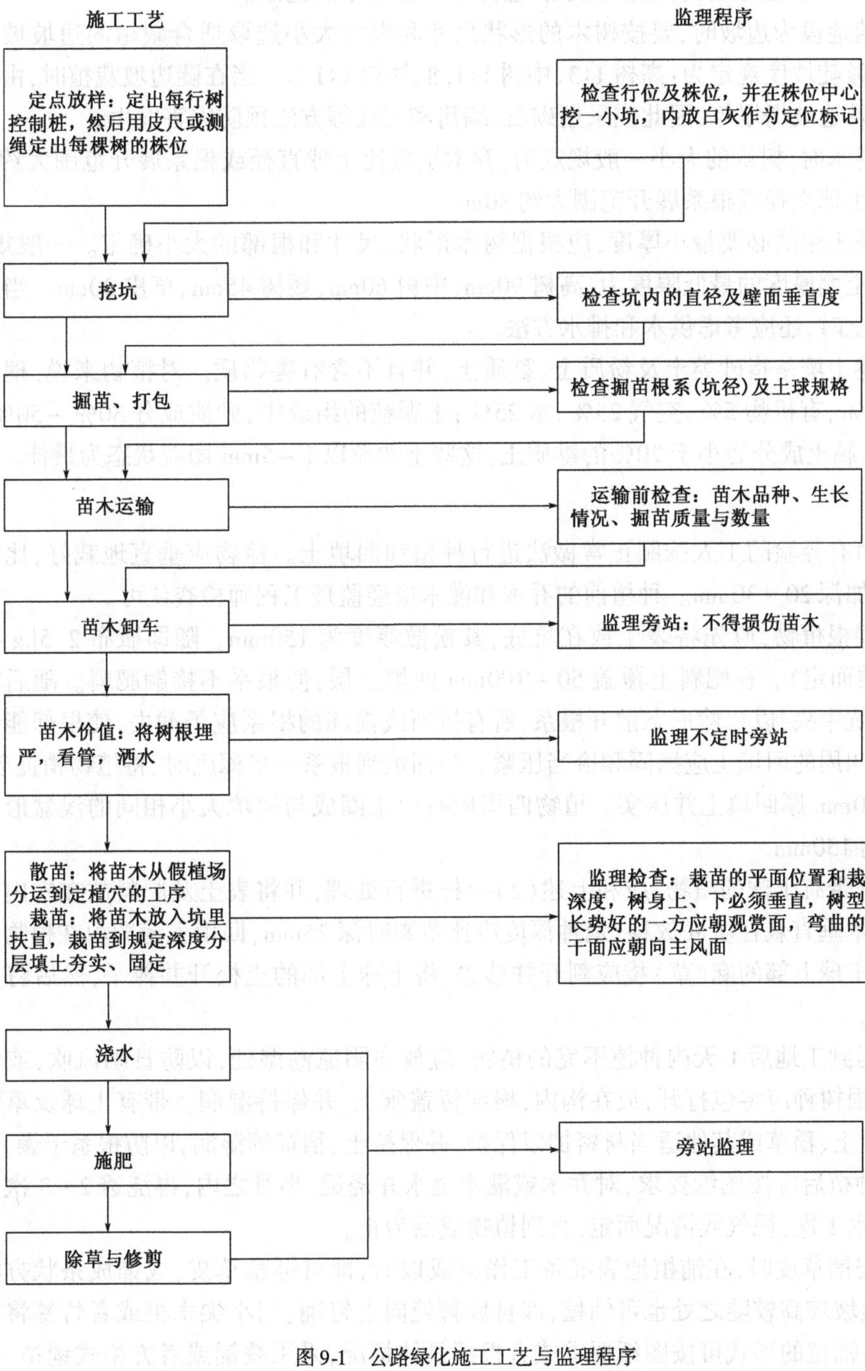

图 9-1　公路绿化施工工艺与监理程序

二、施工阶段的监理

1. 种植准备

(1)清除施工现场的建筑垃圾、不适宜栽种的土层和杂草。按照设计图纸进行地形整理,主要使其与四周道路、广场的高程合理衔接,使绿地排水畅通。清除工作完成后,应由监理工程师按照设计要求检查验收,合格后才能进行下一道工序的施工。

(2)种植地段为边坡时,要按树木的形状尺寸和根的大小选取适合栽植的边坡坡度。边坡栽植时的最陡坡度规定为:高树 1:3、中树 1:1.8、矮树 1:1.5。当在陡边坡栽植时,由于易产生树的倾倒及边坡坍塌等,因此应采用砌石、编篱和支柱等方法预防灾害发生。

(3)栽树木时,树坑的大小一般规定为:乔木坑应比土球直径或根系展开范围大约 40cm,灌木坑应比土球直径或根系展开范围大约 30cm。

(4)所需土壤的必要最小厚度,应根据树木形状、尺寸和根部的大小确定。一般规定,栽植树木所需土壤厚度的最低限度为:高树 90cm、中树 60cm、矮树 45cm、草皮 30cm。当底部是基岩和混凝土时,还应考虑供水和排水方法。

(5)上述土壤是指砂类土及粉质土、黏质土,并且不含有害物质。对植物来说,理想的土是土颗粒 45%,有机物 5%,空气 25%,水 25%;土颗粒的组成中,砂质成分 30% ~50%,粉砂 30% ~70%,黏土成分为小于 20% 的黏质土,这些土颗粒以 1 ~5mm 团粒状态为最佳。

2. 种植

(1)应由有经验的工人按照正常做法进行种植和回填土。植物应垂直地栽好,比在苗圃的种植深度加深 20 ~30mm。种植前的乔木和灌木应经监理工程师检查认可。

(2)对棵根植物,应先将表土放在坑底,其松散厚度为 150mm。随即撒布 2.5kg 有机肥(视表土性质而定)。在肥料上覆盖 50 ~100mm 回填土层,使根系不接触肥料。随后将棵根植物放在树坑中央,以自然形态散开根系,所有折断或损坏的根系应予截去,使根部能良好地生长。树坑四周的回填土应捣固和恰当压紧。当回填到根系一半深度时,将植物稍提起,随即再按每层 150mm 厚回填土并压实。植物四周应有由土圈成与树坑大小相同的浅盆形凹穴作蓄水坑,深约 150mm。

(3)根部带有土球的植物,应和上述(2)一样进行处理,并将表土及肥料放在穴内。随即将乔木或灌木垂直栽在坑底放稳,栽种深度应比苗圃时深 25mm,回填土随即填在植物土球周围并捣实。土球上部的麻(草)袋应割开并移去,将土球上部的土松开并摊平,然后将其余的土回填下去。

(4)在运到工地后 1 天内种植不完的植物,应放在阴凉潮湿处,以防日晒风吹,或暂时进行假植。棵根树种应将包打开,放在沟内,根部暂盖壅土,并保持湿润。带有土球及草袋包装的植物,应用土、稻草或其他适当材料加以保护,并保持土、稻草等湿润,以防根系干燥。

(5)在种植后应按图纸要求,对乔木或灌木浇水并浇透,半月之内,再浇透 2 ~3 次。其后每周一般浇水 1 次,视气候情况而定,直到植物成活为止。

(6)当需铺草皮时,在铺植地表准备工作完成以后,即可铺植草皮,或铺成条状方格。除平铺外,在边坡较高较陡之处也可铺植,即自坡脚处向上钉铺,用小尖木桩或者竹签将草皮固定在边坡上;铺植的形式可按图纸要求或者根据具体情况,采用叠铺或者方格式铺植,铺植后应进行喷灌浇水。

3. 植物管理

(1)种植前或种植后应进行修剪,以保持各植物的自然状态。修剪工作应由有经验的人员按照正常的园艺惯例进行,应将有病的、损坏的或者枯萎的及不平衡的细枝和枝杈去掉。

(2)在对植物有妨害的种植区,施工单位应设置标志或者立支柱牵索,或者设临时篱笆等警告、防护设施,以保证植物的成活。

(3)对草坪要根据草的种类及其要求,及时进行去除杂草、修剪、施肥、浇水等项目管理。

(4)植区内应保持整洁,不得堆放杂物或者占用临时用地。

三、检查验收

(1)施工单位在施工中应实行自检制度,对每道工序,凡经检查不合格者,应返工重做,直到质量合格为止。监理工程师可根据具体情况随时进行抽检或旁站。

(2)工程完工后,应将施工现场彻底清理干净。单株浇水的,应将树堰埋平;大畦灌水的,应将畦埂整理整齐,畦内进行深、中耕。

(3)施工单位完成按合同规定的养护期后,应及时通知建设单位,由建设单位组织有关部门进行检查验收。

(4)验收内容及标准

①是否符合合同和设计意图。

②苗木的成活率是验收合格的一个重要指标,应按合同要求的成活率进行验收,其计算公式如下:

$$成活率 = \frac{定期内定植苗发芽株数}{定植总株数} \times 100\%$$

③交工验收检查内容见表9-1。

公路绿化交工验收检查内容　　表9-1

项次	检验项目	规定值或允许偏差	检查方法和频率
1	放样定位	±5%的设计间距	尺量,抽测5%
2	苗木规格与数量	符合设计要求	尺量,检查全部
3	种植穴规格	符合《园林绿化工程施工及验收规范》(CJJ 82—2012)的规定	钢尺量,抽测5%
4	土层厚度	符合《园林绿化工程施工及验收规范》(CJJ 82—2012)的规定	钢尺量,检查5%种植穴,且不少于3穴
5	地形高程	±30mm	水准仪,每300m²测6点,且不少于6点
6	苗木成活率	≥95%	目测,检查全部
7	草坪覆盖率	≥95%	目测,检查全部
8	绿化附属设施	符合设计要求	按《建筑工程施工质量验收统一标准》(GB 50300—2013)检查全部

第二节　防护工程质量监理

公路边坡防护从技术上可以分为植物防护和工程防护两种类型。植物防护就是在边坡上种植草丛或树木或两者兼有,以减缓边坡上的水流速度,利用植物根系固结边坡土壤以减轻冲刷,从而达到保护边坡的目的。这部分内容属于公路绿化质量控制的内容,在上节中已有介绍,不再赘述。工程防护主要包括砌石(浆砌片石、干砌片石、护面墙、挡土墙等)防护、喷浆、喷射混凝土防护、锚杆(喷锚网)防护等形式。在各种填方(路堤)和挖方(路堑)路基中,砌石边坡防护较为普遍,而喷浆、喷射混凝土防护适用于易风化和坡面不平的岩石挖方边坡,锚杆防护主要适用于坡面为碎裂的硬岩或层状结构不连续的地层以及坡面岩石与基岩分离并有可能下滑的路堑边坡,下面主要介绍砌石防护、喷浆、喷射混凝土防护和锚杆防护的质量监理内容。

一、砌石防护工程

1. 施工准备阶段的监理

监理工程师审批施工单位开工申请报告,全线(或本合同)第一个砌石工程开工前,施工单位应按合同规范或监理程序规定的期限,向监理工程师递交书面开工报告,报告内容包括工程名称、部位、人员及设备投入情况、质保体系、环保措施、拟采用的施工工艺等内容。施工单位对进场的石料、水泥、砂子等原材料进行自检,自检合格后报监理工程师抽检。监理工程师依据设计及有关规范要求,对石料的节理、裂缝发育程度、风化情况、石锈清除情况、抗压强度情况,以及进场水泥的规格、日期、砂子的材质、含水率、含泥量等项目进行抽检,检验时填写“进场材料验收单”,对不合格的原材料,一律清除出场,监理工程师还应及时批复施工单位上报的砂浆配合比及试件强度报告单。

2. 施工阶段的监理

砌石工程施工工序一般包括:原材料加工,放样、整平,砌体基础施工,砌筑等。

(1)原材料加工:片石、块石、镶面石、拱石等的尺寸及加工方法要符合设计及规范要求,加工后的石料应成层码放,便于检查和使用;监理工程师在现场巡视过程中,应加强对原材料的外观检查,对外观尺寸、材质达不到设计及规范要求的石料,要求施工单位及时清除出场。

(2)放样、整平:施工单位根据图纸要求放出砌体所在位置并大体整平,经监理工程师验收合格后才能进入下道工序施工。

(3)砌体基础施工:砌体基底高程、压实度应满足设计要求,并报监理工程师检查验收;基础垫层使用的材料、压实度、强度等应符合监理工程师批复的开工申请报告。

(4)砌筑。

①干砌片石工程:铺砌应自下而上进行,不得损坏垫层,石块应栽砌,大面与坡面垂直,厚度与坡面平行,各石块应彼此镶紧,各砌层之间应错缝砌筑。

②浆砌砌石工程一般采用坐浆挤浆法砌筑,砌筑前底层砌石或基底应湿润,石料应充分湿润,砌筑时灰浆应饱满,砌缝应均匀合格,按规定理顺压缝,砌筑石料相互咬合,不准先摆放后灌浆,不准石料直立贴皮使用。

③砂浆应机械拌和，除正常的砂浆取样频率外，视现场情况增加试样，拌和现场应有经监理工程师批复的砂浆配合比指示牌。

④砌体施工时应划分合适的砌段，相邻砌段应分层搭接。一般 3 ~ 5m 为一个工作段。

⑤砌体勾缝方式应符合监理工程师批复的申请开工报告，勾缝时应剔除砂浆 8 ~ 10mm，并洒水湿润，勾缝前监理工程师检查剔缝深度，合格后才能进行勾缝，勾缝应结实、美观。

⑥砌体沉降缝处理：

a. 严格保证缝的位置、垂直度和宽度。

b. 砌体施工中，沥青木丝板应定位正确、牢固，尺寸准确，厚度均匀；沥青木丝板应充分浸透沥青。

c. 缝的后处理。凿去要求深度的沥青木丝板，一般为 50 ~ 60mm，嵌填沥青麻丝或沥青玛蹄脂等填充材料；缝的表面处理应牢固、美观。

⑦按设计要求设置泄水孔、泄水管，泄水孔后应设置反滤层，反滤层经监理工程师验收合格后，才能进行砌体回填工作。

⑧督促施工单位加强对砌体的养护。

在砌体施工过程中，监理工程师应加强现场巡视，在巡视检查中应及时指出砌筑缺点，及时改正，并可要求局部拆除或返工，增加砂浆取样频率，但较大范围的返工应由监理工程师书面通知施工单位。

3. 交工验收阶段的监理

交工验收阶段的质量监理内容见表 9-2、表 9-3。

干砌片石护坡实测项目 表 9-2

项次	检查项目		规定值或允许偏差	检查方法和频率
1	顶面高程		±30mm	水准仪：长度不大于 30m 时测 5 点，每增加 10m 增加 1 点
2	断面尺寸	高度	±100mm	尺量：长度不大于 30m 时测 5 处，每增加 10m 增加 1 处
		厚度	±50mm	
3	表面平整度		≤50mm	2m 直尺：每 20m 测 3 处，每处测竖直、水平两个方向

浆砌砌体实测项目 表 9-3

项次	检查项目		规定值或允许偏差	检查方法和频率
1△	砂浆强度		在合格标准内	按《公路工程质量检验评定标准 第一册 土建工程》(JTG F80/1—2017)附录 I 检查
2	顶面高程	料、块石	±15mm	水准仪：长度不大于 30m 时测 5 点，每增加 10m 增加 1 点
		片石	±20mm	
3	坡度	料、块石	≤0.3%	铅锤法：长度不大于 30m 时测 5 点，每增加 10m 增加 1 点
		片石	≤0.5%	
4△	断面尺寸	料	±20mm	尺量：长度不大于 50m 时测 10 个断面，每增加 10m 增加 1 个断面
		块石	±30mm	
		片石	±50mm	

续上表

项次	检查项目		规定值或允许偏差	检查方法和频率
5	表面平整度	料	≤15mm	2m 直尺:每 20m 测 3 处,每处测竖直、水平两个方向
		块石	≤25mm	
		片石	≤35mm	

二、喷浆、喷射混凝土防护

1. 施工准备阶段的监理

监理工程师审批施工单位递交的书面开工报告。报告内容包括工程名称、部位、拟投入的人员及设备情况、质保体系、环保措施、施工工艺等。施工单位对进场的钢筋、水泥、集料的品质进行自检。自检合格后报监理工程师抽检。抽检时填写"进场材料验收单"。对于不符合设计规定的原材料,一律清除出场。监理工程师还应及时批复施工单位上报的砂浆配合比、混凝土配合比及试件强度报告单。

2. 施工阶段的监理

喷浆、喷射混凝土防护施工工序一般包括:测量放样、清理坡面、预留泄水孔、预留伸缩缝、喷浆或喷射混凝土。

(1)测量放样。施工单位根据图纸设计要求,对喷浆、喷混凝土的施工区域、桩号的纵向高度、横向宽度进行放样,并用灰线标示其位置,由监理工程师对放样位置验收合格后,才能进入下道工序施工。

(2)施工前要清除坡面的浮土、草根、活岩等杂物,坡面如有较大的凹坑、裂缝时,应先嵌补牢实,使坡面平顺整齐;岩体表面要冲洗干净,土体表面要平整、密实、湿润,坡度要达到设计要求。坡面清理工作经监理工程师验收合格后,进入下道工序施工。

(3)预留泄水孔。泄水孔通常采用预留的方法形成,即在喷浆、喷射混凝土之前将硬塑料管或 PVC 管或钢管放置在泄水孔设计位置。泄水孔应外倾、固定。在喷浆施工前应用纸团或木桩堵孔,待施工完毕后拔掉纸团或木桩即可形成泄水孔;也可在施工完毕后采用风钻钻凿泄水孔。泄水孔施工方式应得到监理工程师批准。

(4)预留伸缩缝。伸缩缝的位置、预留材料、施工方式等应满足设计要求,并经监理工程师验收合格后,才能进入下道工序施工。伸缩缝一般采用沥青木板或塑料泡沫放置在伸缩缝位置,并加以固定;也可以在喷射施工完成后用切割机切割形成伸缩缝,待混凝土凝固后用熔化沥青将伸缩缝封闭。

(5)喷浆或喷射混凝土。喷射应自下而上进行,喷嘴要垂直坡面;施工所用材料、喷射厚度及次数要达到设计要求。监理工程师在施工中要全过程旁站,喷射告一段落后,要进行全面检查,如发现空白点或薄层处,应进行补喷。喷射过程中按设计要求留足强度试验试件,喷后 2 ~ 3h 进行养护,养护时间一般为 7 ~ 10 天。

3. 交工验收阶段的监理

检查内容见表 9-4。

喷浆、喷射混凝土交工验收阶段的检查内容 表9-4

项次	检查项目	规定值或允许偏差	检查方法和频率
1	喷层厚度	平均厚度≥设计厚度;60%检查点的厚度≥设计厚度;最小厚度≥0.5倍设计厚度,且不小于设计规定	现场刻槽检查或激光断面仪检查厚度,每10m检查1个断面,每个断面检测5个检查点
2	喷层强度	不小于设计值	每喷射50~100m^3混合料或者小于50m^3混合料的独立工程,不得少于1组(3个);材料或配合比变更时需重取试件
3	锚杆质量	拔力平均值≥设计最小拔力值;最小拔力≥0.9倍设计值	锚杆抗拔试验,抽检1%,且不少于3根
4	排水孔	95%以上穿透喷层、导通	抽检1%
5	外观质量	不得有漏喷,表面密实、光滑整齐,无突变现象	现场查看

三、锚杆防护工程

1.施工准备阶段的监理

监理该阶段工作的重点是对施工单位的施工方案、质保体系、原材料的检测及施工机具进行审核。

(1)施工技术方案的审核。监理工程师应对施工技术方案进行详细的分解,并对现场技术负责人进行资格认定审核,确认技术负责人是否具备对复杂地质条件下具有处理现场随机变化的预防措施和应变的针对性方案,确保锚杆防护的顺利进行和整体工程质量合格。

(2)质保体系的审核。质保体系是否合理完善是确保工程质量合格的重要环节。施工单位需设置技术组、质检组、材料组、施工管理组。技术组的工程技术人员应具备丰富的理论基础知识和现场解决复杂问题的能力;质检组技术人员除具备技术组所有的能力外,还需要在工作上做得更深入、细致,特别是原则性要强。

(3)建筑材料的抽测检查。锚杆边坡防护工程材料主要是钢材、锚索、砂、石、水泥等。监理工程师要对现场材料进行检验(面检)和抽检(取样进行材料试验),杜绝不合格材料进入施工现场。

(4)施工机具的验收审核。施工机具的好坏不仅影响工程进度的快慢,而且还直接影响整体工程质量的高低。

2.施工阶段的监理

锚杆边坡防护工程施工工序一般包括:布点,清坡,钻孔,锚杆(锚索)的制作、安装,注浆,承压板及外锚墩施工,张拉锁定,网筋及压筋的制作安装,喷射混凝土。

(1)布点。布点工作对施工过程中清坡、护坡是必不可少的依据,布点的合理与否直接影响工程的质量好坏。

(2)清坡。清坡主要是施工安全和灾害边坡卸荷的需要,施工钻孔前首先要进行边坡的清理。清坡是按设计的坡率清坡,一是为了施工人员的安全,对滑块、松动面进行清除,二是起到灾害边坡的卸荷作用。监理人员的职责主要是安全监督。

(3)钻孔。监理工程师在钻孔过程中要对孔位、孔径、孔深实施监理,确保钻孔质量。若遇到地质变化复杂卡钻、塌孔等问题,监理工程师要及时要求工程技术人员进行技术方案的调整,调整后的技术方案要满足工程质量和工程安全系数要求。

(4)锚杆(锚索)的制作、安装。锚杆(锚索)材料检验合格;对接焊、搭接焊(双面焊)强度试验合格;锚杆(锚索)的制作、安装要严格按照设计要求加工;注浆管的绑扎要牢固;锚杆(锚索)安装前,要对孔位、孔深进行检查并做记录;锚杆长度要满足孔深,预应力锚杆(锚索)在长度满足孔深的前提下预留长度要满足张拉要求。

(5)注浆。严格按设计要求配制浆液;控制注浆压力;要检验锚杆注浆是否饱满;预应力锚杆(锚索)要进行预注浆,二次注浆要达到设计要求为止;不定期检查浆液的黏稠度。

(6)承压板及外锚墩施工。承压板及外锚墩紧贴坡面而立模浇筑(或用喷射混凝土施工);承压板及外锚墩要满足安装锚具及张拉锁定的要求。

(7)张拉锁定。张拉千斤顶要经计量单位标定并出示检验合格证明;张拉要按要求分级张拉并做好记录;预应力锚杆(锚索)锁定时要按设计吨位的 5% ~10% 超张拉,然后及时锁定,并确保张拉锁定荷载的稳定,张拉锁定后将多余的锚杆(锚索)切除并用混凝土封头,避免锚杆(锚索)的锈蚀。

(8)网筋及压筋的制作安装:

①网筋按设计一般采用 $\phi6$(或 $\phi8$)圆钢,网筋间距 15cm×15cm 或 20cm×20cm 绑扎。

②压筋主要用在锚杆(锚索)表层根底,一是起到压网筋作用;二是确保面层和锚杆(锚索)有机结合,发挥复合作用的效果。在地质条件差的地段除用压筋外,还要设计 N 字形筋连接锚杆(锚索)部位,对整个网面实施压筋,目的是提高整个断面的拉拔力,确保坡面的稳定。

③在网筋制作安装过程中一定要按设计设置施工缝,确保坡面温度效应的伸缩变形,防止喷射混凝土后期面层产生较大的裂缝,影响坡面的整体强度。

④按设计要求预留排水孔。在漏水严重的地段(包括裂缝水)加设排水孔,确保坡面内层积水顺利地排出,提高坡面的稳定性。

(9)喷射混凝土。按设计要求配制喷料;喷射时喷头要保持与坡面垂直,距坡面 1 ~2m 为宜;喷射后要洒水养护 7 天;坡面喷射后要基本做到平滑过渡,提高边坡防护工程的外观效果。

3. 交工验收阶段的监理

检查内容见表 9-5。

锚杆防护工程交工验收阶段的检查内容 表 9-5

项次	检查项目		规定值或允许偏差	检查方法和频率
1	△注浆强度		在合格标准内	砂浆按《公路工程质量检验评定标准 第一册 土建工程》(JTG F80/1—2017)附录 F 检查,其他按附录 M 检查
2	锚孔深度		≥设计值	尺量:抽查 20%
3	锚孔孔径		满足设计要求	尺量:抽查 20%
4	锚孔轴线倾斜		2%	倾角仪:抽查 20%
5	锚孔位置	设置框格梁	±50mm	尺量:抽查 20%
		其他	±100mm	

续上表

项次	检查项目	规定值或允许偏差	检查方法和频率
6	△锚杆、锚索抗拔力	满足设计要求。设计未要求时，抗拔力平均值≥设计值;80%锚杆的抗拔力≥设计值;最小抗拔力≥0.9倍设计值	抗拔力试验:检查数量按设计要求，设计未要求时按锚杆数的5%且不少于3根检查
7	△张拉力	满足设计要求	查油压表:逐根(束)检查
8	张拉伸长率	满足设计要求;设计未要求时±6%	尺量:逐根(束)检查
9	断丝、滑丝数	每束1根,且每断面不超过钢丝总数的1%	目测:逐根(束)检查

注:标“△”项目为关键项目,全书余同;实际工程中未涉及的项目不检查。

复习思考题

1. 简述公路绿化的意义及其作用。
2. 简述公路绿化施工准备阶段的监理内容。
3. 公路工程防护主要包括哪几种形式?

第十章

机电工程质量监理

第一节　机电工程监理的基本要求

公路机电工程是公路监控系统、通信系统(包括通信管道)、收费系统、供配电系统、照明系统、隧道机电系统和办公自动化系统的总称。

公路机电工程监理与土建工程监理的主要差别在于,机电工程施工周期较短且靠后,侧重产品及设备采购、安装、调试、功能检测和软件开发,需要经过试运行方可交工。

公路机电工程监理机构的设立应根据工程规模、难易程度、合同工期、现场条件等因素确定,一般可设置一级监理机构。监理机构设置总监理工程师办公室(简称总监办);如机电工程规模大、线路长、技术构成复杂、合同工期短,可在总监办下设置监理工作小组。

公路机电工程总监办岗位设置有总监理工程师、副总监理工程师、专业监理工程师(监控、通信、收费、供配电、计算机软件、合同管理等专业)和监理员;总监理工程师须由持有交通运输部颁发的监理工程师资格证书的工程技术人员担任。

公路机电工程监理的工程范围包括自公路机电工程施工合同生效之日起至工程缺陷责任期结束期间的联合设计、工厂监造、供货、安装、测试、开通、试运行、缺陷责任期运行;公路机电工程监理工作范围为监理合同规定时间内机电工程建设的质量控制、投资控制、进度控制和合同管理、信息管理及协调建设单位和承包人之间的关系。

公路机电工程监理可分为4个阶段,即施工准备阶段监理、施工阶段监理、试运行期阶段监理、缺陷责任期阶段监理。

第二节　机电工程施工准备阶段的监理

从监理单位与建设单位签订施工监理合同之日起至总监理工程师签发合同工程开工令之日止的时间段即为施工准备阶段。公路机电工程施工准备阶段的监理主要包括监理机构自身的准备工作和对工程的监理内容两部分。主要监理工作包括:

(1)监理单位应在施工监理合同签订后合同规定的时间内,按合同的约定安排监理人员进场,并由监理单位委派总监理工程师及时组建现场监理机构、购置监理用品和办公器材。

(2)监理工程师应要求熟悉合同文件,了解机电工程建设环境。

(3)总监理工程师应在签订监理合同后及时完成监理机构的组建并开展工作。

(4)总监理工程师应在合同规定的期限内编制完成监理计划和监理实施细则。

(5)总监理工程师应根据合同约定结合工程进度情况明确监理测试仪器、仪表到场时间表。

(6)总监理工程师应按要求召开监理工作交底会。

(7)监理工程师应根据交通运输部公路工程基本建设项目设计文件编制办法的规定、合同定义,结合现场实际对施工单位提交的联合设计文件进行详细的审查,重点审查技术实施方案,审定工程量,明确设备材料的品牌、规格、型号、产地、技术指标是否符合合同要求,平面设计、施工工艺是否合理、规范,并提出审查意见,复核联合设计中的工程量清单。

(8)总监理工程师应及时组织审核施工单位提交的施工组织设计,审批施工单位的分项、分部、单位工程进度计划,审查施工单位配备的施工机具、器具、机械设备和进场时间安排,审查施工单位采购的设备、材料进场计划。

(9)监理工程师应审批施工单位的质量保证体系。

(10)监理工程师须认真审查施工单位用于自检的测试仪器、仪表和测试人员资格、配置、进场时间安排,是否符合合同约定和满足工程测试需要,是否适应机电工程进度要求,并提出审查意见,保证其安排合理有效;监理工程师须认真审查施工单位机电工程软件开发的计划和开发条件是否完备。

(11)监理工程师应严格审查施工单位制定的相应的安全技术措施,如供电专项施工方案是否符合工程建设强制性标准。

(12)监理工程师应审查施工单位是否制定了有效的环境保护措施。

(13)监理工程师在施工单位提交了履约担保、开工预付款担保并签订合同协议书后,按合同规定金额签发项目开工预付款支付证书,报建设单位审批。

(14)审查施工单位的测试设备和仪器、仪表及进场计划。

(15)总监理工程师应组织和主持召开合同工程第一次工地会议。

(16)监理工程师应对机电工程施工场地进行检查,如机房装修、电力条件、光(电)缆路由、设备材料存放地等是否符合要求,审核施工界面是否清晰,是否具备开工条件等。

(17)在施工单位提交了合同工程的开工报告后,监理工程师应对合同工程的开工条件进行认真的核查,具备开工条件时,总监理工程师应发布合同工程开工令,并报建设单位备案。

第三节 机电工程施工阶段的监理

从总监理工程师签发公路机电工程总开工令之日起,至机电工程完工验收之日止的时间段为施工监理阶段。该阶段主要监理工作包括:

(1)监理工程师须审查、检验施工单位报检的进场设备、材料,与合同工程量清单规定的型号、规格、品牌、产地相符,须有产品检验合格证、质量检验单和出厂合格证;必要时可进行通电测试。经检验,符合要求的设备、材料,应批准进场。没有获得监理工程师批准使用的设备、材料,不得在工程中使用。

国外进口设备应要求施工单位出具商检部门的检验证书。

进场的计算机平台软件须有合法授权文件、软件拷贝及说明书。

(2)监理工程师应参加主要设备、材料、定制产品或施工现场无条件进行单机测试的设备的出厂检验,在制造厂方的测试条件下进行检测,检测比例按供货设备、材料的15%~100%抽样(设备、材料数量为3时抽样比例取100%;设备、材料数量增加,抽样比例减少,最少不得低于15%)。厂验合格的设备、材料,才准予启运;监理工程师参加测试的设备、材料的测试数据作为工程资料的组成部分。

(3)监理工程师应审查施工单位提交的软件需求分析、概要设计、详细设计和软件测试大纲,开发软件安装前应在开发商实验室进行开发软件的测试,测试合格后监理工程师应批准其在现场安装;开发软件安装后按机电工程系统测试方法进行测试。

(4)监理工程师按如下要求审批施工单位拟用的机(器)具装备:

①监理工程师应按合同规定的施工机(器)具型号和数量对施工单位申请使用的施工机(器)具进行审查,满足合同要求后批准使用。

②如施工单位要求使用非规范规定的施工机(器)具,监理工程师应经审查确认施工单位变动原因合理、拟使用的施工机(器)具符合合同要求后,方可批准使用。

③未经监理工程师批准使用的施工机(器)具,不得用于机电工程施工。

(5)监理工程师应审查施工单位提交的施工图设计文件,重点审查设备、材料是否与合同清单一致,设备平面布置是否合理,安装结构、施工工艺是否规范,与相关系统连接是否可行、界面(物理、技术、责任)是否清晰。经审查,与施工组织设计一致且满足合同、规范要求的,予以批准采用。未经监理工程师批准使用的施工工艺,施工中不得采用。

(6)监理工程师应按合同规定审批工程分包。

(7)监理工程师应审查施工单位提交的分项、分部工程的开工申请,以及工程的质量控制指标及质量保证措施、施工安全技术措施和环境保护措施及分项工程的进度计划等。如上述保证措施得力,施工图获批准,建设单位提供的施工工程界面就绪,施工准备阶段工作获得监理工程师批准,且分项、分部工程的施工人员、设备、材料、机(器)具等均已进场到位,即可批准该分项、分部工程开工。

(8)监理人员对每道工序的巡视应不少于1次。应重点巡视在建的分项、分部工程是否已批准开工;质量、安全、环保、试验检测等人员及特殊工种技工是否持证上岗;现场使用的原材料或混合料、外购产品、施工机械设备以及采用的施工方法与工艺是否与监理工程师批准使用的一致;质量、安全及环保措施是否到位;施工单位是否按规定的检测试验项目、频率、方法和设备进行了质量自检,仪器是否按期标定。

(9)监理工程师应旁站关键工序和重要部位的施工。监理工程师应对施工中容易出现问题、事后难以检测或如返工造成的损失较大的工序和部位安排相关专业监理人员进行该工序或部位施工全过程的旁站监理。规定实行旁站监理的工序或部位见表10-1;如建设单位要求监理工程师增加旁站内容,应由建设单位与监理单位协商,签订补充协议,另行约定。

机电工程监理旁站工序、部位一览表 表10-1

单位工程	分部工程	分项工程	规定旁站工序
机电工程	2 监控设施	2.1 车辆检测器	首个线圈布设、监控机箱安装
		2.2 气象检测器	首个基础施工、首件设备安装
		2.3 闭路电视监视系统	首个外场立柱基础施工、首个外场设备安装、首条视频电缆布放、室内设备以中心(分中心)为单位的安装
		2.4 可变标志	可变信息板、首个可变标志基础施工,首个可变标志外场安装
		2.5 光、电缆线	开盘检测,前5条光、电缆布设施工,光缆接头和前5个电缆接头接续施工、接续测试、中继段测试
		2.6 监控中心设备安装及软件调测	设备平面位置确定
		2.7 地图板	拼装安装、调试
		2.8 大屏幕投影系统	屏幕拼装安装、调试
		2.9 计算机监控软件与网络	
	3 通信设施	3.1 通信管道与光、电缆线	首区段管道、首个人(手)井施工,光、电缆线同2.5
		3.2 光纤数字传输系统	首站设备安装
		3.3 程控数字交换系统	首站设备安装
		3.4 紧急电话系统	首对外场单机安装和控制台安装
		3.5 无线移动通信系统	首站设备安装
		3.6 通信电源	首站设备安装
	4 收费设施	4.1 入口车道设备	首站车道设备安装
		4.2 出口车道设备	首站车道设备安装
		4.3 收费站设备及软件	首站收费设备安装
		4.4 收费中心设备及软件	中心设备安装
		4.5 IC卡及发卡编码系统	首站IC卡机设备安装
		4.6 闭路电视监测系统	首个外场立柱基础施工、首个外场设备安装、首条视频电缆布放、室内设备以中心(分中心)为单位的安装

续上表

单位工程	分 部 工 程	分 项 工 程	规定旁站工序
机电工程	4 收费设施	4.7 内部有线对讲及紧急报警系统	首站对讲机、主机、报警设备安装
		4.8 站内光电缆线	首站光、电缆布设
		4.9 收费系统计算机网络	首站收费计算机网络设备安装
	5 低压配电设施	5.1 中心(站)内低压配电设施	首站低压配电设备安装
		5.2 外场设备电力电缆	前3条电力电缆布设施工、前3个电力电缆接头
	6 照明设施		前3根低杆、高杆基础施工,前3根低杆、高杆安装,首站照明控制设备安装
	7 隧道机电设施	7.1 车辆检测器	同2.1
		7.2 气象检测器	同2.2
		7.3 闭路电视监视系统	同2.3
		7.4 紧急电话系统	首对隧道单机安装
		7.5 环境检测设备	首个控制箱、探头安装
		7.6 报警与诱导设施	首个控制箱、诱导设施安装
		7.7 可变标志	同2.4
		7.8 通风设施	前2个对风机安装
		7.9 照明设施	首个控制箱、前20个灯具安装
		7.10 消防设施	首个隧道系统设施安装和管道试压
		7.11 本地控制器	首个控制器安装
		7.12 隧道监控中心计算机控制系统	中心设备安装
		7.13 隧道监控中心计算机网络	中心设备安装
		7.14 低压供配电	首个低压配电柜安装、前3条电缆布设和电缆接头
	8 机电系统新设备、材料		首件新设备新材料安装
	9 机电工程施工新工艺		首次施工新工艺施工过程

(10)机电工程各系统检查与技术要求。

①机电工程分项工程检查频率:施工单位为100%;工程监理单位不低于30%,当项目测点数少于3个时,全部检查。

机电工程分项工程各项实测检查项目的权值均为1。

②监控设施实测项目见表10-2~表10-10。

2.1 车辆检测器实测项目 表10-2

项 次	检 查 项 目	技 术 要 求	检 查 方 法
1	△交通量计数精度	允许误差:±2%	人工计数与交通数据采集仪结果比较
2	平均车速精度	允许误差:±5%	雷达测速仪实测值与交通数据采集仪结果比较
3	△传输性能	24h观察时间内失步现象不大于1次或BER≤10^{-8}	查日志和用数据传输测试仪

续上表

项　次	检查项目	技术要求	检查方法
4	△绝缘电阻	强电端子对机壳≥50MΩ	500V 兆欧表测量
5	△安全接地电阻	≤4Ω	接地电阻测量仪
6	△自检功能	自动检测线圈（探头）的开路、短路和损坏情况	模拟故障状态实测
7	逻辑识别线路功能	一辆车作用于两个车道的两个线圈，处理器逻辑正常，输出的检测信息正确	模拟状态实测
8	△复原功能	加电后硬件恢复和重新设置时，原存储数据保持不变	实际操作
9	本地操作与维护功能	能够接便携机进行维护和测试	实际操作
10	控制功能	具有设计文件要求的控制功能	实际操作
11	基础尺寸	符合设计要求	长、宽用量具测量，埋深查隐蔽工程验收记录或实测
12	机箱和地脚防腐涂层质量	符合设计要求	用量具或涂层测厚仪测量

注：标"△"项目为关键项目，全书同。

2.2　气象检测器实测项目

表 10-3

项次	检查项目	技术要求	检查方法
1	立柱竖直度	≤5mm/m	铅锤、直尺或全站仪
2	立柱、法兰和地脚几何尺寸	符合设计要求	超声波测厚仪测量立柱壁厚，用量具测量其他尺寸
3	基础尺寸	符合设计要求	长、宽用量具测量，埋深查隐蔽工程验收记录或实测
4	机箱、立柱、法兰和地脚的防腐涂层厚度	符合设计要求	用量具或涂层测厚仪测量
5	△绝缘电阻	强电端子对机壳≥50MΩ	500V 兆欧表测量
6	△安全接地电阻	≤4Ω	接地电阻测量仪
7	△防雷接地电阻	≤10Ω	接地电阻测量仪
8	△温度误差	±1.0°C	温度计实地测量比对
9	湿度误差	±5%R. H	湿度计实地测量比对
10	△能见度误差	±10%或符合合同要求	模拟、目测或标准能见度仪实地测量比对
11	风速误差	±5%或符合合同要求	风速仪实地测量比对
12	△数据传输性能	24h 观察时间内失步现象不大于 1 次或 BER≤10^{-8}	查日志或用数据传输测试仪
13	功能验证	能检测到降水天气	模拟降雨实测

2.3 闭路电视监视系统实测项目 表10-4

项次	检查项目		技术要求	检查方法
1	立柱竖直度		≤5mm/m	铅锤、直尺或全站仪
2	△立柱、避雷针(接闪器)、法兰和地脚几何尺寸		符合设计要求	超声波测厚仪测量立柱壁厚,用全站仪测量立柱和避雷针高度,用量具测量其他尺寸
3	基础尺寸		符合设计要求	长、宽用量具测量,埋深查隐蔽工程验收记录或实测
4	△机箱、立柱、法兰和地脚的防腐涂层厚度		符合设计要求	用量具或涂层测厚仪测量
5	△强电端子对机壳绝缘电阻		≥50MΩ	500V兆欧表测量
6	△安全接地电阻		≤4Ω	接地电阻测量仪
7	△防雷接地电阻		≤10Ω	接地电阻测量仪
8	传输通道指标	△8.1 视频电平	700mV±30mV	电视信号发生器发送75%彩条信号,用视频测试仪检测
		△8.2 同步脉冲幅度	300mV±20mV	电视信号发生器发送75%彩条信号,用视频测试仪检测
		△8.3 回波E	<7%kF	电视信号发生器发送2T信号,用视频测试仪检测
		8.4 亮度非线性	≤5%	同上
		8.5 色度/亮度增益差	±5%	同上
		8.6 色度/亮度时延差	≤100ns	同上
		8.7 微分增益	≤10%	电视信号发生器发送调制的五阶梯测试信号,用视频测试仪检测
		8.8 微分相位	≤10°	电视信号发生器发送调制的五阶梯测试信号,用视频测试仪检测
		△8.9 幅频特性	5.8MHz带宽内±2dB	电视信号发生器发送 $\sin x/x$ 信号,用视频测试仪检测
		△8.10 视频信杂比	≥56dB(加权)	电视信号发生器发送多波群信号,用视频测试仪检测
9	监视器画面指标	△随机信噪比(雪花干扰)	黑白:≥37dB,彩色:≥36dB	仪器测量,也可人工(5人以上)主观评分,不小于4分为合格
		△单频干扰(网纹)	黑白:≥40dB,彩色:≥37dB	
		△电源干扰(黑白滚道)	黑白:≥40dB,彩色:≥37dB	
		△脉冲干扰(跳动)	黑白:≥37dB,彩色:≥31dB	
10	△云台水平转动角		水平:≥350°	实际操作
11	△云台垂直转动角		上仰:≥15°,下俯:≥90°	实际操作
12	△监视范围		符合设计要求	实际操作
13	△外场摄像机安装稳定性		受大风影响或接受变焦、转动等控制时,动作平滑、无抖动	实际操作

续上表

项次	检 查 项 目	技 术 要 求	检 查 方 法
14	自动光圈调节	自动调节	实际操作
15	调焦功能	快速自动聚焦	实际操作
16	变倍功能	可变倍	实际操作
17	雨刷功能	工作正常	实际操作
18	△切换功能	监控中心可切换任意摄像机	实际操作
19	录像功能	可录像，且录像回放清晰	实际操作
20	硬拷贝功能	拷贝图像清楚	实际操作
21	报警功能	监控中心可检测外场摄像机的工作状态并在故障时报警	模拟

2.4 可变标志实测项目

表 10-5

项次	检 查 项 目	技 术 要 求	检 查 方 法
1	立柱竖直度	≤5mm/m	铅锤、直尺或全站仪
2	△立柱、避雷针(接闪器)、法兰和地脚几何尺寸	符合设计要求	超声波测厚仪量立柱壁厚，用全站仪测量立柱和避雷针高度，用量具测量其他尺寸
3	△基础尺寸	符合设计要求	长、宽用量具测量，埋深查隐蔽工程验收记录或实测
4	△机箱、立柱、法兰和地脚的防腐涂层厚度	符合设计要求	用量具或涂层测厚仪测量
5	△强电箱子对机壳绝缘电阻	≥50MΩ	500V 兆欧表测量
6	安全接地电阻	≤4Ω	接地电阻测量仪
7	防雷接地电阻	≤10Ω	接地电阻测量仪
8	△视认距离	120km/h，≥250m	按《高速公路 LED 可变限速标志》(GB 23826—2009)
9	发光单元色度坐标 (x,y)	a. 可变信息标志按《高速公路 LED 可变限速标志》(GB 23826—2009)测量红、绿、蓝、白四种颜色； b. 可变限速标志按《高速公路 LED 可变信息标志》(GB 23828—2009)测量红、黄两种颜色； c. 其他标志按《道路交通信号灯》(GB 14887—2011)测量红、绿两种颜色	按《高速公路 LED 可变限速标志》(GB 23826—2009)、《高速公路 LED 可变信息标志》(GB 23828—2009)、《道路交通信号灯》(GB 14887—2011)
10	显示屏平均亮度	最大亮度和最小亮度符合设计要求；无规定时，应不小于 $800cd/m^2$	用亮度计实测
11	△数据传输性能	24h 观察时间内失步现象不大于 1 次或 BER $<10^{-8}$	查日志和用数据传输测试仪
12	自检功能	能够向中心计算机提供显示内容的确认信息及本机工作状态自检信息	实际操作
13	△显示内容	及时、正确地显示中心计算机发送的内容	实际操作
14	亮度调节功能	能自动根据环境照度调节显示屏的亮度	实际操作

2.5 光、电缆线实测项目 表 10-6

项　次	检查项目	技术要求	检查方法
1	光纤护层绝缘电阻	≥1 000MΩ·km	1 000V 兆欧表测量(仅对直埋光纤)
2	△单模光纤接头损耗平均值	≤0.1dB	光万用表或光时域反射计测量
3	△多模光纤接头损耗平均值	≤0.2dB	光万用表或光时域反射计测量
4	△低速误码率	BER≤10^{-8}	将线对一端短接,另一端接数据传输测试仪以 64kb 速率测量
5	同轴电缆衰耗	符合设计要求	衰耗测试仪
6	同轴电缆内外导体绝缘电阻	≥500MΩ	用兆欧表 500V 挡,在连接器的芯线和外导体之间测量
7	△电力电缆绝缘电阻	≥2MΩ	用 1 000V 兆欧表在配电箱和用电设备两点间测量
8	光电缆埋深	符合设计要求	查隐蔽工程记录,必要时挖开实测

2.6 监控中心设备安装及软件调测实测项目 表 10-7

项　次	检查项目	技术要求	检查方法
1	监控室内温度	18~28℃	用温度计测 10 个测点
2	监控室内相对湿度	30%~70%	用温度计测 10 个测点
3	监控室内内新风系统功能	要求有通风换气装置且工作正常	感官目测、查验新风装置工作状态
4	监控室内防尘措施	B 级(一周内,设备上应无明显尘土)	目测
5	监控室内噪声	<70dB(A)	用声级计实测
6	监控室内操作照度	5~200lx 可调	用照度计实测
7	△电源导线对机壳接地绝缘电阻	≥50MΩ	查验随工验收记录或用 500V 兆欧表抽测 3 台设备
8	△监控中心联合接地电阻	≤1Ω	用接地电阻测量仪测量
9	工作接地电阻	≤4Ω	用接地电阻测量仪测量
10	安全接地电阻	≤4Ω	用接地电阻测量仪测量
11	防雷接地电阻	≤10Ω	用接地电阻测量仪测量
12	与外场设备的通信轮询周期	30~60s 可调	实测 10min
13	△与下端设备交换数据的实时性和可靠性	按设定的系统轮询周期,及时准确地与车辆检测器、气象检测器、可变标志等交换数据	对于检测器,在外场进行人工测试统计,然后与上端系统按时间段逐一对比,时间不少于 30min。对于可变标志用通信设备在外场与上端比对信息的正确性和实时性
14	△图像监视功能	能够监视全程或重点路段的运行状态	实际操作

续上表

项次	检查项目	技术要求	检查方法
15	与收费系统交换数据功能	正确接收收费数据、收费系统抓拍图像	实际操作
16	△系统工作状况监视功能	系统外场设备的工作状态在计算机和投影上正确显示	实际操作
17	事故阻塞告警	符合设计要求	模拟阻塞测试
18	恶劣气候告警	天气异常时,自动报警	模拟低能见度测试
19	紧急情况告警	能识别交警、消防、急救等特殊电话并在地图板、大屏幕上提示	实际操作
20	△信息提供功能	指令信息通过系统正确地传送到可变标志、交通信号灯、车道控制器以及消防、救援部门	实际操作
21	统计、查询、打印报表功能	迅速、正确地统计、查询、打印命令指示、设备状况、系统故障、交通参数等数据	实际操作,查询历史数据报表
22	数据备份、存档功能	每日数据备份,并带时间记录	实际操作,查询历史数据报表
23	加电自诊断功能	可循环检测所有监控中心内、外场设备运行状况,正确及时显示故障位置、类型	目测

2.7 地图板实测项目 表10-8

项次	检查项目	技术要求	检查方法
1	整板尺寸	允许偏差:1%	卷尺
2	垂直度	≤2mm/m	铅锤、直尺
3	平整度	任意相邻两块平整度≤1.0mm	游标卡尺或靠尺、塞尺
4	△电源导线对机壳绝缘电阻	≥50MΩ	查验随工验收记录或用500V兆欧表测量
5	静态显示	显示的内容符合设计要求	目测
6	动态交通状态显示	绿、黄、红分别表示交通正常、拥挤、阻塞状态	模拟
7	△设备工作状态显示	绿、红分别表示外场设备的正常、故障状态	目测
8	△可变标志内容显示	符合设计	实际操作
9	△紧急电话呼入显示	亮灯表示ET通话状态	模拟
10	△交通量、气象参数、时间、日期等显示	显示正确	目测

2.8 大屏幕投影系统实测项目 表10-9

项次	检查项目	技术要求	检查方法
1	拼接缝	不大于2mm或合同要求的尺寸	长度尺实测
2	△亮度	达到白色平衡时的亮度不小于150cd/m^2	亮度计实测
3	亮度不均匀度	不大于10%	亮度计实测
4	图像显示	正确显示监控中心CCTV监视器的切换图形计算机输出信息	实际操作
5	△窗口缩放	可对所选择的窗口随意缩放控制	实际操作
6	△多视窗显示	同时显示多个监视断面的窗口	实际操作

2.9 计算机监控软件与网络实测项目 表10-10

项次	检查项目	技术要求	检查方法	备注
1	△网线接线图	EIA/TIA 568	《综合布线系统电气特性通用测试方法》(YD/T 1013—2013)	双绞线缆
2	布线长度	符合设计要求	《综合布线系统电气特性通用测试方法》(YD/T 1013—2013)	双绞线缆
3	△衰减	EIA/TIA 568	《综合布线系统电气特性通用测试方法》(YD/T 1013—2013)	双绞线缆
4	△近端串扰	EIA/TIA 568	《综合布线系统电气特性通用测试方法》(YD/T 1013—2013)	双绞线缆
5	环路阻抗	EIA/TIA 568	《综合布线系统电气特性通用测试方法》(YD/T 1013—2013)	双绞线缆
6	远方近端串扰衰耗	EIA/TIA 568	《综合布线系统电气特性通用测试方法》(YD/T 1013—2013)	类双绞线缆
7	相邻线对综合串扰	EIA/TIA 568	《综合布线系统电气特性通用测试方法》(YD/T 1013—2013)	类双绞线缆
8	远端串扰与衰减比	EIA/TIA 568	《综合布线系统电气特性通用测试方法》(YD/T 1013—2013)	类双绞线缆
9	近端串扰与衰减比	EIA/TIA 568	《综合布线系统电气特性通用测试方法》(YD/T 1013—2013)	类双绞线缆
10	综合远端串扰比	EIA/TIA 568	《综合布线系统电气特性通用测试方法》(YD/T 1013—2013)	类双绞线缆
11	△回波衰耗	EIA/TIA 568	《综合布线系统电气特性通用测试方法》(YD/T 1013—2013)	类双绞线缆
12	传输时延	EIA/TIA 568	《综合布线系统电气特性通用测试方法》(YD/T 1013—2013)	类双绞线缆
13	线对间传输时延差	EIA/TIA 568	《综合布线系统电气特性通用测试方法》(YD/T 1013—2013)	类双绞线缆
14	△同轴电缆特性阻抗	50Ω或75Ω	《综合布线系统电气特性通用测试方法》(YD/T 1013—2013)	同轴缆

续上表

项次	检查项目	技术要求	检查方法	备注
15	光纤接头衰耗	0.2dB	光时域反射计	光缆
16	光纤接头回损	按设计文件	光时域反射计	光缆
17	光纤衰耗	按设计文件	光时域反射计	光缆
18	△网络维护性测试	符合设计要求	网络测试仪	网络
19	网络健康测试	符合设计要求	网络测试仪	网络

③通信设施实测项目见表10-11～表10-16。

3.1 通信管道与光、电缆线 表10-11

项次	检查项目	技术要求	检查方法
1	管道地基	符合设计要求	查隐蔽工程验收记录，必要时剖开复测
2	管道铺设	符合设计要求	查隐蔽工程验收记录，必要时剖开复测
3	回土夯实	符合设计要求	查隐蔽工程验收记录，必要时剖开复测
4	人(手)孔、管道掩埋	符合设计要求	查隐蔽工程验收记录，必要时剖开复测
5	人(手)孔的位置	符合设计要求	用量具实测
6	分歧形式及内部尺寸	符合设计要求	用量具实测
7	通信管道的横向位置	符合设计要求	用量具实测
8	△主管道管孔试通试验	畅通	查随工验收记录或按《公路工程质量检验评定标准　第一册　机电工程》(JTG F80/2—2017)附录M实测
9	△硅芯塑料管孔试通试验	畅通	查随工验收记录或气吹法实测
10	人手孔接地电阻	符合设计要求	用接地电阻测量仪实测
11	光纤护层绝缘电阻	≥1 000MΩ · km	查随工验收记录或用高阻兆欧表测量(仅对直埋光纤)
12	△单模光纤接头损耗平均值	≤0.1dB	光万用表或光时域反射计在中继段两端测量
13	多模光纤接头损耗平均值	≤0.2dB	光万用表或光时域反射计在传输段两端测量
14	△中继段单模光纤总衰耗	符合设计要求	光万用表或光源计、光功率计在中继段两端测量
15	△中继段多模光纤总衰耗	符合设计要求	光万用表或光源计、光功率计在传输段两端测量
16	同轴电缆衰耗	符合设计要求	衰耗测试仪
17	同轴电缆内外导体绝缘电阻	≥500MΩ	用兆欧表500V挡，在连接器的芯线和外导体之间测量
18	△音频电缆绝缘电阻	≥1 000MΩ · km	用高阻兆欧表在线对之间测量
19	音频电缆直流环阻	符合设计要求	用电桥或电缆分析仪测量
20	音频电缆串音衰减	符合设计要求	用电缆分析仪或串扰分析仪测量
21	△信号电缆绝缘电阻	≥500MΩ · km	用1 000V兆欧表在线对之间测量
22	信号电缆直流电阻	≤23.5Ω/km	用电桥或电缆分析仪测量
23	△音频电缆传输误码率	BER≤10^{-8}	将线对一端短接，另一端接数据传输测试仪以64kb/s速率测量

3.2 光纤数字传输系统实测项目 表10-12

项次	检查项目	技术要求	检查方法
1	△系统设备安装连接的可靠性	系统设备安装连接应可靠,经振动试验后系统无告警、无误码	橡皮锤轻轻敲击设备基架和网管计算机的配线背板15min
2	接地连接的可靠性	工作地、安全地、防雷地按规范要求分别连接到汇流排上	用万用表测量,目测检查
3	△系统接收光功率	$P_1 \geqslant P_R + M_C + M_e^*$	用光功率计,每站1个光口
4	△平均发送光功率	符合设计要求和出厂检验要求	用光功率计,每站每个传送级别各1个光口(STM1、STM4、STM16)
5	△光接收灵敏度	符合设计要求和出厂检验要求	光功率计和误码仪,每站每个传送级别各1个光口(STM1、STM4、STM16)
6	△误码指标(2M电口)	$BER = 1 \times 10^{-11}$	用误码仪,每块2M电路板抽测3条2M支路;1个支路测试时间24h,其他支路15min;允许将多条支路串接起来测试
		$ESR = 1.1 \times 10^{-5}$	
		$SESR = 5.5 \times 10^{-7}$	
		$BBER = 5.5 \times 10^{-8}$	
7	电接口允许比特容差	《同步数字体系(SDH)光纤传输系统工程设计规范》(YD 5095—2014)	PDH/SDH通信性能分析权
8	输入抖动容限	《同步数字体系(SDH)光纤传输系统工程设计规范》(YD 5095—2014)	PDH/SDH通信性能分析权
9	输出抖动	《同步数字体系(SDH)光纤传输系统工程设计规范》(YD 5095—2014)	PDH/SDH通信性能分析权
10	2M支路口漂移指标	a. MTIE≤18μs(24h) b. 40h滑动不应大于1次	在传输链路最长或定期链路经过网元最多、通过不同步边界的2M链路上测试
11	音频电路和低速数据电路测试	通路电平、衰减频率失真、增益变化、信道噪声、总失真、路基串话等指标符合设计要求	用PCM话路特性仪测试
12	△安全管理功能	未经授权不能进入网管系统,并对试图接入的申请进行监控	实际操作
13	△自动保护倒换功能	工作环路故障或大误码时,自动倒换到备用线路	实际操作,测一个环路
14	△远端接入功能	能通过网管将远端模块添加或删除	实际操作
15	配置功能	能对网元部件进行增加或删除配置,并以图形方式显示当前配置	实际操作
16	公务电话功能	系统应配置公务电话,声音清楚	实际操作

续上表

项次	检 查 项 目	技 术 要 求	检 查 方 法
17	网络性能监视功能	能实时采集分析网络误码等性能参数	实际操作
18	△激光器自动关断功能	无光输入信号时应能自动关断	测试备用板的发光口
19	故障定位功能	模拟系统故障	实际操作
20	△信号丢失告警	产生告警	实际操作
21	△电源中断告警	产生告警	实际操作
22	△帧失步告警	产生告警	实际操作
23	△AIS 告警	产生告警	实际操作
24	输入信号消失告警	产生告警	实际操作
25	参考时钟丢失告警	产生告警	实际操作
26	指针丢失告警	产生告警	实际操作
27	远端接收失效 FERF 告警	产生告警	实际操作
28	远端接收误码 FEBE 告警	产生告警	实际操作
29	电接口复帧丢失(LOM)	产生告警	实际操作
30	信号劣化(BER $>1\times10^{-6}$)	产生告警	实际操作
31	信号大误码(BER $>1\times10^{-3}$)	产生告警	实际操作
32	环境检测告警	产生告警	实际操作
33	机盘失效告警	能自动倒换,产生告警	实际操作

注:P_1-接收端实测系统接收光功率;P_R-接收器的接收灵敏度;M_C-光缆富余度;M_e-设备富余度。

3.3 程控数字交换系统实测项目

表 10-13

项次	检 查 项 目	技 术 要 求	检 查 方 法
1	△工作电压	-57 ~ -40V	用万用表实测
2	系统再启动功能	系统紧急关机后启动或作系统倒换后,系统应能恢复正常运行	实际操作
3	△修改用户号码功能	用软件修改后不影响原话机的连接通信功能	实际操作
4	△修改单个用户的号码属性	用软件修改后不影响原话机的连接通信功能	实际操作
5	修改用户数限	主要对用户的长途呼叫进行限制	实际操作
6	计费功能	能修改费率,并打印显示费额和通话记录	实际操作
7	话务管理	自动记录话务信息	实际操作
8	△故障诊断、告警	故障告警	模拟故障
9	系统交换功能	本局呼叫、出入局呼叫、新业务等功能	实际操作

续上表

项次	检 查 项 目	技 术 要 求	检 查 方 法
10	△指令电话功能	使用数字程控交换机特殊功能,建立一点对多点的快速通话功能	实际操作
11	局内障碍率	$\leqslant 3.4\times10^{-4}$	模拟呼叫器
12	接通率	>99.96%	模拟呼叫器
13	处理能力	系统达到 BHCA 值时,对人机命令的响应 90% 均应在 3s 以内	模拟呼叫器

3.4 紧急电话系统实测项目 表 10-14

项次	检 查 项 目	技 术 要 求	检 查 方 法
1	△音量	>90dB(A)	在扬声器正前方400mm 处,用声级计
2	分机安装竖高度	≤10mm/m	铅锤、直尺
3	△防雷接地电阻	≤10Ω	接地电阻测量仪
4	MIC 距基础平台的高度	1 450mm ± 20mm	卷尺
5	喇叭高度	1 600mm ± 20mm	卷尺
6	△控制台绝缘电阻	>50 MΩ	500V 兆欧表
7	△话音传输衰耗	≤30dB,3 000Hz	语音传输分析仪
8	△话音质量	话音要求清晰,音量适中,无噪声,无断字等缺陷	感官
9	△呼叫功能	响应灵敏	实际操作
10	按键提示	按键提示简明易懂	目测
11	噪声抑制	话机在通话过程及静态时,要求无嗡嗡、沙沙声及自激、啃声等杂音	感官
12	△通话呼叫功能	按下按钮,可呼叫监控中心控制台	实际操作
13	呼叫排队功能	同时呼叫或通话时的呼叫,可按优先级处理	实际操作
14	△地址码显示功能	控制台显示呼叫位置	实际操作
15	△振铃响应	呼叫在控制台有振铃响应	实际操作
16	语音提示功能	呼叫后,话机有等待信号或提示音	实际操作
17	录音功能	控制台有自动录音功能	实际操作
18	故障报告功能	中心可自动立即显示故障信息	实际操作
19	取消呼叫功能	控制台可取消呼叫	实际操作
20	打印报告功能	值班记录、事件、故障等文件可打印	实际操作
21	△定时自检功能	能检测到线路连接、电池、传输故障等情况	实际操作

续上表

项次	检查项目	技术要求	检查方法
22	手动自检功能	能检测到线路连接、电池、传输故障等情况	实际操作
23	加电自恢复功能	加电后,控制台应自动恢复到工作状态	实际操作,测一次

3.5 无线移动通信系统实测项目 表 10-15

项次	检查项目	技术要求	检查方法
1	铁塔基础尺寸	符合设计要求	实测和随工记录结合
2	铁塔所用材料规格	符合设计要求	用量具测量,必要时取样检测
3	铁塔和地脚防腐层质量	符合《公路交通工程钢构件防腐技术条件》(GB/T 18226—2015)要求	用涂层测量仪实测
4	地脚规格尺寸	符合设计要求	用量具测量,必要时取样检测
5	防雷接地系统用材料规格	符合设计要求	用量具测量和核查隐蔽工程记录相结合
6	防雷接地电阻	≤10Ω	接地电阻测量仪测量
7	基地台发射功率	符合设计要求	按《450MHz FDMA 无线接入系统技术要求和测量方法》(YD/T 1009—99)
8	中转台发射功率	符合设计要求	按《450MHz FDMA 无线接入系统技术要求和测量方法》(YD/T 1009—99)
9	车载台发射功率	符合设计要求	按《450MHz FDMA 无线接入系统技术要求和测量方法》(YD/T 1009—99)
10	手持台发射功率	符合设计要求	按《450MHz FDMA 无线接入系统技术要求和测量方法》(YD/T 1009—99)
11	基地台接收灵敏度	符合设计要求	按《450MHz FDMA 无线接入系统技术要求和测量方法》(YD/T 1009—99)
12	中转台接收灵敏度	符合设计要求	按《450MHz FDMA 无线接入系统技术要求和测量方法》(YD/T 1009—99)
13	车载台接收灵敏度	符合设计要求	按《450MHz FDMA 无线接入系统技术要求和测量方法》(YD/T 1009—99)
14	手持台接收灵敏度	符合设计要求	按《450MHz FDMA 无线接入系统技术要求和测量方法》(YD/T 1009—99)
15	电波覆盖范围	≥90%	基站监测,实地测量
16	基地台与车载台通话功能	建立、释放响应灵敏,通话清楚	实际操作
17	基地台与手持台通话功能	建立、释放响应灵敏,通话清楚	实际操作
18	手持台与手持台通话功能	建立、释放响应灵敏,通话清楚	实际操作
19	手持台与车载台通话功能	建立、释放响应灵敏,通话清楚	实际操作
20	手持台与业务电话通话功能	建立、释放响应灵敏,通话清楚	实际操作
21	车载台与业务电话通话功能	建立、释放响应灵敏,通话清楚	实际操作
22	用户之间群呼、组呼、选呼功能	建立、释放响应灵敏,通话清楚	实际操作

3.6　通信电源实测项目　　表 10-16

项次	检 查 项 目	技 术 要 求		检 查 方 法
1	设备、列架的绝缘电阻	交流配电屏	符合设计要求，无要求时应≥2MΩ	用500V兆欧表在设备布线和地之间测量
		直流配电屏		
		开关电源		
		不中断电源		
2	△开关电源的主输出电压	-40～-57V		用万用表实测
3	开关电源输出杂音	电话衡重杂音	≤2mV	用杂波表实测
		峰值杂音（0～300Hz）	≤100mV	
		宽频杂音（3.4～150kHz）	≤100mV	
		宽频杂音（0.15～30MHz）	≤30mV	
4	电池组供电特性	放电、浮充及免维护等符合要求		电池性能测试实测或核查随工验收记录
5	△电源系统报警功能	机房内可视、可听报警显示不正常状态		模拟实测
6	△远端维护管理功能	可实现远端的遥测、遥控和遥信的集中管理		实际操作
7	不间断电源	断开主供电线路时，UPS能正常启动，系统不掉电，不影响系统的工作		实际操作
8	通信电源系统防雷	符合《通信局（站）防雷与接地工程设计规范》（YD 5098—2005）		按《通信局（站）防雷与接地工程设计规范》（YD 5078—2005）
9	通信电源的接地	符合设计要求		用接地电阻测量仪测量
10	设备安装的水平度	≤2mm/m		量具实测
11	设备安装的垂直度	≤3mm		用吊锤和量具实测

④收费设施实测项目见表10-17～表10-24。

4.1　入口车道设备实测项目　　表 10-17

项次	检 查 项 目	技 术 要 求	检 查 方 法
1	设备机壳防腐涂层及厚度	符合设计要求，无要求时按《公路交通工程钢构件防腐技术条件》（GB/T 18226—2015）	涂层测厚仪实测
2	△设备强电端子对机壳绝缘电阻	≥50MΩ	500V兆欧表测量
3	△车道控制器安全接地电阻	≤4Ω	接地电阻测量仪测量
4	△电动栏杆机安全接地电阻	≤4Ω	接地电阻测量仪测量

续上表

项次	检查项目	技术要求		检查方法
5	收费亭防雷接地电阻	≤10Ω		接地电阻测量仪测量
6	收费天棚信号灯色度和亮度	红色	符合《道路交通信号灯》(GB 14887—2011)	色度/亮度计实测
		绿色	符合《道路交通信号灯》(GB 14887—2011)	
7	收费车道内通行信号灯色度和亮度	红色	符合《道路交通信号灯》(GB 14887—2011)	色度/亮度计实测
		绿色	符合《道路交通信号灯》(GB 14887—2011)	
8	△车道信号灯动作	按规定的触发状态正常工作		实际操作
9	电动栏杆起落总时间	≤4.0s或符合设计要求		移表，测10次，取平均值
10	△电动栏杆动作响应	按规定操作流程动作，具有防砸车和水平回转功能		实际操作
11	△车道车辆检测器计数精度偏差	≤0.1%		人工记数核对，要大于1 000辆，或借助录像带核对历史记录
12	环形线圈电感量	符合设计要求		用电感测量仪器实测
13	摄像机清晰度	符合设计要求		用测试卡和视频测试仪实测
14	读写卡设备响应时间及对异常卡的处理	符合设计要求		实测40次
15	△闪光报警器	按规定的触发状态正常工作		实际操作
16	专用键盘	标记清楚、牢固，键位划分合理，操作灵活，响应准确、可靠		实际操作
17	手动栏杆与天棚信号灯的互锁功能	只有手动栏杆打开时天棚信号灯才由红色变为绿色		实际操作
18	△初始状态动作	车道控制标志显示车道关闭，车道栏杆处于水平半闭状态，收费员显示器显示内容齐全正确		实际操作
19	△车道打开动作	按"交班"键，识别操作员身份，登录成功后，可打开车道，处于正常工作状态，并具有防止恶意登录功能		输入身份卡正确、错误各一次
20	△入口正常处理流程	符合规定的操作流程		实际操作
21	公务车处理流程	符合规定的操作流程		实际操作
22	军车处理流程	符合规定的操作流程		实际操作
23	车队处理流程	符合规定的操作流程		实际操作
24	其他紧急车处理流程	符合规定的操作流程		实际操作
25	△违章车报警流程	符合规定的操作流程		实际操作
26	修改功能流程	有车型判别错误时，可按规定的流程修改		实际操作

续上表

项 次	检 查 项 目	技 术 要 求	检 查 方 法
27	车道维修和复位操行流程	维护菜单允许维护员进行车道维护和复位操作等	实际操作
28	△车道关闭操作流程	按"交班"键,识别操作员身份,可关闭车道,处于关闭状态	实际操作
29	对车道控制设备状态监测功能	运行过程中,车道控制器(车道计算机)可对车道设备进行监测,故障时应给出报警信号,提醒收费员和站内监控人员	实际操作
30	△断电数据完整性测试	任意流程时关闭车道控制器(车道计算机)电源,车道工作状态正常,加电后数据无丢失	实际操作
31	△断网测试	断开车道控制器(车道计算机)与收费站的通信链路,车道工作状态正常,加电后数据无丢失	实际操作
32	图像抓拍	车道关闭时,抓拍检测器处于启动状态;车辆进入入口车道时,抓拍检测器侦获"来车"信号,触发图像抓拍;抓拍信息符合要求,能按规定格式存储转发	实际操作
33	每辆小客车平均处理时间	≤8s 或符合设计要求	秒表,5 位熟练收费员,一人操作三次,取平均值

4.2 出口车道设备实测项目 表 10-18

项 次	检 查 项 目	技 术 要 求		检 查 方 法
1	设备机壳防腐涂层及厚度	符合设计要求,无要求时按《公路交通工程钢构件防腐技术条件》(GB/T 18226—2015)		涂层测厚仪实测
2	△设备强电端子对机壳绝缘电阻	≥50MΩ		500V 兆欧表测量
3	△车道控制器安全接地电阻	≤4Ω		接地电阻测量仪测量
4	△电动栏杆机安全接地电阻	≤4Ω		接地电阻测量仪测量
5	收费亭防雷接地电阻	≤10Ω		接地电阻测量仪测量
6	收费天棚信号灯色度和亮度	红色	符合《道路交通信号灯》(GB 14887—2011)	色度/亮度计实测
		绿色		
7	收费车道内通行信号灯色度和亮度	红色	符合《道路交通信号灯》(GB 14887—2011)	色度/亮度计实测
		绿色		
8	△车道信号灯动作	按规定的触发状态正常工作		实际操作
9	电动栏杆起落总时间	≤4.0s 或符合设计要求		移表,测 10 次,取平均值
10	△电动栏杆动作响应	按规定操作流程动作,具有防砸车和水平回转功能		实际操作

续上表

项　次	检 查 项 目	技 术 要 求	检 查 方 法
11	△车道车辆检测器计数精度偏差	≤0.1%	人工记数核对,要大于1 000辆,或借助录像带核对历史记录
12	环形线圈电感量	符合设计要求	用电感测量仪器实测
13	摄像机清晰度	符合设计要求	用测试卡和视频测试仪实测
14	读写卡设备响应时间及对异常卡的处理	符合设计要求	实测40次
15	专用键盘	标记清楚、牢固,键位划分合理,操作灵活,响应准确、可靠	实际操作
16	△费额显示器	通行卡处理后,通行费显示于费额显示器	实际操作+目测
17	△收据打印机	迅速正确打印收据	实际操作
18	△脚踏报警	工作正常	实际操作
19	△闪光报警器	按规定的触发状态正常工作	实际操作
20	手动栏杆与天棚信号灯的互锁功能	只有手动栏杆打开时天棚信号灯才由红色变为绿色	实际操作
21	△车道初始状态	车道信号灯显示车道关闭,车道栏杆处于水平关闭状态,收费员显示器显示内容齐全正确,并具有防止恶意登陆功能	实际操作
22	△车道打开状态	按"交班"键,识别操作员身份,登录成功后,可打开车道,处于正常工作状态	输入身份卡正确、错误各一次
23	△出口正常处理流程	符合出口基本作业流程	实际操作
24	△换卡车处理流程	符合中途换卡车处理规定	实际操作
25	△入出口车型不符合处理流程	自动报警,站处理	实际操作
26	△无支付或不足支付处理流程	符合出口未付车监督处理流程	实际操作
27	△丢卡、坏卡处理流程	符合卡丢失、卡故障处理流程	实际操作
28	△军警车处理流程	记录特殊事件	实际操作
29	△公务车处理流程	符合公务车处理流程	实际操作
30	△车队处理流程	符合出口车队处理流程	实际操作
31	△拖车处理流程	符合拖车处理流程	实际操作
32	△闯关车处理流程	符合闯关车处理流程	实际操作
33	车道维修和复位操作处理流程	维护菜单允许授权维护员进行车道维护和复位操作	实际操作

续上表

项 次	检 查 项 目	技 术 要 求	检 查 方 法
34	△车道关闭操作处理流程	按“交班”键,识别操作员身份,可关闭车道,处于关闭状态	实际操作
35	车道控制设备状态监测	运行过程中,车道控制器(车道计算机)可对车道设备进行监测,故障时给出报警信号	实际操作
36	△断网测试	断开车道控制器与光纤的连接,车道工作状态正常、数据无丢失	实际操作
37	△断电数据完整性测试	任意流程时关闭车道控制器(车道计算机)电源,车道工作状态正常,加电后数据无丢失	实际操作
38	△断网测试	断开车道控制器(车道计算机)与收费站的通信链路,车道工作状态正常、数据无丢失	实际操作
39	图像抓拍	车道关闭时,抓拍检测器处于启动状态;车辆进入入口车道时,抓拍检测器侦获“来车”信号,触发图像抓拍;抓拍信息符合要求,按规定格式存储转发	实际操作
40	每辆小客车平均处理时间	≤14s 或符合设计要求	秒表,5 位熟悉收费员,一人操作三次,取均值

4.3 收费站设备及软件实测项目 表 10-19

项 次	检 查 项 目	技 术 要 求	检 查 方 法
1	△强电端子对机壳绝缘电阻	≥50MΩ	500V 兆欧表测量
2	△收费站联合接地电阻	≤4Ω	用接地电阻测量仪测量
3	△对车道的实时监控功能	收费站管理计算机可查看车道后一辆车处理信息及车道状态、操作员信息,监视计算机可监视、显示车道设备及操作情况	实际操作
4	查原始数据功能	通过专用服务器和收费管理计算机可查询、统计原始数据	实际操作
5	△图像稽查功能	可稽查所有出入口车道“有问题”车辆图像	实际操作
6	打印报表功能	值班员可通过收费站管理计算机打印各种报表	实际操作
7	查看费率表功能	可通过收费管理计算机查看费率表	实际操作

续上表

项 次	检查项目	技术要求	检查方法
8	与车道数据通信功能	专用服务器在不同模式下可和车道控制机交换规定的信息,数据传输准确	实际操作
9	△数据备份功能	车道控制器、收费站专用服务器、管理计算机数据保护安全、可靠	实际操作
10	字符叠加功能	在监视器上可观察到信息	实际操作
11	与收费中心的通信功能	可以和收费中心交换规定的数据,数据传输准确	实际操作后比对
12	查断网试验的数据上传	与收费中心计算机通信故障时,数据可存储在移动存储器上并可在收费中心计算机上恢复	实际操作
13	△报警录像功能	用于报警时显示报警图像的显示器具有报警显示功能,值班员通过键盘控制切换控制器切换该路报警视频信号进行录像,或自动进行切换	实际操作
14	△主监视器切换显示各车道及收费亭摄像机功能	监视计算机可切换显示各车道及收费亭录像机	实际操作
15	查看事件报表打印功能	可查看入口、出口车道特殊处理明细表并打印	实际操作
16	数据完整性测试	系统崩溃或电源故障,重新启动时,系统能自动引导至正常工作状态,不丢失任何历史数据	模拟操作或查历史记录

4.4　收费中心设备及软件实测项目

表 10-20

项 次	检查项目	技术要求	检查方法
1	△强电端子对机壳绝缘电阻	≥50MΩ	500V 兆欧表测量
2	△收费中心联合接地电阻	≤4Ω	用接地电阻测量仪测量
3	△与收费站的数据传输功能	定时或实时轮询各收费站的数据	实际操作
4	△费率表、车型分类参数的设置与变更	可设置、变更费率表,车型分类参数,并下传到收费站	实际操作
5	△系统时间设定功能	对收费站计算机的时钟进行统一校准	实际操作
6	△图像稽查功能	可稽查所有出入口车道"有问题"车辆图像	实际操作
7	△报表统计管理及打印功能	收费中心计算机系统可打印规定的各种报表	实际操作
8	△对各站及车道 CCTV 图像切换及控制功能	可切换、可控制	实际操作

续上表

项次	检查项目	技术要求	检查方法
9	与监控中心计算机通信功能	与监控中心传输规定的数据,传输准确	实际操作
10	双机热备份功能	当主机宕机时,从机能够自动接管,保证业务的连续性和正确性,切换时间符合要求	实际操作
11	通行卡管理功能	通过授权正确制作通行卡、公务卡、身份卡,并能记录、统计、查询本中心发行卡的信息	实际操作
12	数据完整性测试	系统崩溃或电源故障,重新启动时,系统能自动引导至正常工作状态,不丢失任何历史数据	实际操作或查历史记录
13	通行费拆分	能按设置的逻辑日自动或手动完成通行费的正确拆分	实际操作

4.5　IC卡及发卡编码系统实测项目

表10-21

项次	检查项目	技术要求	检查方法
1	发卡设备安全性测试	在交流220V侧进行绝缘和耐压测试	500V兆欧表和耐压测试仪实测
2	发卡设备可靠性测试	连续读写500张测试卡,读发卡设备无卡滞,用计算机软件核对无错误	实际操作
3	兼容性测试	能适应符合标准的多家生产企业的卡	实际操作
4	卡处理时间(完成一次读写)	典型应答处理时间≤300ms	实际操作
5	发放身份IC卡	可制作不同类型的身份卡	实际操作
6	发放公务IC卡	可制作公务卡	实际操作
7	发放预付IC卡	可制作预付卡	实际操作
8	预付卡业务查询、统计与打印	路段分中心可为持卡人开设系列查询业务,可打印对账单等	实际操作
9	发放通行IC卡	可制作通行卡	实际操作
10	△防冲突	同时识别两张卡,识别正确	实际操作

4.6　闭路电视监测系统实测项目

表10-22

项次	检查项目	技术要求	检查方法
1	立柱竖直度	≤5mm/m	铅锤、直尺或全站仪
2	△立柱、避雷针(接闪器)、法兰和地脚几何尺寸	符合设计要求	用超声波测厚仪测量立柱壁厚,用全站仪测量立柱和避雷针高度,用量具测量其他尺寸

续上表

项次		检查项目	技术要求	检查方法
3		基础尺寸	符合设计要求	长、宽用量具测量，埋深查隐蔽工程验收记录或实测
4		△机箱、立柱、法兰和地脚的防腐涂层厚度	符合设计要求	用量具或涂层测厚仪测量
5		△强电端子对机壳绝缘电阻	≥50M	500V 兆欧表测量
6		△安全保护接地电阻	≤4Ω	接地电阻测量仪
7		△防雷接地电阻	≤10Ω	接地电阻测量仪
8	传输通道指标	△8.1 视频电平	700mV ±30mV	电视信号发生器发送75%彩条信号，用视频测试仪检测
		△8.2 同步脉冲幅度	300mV ±20mV	电视信号发生器发送75%彩条信号，用视频测试仪检测
		△8.3 回波 E	<7% KF	电视信号发生器发送2T 信号，用视频测试仪检测
		8.4 亮度非线性	≤5%	同上
		8.5 色度/亮度增益差	±5%	同上
		8.6 色度/亮度时延差	≤100ns	同上
		8.7 微分增益	≤10%	电视信号发生器发送调制的五阶梯测试信号，用视频测试仪检测
		8.8 微分相位	≤10°	电视信号发生器发送调制的五阶梯测试信号，用视频测试仪检测
		△8.9 视频特性	5.8MHz 带宽内 ±2dB	电视信号发生器发送 $\sin x/x$ 信号，用视频测试仪检测
		△8.10 视频信杂比	≥56dB(加权)	电视信号发生器发送多波群信号，用视频测试仪检测
9	收费中心监视器画面指标	△随机信噪比(雪花干扰)	黑白:≥37dB，彩色:≥36dB	仪器测量，也可人工(5人以上)主观评分，≥4 分合格
		△单频干扰(网纹)	黑白:≥40dB，彩色:≥37dB	
		△电源干扰(黑白滚道)	黑白:≥40dB，彩色:≥37dB	
		△脉冲干扰(跳动)	黑白:≥37dB，彩色:≥31dB	

续上表

项 次	检 查 项 目	技 术 要 求	检 查 方 法
10	△监视范围	监控室能清楚识别车型、车牌、收费额等信息	实际操作
11	△外场摄像机安装稳定性	受大风影响或接受变焦、转动等控制时,动作平滑、无抖动	实际操作
12	△切换功能	可切换到任一车道	实际操作
13	△录像功能	可录像,且录像回放效果清晰	实际操作
14	△信息叠加功能	能将时间、车道号、车型、收费额等信息叠加到图像上,且显示清楚	实际操作
15	硬拷贝功能	拷贝图像清楚	实际操作
16	报警功能	故障报警	模拟
17	云台水平转动角	水平:≥350°	实际操作
18	云台垂直转动角	上仰:≥15°;下俯:≥90°	实际操作
19	自动光圈调节	自动调节	实际操作
20	调焦功能	快速自动聚焦	实际操作
21	变倍功能	可变倍	实际操作
22	雨刷功能	工作正常	实际操作

4.7　内部有线对讲及紧急报警系统实测项目　　表 10-23

项 次	检 查 项 目	技 术 要 求	检 查 方 法
1	△主机全呼分机	按下主控台全呼键,站值班员可向所有车道收费员广播	实际操作
2	△主机单呼某个分机	主机可呼叫某个分机	实际操作
3	△分机呼叫主机	分机可呼叫主机	实际操作
4	△分机之间的串音	分机之间不能相互通信	主管评定
5	主机对分机的侦听功能	能侦听分机试图呼叫分机的操作	实际操作
6	扬声器音量调节	可调	实际操作
7	话音质量	话音清晰,音量适中,无噪声,无断字等缺陷	实际操作
8	按钮状态指示灯	主机上有可视信号显示呼叫的分机号	实际操作+目测
9	△手动/脚踏报警功能	按动报警开关可驱动报警	实际操作
10	报警器故障监测功能	信号电缆出现断路故障时报警	断开信号电缆线
11	报警器向 CCTV 系统提供报警输出信号	报警器可向闭路电视系统提供报警输出信号	实际操作
12	报警器自检功能	报警器具有自检功能	实际操作

4.8 站内光电缆线实测项目 表 10-24

项 次	检 查 项 目	技 术 要 求	检 查 方 法
1	光纤护层绝缘电阻	≥1 000MΩ · km	1 000V 兆欧表测量(仅对直埋光纤)
2	△单模光纤接头损耗	≤0.1dB	光万用表或光时域反射计测量
3	△多模光纤接头损耗	≤0.2dB	光万用表或光时域反射计测量
4	△低速误码率	BER≤10^{-8}	数据传输测试仪
5	同轴电缆衰耗	符合设计要求	衰耗测试仪
6	同轴电缆内外导体绝缘电阻	≥500MΩ	用兆欧表500V 挡,在连接器的芯线和外导之间测量
7	△电力电缆绝缘电阻	≥2MΩ	用500V 兆欧表在配电箱和用电设备两点间测量
8	光电缆埋深	符合设计要求	查隐蔽工程记录,必要时挖开实测

4.9 收费系统计算机网络分项工程可参照表 10-10 执行。

⑤低压配电设施实测项目见表 10-25、表 10-26。

5.1 中心(站)内低压配电设施实测项目 表 10-25

<table>
<tr><th>项 次</th><th>检 查 项 目</th><th colspan="2">技 术 要 求</th><th>检 查 方 法</th></tr>
<tr><td rowspan="4">1</td><td rowspan="4">室内设备、列架的绝缘电阻</td><td>交流配电箱(柜)</td><td rowspan="4">符合设计要求,无要求时应≥2MΩ(设备安装后)</td><td rowspan="4">用500V 兆欧表在设备内布线和地之间测量</td></tr>
<tr><td>直流配电箱(柜)</td></tr>
<tr><td>交流稳压器</td></tr>
<tr><td>不中断电源</td></tr>
<tr><td>2</td><td>△安全接地电阻</td><td colspan="2">≤4Ω</td><td>接地电阻测量仪</td></tr>
<tr><td>3</td><td>△联合接地电阻</td><td colspan="2">≤1Ω</td><td>接地电阻测量仪</td></tr>
<tr><td>4</td><td>设备安装的水平度</td><td colspan="2">≤2mm/m</td><td>用量具实测</td></tr>
<tr><td>5</td><td>设备安装的垂直度</td><td colspan="2">≤3mm/m</td><td>用铅锤和量具实测</td></tr>
<tr><td>6</td><td>发电机组控制柜接地电阻</td><td colspan="2">≤4Ω</td><td>接地电阻测量仪</td></tr>
<tr><td>7</td><td>发电机组控制柜绝缘电阻</td><td colspan="2">≥2MΩ(设备安装后)</td><td>≥2MΩ(设备安装后)</td></tr>
<tr><td>8</td><td>启动及启动时间</td><td colspan="2">符合要求</td><td>实际操作</td></tr>
<tr><td>9</td><td>发电机组容量测试</td><td colspan="2">符合设计要求</td><td>查出厂测试报告</td></tr>
<tr><td>10</td><td>发电机组相序</td><td colspan="2">与机组输出标志一致</td><td>用相序指示器测试</td></tr>
<tr><td>11</td><td>发电机组输出电压稳定性</td><td colspan="2">符合设计要求</td><td>查出厂测试报告和实际测量</td></tr>
</table>

续上表

项　次	检 查 项 目	技 术 要 求	检 查 方 法
12	自动发电机组自启动转换功能测试	市电掉电后,机组能自动启动,稳定后送入规定的线路上,可手动优先切换	实际操作或查有效的历史记录
13	△机组供电切换对机电系统的影响	机电系统所有设备不因受到机组电源切换而出现工作异常	实际操作或查有效的历史记录
14	△电源室接地装置施工质量检查	接地体的材质和尺寸、安装位置及埋深,接地体引入线与接地体的连接以及防腐处理等符合设计要求	查隐蔽工程验收记录和施工记录

5.2　外场设备电力电缆线路实测项目　　表 10-26

项　次	检 查 项 目	技 术 要 求	检 查 方 法
1	配电箱基础尺寸及高程	符合设计要求	用量具测量
2	配电箱涂层厚度	符合设计要求,无要求时按《公路交通工程结构件防腐技术条件》(GB/T 18226—2015)	用涂层测厚仪实测
3	电缆埋深	符合设计要求	查验隐蔽工程记录或实测
4	△电源箱、配电箱、分线箱安全接地电阻	≤4Ω	用接地电阻测量仪实测
5	△配线架对配电箱绝缘电阻	≥10MΩ	用兆欧表实测
6	△相线对绝缘护套的绝缘电阻	≥2MΩ(全程)	用兆欧表实测

⑥照明设施实测项目见表 10-27。

6　照明设施实测项目　　表 10-27

项　次	检 查 项 目	技 术 要 求	检 查 方 法
1	△灯杆基础尺寸	符合设计要求	长、宽用量具测量,埋深查隐蔽工程验收记录或实测
2	△灯杆壁厚	符合设计要求	金属灯杆用超声波测厚仪测量,混凝土灯杆查隐蔽工程验收记录
3	△灯杆、避雷针(接闪器)高度、法兰和地脚几何尺寸	符合设计要求	用全站仪测量灯杆和避雷针高度,用量具测量其他尺寸
4	△金属灯杆防腐涂层壁厚	镀锌:≥85μm,其他涂层符合设计要求	用涂层测厚仪测量

续上表

项　次	检 查 项 目	技 术 要 求	检 查 方 法
5	灯杆垂直度	≤5mm/m	经纬仪
6	灯杆横纵向偏差	符合设计要求	经纬仪
7	△照明设备控制装置的接地电阻	≤4Ω	接地电阻测试仪
8	△灯杆接地电阻	≤10Ω	接地电阻测试仪
9	离杆灯灯盘升降功能测试	符合设计要求	实际操作
10	路段直线段照度及均匀度	符合设计要求	照度计
11	路段弯道段照度及均匀度	符合设计要求	照度计
12	大桥桥梁段照度及均匀度	符合设计要求	照度计
13	立交桥面段照度及均匀度	符合设计要求	照度计
14	收费广场照度及均匀度	符合设计要求	照度计
15	收费天棚照度及均匀度	符合设计要求	照度计
16	自动、手动两种方式控制全部或部分照明器的开闭	可控	实地操作
17	亮度传感器与照明器的联动功能	可控	模拟遮挡光探头
18	定时控制功能	可控	设定时间,观察

⑦隧道机电设施,实测项目如下。

7.1　车辆检测器分项工程可参照表10-2执行。

7.2　气象检测器分项工程可参照表10-3执行。

7.3　闭路电视监视系统分项工程可参照表10-4执行。

7.4　紧急电话系统分项工程的检评除安装高度和音量符合隧道设计要求外可参照表10-14执行。

7.5　环境检测设备实测项目见表10-28。

7.5　环境检测设备实测项目　　表10-28

项　次	检 查 项 目	技 术 要 求	检 查 方 法
1	△传感器安装位置偏差	符合设计要求	用经纬仪或量尺测量
2	△绝缘电阻	强电端子对机壳≥50MΩ	用500V兆欧表测量
3	△安全保护接地电阻	≤4Ω	接地电阻测量仪
4	防雷接地电阻	≤10Ω	接地电阻测量仪
5	△数据传输性能	24h观察时间失步现象不大于1次或 BER≤10^{-8}	接地电阻测量仪
6	CO传感器灵敏度	符合要求或出厂检验指标	用相应仪器比对
	△烟雾传感器灵敏度	符合要求或出厂检验指标	用相应仪器比对
	△照度传感器灵敏度	符合要求或出厂检验指标	用相应仪器比对
	风速传感器灵敏度	符合要求或出厂检验指标	用相应仪器比对

续上表

项 次	检 查 项 目	技 术 要 求	检 查 方 法
7	CO 传感器精度偏差	符合要求或出厂检验指标	用相应仪器比对
	烟雾传感器精度偏差	符合要求或出厂检验指标	用相应仪器比对
	照度传感器精度偏差	符合要求或出厂检验指标	用相应仪器比对
	风速传感器精度偏差	符合要求或出厂检验指标	用相应仪器比对
	风向传感器精度偏差	符合要求或出厂检验指标	用相应仪器比对
8	△数据采样周期	符合设计要求	实际操作
9	信号输出方式	符合设计要求	示波器和数据传输分析仪
10	与风机、照明、消防、报警、诱导、可变标志、控制计算机的联动功能	符合设计要求	模拟或实际操作

7.6 报警与诱导设施实测项目见表 10-29。

7.6 报警与诱导设施实测项目 表 10-29

项 次	查 检 项 目	技 术 要 求	检 查 方 法
1	报警按钮的位置和高度偏差	符合设计要求	用经纬仪或量尺测量
2	警报器的位置和高度偏差	符合设计要求	用经纬仪或量尺测量
3	诱导设施的位置和高度偏差	符合设计要求	用经纬仪或量尺测量
4	△绝缘电阻	强电端子对机壳≥50MΩ	用 500V 兆欧表测量
5	△安全保护接地电阻	≤4Ω	接地电阻测量仪
6	防雷接地电阻	≤10Ω	接地电阻测量仪
7	△数据传输性能	24h 观察时间内失步现象不大于 1 次或 BER≤10^{-8}	数据传输测试仪
8	△警报器音量	96～120dB(A)或设计要求	声级计
9	诱导设施的色度	符合《道路交通信号灯》(GB 14887—2011)要求	用色度/亮度计实测
10	诱导设施的亮度	符合《道路交通信号灯》(GB 14887—2011)要求	用色度/亮度计实测
11	报警信号输出	能将报警位置、类型等信息发送到中心控制室计算机或本地控制器	实际操作
12	△报警按钮与警报器的联动功能	警报器可靠接受报警信号的控制	实际操作

7.7 可变标志分项工程可参照表 10-5 执行。

7.8 通风设施实测项目见表 10-30。

7.8 通风设施实测项目 表 10-30

项 次	查 检 项 目	技 术 要 求	检 查 方 法
1	安装误差	符合设计要求	用经纬仪或量尺测量
2	△净空高度	符合设计要求	用经纬仪或量尺测量
3	△绝缘电阻	强电端子对机壳≥50MΩ	500V 兆欧表测量
4	△控制柜安全保护接地电阻	≤4Ω	用接地电阻测量仪
5	△防雷接地电阻	≤10Ω	用接地电阻测量仪
6	△风机运转时隧道断面平均风速	符合设计要求	风速仪实测

续上表

项　次	查检项目	技术要求	检查方法
7	风机全速运转时隧道噪声	符合设计要求	声级计实测
8	响应时间	发送控制命令后至风机启动带动叶轮转动时的时间≤5s,或符合设计要求	实际操作
9	方向可控性	接收手动、自动控制信号改变通风方向	实际操作
10	风速可控性	接收手动、自动控制信号调节通风量	实际操作
11	运行方式	风机具有手动、自动两种运行方式以控制风机的启动、停止与方向、风量	实际操作
12	本地控制模式	自动运行方式下,可以接收多路检测器的控制,控制风机启动、停止与方向、风量	实际操作
13	远程控制模式	自动运行方式下,通过标准串口,接收本地控制器或计算机控制系统的控制,控制风机启动、停止与方向、风量	实际操作

7.9　照明设施实测项目见表10-31。

7.9　照明设施实测项目　　表10-31

项　次	检查项目	技术要求	检查方法
1	灯具的安装偏差	符合设计要求;无要求时:纵向≤30mm,横向≤20mm,高度≤10mm	用经纬仪或量尺测量
2	△绝缘电阻	强电端子对机壳≥50MΩ	用500V兆欧表测量
3	△控制柜安全保护接地电阻	≤4Ω	接地电阻测量仪
4	△防雷接地电阻	≤10Ω	接地电阻测量仪
5	灯具启动时间的可调性	照明回路组的启动时间间隔、可控	实际操作
6	△启动、停止方式	可自动、手动两种方式控制全部或部分照明器的启动、停止	实际操作
7	△照度(入口段、过渡段、中间段)	符合设计要求	照度计
8	照度总均匀度、纵向均匀度	符合设计要求	照度计
9	紧急照明	双路供电照明系统,主供电路停电时,应自动切换到备用供电线路上	模拟操作

7.10　消防设施实测项目见表10-32。

7.10　消防设施实测项目　　表10-32

项　次	检查项目	技术要求	检查方法
1	火灾探测器安装位置	符合设计要求	用经纬仪或量尺测量
2	消防控制器安装位置	符合设计要求	用经纬仪或量尺测量
3	火灾报警器、消火栓安装位置	符合设计要求	用经纬仪或量尺测量
4	灭火器安装位置	符合设计要求	用经纬仪或量尺测量
5	加强设施气压	符合设计要求	用经纬仪或量尺测量
6	加压设施气压	符合设计要求	利用设施上的气压表目测

续上表

项次	检查项目	技术要求	检查方法
7	供水设施水压	符合设计要求	利用设施上的气压表目测
8	绝缘电阻	强电端子对机壳≥50MΩ	用500V兆欧表测量
9	△控制器安全保护接地电阻	≤4Ω	接地电阻测量仪
10	△防雷接地电阻	≤10Ω	接地电阻测量仪
11	△火灾报警器灵敏度	可靠探测火灾,不漏报、不误报,并将探测数据传送到火灾控制器和上端计算机	模拟测试
12	△火灾报警器灵敏度	按下报警器时,触发警报器,并把信号传送到火灾控制器和上端计算机	模拟测试
13	△消火栓的功能	打开阀门后在规定的时间内达到规定的射程	模拟测试1次
14	其他灭火器材的功能	按使用说明书	抽测1个
15	火灾探测器	符合设计要求	模拟测试1次,或查施工记录、历史记录

7.11　本地控制器实测项目见表10-33

7.11　本地控制器实测项目　　表10-33

项次	检查项目	技术要求	检查方法
1	基础尺寸	符合设计要求	用量尺测量
2	安装水平度、竖直度	水平:≤3mm/m;垂直:≤5mm/m	铅锤、直尺或全站仪
3	△机箱、锚具和地脚的防腐涂层厚度	符合设计要求	用量具或涂层测厚仪测量
4	△强电端子对机壳绝缘电阻	≥50MΩ	用500V兆欧表测量
5	△安全保护接地电阻	≤4Ω	接地电阻测量仪
6	△防雷接地电阻	≤10Ω	接地电阻测量仪
7	△数据传输性能	48h观察时间内失步现象不大于1次或24h BER≤10^{-8}	数据传输测试仪
8	△与计算机通信功能	按设计周期与中心计算机通信	实际操作
9	△对所辖区域内下端设备控制功能	按设计周期或中心控制采集、处理、计算各下端设备的数据	实际操作
10	△本地控制功能	中心计算机或通信链路故障时,具有独立控制功能	实际操作
11	断电时恢复功能	加电或系统重启动后可自动运行原预设控制方案	实际操作

7.12　隧道监控中心计算机控制系统实测项目见表10-34。

7.12　隧道监控中心计算机控制系统实测项目　　表 10-34

项次	检查项目	技术要求	检查方法
1	△系统设备安装连接的可靠性	系统设备安装连接应可靠，经振动试验后系统无告警、错误动作	橡皮锤轻轻敲击设备基架和服务器主机的配线背板 15min
2	接地连接的可靠性	工作地、安全地、防雷地按规范要求分别连接到汇流排上	用万用表测量，目测检查
3	△联合接地电阻	≤4Ω	用接地电阻测量仪测量
4	强电端子对机壳绝缘电阻	≥50MΩ	用 500V 兆欧表抽测人易触摸到的带电金属壳体设备
5	与本地控制器的通信功能	定时或实时轮询各本地控制器的数据，收集信息或发送执行命令	实际操作
6	与监控中心计算机通信功能	与监控中心传输规定的数据，传输准确	实际操作
7	服务器功能	主要完成网管、数据备份、资源共享；完成其他设计规定的内容	实际操作
8	中央管理计算机功能	协调和管理其他计算机；完成其他设计规定的内容	实际操作
9	交通控制计算机功能	接收下端车辆检测器传来的信息，做出执行控制方案；完成其他设计规定的内容	实际操作或模拟操作
10	通风照明计算机功能	接收下端环境检测器传来的信息，做出执行控制方案；完成其他设计规定的内容	实际操作或模拟操作
11	火灾报警控制计算机功能	接收下端火灾报警控制器传来的信息，做出执行控制方案；完成其他设计规定的内容	实际操作或模拟操作
12	图像控制计算机的功能	对各 CCTV 图像切换、控制，在大屏幕上显示；完成其他设计规定的内容	实际操作
13	紧急电话控制台功能	完成对下端分机呼叫的应答以及其他设计规定的内容	实际操作
14	大屏幕的安装质量和功能	符合设计要求	目测和实际操作
15	地图板的安装质量和功能	符合设计要求	目测和实际操作
16	△报表统计管理及打印功能	中心计算机系统可打印规定的各种报表	实际操作
17	双机热备份功能	当主机宕机时，从机能够自动接管，保证业务的连续性和正确性，切换时间符合要求	模拟操作

续上表

项 次	检 查 项 目	技 术 要 求	检 查 方 法
18	数据完整性测试	系统崩溃或电源故障,重新启动时,系统能自动引导至正常工作状态,并执行原控制方案,不丢失历史数据	实际操作或查历史记录

7.13　隧道监控中心计算机网络可参照表10-7、表10-10执行。

7.14　隧道低压供配电分项工程可参照表10-25、表10-26执行。

7.15　隧道风机机座监理要点。隧道风机机座要请第三方做拉拔试验,监理旁站,一般5~6倍的风机自重,并要有保护链(或钢丝绳)。

(11)监理工程师应参加机电工程的完工验收会议,通过完工验收的工程,总监理工程师应在完工证书上签字。

第四节　机电工程试运行期阶段的监理

机电工程试运行期阶段的监理主要包括以下内容:

(1)公路机电工程自完工验收会议次日起到建设单位组建的交工验收小组签发合同工程交工证书的日期间的时间段为机电工程试运行期,该期间的监理工作为试运行期监理。

(2)监理工程师应监督施工单位完成完工剩余工程项目,整改完工验收遗留问题,并及时检验剩余工程和完工验收遗留问题的处理结果。

(3)监理工程师应监督施工单位完成合同规定的工作责任和义务,如培训教材编印、各项培训工作是否完成,专用工具、备品备件是否到位等。

(4)监理工程师应认真观察、检查机电系统设定的系统参数是否满足合同规定的要求和路段运营需求,并监督施工单位将系统调整到最佳状态,检验机电系统设备、系统的功能、技术指标、系统运行稳定性。

(5)监理工程师应定期检查、查看投入试运行的设备运行情况,并做好检查记录;查看试运行人员的值班记录,查看系统工作情况,发现问题应及时要求施工单位纠正(或整改),并告知建设单位。

(6)监理工程师应监督施工单位做好系统运行维护工作,协助施工单位分析试运行期出现的系统问题,审查、批准施工单位提交的解决问题的措施,并监理其实施。

(7)监理工程师受理施工单位完工验收后的支付申请,审核支付项目、金额,签署支付报表。

(8)监理工程师受理合同管理事项,并提出监理意见。

(9)监理工程师受理施工单位提出的交工申请,应认真审查是否具备交工条件,具备交工验收时,应提出试运行评价意见,向建设单位建议进行交工验收。

(10)监理工程师按《公路工程竣(交)工验收办法》的规定依据签证测试数据和试运行情况科学公正地以工程质量进行评定。

(11)监理工程师应按规定参加建设单位组织、主持的合同工程交工验收和签署合同工程的交工验收证书。

(12)监理工程师应监督施工单位编制以机电工程系统、收费站、管理区段为单元的交工设备、材料移交清单和机电工程设备、材料汇总表；监理工程师审核、签证机电工程竣工图。

(13)监理工程师参加机电工程交工工作，并在移交清单上签字。

(14)在合同工程交工验收证书签发后，监理工程师应认真审核施工单位提交的交工后支付单，并在合同规定的天数内签认合同工程交工支付证书，报建设单位审批。

(15)监理工程师应依据施工单位的缺陷责任期剩余工作计划监督和验收施工单位对未完工程和质量缺陷的处理。

第五节　机电工程缺陷责任期阶段的监理

机电工程缺陷责任期阶段的主要监理内容有：

(1)机电工程自交工证书签发后次日或交工证书规定的日期起，到施工单位获得合同工程缺陷责任终止证书的日期止为机电工程缺陷责任期。

(2)监理工程师应监督施工单位对剩余工作计划的执行，督促施工单位尽快处理缺陷工程，并对完成的工程进行巡视、检查和验收。

(3)监理工程师应经常检查工程现场，及时发现工程缺陷，指示和监督施工单位及时修补缺陷，保证工程的完善，协助调查、分析新缺陷出现的原因，并确定缺陷责任和修复费用。

(4)监理工程师应就施工单位在缺陷责任期内修复的设备重新界定明确设备的缺陷责任期中止时间。

(5)监理工程师应监督施工单位进行竣工图纸和竣工资料的编制和整理工作。

(6)监理工程师应处理合同支付、工程变更、延期和索赔等方面的遗留问题，为编制最终结账单做准备，并应参加工程结算。

(7)监理工程师应为缺陷责任期后期签发缺陷责任期终止证书做好准备工作。

(8)监理工程师须按要求编制竣工验收的监理文件并进行监理档案归档。

(9)监理工程师应参加建设单位组织的竣工验收。

(10)监理工程师应在合同规定的时间内会同建设单位一起签发合同工程缺陷责任终止证书。

(11)监理工程师收到施工单位提交的最后结账单草案及所附的详细证实文件后，应对施工单位已经完成的全部工程的价值，以及应该付给施工单位的任何其他的款项进行核查。并在施工单位向监理工程师提交了一个双方同意的最后结账单后，签发一份说明监理工程师认为最后应付款额的最后支付证书，报建设单位审批，并抄送施工单位。

复习思考题

1. 简述机电工程监理的基本要求。
2. 简述施工阶段监理工程师应旁站的关键工序和重要部位。
3. 简述机电工程缺陷责任期阶段的监理。

第十一章

交工及缺陷责任期的监理

根据《公路工程竣(交)工验收办法》(2004 年版)的规定,"公路工程验收分为交工验收和竣工验收两个阶段。交工验收由建设单位主持,主要是检查施工合同的执行情况和监理工作情况,提出工程质量等级的建议。"即根据合同条款的规定,每项工程、每个合同全部或部分工程完工,承包人编制了工程竣工文件后,建设单位在监理工程师的配合下按合同组织交工验收。建设单位组织的"交工验收",是合同意义上的验收,意味着按合同分项、分部验收合格的工程已被监理工程师接受,并进入继续由承包人负责的、一般为期 24 个月的"缺陷责任期"。交工验收既是合同实施的一部分,又是监理工程师的工作职责和内容之一。本章主要介绍公路工程中,交工验收及签发交工证书的有关规定、程序和具体方法,以及缺陷责任期的监理工作内容和监理方法。

第一节　交工验收与交工证书

一、交工验收

1. 交工验收的含义

在一项合同管理的工程全部(或部分)基本完成后,施工单位通过监理工程师向建设单位提出书面的交工验收申请,建设单位组织有关单位对申请交工的工程进行全面检查,确认工程符合合同要求后，由建设单位会同监理工程师和有关方面向承包单位签发全部（或部分）工程的交工证书的全部过程称为交工验收。

2. 交工验收应具备的条件

(1)合同约定的各项内容已完成。

(2)施工单位按《公路工程质量检验评定标准　第一部分　土建工程》(JTG F80/1—2017)及相关规定的要求对工程质量自检合格。

(3)监理工程师对工程质量的评定合格。

(4)质量监督部门按交通部门规定的公路工程质量鉴定办法对工程质量进行检测(必要时可委托有相应资质的检测机构承担检测任务)，并出具检测意见。

(5)竣工文件已按交通部门规定的内容编制完成。

(6)施工单位、监理单位已完成本合同的工作总结。

公路工程合同符合交工验收条件后，经监理工程师同意，由施工单位向建设单位提出交工申请，建设单位组织有关单位对该合同进行交工验收。

3. 交工验收的主要工作内容

(1)检查合同执行情况。

(2)检查施工自检报告、施工总结报告及施工资料。

(3)检查监理单位独立抽查资料、监理工作报告及质量评定资料。

(4)检查工程实体，审查有关资料，包括主要产品质量的抽(检)测报告。

(5)核查工程完工数量是否与批准的设计文件相符，是否与工程计量数量一致。

(6)对合同是否全面执行、工程质量是否合格做出结论，按交通主管部门规定的格式签署工程的交工验收证书。

(7)按交通运输部门规定的办法对设计单位、监理单位、施工单位的工作进行初步评价。

在交工验收中，监理工程师负责完成对监理资料的汇总、整理，协助建设单位检查施工单位的合同执行情况，核对工程数量，科学、公正地对工程质量进行评定。

二、交工证书

1. 交工证书的种类

根据不同的规定，交工证书分为下列三种：

(1)合同工程交工证书。在每个合同范围内的永久工程全部完工时，经建设单位组织交工验收，合格后签发合同工程交工证书。

(2)阶段交工证书。根据《公路工程竣(交)工验收办法》(2004年版)的规定，“分阶段完成的路段或单项工程，具有独立使用价值，可分段交工，经交工验收后交付使用，全部完成后统一进行竣工验收。”每个合同的主体工程由于性质不同或进度差异较大，可以分为几个部分，按各部分不同的计划完工期限，分别对各阶段交工工程发给分阶段交工证书。但是，不管阶段如何划分、各阶段计划完工期如何确定，最后一个阶段的计划完工期必须在合同工期内。

(3)部分工程交工证书。当永久工程的任何主要部分已经完成，能够独立交付使用，或合同中规定有不同完工期限的任何部分工程，以及已由建设单位占用或使用的任何工程完工，均可签发部分工程的交工证书。

2. 发放交工证书的基本条件

拟交工验收的工程,符合以下几项条件时,才能进行交工验收,合格后发放交工证书。

(1)工程已按施工合同和设计文件要求建成,具有独立使用价值

工程(或部分工程)“建成”的含义,应包括:①工程中各单位工程、分部、分项工程已全部完成。②其工程质量在施工过程中已经监理工程师按有关规范和设计文件的要求验收合格,已经达到可供独立使用的标准;在交工验收中,一般不再就技术质量进行全面检验,而是以开工以来拟验收工程的各项技术和合同的履行情况及经过监理工程师确认的开工报告、质量检验报告单、现场记录等各种监理手续的完备情况来判断,确认本项工程是否全部建成。③现场清理完毕,不影响车辆的安全行驶及建设单位对工程的有效使用和管理。对于存在缺陷的工程,如果缺陷不大,不影响工程的正常使用,在缺陷责任期进行修理时,不会危及车辆的通行安全,可以同意这些缺陷在交工验收后继续修整,这些小的缺陷包括:混凝土工程表面有非结构性的表面裂纹及其他小缺陷;有裂缝或冲刷过的砌石护坡;路堤个别段落被冲刷;桥上护栏基础的螺栓未拧紧或丢失;少量镀锌构件表面生锈;部分护网立柱基础周围未压实等。

(2)施工单位提出交工证书申请

当施工单位认为工程确实已经按照合同要求全部建成后,可以向建设单位提出书面申请。交工证书申请报告的主要内容包括:

①申请交工的工程范围。承包单位应明确本次交工包括的工程范围、交工工程的完成情况及竣工文件编制完成情况等。

②缺陷责任期完成的剩余工程或缺陷工程的内容和详细计划。

③缺陷责任期内施工单位的管理人员的配置及名单;主要施工机械、设备的配备;办公室及试验室的安排及设置等。

(3)施工单位的书面保证

施工单位必须书面向监理工程师明确保证,在缺陷责任期内完成全部剩余和缺陷工程是承包单位自己的责任,并向监理工程师提交详细的剩余工程施工计划和技术保证措施,以便具体落实。

(4)竣工文件的编制达到验收要求

承包单位已经按照竣工验收要求编制好竣工文件,经自检符合规范及有关合同要求。

(5)总结报告材料编制完毕

施工、监理、设计等单位分别准备好向交工验收组汇报的关于工程施工情况、监理情况和设计情况的总结报告材料;质检监督部门已完成工程质量检测、检验并编写完成了工程质量鉴定书。

只有在满足上述各项条件的情况下,建设单位才能受理签发交工证书的申请。

3. 交工证书的签发程序

一般情况下,交工证书的签发可按如下程序进行:初步检查施工单位书面申请,成立交工验收评估小组,评估验收,签发交工证书,编制交工验收评估报告。

(1)初步检查

施工单位在向建设单位提交正式申请报告之前,应向监理工程师提出申请交工的意向。

监理工程师与施工单位一起对工地进行一次初步检查。检查内容包括:拟申请交工的工程是否确已全部完成;各项技术管理和合同管理的程序、手续是否齐全、完备;是否遗留有未处理的重大技术或管理问题;竣工文件的编制是否达到了验收要求等。如果以上各项内容符合交工要求,在正式评估验收前,监理工程师应要求施工单位提交一份在缺陷责任期内完成全部剩余工作和缺陷工程的实施计划,以及为完成计划而拟投入的管理人员、设备、办公室及试验室等的详细说明;如果监理工程师认为交工验收条件尚不具备,则书面通知施工单位暂不得申报交工,并指出施工单位在交工验收前必须完成或进行整修的缺陷工程,督促施工单位抓紧完善有关工作,为申请交工继续创造条件。

(2)施工单位提交书面申请

初步检查后,施工单位按合同条款的有关规定,向建设单位提交正式的交工验收申请报告,并附上"在缺陷责任期按计划完成全部剩余工作及拟投入的人员及设备情况的说明"的书面保证。

(3)成立交工验收评估小组

按照《公路工程竣(交)工验收办法》(2004年版)规定,交工验收评估小组由建设、设计、施工、监理、接管养护、质量监督、造价管理等单位代表组成。

(4)评估验收

评估小组的工作主要包括检查和审议两个阶段。检查可分为资料检查和现场检查两个部分。评估小组成员在进行资料及现场检查时,应做到如实、全面、客观、公正。

检查完成后,举行正式评估会议,评审检查结果,讨论签发交工证书事宜。

(5)签发交工证书

建设单位在收到施工单位正式的交工申请后,在合同规定的期限内,应完成评估小组的各项检查和审议工作,并就是否发放交工证书做出决定。

(6)交工验收评估报告

评估小组在上述各步工作全部完成后,要把评估小组的全部工作和评估结论写成交工验收评估报告,作为整个交工证书评估工作的总结,并形成正式文件。

4. 工程交工证书的格式(表11-1)

工程交工证书 表11-1

承包单位: 合同号:

监理单位: 编号:

本证书包括的工程:			
本证书未包括的工程:			
检查人(单位):			
合同交接日期	年 月 日	实际交接日期	年 月 日

续上表

我们保证在缺陷责任期内按经批准的计划,完成本证书附件所列全部工作。 承包人: 年　月　日
驻地监理工程师: 年　月　日
总监理工程师: 年　月　日
设计单位代表: 年　月　日
补缺单位代表: 年　月　日
建设单位: 年　月　日

注:本证书签发以合同条款第　　条为依据。

第二节　缺陷责任期阶段的监理

一、工程缺陷责任期的意义

工程缺陷责任期是指合同中所规定的工程交工后,施工单位对工程的保修期。其意义可以概括为:在工程交工证书签发后,合同中明确限定的某个时期内施工单位对其承包的工程中存在的以下几个方面缺陷承担全部责任,并在这个时期结束之前予以修补、重建和处理。

(1)签发工程交工证书时批准施工单位遗留的未完工程。

(2)工程交工证书中指出的、允许在缺陷责任期内进行修补的工程缺陷。

(3)工程缺陷责任期内在运行和使用中出现的任何工程缺陷。

工程缺陷责任期从工程交工证书签发之日算起,一般为两年。

二、工程缺陷责任期阶段监理的工作内容

1.工程缺陷责任期的质量监督

(1)监理工程师应定期检查施工单位剩余工程计划的实施,督促施工单位尽快整修缺陷工程,并对完成的工程进行检查和验收。

(2)监理工程师应坚持经常性的巡视工程现场,及时发现缺陷,指示和监督施工单位及时修补缺陷,保证工程的完善;调查分析新缺陷出现的原因,确定缺陷责任和修复费用。

(3)监督施工单位继续进行竣工图纸和竣工资料的编制和整理工作。

(4)继续处理合同支付、工程变更、延期和索赔等方面的遗留问题,为编制最终结账单做准备。

(5)工程缺陷责任期后期为签发“缺陷责任终止证书”做准备工作。

2. 监理工作总结

作为竣工文件中的一部分,有关工程监理部分的内容应包括:监理工作概述、计划与进度管理、工程质量控制、工程计量支付、工程合同管理等。监理工作完成后,应提交一份简明完整的工作总结。该总结主要应包括以下内容:

(1)工程概况。

(2)监理组织机构与运转情况,应有组织框图,监理人员的权利与义务,监理人员组成及分工,试验室及测量机具,办公设备等情况。

(3)监理工作的实施情况,可分为施工准备阶段的监理、施工阶段的监理、工程缺陷责任期的监理。

复习思考题

1. 公路工程交工验收应具备哪几个方面的条件?
2. 简述公路工程交工验收的主要工作内容。
3. 发放公路工程交工证书的基本条件有哪些?
4. 公路工程缺陷责任期的意义是什么?
5. 简述公路工程缺陷责任期内监理工作的主要内容。

PART3 第三篇

公路工程进度监理

第十二章

进度监理概述

第一节 进度监理的任务与程序

一、基本概念

实施公路工程项目的施工活动，是根据工程承包合同所规定的工期要求来安排的。为了在限定的时间内完成工程承包合同约定的各项内容，就必须对施工活动做出科学合理的时间安排。

工程进度是工程承包合同规定工期中施工活动的时间安排。工程进度涉及发包人和承包人的重大利益，是工程承包合同能否顺利执行的关键，所以对工程项目的施工进度进行监理是十分必要的。

所谓工程进度监理，就是在考虑工程项目的工期、质量、费用、环保和安全的同时，监理工程师依据合同文件所赋予的权力，对施工全过程采用计划、组织、协调、检查、调整等手段，调动一切积极因素，努力实现施工过程中的各个阶段进度目标，从而保证总工期目标的实现。

为此，在工程进度监理中，一定要把计划进度与实际进度之间的差距作为进度控制的关键环节，除满足工期要求外，还应满足合同规定的工程质量及费用要求，从而达到高效、经济的工程施工目的。

二、进度监理的原则、作用与任务

1. 进度监理原则

进度监理应在确保质量和安全的基础上,以计划控制为主线进行。监理工程师应要求承包人按时提交进度计划,严格进度计划审批,及时收集、整理、分析进度信息,发现问题及时按照合同规定予以纠正。

2. 进度监理的作用

(1)合理控制工期、质量和费用,使项目管理达到综合优化。

(2)通过审查施工进度计划及控制实际进度与计划进度的差异,从而完善施工进度计划管理。

(3)除充分考虑时间控制问题外,同时还考虑劳力、材料、施工机械设备等所必需的施工资源问题,使其最有效、合理、经济地配置与利用。

(4)通过计划、组织、协调、检查与调整等手段,调动施工活动中的一切积极因素,努力实现施工过程中各个阶段的进度目标,以确保工程施工全过程的总工期目标的实现。

3. 进度监理的主要任务

工程进度监理的主要任务就是根据合同规定的工期,审批承包人编制的施工总进度计划和单项(单位)工程进度计划或年度、周度施工进度,督促承包人采取有效措施贯彻执行,并经常对进度计划的实施进行检查、调度、调整等措施。

进度监理的主要任务包括以下几个方面:

(1)要求承包人在开工前或合同规定的时间内编制符合实际且便于管理的施工进度计划。

(2)审批承包人按规定编制的各种进度计划。

(3)检查、评估、监督、控制进度计划的实施。

(4)建立每日施工检查日志制度和编制每月进度报告。

三、进度监理的措施

1. 组织措施

(1)工程项目监理机构中应配置分管进度监理人员,明确其任务、职责,做到组织落实,责任明确。

(2)进行项目分解,落实各阶段工期目标。

(3)确定进度协调工作制度,包括协调会及工地会议举行时间、参加人员等。

(4)对影响工程进度目标实现的干扰和风险等因素进行分析,采取相应的措施。

2. 技术措施

主要指进行技术革新、改进施工方法和手段,以便在保证质量的前提下加快进度。

3. 合同措施

利用施工承包合同,以及监理委托合同所授予的权利,督促承包人加快进度,采取的措施主要有:根据工程进度要求增加人力、机械等,调整进度计划等。

4. 经济措施

采用经济手段(如提前竣工奖励、完成计划的奖励、计划拖后的处罚等),保证资金的按时供应来促使承包人尽快完成任务。

5. 信息管理措施

监理工程师应经常到现场了解情况,不断搜集、分析、汇总、掌握与进度有关的资料,通过计划与实际进度的动态比较分析,及时向建设单位提供比较报告,向承包人的上级主管机关通报等,从而促使承包人及时采取措施,以确保计划目标的实现。

四、监理工程师在进度监理中的职责与权限

监理工程师的职责与权限应严格按发包人与监理人签订的监理服务合同所授权范围以及按发包人和承包人签订的合同文件明确规定的各项内容执行。

1. 监理工程师在进度监理中的主要职责

根据《公路工程施工监理规范》(JTG G10—2016)的规定,监理工程师在工程进度监理方面的主要职责应包括下列内容:

(1)审批承包人提交的总体施工进度计划、核批承包人对总体进度计划的调整计划。

(2)签发合同工程开工令。

(3)审批承包人根据项目总体施工进度计划编制的年度施工进度计划。

(4)审批承包人月进度计划。

(5)在施工过程中检查和监督进度计划的实施,力争控制实际进度与计划进度的偏差,使实际的进度尽量按计划进度执行。

(6)当工程未能按计划进度执行时,应要求承包人调整或修改进度计划,并通知承包人采取必要的措施加快施工进度,使实际施工进度符合工程承包合同的工期要求。

(7)定期向建设单位报告工程进度情况,及时编制监理月报。

2. 监理工程师进度监理的权限

根据FIDIC合同条款和我国公路工程施工监理规范的要求,监理工程师在工程进度监理中具有以下权限:

(1)审批施工进度计划的权限。当监理工程师认为施工进度计划不符合要求时,则要求承包人修改,符合要求时应予以批准执行。

(2)监控工程进度执行的权限。当承包人实施批准的施工进度计划时,监理工程师应监督检查施工进度执行情况,并控制实际进度与计划进度的偏差。

(3)承包人无正当理由延期又不采取加快施工进度措施时,监理工程师有权向建设单位报告,由建设单位决定是否终止合同。

(4)根据实施计划控制的偏差情况发出实际进度快慢信息及施工现场计划调整指令。

(5)协调与进度有关的各单位,解决影响施工进度的各种问题,确保施工进度总目标的实现。

五、公路工程施工进度监理程序

公路工程施工进度监理程序见图12-1。

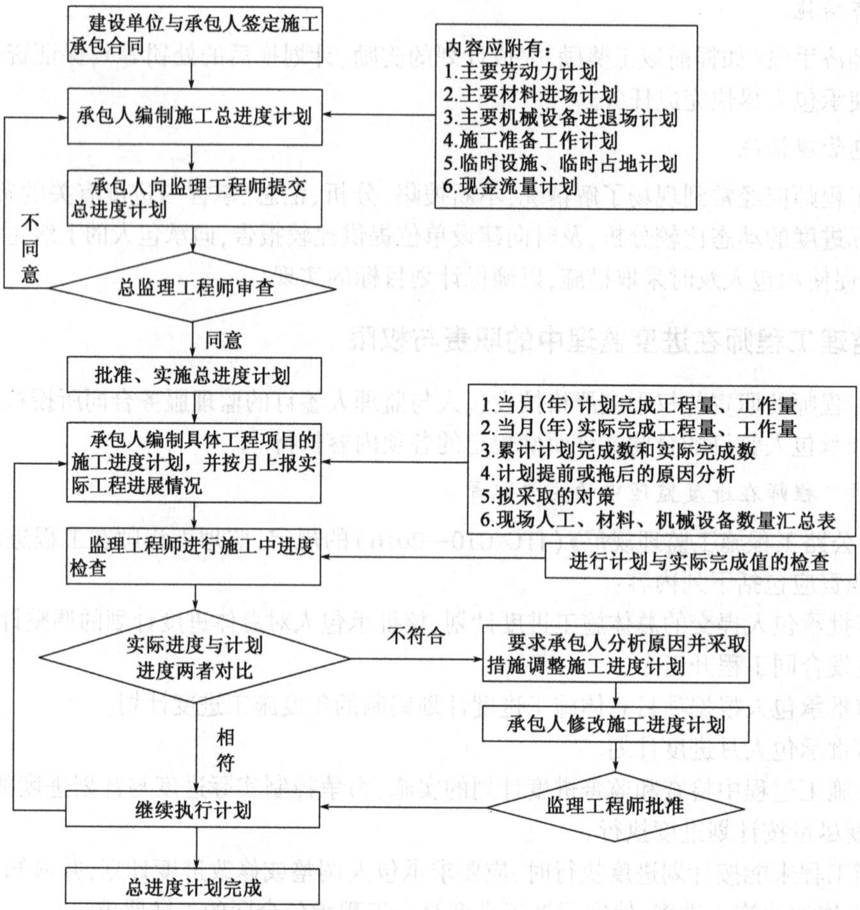

图 12-1　公路工程施工进度一般程序

第二节　工程进度计划内容和审批

一、确定计划工期的依据

编制施工进度计划的时候，进度控制的目标是确定一个合理的计划工期。在承包人编制及监理工程师审批施工进度计划时，计划工期的确定应依据以下资料：

(1)本工程项目的工程承包合同中有关工期的规定，是确定计划工期的基本依据；合同规定的工程开工、竣工日期，必须通过进度计划落到实处。

(2)材料和设备的供应计划，如果已经编制了材料和设备的供应计划，那么施工进度计划必须与其相协调。

(3)已建成的同类工程或相似项目的实际工程进度情况是编制本项目施工进度计划的重要参考资料。

(4)投标书中确定的项目施工方案及工程进度计划。

(5)承包人的施工人员技术素质及其机械设备能力。

(6)施工现场的特殊环境及其气候条件等。

具体制定施工进度计划时,应根据上述资料编制并对其进行优化后,方可予以实施。

二、进度计划的基本内容

工程总工期由工程准备期、主体工程施工期和竣工后的缺陷责任期三个阶段组成。工程施工进度计划,就是对上述诸阶段的总的规划。工程项目的进度计划是工程实施过程中进行监理的前提,是监理进度目标控制的标准。一份完整的进度计划,从承包人角度讲是履行合同的保证,指导工程的依据,从监理工程师的职责看是控制进度、管理工期的凭证。没有进度计划,也就谈不上对工程项目进行监理。因此,要求进度计划科学、合理,尽可能详细。

合同进度计划应按照关键线路网络图和主要工作横道图两种形式分别绘制,并应包括每月预计完成的工作量和形象进度。

工程进度计划,根据项目实施的不同阶段和计划的粗细程度,又具体划分为工程项目的总进度计划,年、月(季)度进度计划以及单项工程进度计划等。

1.总进度计划的基本内容

施工总进度计划是工程开工起,一直到竣工为止的这段时间内,各个主要施工环节的总的进度安排,它是以整个工程项目为对象编制的,用以指导承包人安排施工进度,做好施工准备和有计划地运用施工力量,开展施工活动。

在承包人提交的工程总进度计划中,一般包括下列内容:

(1)工程项目的合同工期。

(2)完成各单位工程及各施工阶段所需要的工期,最早开始和最迟结束的时间。

(3)各单位工程及各施工阶段要完成的工作量及现金流动结算。

(4)各单位工程及各施工阶段所需配备的人力和机械数量。

(5)各单位工程及分部工程的施工方案和施工方法等。

(6)施工组织机构设置以及质量保证体系,包括人员设备、试验室等。

2.年、月(季)度进度计划的内容

对于一个公路工程项目来说,仅有工程项目的总体进度计划对于工程的进度监理是不够的,尤其当工程项目比较大时,还需要编制年度和月(季)度进度计划。年度进度计划要受工程总体进度计划的控制,而月(季)度进度计划又受年度进度计划的控制。月(季)度进度计划是年度进度计划实现的保证,而年度进度计划的实现,又保证了总体进度计划的实现。

(1)年度进度计划

承包人应在每年11月底前,根据已同意的合同进度计划或其修订的计划,向监理人提交两份格式和内容符合监理人合理规定的下一年度的施工计划,以供审查。该计划应包括本年度估计完成的和下一年度预计完成的分项工程数量和工作量,以及为实施此计划将采取的措施。

(2)月(季)度进度计划的内容

①本月(季)计划完成的分项工程内容及顺序安排。

②完成本月(季)及各分项工程的工程数量及投资额。

③完成各分项工程的施工队伍及人力和主要设备的配额。

④在年度计划下对各单位工程或分项工程进行局部调整和修改的详细说明等。

3. 关键工程进度计划的内容

关键工程是指整个工程项目中工程数量大、施工困难、技术复杂、对工程的工期起着控制作用的单项工程。由于关键工程的施工工期常常关系到整个工程项目施工总工期的长短,因此需要对其编制较为详细的进度计划,其内容包括:

(1)具体施工方案和施工方法。

(2)总体进度计划及各道工序的控制日期。

(3)现金流动估计。

(4)各施工阶段的人力和设备配额及运转安排。

(5)施工准备及结束清场的时间安排。

(6)对总体进度计划及其相关工程的控制、依赖关系和说明等。

三、进度计划的审批

监理工程师在接到承包人提交的工程进度计划后,应对进度计划进行认真的审核,其目的是检查承包人所制定的工程进度计划是否合理,是否适合工程的实际条件和施工现场情况,避免以不切实际的工程进度计划来指导施工。因此,监理工程师对承包人提交的施工进度计划应进行认真检查、审核,重点核实承包人实施计划的能力以及施工时间安排的合理性等,并在合同规定或满足施工需要的合理时间内审核完毕。

1. 承包人提交进度计划

承包人在签订合同协议书后28天之内向监理人报送施工进度计划和施工方案说明,内容包括:

(1)一份详细和格式符合要求的工程总体进度计划及必要的各项关键工程的进度计划;

(2)一份有关全部支付的现金流动估算;

(3)一份有关施工方案和施工方法的总说明。

在将要开工之前或在开工以后合理的时间内,监理工程师应要求承包人提交以下文件:

(1)年度进度计划及现金流动估算;

(2)月(季)度进度计划及现金流动估算;

(3)分项(或分部)工程的进度计划。

2. 进度计划的审查步骤

监理人应在收到承包人提交的施工进度后14天内对承包人施工进度计划和施工方案说明予以批复或提出修改意见。

监理工程师应组织有关人员对承包人提交的各项进度计划进行审查,审查工作应按以下程序进行:

(1)阅读文件,列出问题,进行调查了解。

(2)提出问题并与编制人员讨论澄清。

(3)对有问题的部分进行分析,向承包人提出修改意见。

(4)对承包人修改后且符合要求的进度计划审查批准。

3. 进度计划审查的内容

监理机构应审批施工单位提交的进度计划,总体进度计划应由总监审批,月进度计划等应由驻地监理工程师审批并报总监办。审查施工进度计划应包括下列内容:

(1)是否符合施工合同工期管理约定,阶段性施工进度计划是否满足总体进度目标控制要求。

(2)主要工程项目是否有遗漏,劳动力、材料、机械设备等是否满足进度需要。

(3)是否适合建设单位提供的资金、施工场地等条件。

4. 进度计划的批准

当监理工程师通过调查与分析,如确认承包人为完成工程而提供的工程进度计划是切实可行的,应在合理的时间内批准承包人的进度计划并通知承包人可以按照计划安排施工。若认为承包人所提交的工程进度计划与其实际的技术、装备能力不相适应,尤其是在计划中的关键线路上工作安排不合理时,则应要求承包人修订工程进度计划。重新修订的工程进度计划,同样需要报监理工程师审批。

复习思考题

1. 简述公路工程进度监理的作用。
2. 公路工程进度监理的措施包括哪些内容?
3. 监理工程师在进度监理中的职责包括哪些内容?
4. 监理工程师在进度监理中的权限包括哪些内容?
5. 简述公路工程进度计划的基本内容。
6. 公路工程进度计划审查的内容包括哪几个方面?

第十三章 工程进度的控制

第一节　工程进度的控制方法

按照进度计划控制所采用的技术措施不同,工程进度计划控制的方法可分为:①横道图控制法;② S 曲线控制法;③斜条图控制法;④网络技术控制法等。下面对这 4 种控制方法分别加以介绍。

一、横道图控制法

横道图法是以时间为横坐标,以各分项工程或施工工序为纵坐标,按一定的先后顺序和工艺流程,用带时间比例的水平横线表示对应项目或工序持续时间的施工进度计划图表。

1. 横道图的常用格式

横道图的常用格式,一般由两大部分组成:

(1)左边部分为主要表格,其内容应包括编号、工程名称(施工工序)、施工方法、工程量或工作量单位及数量等。

(2)右边部分为指示图表,它是由左边的数据经计算得到的。在指示图表中用水平横道线条形象地表示出分项工程或施工工序的施工进度,其线条长度代表施工持续时间长短,线条的位置表示施工过程，线条上方的数字表示该项目所需要的劳动力数量，有时也采用不同线条符号表示施工作业班组或施工段。

结合某80km长的路段，绘制该项目施工进度横道图，如图13-1所示。

编号	工程名称	施工方法	工程量		月份										起止时间	
			单位	数量	1	2	3	4	5	6	7	8	9	10	开工	结束
1	临时通信线路	人工为主	km	80	6										1月初	7月底
2	沥青混凝土基底	人工安装	处	1	35										1月上旬	5月上旬
3	清除路基	机械	m^3	700 000			4								3月初	7月底
4	路用房屋	人工	m^2	1 300	60				40						1月初	6月底
5	大桥	半机械化	座	1						94					6月中旬	10月中旬
6	中桥	半机械化	座	5				53			38				3月15日	8月底
7	集中性土方	机械	m^3	430 000						20					4月上旬	9月底
8	小型构造物	半机械化	座	23					30						5月初	9月底
9	沿线土方	机械为主	m^3	89 000					36						5月初	10月底
10	基层	半机械化	m^2	560 000						48					5月上旬	10月上旬
11	面层	半机械化	m^2	560 000						18					5月上旬	10月上旬
12	整修工程	人工为主	km	80						10					5月上旬	10月上旬

图13-1 某80km路段工程进度控制横道图

2. 横道图的优缺点

用横道图编制施工进度计划的优点为：简单、明了、直观、易懂，且便于检查和计算资源用量，可以方便地表达出施工计划的总工期和各分项工程及施工工序的持续时间；每项工作何时开始、何时完成一目了然；便于计算完成施工计划所需要的劳动力、材料、机械设备及资金等各种资源用量。

它的不足表现在：

(1)不容易看出工作之间的相互依赖、相互制约关系，仅反映工作之间的前后衔接关系。

(2)无法反映工作的机动使用时间、关键工作(即哪些工作决定总工期)。

(3)不能实现定量分析，因而无法采用计算机计算。

(4)计划执行过程中实施计划偏离原计划时，只能进行局部简单的调整。

(5)无法进行施工组织及施工技术方案的比较与优化。

因此，横道图适宜于编制集中性工程进度计划、材料供应计划或者简单的工程进度计划。横道图作为一种施工进度监理的工具，不仅可用于编制施工进度计划，而且还可用于工程进度实施中的监控。在进度计划实施中，在计划进度横道线下方可同时标出各项工程或施工工序的实际进度。根据实际进度与计划进度的比较，可对进度计划进行必要的修改和调整。

二、S 曲线控制法

S 曲线是以工期为横坐标轴,以累计完成的工程费用的百分比或累计完成的工程量的百分比为纵坐标轴的图表化曲线,所以又称为现金流动曲线,如图 13-2 所示。

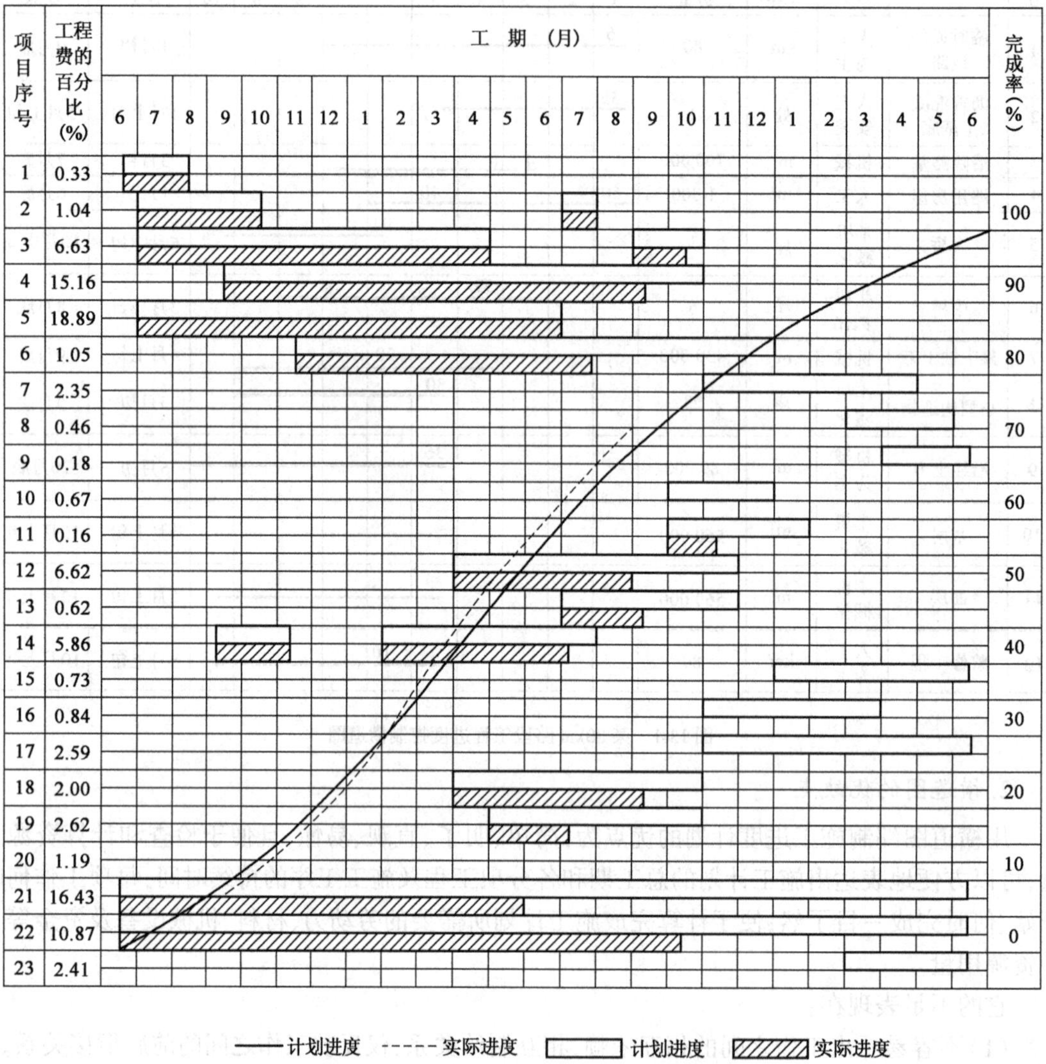

图 13-2 S 曲线

1. S 曲线的形状特点

对大多数工程项目来说,在整个工期内,单位时间里完成的工程数量,通常是中间多、两头少,一般情况下,项目施工初期进行临时工程建设或做各项施工准备工作,劳动力、施工机械和资金的投入较小,完成的工程量小,随着工程的进展,各项投入逐渐增加,每天完成的工作量也逐渐增加,所以施工速度逐渐加快,此阶段的曲线呈凹形;在项目施工稳定期间,施工机械和劳动力投入最大且保持基本不变时,若不出现意外作业时间损失,且施工效率正常,则每天完成

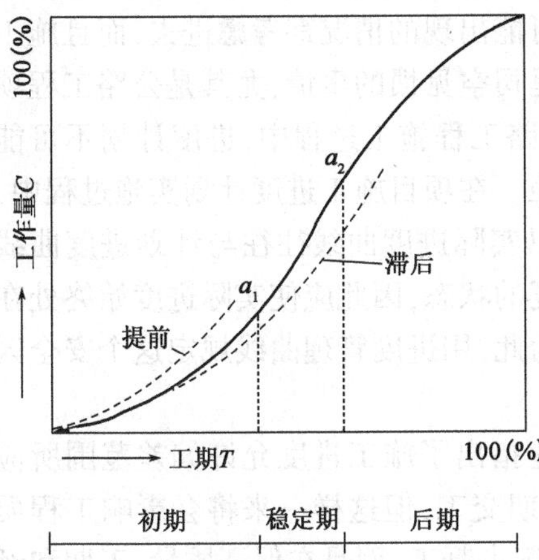

图 13-3 工程进度曲线形状

的工作量大致相等,这时施工速度近似为常数,工程进度曲线的斜率几乎不变,故该阶段的曲线接近为直线;项目施工后期,主体工程项目已完成,剩下修理加工及清理现场等收尾工作,劳动力和施工机械逐渐退场,每天完成的工作量逐步减少,此时施工速度也逐步减小,此阶段的曲线呈凸形。

由此可见,一般工程进度曲线大体上呈 S 形,见图 13-3,所以该曲线又称为 S 曲线。

2. S 曲线的绘制步骤

(1)根据施工组织设计确定的工程进度计划计算不同时间工作量。

(2)计算不同时间累计计划完成的工作量。

(3)计算不同时间累计计划完成的工作量占总工作量的百分比。

(4)最后绘制完成率与时间的关系曲线即 S 形曲线。

3. S 曲线在公路工程施工监理中的应用

由于 S 曲线是工程进度曲线也是现金流动曲线,所以它在公路工程施工进度及费用监理中均可应用,其作用如下:

(1)用 S 曲线判断承包人编制的施工进度计划是否合理。一个合理的施工进度计划,其工程进度曲线的形状大致呈 S 形,劳动力、材料和施工机具设备供应及工程费用使用分配符合一般规律。反之,工程初期曲线不是凹形;或者施工稳定期间,曲线不是大体呈直线;或者工程后期曲线不呈凸形等均说明施工中资源调配违背了一般规律。上述任何一种不合理情况都应要求承包人重新修订施工进度计划。

(2)利用 S 曲线评价实际进度情况属于正常、提前或滞后。当实际进度按计划进度正常施工时,其实际进度与计划进度曲线相吻合,此时说明实际进度正常。但在进度计划实施中,如果实际进度比计划进度提前,则实际进度曲线用虚线表示应在 S 曲线上方,此时实际施工进度比计划施工进度速度快,照此施工下去工期就会提前,监理工程师据此可做出两种决策:一是工程成本消耗较合理时,按实际进度施工不变,提前完成任务;二是工程成本消耗较高时,应适当放慢施工速度,使实际进度计划按计划进度进行,确保进度和费用的协调控制。如果实施中实际进度比计划进度滞后,则虚线表示的实际进度在 S 曲线的下方,此时实际施工速度比计划施工速度慢,照此下去工期就会拖延,这种情况下监理工程师的一般决策是:增加资源供应,加快施工速度,使实际进度赶上计划进度,保证计划工期的按时完成。

(3)S 曲线也可用于检查工程费用监理中工程计量及费用支付的准确性。S 曲线是工程进度与累计完成的工程量或工作量(费用)的百分比图表化曲线,也是工程项目实施中进度与现金流动关系曲线。项目实施期间实际完成了多少工程量或工作量(费用),在实际进度曲线上一目了然,据此可方便地进行中期工程量的计量与支付检查,防止出现较大的偏差。

4. 进度管理曲线

在实施施工进度计划的过程中,人们总是希望实际进度按计划进度执行,直到工程项目按计划工期完成。但在工程实际施工过程当中,计划的不变是相对的,实际进度的改变是绝对的。因为在拟定施工进度计划时,不可能把施工中所有可能出现的情况都考虑进去,而且施工过程中由于自然条件等因素的影响,打破原有施工计划是司空见惯的事情,尤其是公路工程项目施工在露天环境当中进行,受气候影响较大。因此,公路工程施工过程中,进度计划不可能完全按原计划执行,其实际进度与计划进度经常出现差距。在项目施工进度计划实施过程中,实际工程进度曲线会因施工条件及管理条件而变化,所以实际进度曲线往往与计划进度曲线不一致。如果二者的偏差太大时,将使工程陷入难以恢复的状态,因此应使实际进度始终处在一个安全的区域内,这样才能确保工程项目按时交工。为此,用进度管理曲线规定这个安全区的范围。

进度管理曲线是工程进度曲线规定的允许界限线,它指出了施工进度允许偏差范围所应满足的进度曲线变动区域。虽然组织突击赶工也可以按期交工,但这样一来将会影响工程质量和经济效益,而进度管理曲线指出的安全区,不是组织突击赶工,而是在保证质量、工期和经济性的条件下,施工进度曲线规定的允许变动范围。

工程管理曲线是由两条具有同一开始时间和同一结束时间的曲线组成的,其中一条是以各项工作均按最早开始时间安排进度所绘制的S形曲线,简称为ES曲线,而另一条是以各项工作均按最迟开始时间安排进度所绘制的S形曲线,简称为LS曲线。因为图形呈香蕉状,所以被称为香蕉曲线。

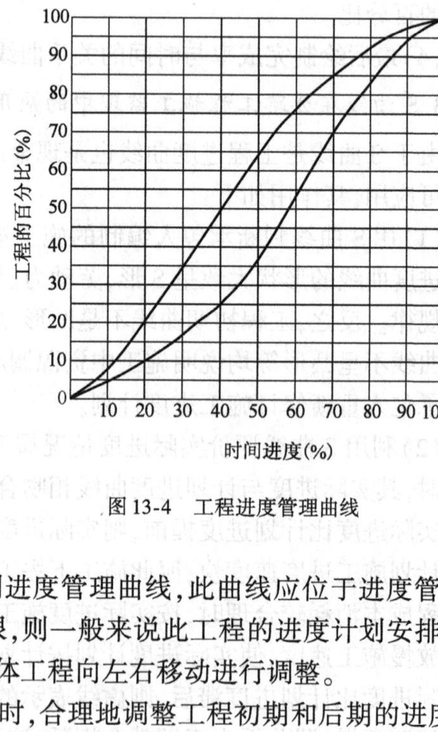

图13-4　工程进度管理曲线

从图13-4可以看出,根据香蕉曲线,当时间经过了30%时,工程进度的容许安全区域为16%~35%。如果实际曲线此时低于16%,则表明工程进度处于危机状态,需要采用补救措施。

在绘制工程进度曲线及管理曲线时,应注意下列问题:

(1)首先应根据横道式工程进度图来绘制计划进度管理曲线,此曲线应位于进度管理曲线的允许界限以内。假如进度曲线偏离了允许界限,则一般来说此工程的进度计划安排的不够合理,此时需要将横道式工程进度计划图中的主体工程向左右移动进行调整。

(2)当计划进度在进度管理曲线的允许界限内时,合理地调整工程初期和后期的进度,尽量使S曲线的中期,即正常工程进展阶段与允许界限的直线段相吻合。

(3)由管理曲线的终点所引出的曲线的切线,表示工程进度危险的下限,所以应在这个下限内维持施工。假如实际进度曲线接近界限时,则需采取补救措施。

(4)实际进度曲线超出香蕉曲线及其他管理曲线的下限时,表示工程拖延相当严重,此时不可避免地要进行突击赶工,因此,应研究突击赶工时控制费用和保证质量的措施。

使用工程进度曲线和进度管理曲线,能够把工程进度的偏差控制在适当的范围之内来进行计划和管理,可将它们作为判断工程全局进度情况的根据。但由于它们是建立在横道图的基础之上,因而仍不能弥补横道图所具有的缺点。

三、斜条图控制法

1. 斜条图

斜条图法又称为垂直图法或垂直坐标表示法。斜条图以纵坐标表示施工期限，横坐标表示里程或工程位置，各分项工程或施工工序的施工进度则相应地以不同形式的斜条线表示。图 13-5 为某 80km 路段综合施工的工程进度斜条图。

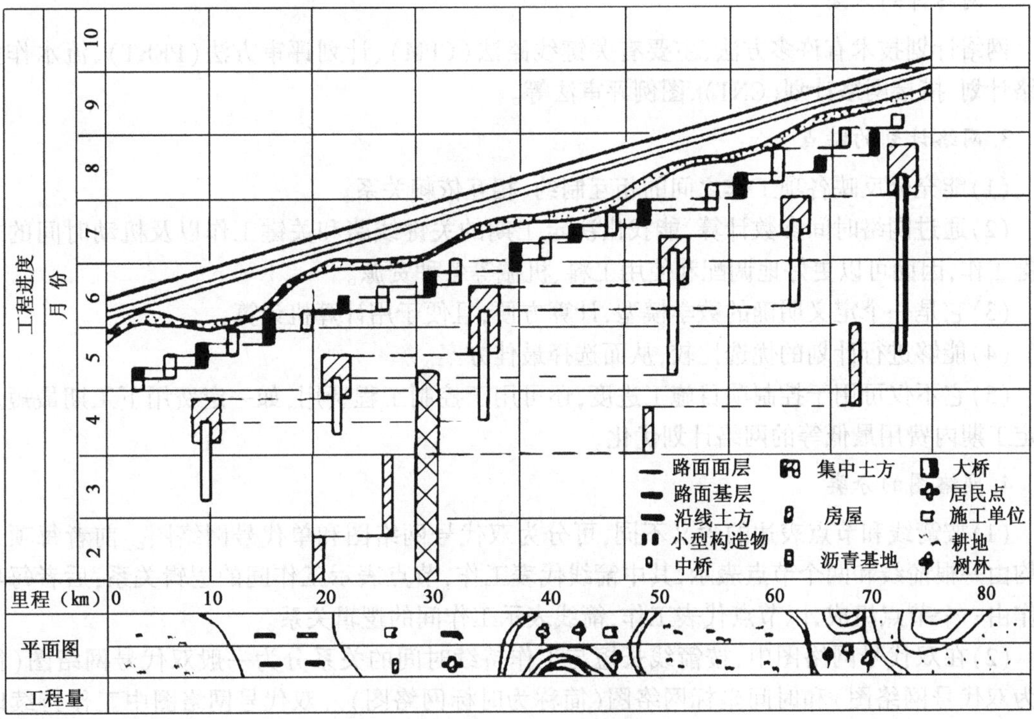

图 13-5　斜条式综合工程进度图

2. 斜条图的特点

由图 13-5 可看出，斜条图中各分项工程或施工工序的相互关系、施工紧凑程度及施工速度都十分清楚，工程的分布情况和施工日期清晰可见，从图中还可以直接找出任何时间各施工队伍所在的施工位置和应完成的工程数量。它与横道图相比，减少了横道图的以上不足，但它作为一种进度监理工具，仍然存在一些缺点：不能反映各项目或工作（工序）之间错综复杂的关系；不能确定工作的机动时间及其关键工作；不能使用计算机进行定量分析；计划的编制及修改的工作量较大；不能进行计划方案的比较及优选等。因此，斜条图法仅是编制道路、隧道等线形工程施工进度计划的一种较好方式。

四、网络技术控制法

1. 网络计划技术

网络计划技术是 20 世纪 50 年代国外陆续出现的一些计划管理的新方法。由于这些方法将计划的工作关系均建立在网络模型上,把计划的编制、协调、优化和控制有机地结合起来,所以称之为网络计划技术。

网络计划图以加注工作持续时间的箭线和节点组成的网状流程图来表示施工进度计划。其基本原理是:首先根据工作间的相互关系及其工作先后顺序流程绘制工程项目施工进度计划网络图;其次通过计算找出计划中的关键工作及关键线路;最后通过不断调整、改善网络计划,选择最优的方案付诸实施。在网络计划实施过程中,进行有效的监督与控制,确保工程项目按合同条件顺利完成。

2. 网络计划方法

网络计划技术有许多方法,主要有关键线路法(CPM)、计划评审方法(PERT)、流水作业网络计划、搭接网络计划(CNT)、图例评审法等。

3. 网络计划的特点

(1)能充分反映各项工作之间的相互制约、相互依赖关系。

(2)通过网络时间参数计算,能找出决定工期的关键线路和关键工作以及机动时间的非关键工作,因而可以更好地调配和使用工料、机械等各种资源。

(3)它是一个定义明确的数学模型,计算方便,且便于用计算机计算。

(4)能够进行计划的优选比较,从而选择最佳方案。

(5)它不仅可用于控制项目施工进度,还可用于控制工程费用,如一定费用下工期最短及一定工期内费用最低等的网络计划优化。

4. 网络图的分类

(1)按箭线和节点表达的含义不同,可分为双代号网络图和单代号网络图。前者每项工作均由一根箭线和两个节点表示,其中箭线代表工作,节点表示工作间的逻辑关系;后者每项工作由一个节点组成,以节点代表工作,箭线表示工作间的逻辑关系。

(2)在双代号网络图中,按箭线长短与工作持续时间的关系分为一般双代号网络图(简称为双代号网络图)和时间坐标网络图(简称为时标网络图)。双代号网络图中工作持续时间长短与箭线长短无关;时标网络图中箭线的长短和所在的位置表示工作的持续时间和进程。

(3)按计划目标的多少,可分为单目标网络图和多目标网络图。网络图中只有一个计划目标的称为单目标网络图,有两个以上计划目标的称为多目标网络图。

(4)按工程项目的组成及其应用范围分,有分项工程网络图、单项工程网络图及工程项目总体网络图等。

5. 网络图中的线路

所谓线路,是指从网络图起始节点到终点节点的通路,线路上各工作持续时间值合计为路线长度。

根据线路的长度,线路可分为以下两种。

(1)关键线路:网络图中长度最长的线路成为关键线路,在网络图中,关键线路有时不止一条。关键线路上的工作称为关键工作。关键工作的时差为零。

(2)非关键线路:网络图中除关键线路以外的其他线路为非关键线路。非关键线路上有时差的工作称为非关键工作。

6. 网络计划在工程进度监理中的作用

采用网络计划方法可加强工程项目的施工管理,使其取得好、快、省的全面效果。网络计划在工程进度监理中的作用如下。

(1)为监理工程师提供下列可靠信息:

①合理赶工期及其工期与成本的关系信息。

②各项工作有无机动时间及机动时间极限数据信息。

③劳动力、材料、施工机具设备等资源利用信息。

④预测哪些工作提前或拖延对总工期造成的影响等信息。

(2)根据网络计划的最迟开工时间,便于监理工程师及时提醒建设单位移交现场,提供图纸等,以保证施工进度不受影响。

(3)当承包人提出延期申请时,监理工程师应审查承包人的进度,而从网络进度计划中很容易判断出延误事件是否在关键线路上,进而决定是否批准延期及计算出延期的天数。

第二节 工程进度延误与处理

一、工程进度计划的实施检查

在确定进度计划以后,进度计划的实施检查是关键。在施工过程中,监理工程师应经常、定期地对进度的执行情况进行跟踪检查,通过进度报表或实地检查的方式收集反映工程实际进度的有关数据,并在整理、统计、分析的基础上,比较实际进度与计划进度。若出现偏差,应分析产生偏差的原因和对工程工期的影响程度,并采取一定的措施或要求承包人加强进度管理,调整后续进度计划。如此不断循环,直至工程竣工。

进度计划的检查,是计划执行信息的主要来源,是进度分析和进度计划调整的依据,也是进度控制的关键步骤。因此,监理工程师应做好以下工作:

(1)监理工程师在批准工程进度计划以后,应立即着手编制和建立各种用于记录、统计反映实际工程进度与计划工程进度差距的进度控制图及进度统计表,以便随时对工程进度进行分析和评价,并作为要求承包人加快工程进度,调整进度计划或采取其他合同措施的依据。

(2)在项目施工过程中,专业监理工程师应要求承包人每日按单位工程、分项工程或工点对实际进度进行记录并予以检查,以作为掌握工程进度和进行决策的依据。每日进度检查记录应包括的基本内容有:当日实际完成及积累完成的工程量;实际参加施工的人力、机械数量及生产效率;施工停滞的人力、机械数量及其原因;承包人的主管及技术人员到达现场的情况;当日发生的影响工程进度的特殊事件或原因;当日的天气情况等。

(3)驻地监理工程师应根据专业监理工程师提供的每日施工进度检查记录,及时进行统计和标记,并进行分析和整理,每月向总监理工程师及其代表和建设单位提交一份每月工程进度报告。该报告应包括以下内容:工程进度概况或说明,应以记事方式对计划进度执行情况提出分析;以工程数量清单所列细目为单位,编制出工程进度累计曲线和完成投资额的进度累计曲线;显示关键线路上(或主要工程项目上)一些施工活动及进度情况的工程图片;反映承包人的现金流动、工程变更、价格调整、索赔、工程支付及其他财务支出情况的财务状况;影响工程进度或造成延误的其他特殊事项、因素及解决措施。

二、工程进度延误与处理

1. 工程进度延误

工程延误是指工程施工中实际进度与计划进度相比的拖延。在项目工程实施过程中,影响工程施工进度的因素很多。不同因素引起的延误,其责任是不同的,所以我们首先要对出现的工期延误找出原因,分清责任,再合理地处理工程延期问题。按照 FIDIC 管理模式可将影响工程进度的原因具体分为承包人的原因和非承包人的原因。

(1)承包人原因或责任

①承包人在合同规定的时间内,未按时向监理工程师提交符合监理工程师要求的施工进度计划。

②工程施工过程中,各种原因使得工程进度不符合工程施工进度计划时,承包人未按监理工程师的要求,在规定的时间内提交修订的工程施工进度计划,使后续工作无章可循。

③承包人技术力量以及设备、材料的变化,对工程承包合同以及施工工艺不熟悉,因承包人违约而引起的停工或缓慢。

④承包人的质检系统不完善和质量意识不强,也将影响工程施工进度。

(2)非承包人的原因或责任

①在工程施工过程中,建设单位未能按工程承包合同规定履行义务,也会影响工程施工进度。

监理工程师同意承包人提交的工程施工进度计划后,建设单位未能按施工进度计划随工程进度向承包人提供施工所需的现场和通道,承包人的施工计划难以实现,导致施工期的延长。

由于建设单位的原因,监理工程师未能在承包合同规定的时间内向承包人提供图纸和指令,给工程施工带来困难;或承包人已进入现场并开始施工,而发生设计变更且变更设计图纸无法按时提交给承包人,导致施工期的延长。

工程施工过程中,建设单位未能按合同规定的期限支付承包人应得的款项,造成承包人因资金不足暂停施工或缓慢施工,也会影响工程进度。

②监理工程师的原因:由于监理工程师的失职、判断或指令错误以及未按程序办事等原因影响工程施工进度。

③其他特殊原因:额外或附加工程的增加;工程施工过程中,承包人碰到异常恶劣的气候条件;无法预测和防范的自然力的作用及特殊情况的出现,如战争、地震、暴乱等。

2. 工程进度延误的处理

当工程施工发生延误后,要根据不同的情况进行处理。

1)承包人自身原因或责任引起的工程施工延误

承包人应严格执行监理人批准的合同进度计划,对工程量计划和形象进度计划分别控制,实际进度曲线应在合同进度管理曲线规定的安全区域内。若承包人的实际进度曲线落在合同进度管理曲线规定的安全区域的下线之外时,则监理人有权认为本合同进度过慢,并通知承包人应采取必要措施,以便加快工程进度,确保工程能在预定的工期内交工。承包人应采取措施加快进度，并承担加快进度所增加的费用。

监理人可以根据实际情况采取下列两种处理措施。

（1）工期拖延影响不大的处理。承包人自身原因引起工期拖延的影响不大时，承包人一般可通过加强内部管理来自身消化。监理工程师应及时提醒或告诫承包人延误工期将受到的处罚，促使其自觉地加强内部管理，优化资源调配，在后续的施工中抢回失去的时间。

（2）工期影响较大的处理。若从进度计划的检查，反映出承包人自身原因引起工期拖延的影响较大，且不能通过承包人加强内部管理来抢回延误的工期时，监理工程师可根据合同规定的程序和权力采用以下两种处理方法：

①调整进度计划，加快工程进度。在承包人无权决定延期的情况下，若监理工程师认为实际工程进度过于缓慢，将不能按照进度计划预定的竣工期完成工程时，应通知或指示承包人采取加快措施以赶上工程进度中的阶段目标和总目标。承包人提出和采取的加快工程进度的措施必须经过监理工程师的批准，调整进度计划是承包人的任务。

②监理工程师为控制进度对承包人采取制约手段。当承包人无视监理工程师对进度过于缓慢而发出的警告时，监理工程师可按合同规定采取相应的制约手段。

a. 逾期交工违约金。逾期交工违约金是合同工期已到时承包人未能及时交工而对其的处罚。按照《中华人民共和国标准施工招标文件》的11.5条规定，如果承包人未能按期竣工，则向发包人支付标书附件中规定的全额逾期交工违约金。目前大部分工程按每拖延工期一天赔合同总价的0.05‰计，累计不超过合同总价的10%。

b. 终止对承包人的雇佣。为了保证合同工期，《中华人民共和国标准施工招标文件》22.1.2条规定，如果承包人严重违反合同，在接到监理人通知后的14天内，未能采取加快工程进度的措施，致使实际进度进一步滞后，或承包人虽采取了一些措施，仍无法按预期工期交工时，监理人应立即通知发包人。发包人在向承包人发出书面警告通知14天后，可按合同终止对承包人的雇佣，也可将本工程中的一部分交由其他承包人或其他分包人完成。在不解除本合同规定的承包人责任和义务的同时，承包人应承担因此所增加的一切费用。

2）非承包人的原因引起的工程施工的延期

（1）由于非承包人的责任，工程不能按原定工期完工；可获延期的情况发生后，承包人在合同规定期限内向监理工程师提交工程延期的意向通知书；承包人承诺继续按合同规定向监理工程师提交有关造成工期拖延的详细资料，并根据监理工程师的需求的随时提供有关证明；可获延期的事件终止后，承包人在合同规定的期限内，向监理工程师提交正式的延期申请报告。

（2）监理工程师对于工程延期的审批程序。工程延期的审批程序如图13-6所示。

三、工程进度计划的调整

监理工程师实施进度监理，是指控制实际值与计划值的偏差情况，并做出合理的施工进度计划调整。

在施工进度计划开始实施以后，监理工程师必须经常评估和监督进度计划的实际执行情况，如果出现工期延误及实际进度的其他变化，则应将执行中的进度计划予以部分或全部地修改与调整。调整的工作内容及其调整期限，应依据工程项目实际情况确定。调整进度计划的目的是使其符合变化了的实际情况，以保证施工进度计划的顺利实现。

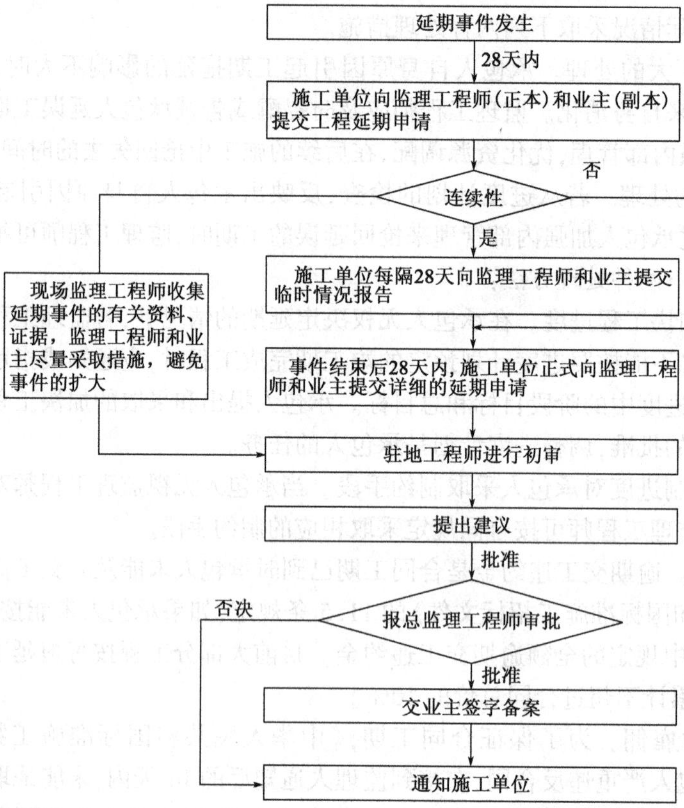

图 13-6　监理工程师审批延期申请程序图

进度计划调整应符合下列规定：

(1)对总体进度起控制作用的分项工程的实际进度严重滞后时，监理机构应签发监理指令单，要求施工单位采取措施保证工程进度，并向建设单位报告工期延误风险。需要调整进度计划的应重新审批。

(2)由于施工单位原因造成工程进度延误，且在监理机构签发监理指令后未有明显改进、工程在合同工期内难以完成的，监理机构应及时向建设单位报告，并按合同约定处理。

(3)建设单位或施工单位提出工程进度重大调整时，应按合同或签订的补充合同执行。

监理工程师在进行进度控制时，要明确进度计划的不变是相对的，而进度计划的改变是绝对的；平衡是相对的，不平衡是绝对的；实际进度与计划进度完全一致是几乎不可能的。作为监理工程师，在施工监理过程中应分清主次，即密切关注关键工作，避免造成工作盲目和被动，多观察，多记录，尽快发现影响进度的不利因素，及时采取措施和对策，又要督促承包人调整后续进度计划，使进度符合目标要求。

1. 进度符合计划

在工程实施期间，经检查如实际进度(尤其是关键线路上施工的实际进度)与计划进度基本相符时，监理工程师不应干预承包人对进度计划的执行，但应及时掌握影响和妨碍工程进度的不利因素,以使工程按计划进行。

2. 进度计划的调整

(1)调整进度计划的原因

进度计划的延期:由于非承包人的责任使工程进度延误并获得监理工程师批准延期,监理工程师应要求承包人对原工程进度计划予以调整以适合新的合同工期,并按调整后的进度计划实施。

进度计划的延误:由于承包人自身原因造成进度延误,将使工程在合同工期内难以完成,监理工程师应发出书面通知要求承包人调整计划。

(2)进度计划调整的方法

①工程延期后,应按延期后的合同工期为依据,重新编制符合新合同工期的进度计划。

②由于承包人的原因延误了工期,需要调整原计划使后续计划的工作内容改变或缩短以符合合同工期。压缩工期就是网络计划的工期优化,压缩关键线路,其途径有两种:改变原计划中各项关键工作之间的逻辑关系和压缩关键工作的持续时间。

a. 如关键线路上某项工程的施工时间比计划增加,意味着整个工期将延长。在这种情况下,监理工程师应要求承包人先把注意力集中在非关键线路上,看非关键线路上的工程是否有机动时间,能否把非关键线路上的机械、人员调整到关键线路上的关键工序上去,以缩短关键线路的施工时间;如果不能,为了满足关键线路的工程按计划完成,承包人则可用延长工作时间或者增加机械设备和人员来完成进度计划,以确保总工期按计划完成。

b. 当非关键线路上某项工程产生延误时,如果时间进度与计划进度的差距并不会对关键线路上的实际进度造成不利影响时,可不要求对工程进度计划进行调整,只需对机动时间合理加以利用即可。如果工程进度与原计划进度延误较大,并影响到合同工期且无法调整时,则应按照关键线路延误一样来处理。

c. 在承包人没有取得合理延期的情况下,监理工程师认为实际工程进度过慢,将不能按照进度计划预定的竣工工期完成工程时,应要求承包人采取加快的措施,以赶上进度计划中的阶段目标或总体目标。承包人提出和采取的加快工程进度的措施必须经过监理工程师批准。因加快工程进度措施而增加的施工费用及由此增加的附加费用由承包人负担。

d. 当工程产生的延误较大,确实无法通过局部调整保证总工期,监理工程师应要求承包人在批准的延误时间内对进度计划进行调整和修订,修订后的进度计划作为后一阶段施工进度控制的依据。

复习思考题

1. 公路工程进度计划控制的方法有哪几种?
2. 简述横道图控制法的特点。
3. 简述S曲线在公路工程施工监理中的作用。
4. 简述斜条图控制法的特点。
5. 网络计划方法具有哪几个方面的特点?

6. 网络计划在工程进度监理中的作用有哪些?

7. 在公路工程进度计划的实施检查中,监理工程师应做好哪几个方面的工作?

8. 在影响公路工程施工进度的因素中,承包人的原因有哪些?

9. 因承包人原因造成的工程进度延误,对工期影响较大的处理包括哪些内容?

PART4

第四篇
公路工程费用监理

第十四章
费用监理概述

第一节 工 程 费 用

一、工程费用及构成

工程费用一般是指通过施工生产活动的兴工动料而形成的建筑安装工程所具备的价值或工程价值的货币表现。简单地说,工程费用就是工程价值的货币表现,工程价值主要以工程成本为基础。公路工程是一种特殊的商品,通过期货方式进行交换,由于受到时间、空间的影响,其造价在形成过程中受商品经济规律与工程特点的影响,使得工程费用具有阶段性。

由于受公路工程自身特点的影响,其工程成本差异较大。理论上工程价值由三部分组成:一是在施工过程中消耗的生产资料价值;二是施工生产人员为自身创造的价值;三是施工生产者为社会所创造的价值。这些价值的货币表现也相应地由三部分费用组成:第一部分为施工活动中已转移的生产资料费用,主要包括建筑材料、构配件和进行施工生产所使用的施工机械及其他固定资产等的折旧费用;第二部分为劳动者的劳动报酬和其他必要的费用;第三部分为承包人的利润和应缴纳的税金。根据我国现行规定:工程费用由直接成本、间接成本、利润和税金组成。

1. 直接成本

直接成本指完成某一建设项目的施工任务而直接花费的工程费用,即直接使生产资料转移而形成工程实体所投入的费用。包括消耗在施工中的全部材料费、机械使用费、人工费和其他有关费用。直接成本决定了工程费用乃至工程造价,它本身取决于设计质量、施工方法、定额及费率等因素。

2. 间接成本

间接成本指完成工程施工任务而间接发生的费用,不直接产生于工程本身,而是间接为工程服务发生的费用。由施工管理费(包括现场管理费和总部或上级管理费)和其他间接成本所组成。其中,其他间接成本的内容及项目很多,包括各种分摊费用如投标费、合同公证费、各种保险和保函手续费、临时设施费和各类税金以及办公费和试验费等。

3. 利润

工程费用中利润的多少,取决于承包人的施工管理水平以及合同的合理性。通常,标底编制时按平均利润率确定预算工程费用中的利润,投标人报表时,按投标人自己的投标策略确定利润额,并将其注入单价中,而实际利润的多少,取决于合同价及承包人控制工程实际成本的能力。因为工程价值的大小已由合同预先定价,利润的高低就自然取决于实际成本的高低。

4. 税金

税金指国家规定应计入建筑安装工程造价内的营业税、城市建设费和附加教育税。

二、工程费用的影响因素

公路工程是一种线长面广,受各种自然因素和社会因素影响的工程项目。因此,其工程施工活动必然受到各种因素的干扰,从而产生预算费用与实际费用的差异。归纳起来,公路工程费用的影响因素有以下几种。

1. 设计因素

设计好坏是工程费用高低的决定性因素之一。一方面,设计直接决定了工程费用的预算值。无论是初步设计概算、施工图预算或施工预算,还是标底或报价,都是根据设计图纸计算工程量,然后采用不同的定额对工程费用的大小进行预算,因此,工程费用的各种测算方法都是以设计为基础。另一方面,施工活动直接以设计为依据,设计同样也是工程费用实际值的基础。如果设计深度不够,与工程所在地的自然条件脱离,必然导致施工活动中出现大量的设计变更,从而使实际支付的工程费用远离签订合同时的预算数额,使工程的直接成本和间接成本发生较大的变化,最终导致工程费用的失控。

2. 施工因素

施工是工程的实际建造过程,工程费用的实际值直接取决于施工生产的成本消耗。因此,施工是直接影响费用的关键因素。它包括施工管理、施工技术和施工方法三个方面的内容。施工管理不善,施工技术陈旧,施工方法落后,都将直接增大承包人的实际成本,而承包人的实际成本一旦增加,为了实现自己的利润目标,他可能采取种种措施和方法,如偷工减料等来寻求额外补偿,甚至导致工程无法正常进行,间接增加了工程费用。

施工阶段工程项目在费用方面超出既定目标的因素大体上有以下 4 个方面：

①实际执行的工程数量超出工程量清单所列数量。

②设计变更较大,重新确定单价项目较多。

③按照指令所进行的计日工超出合同中的名义数量。

④承包人成功地提出其他费用要求并得到补偿。

3. 合同因素

合同是工程费用计算与支付的依据,合同的科学和公正与否将直接影响工程费用的多少。一方面,合同条款和内容是决定工程标底与报价的依据。如果合同条款不明确或有漏洞,必然使工程费用无法准确计算,并在支付时发生争执;如果合同内容不公正,必然使所有投标人抬高标价以保护自己的利益;如果合同中没有调价条款,投标人为自己在将来的施工中不遭受物价上涨的损失,便会按自己估计的物价上涨率计算物价上涨费,并将这笔费用摊入报价单中。另一方面,在施工过程中,监理工程师根据合同文件确认工程价值,承包人也根据合同文件提出付款申请,若其用词含糊不清或有漏洞,将导致工程费用无法准确估价和支付。

4. 建设单位管理因素

建设单位未完全按合同规定对工程项目实施管理也将直接增加工程费用。对于合同中明确规定的应由建设单位提供的施工条件,建设单位没有及时解决或提供的施工条件不妥,如没有及时提供施工场地,没有及时提供设计图纸或没有按时付款等,将直接导致承包人的索赔,使工程费用增加。

5. 监理因素

监理是工程费用实际值的直接确认者,对工程费用有着至关重要的作用。如果监理工程师工作不负责任或监理措施不力,监理工程师缺乏公正的立场等,都将直接影响工程费用的合理性和准确性。

监理工程师的重要职责之一,就是对整个工程的成本进行控制。施工阶段费用控制工作的核心是计量与支付,它是监理工程师约束承包人、确保工程质量和进度的重要手段,也是项目管理的重要环节。对于目前公路建设行业普遍采用的以单价为基础的计量型合同的费用控制,监理工程师除应做好标价的工程量清单各章节每一细目的严格计量外,还应做好索赔和意外风险的及时处理,以及变更设计和附加工程的费用控制,尽可能减少合同以外的不合理支付。

合同文件是监理工程师执行合同的依据。施工合同一旦签订,即对施工活动和付款都有约束力,而合同的顺利执行与完成则需要承包人和建设单位双方的共同努力与配合,即一方按照合同规定的时间和质量为项目的完成而施工,另一方为此而按期付款。如果合同双方都能按照合同办事,那么承包人的施工活动、建设单位的付款和监理工程师对合同的公正监督三者之间就会形成一个良好的三角平衡关系,使得项目工作得以顺利实施。

6. 社会因素

社会因素也是影响工程费用的关键因素。因为工程施工是一种社会活动,必然受社会的影响,其中主要是物价因素、法规因素、汇率因素、社会风气因素和影响工程施工的其他因素如战争、动乱等。物价变化、法规变更、个别汇率变化将直接影响工程费用。社会风气主要反映为不正之风对项目的影响,包括公路项目沿线经过地区的群众对工程的阻挠,以及对建设单位的管理人员、监理人员和承包人等项目建设参与者的影响,它间接地影响着工程费用。其他因素中诸如战争、动乱等,一旦发生,也会直接影响工程费用,情况严重时,甚至会导致工程下马、合同终止等。

7. 自然因素

自然条件是影响工程费用的主要因素,但常规的自然因素在设计时已被考虑,正是在正常的自然条件这一前提下确定设计方案和施工方案,并确定工程费用的预算值。但实际施工过程中会出现意外、自然灾害及无法预见事件的发生,从而导致工程费用变化。

第二节　工程量清单

一、工程量清单的作用

工程量清单又叫工程数量清单,是招标人按照招标文件中有关要求及技术规范的有关规定,将工程进行合理分解,据此明确工程内容和范围,并将有关工程内容数量化的一套工程数量表。它是工程招标及施工时计量支付的重要依据。

在工程实施期间,工程量清单对工程费用起着控制作用,是费用控制的主要部分,除工程实施过程中因变更设计增加的支付细目外,应认为工程量清单中所开列的支付已包括工程的所有费用。其作用主要体现在以下三个方面:

1. 为编制标底服务

工程量清单必须按一定的分项规则和工程量计算方法编制,其中分项规则一般在技术规范中有明确规定,工程量计算方法一般参照国内的有关规定及国际惯例,国际上比较常见的是参照英国制定的《建筑工程计算原则(国际通用)》和《建筑工程标准计算方法》。工程量清单的分项同概预算的分项有较大的差别,不能直接套用概、预算项目表,而应按招标文件技术规范的要求编制,标底则应按这些分项进行计算而编制。因此,工程量清单应力求分项清楚明了、不重不漏,各项工程量计算应尽可能准确。

2. 为所有投标人提供一个报价计算的共同基础

提供合同中关于工程量的足够信息,为所有投标人提供投标报价的共同基础,以使投标单位能统一、有效而准确地编写投标文件。

3. 提供对已完成工程计价的基础

在投标单位报价及签订合同后,标有单价的工程量清单是办理中期支付和结算以及处理工程变更计价的依据。

二、工程量清单的组成

工程量清单由说明、工程量清单表、计日工明细表、暂估价表、工程量清单汇总表和工程量清单单价分析表几部分组成。

1. 说明

说明包括:工程量清单说明、投标报价说明、计日工说明和其他说明。它对工程量清单的性质、承包人填报工程量清单的单价和合同价格的要求等作了明确规定。因此,说明在招投标期间对如何进行工程报价有实质影响,在工程实施期间对工程是否进行计量与支付以及如何进行计量与支付有实质影响。在进行工程变更及费用索赔时,它的参考作用更加明显,直接影响到监理人对单价的确定。

①工程量清单说明。

工程量清单是根据招标文件中包括的、有合同约束力的图纸以及有关工程量清单的国家标准、行业标准、合同条款中约定的工程量计算规则编制。约定计量规则中没有的子目,其工程量按照有合同约束力的图纸所标示尺寸的理论净量计算。计量采用中华人民共和国法定计量单位。

工程量清单应与招标文件中的投标人须知、通用合同条款、专用合同条款、技术规范及图纸等一起阅读和理解。

工程量清单中所列工程数量是估算的或设计的预计数量,仅作为投标报价的共同基础,不能作为最终结算与支付的依据。

工程量清单中所列工程量的变动,丝毫不会降低或影响合同条款的效力,也不免除承包人按规定的标准进行施工和修复缺陷的责任。

图纸中所列的工程数量表及数量汇总表仅是提供资料,不是工程量清单的外延。当图纸与工程量清单所列数量不一致时,以工程量清单所列数量作为报价的依据。

②投标报价说明。

工程量清单中的每一子目须填入单价或价格,且只允许有一个报价。

除非合同另有规定,工程量清单中有标价的单价和总额价均已包括了为实施和完成合同工程所需的劳务、材料、机械、质检(自检)、安装、缺陷修复、管理、保险(工程一切险和第三方责任险除外)、税费、利润等费用,以及合同明示或暗示的所有责任、义务和一般风险。

工程量清单中本合同工程的每一个子目,都需填入单价;对于没有填入单价或总额价的子目,其费用应视为已包括在工程量清单的其他单价或总额价中,承包人必须按监理人指令完成工程量清单中未填入单价或总额价的工程子目,但不能得到结算与支付。

符合合同条款规定的全部费用应认为已被计入有标价的工程量清单所列各子目之中,未列子目不予计量的工作,其费用应视为已分摊在本合同工程的有关子目的单价或总额价之中。

承包人用于本合同工程的各类装备的提供、运输、维护、拆卸、拼装等支付的费用,已包括在工程量清单的单价或总额价之中。

2. 工程量清单表

《公路工程标准施工招标文件》中的工程量清单表分为7章,即100章总则;200章路基;300章路面;400章桥梁、涵洞;500章隧道;600章安全设施及预埋管线;700章绿化及环境保护设施。

3. 计日工明细表

计日工是指工程施工过程中,发包人可能有一些临时性的或新增加的项目,而且这种临时新增项目的工程量在招投标阶段很难估计,希望通过招投标阶段实现定价,避免开工后可能有发生时出现的争端,故需要以计日工明细表的方法在工程量清单中予以明确。计日工明细表包括计日工劳务、计日工材料、计日工施工机械以及计日工汇总表。

4. 暂估价表

暂估价是在工程招标阶段已经确定的材料、工程设备或工程项目,但又无法在投标时确定准确价格,而可能影响招标效果时,发包人在工程量清单中给定一个暂估价。在工程实施阶段,根据不同类型的材料与专业工程再重新定价。暂估价表包括材料暂估价、工程设备暂估价和专业工程暂估价。

5. 工程量清单汇总表

工程量清单汇总表是将各章的工程子目表及计日工明细表进行汇总,加上暂列金额而得出该项目的总报价。

三、工程量清单的特点

由于工程量清单的结算方式采用单价合同计算,因此工程量清单中单价的确定到计算支付等管理都具有以下特点:

1. 管理简单

由于工程量清单中的单价包括了工程项目的所有费用,无论是建设单位还是监理工程师对施工过程中的管理都是十分方便的。建设单位根据承包人进度计划中每个时期完成的工程量按照清单中的单价进行资金的筹措。监理工程师在管理方面,除个别项目单价进行变更外,避免了由于单价变化引起的任何麻烦。

2. 适应性强

工程量清单中的工程数量是按图纸和说明及工程量计算出来的,是对工程量的一种估算,用来对工程进行招标。在投标期间对于一些项目没有足够资料估价时(包括数量),还可以采用暂列金额进行处理。在施工阶段工程量清单中的数量不作为工程最终价款结算的凭据,减轻工程数量准确性的压力。因此,工程量清单的适应性很强。

3. 竞争性强

采用招标、投标机制的目的就是反对垄断,鼓励竞争,而单价合同的竞争性最强,承包人为中标就必须提出一个合理的报价,这就要求承包人具有较强的管理水平和技术水平。因为同样一项工程,由于管理水平和技术水平的差异,其报价将有很大的差异。工程量清单中工程数量的计算基础是统一的,单价显示了施工队伍水平及素质。

4. 保险性好

所谓保险性好,是指采用单价合同的工程量清单对建设单位和承包人双方保险,FIDIC 合同条款对合同双方的风险作了明确而详细的规定。一般不经常发生的风险或对单价影响较大但又无法预料的风险,包括战争、动乱等特殊风险,以及市场价格的浮动、不利的外界障碍、后继的法律等风险,均由建设单位承担,这就避免了由于上述风险的发生导致承包人的破产。对建设单位而言,由于规定了这些风险由他承担,在招标时就可以得到一个合理的报价。这是其他承包方式的合同所缺少的。

正因为采用单价合同的工程量清单具有上述优点,所以在遵循国际惯例的招标中得到广泛的应用。

第三节　工 程 计 量

工程量清单中的各项工程的数量是按照合同图纸测算的数量，是供施工招标报价的估算数量，不能作为承包人在合同执行过程中应予完成的实际和确切数量。因为实际实施过程中，工程会因各种原因与设计条件不一致，从而产生工程变更及计日工等，所以对已完成工程必须进行计量。公路工程特点决定了实际确切工程数量只有通过计量才能揭示，计量也是对项目的综合评价。

工程计量是按照《公路工程标准施工招标文件》中所规定的方法对承包人符合要求的已完工程的实际数量所进行的测量、计算、核查和确认的过程。计量是监理人的基本职责和基本权力，也是费用监理的基本环节。没有准确、合理的计量，就会破坏工程承包合同中的经济关系，影响承包合同的正常履行。

工程计量的任务是确认实际工程数量的多少。工程量有预估工程量和实际工程量之分，工程量清单的工程量仅是估算工程量，是承包人投标报价的依据，不能作为承包人应予完成的工程之实际和确切的工程量。这是因为工程量清单中的数量是在制订招标文件时，在图纸和技术规范的基础上估算出来的，与实际工程量相比存在或多或少的误差甚至计算错误。它只能作为投标报价的基础，而不能作为结算的依据。实际工程量的多少只有通过计量才能揭示和确定。按实际完成的工程量付款可以减少工程量的估计误差给双方带来的风险，增强工程费用结算结果的公平性与合理性，这正是单价合同的优点之一。

工程的计量必须以净值为准。《公路工程标准施工招标文件》明确规定：工程的计量应以净值为准，除非项目专用合同条款另有约定。工程量清单中各个子目的具体计量方法按合同文件技术规范中的规定执行。无论通常和当地的习惯如何（除非合同中另有规定），工程计量必须以净值为准。

根据合同条款和技术规范每一章节中有关计量支付的规定，施工中实际完成的工程数量，必须在每个单项工程开工之前以及在施工过程中，经过承包人认真细致地调查、测量、计算和复核，并经监理工程师按程序审批后方可作为计量和建立台账的依据。复核图纸和工程量是承包人和监理工程师不可省略的义务。

1. 地面清除物的调查与审定

承包人在复核定线后，应对全段或拟开工路段按技术规范规定对需要清除的树木、树根、草皮、表土、非适用材料、旧路面、原有结构物以及需要进行特殊处理的软基、水塘、洞穴、改河道等工程的范围、数量做出调查和测算，及时提交监理工程师审查批准。

2. 桥隧工程量的复核与审定

(1)对于桥梁、隧道等工程，其数量除特殊情况外，一般没有多少变化，而且在设计图纸（或相关资料）中已详细列明。但图纸所列数量不一定与清单支付细目相吻合，因此在每个单项工程开工之前，应先由承包人依据设计图纸复核计算，按工程量清单中的支付细目列明数量，报监理工程师审批。

(2)对于涵洞、挡墙、护坡、排水沟等小型结构工程项目，承包人应先进行现场调查与必要的复测,然后依据标准设计图纸绘制施工图,在施工图得到监理工程师的复核同意后再按程序报批工程数量。

一、工程计量的规定

1. 计量范围

工程量清单中的工程项目全部需要计量,无论是否填写单价,都要通过计量确定承包人是否按合同条件完成了该项工程。修订的工程量清单主要指工程变更数量清单,它同工程量清单具有相同性质,也必须计量。

除了工程量清单中的工程项目外,在合同文件中往往还规定一些可能发生的支付费用,如索赔费用、各种预付款及扣回、保留金、拖延工期违约损失补偿金、价格调整等合同方面的事宜,对这些需支付的项目也必须计量。

2. 工程计量的依据

计量的依据一般有质量合格证书、工程量清单前言、合同条件中的“计量支付”条款、技术规范中有关计量支付的内容(或独立的计量支付说明)和设计图纸及各种测量数据。也就是说,计量时必须以这些资料为依据。

(1)质量合格证书

计量的基本条件和前提是质量合格,质量不合格部分不予计量。因此,计量工程师进行计量时,一定要同质量工程师配合,只有通过了质量监理,被质量监理人签发了质量合格证书的工程内容,才能进行计量。

(2)清单前言和技术规范

因为清单前言和技术规范中的“计量支付”规定了清单中每一项工程的计量方法,同时还规定了按规定的计量方法确定的单价即包括的工作内容和范围。

(3)设计图纸

工程量清单的数量是该工程的估算工程量,但是被计量的工程数量,并不一定是承包人实际施工的数量,因为计量的几何尺寸应当以设计图纸为准。

(4)测量数据

与计算有关的测量数据有原始地面线高程的测量数据、土石分界线的测量数据、基础高程的测量数据、竣工测量数据等。测量数据的准确性严重影响计量结果的准确性。

3. 计量类型

(1)监理人独立计量

监理人独立计量时,可以由监理人完全控制被计量的工程部位,质量不合格的工程肯定不会被计量,也很少出现多计的情况,能够确保记录结果的准确性。但监理人的工作量较大,且容易引起承包人的异议而延误计量工作时间。

(2)承包人独立计量

这种方式可以减轻监理人的工作,让监理人有时间进行计量分析和计量管理,但由于承包人是自行计量,往往会出现多计和冒计的问题,有时计量细节和计量方法甚至算术计算也有差错,并且一些质量不合格的工程也可能被计量。因此,在这种情况下,监理人一定要认真细致地审查计量结果,并定期派人对承包人的测量工作进行检查,最好派有经验的计量人员经常检验及控制承包人的计量工作，即当由承包人独立计量时，监理人一定要对计量结果的准确性和测量方法及计算规则进行严格审查。

(3)联合计量

这种方式既有利于消除双方的疑虑，当场解决分歧，减少争议，又能较好地保证计量结果的公正性和准确性，简化程序，节约时间。因此，公路工程合同中，较多地采用联合计量，即承包人和监理人共同进行计量工作。

二、计量的程序

根据合同规定，监理工程师应及时对已经完成且质量合格的工程细目进行计量。当工程需计量时，承包人必须提交有关计量的文件资料，按以下步骤进行。

1.发出计量通知或提出计量申请

当工程达到规定计量的单位时，监理工程师应向承包人发出计量通知，或承包人向监理工程师提出计量申请。无论哪一方面提出计量要求，双方必须派合格人员到现场进行计量，若不参加则认为单方面所做的计量工作是正确的。

2.审查有关计量的文件资料

当承包人的已完工程需计量时，应准备好“开工申请批复单”“检验申请批复单”及自检资料，工程质量检验表及中间交工证书等。监理工程师必须检查承包人为计量准备的有关资料，看其是否具备计量的基本条件，若发现问题或资料不全，应将有关资料退还给承包人，暂不进行计量，但在某种情况下，如可能会发生费用索赔的，则先可计量但暂不支付。

3.填写中间计量表

计量工作可以由监理工程师和承包人双方委派合格人员在现场进行计量，也可以采用记录和图纸计量。无论哪种形式都必须清楚真实地将计量结果填写在中间计量表中，必须经双方同意签字认可，若承包人有异议可以在合同规定时间内提出，监理工程师应进一步检查计量记录，将复议后的结果通知承包人。

在计量程序上，计量与支付应先由承包人提申请，再经监理工程师审核与签认。这两个环节是工程费用管理过程的关键，而关键的关键是从事这部分工作的技术管理人员的业务素质和敬业精神。工程计量不等同于一般的工程数量计算，不但应了解施工图中工程量的来源，还应明确每个支付细目所包含的综合内容。对于不可预见工程费、工程变更引起的新的支付、议价等，不但与工程技术有关，还涉及国家财经政策、招标工程的合同形式等。这就对项目的合同管理人员提出了更广、更新的知识要求。因此，大有必要对从事该项工作的技术人员进行培训，使他们准确掌握合同条款和技术规范，求得工程实施过程中对各种计量支付问题的客观公正处理，为费用管理工作的顺利进行和投资控制目标的实现打下良好的工作基础。

4.建立计量台账

为了有效地管理工程计量，防止重计、漏计、错计等问题发生，并为计量支付的审批工作提供可靠基础，承包人与监理工程师应分别对已审批、确定数量的工程建立计量支付台账。台账类型分为单项工程计量台账和工程量清单台账。

(1)单项工程计量台账：以每个单项工程为单位，在单项工程开工前按经监理工程师批准的“单项工程数量批复表”中的数量建账。在施工过程中每计量一次，对台账数量削减一次；

每变更一次,对台账数量修订一次。

(2)工程量清单台账(即总计量台账):对各个“单项工程数量批复表”中的数量进行统计汇总,按工程量清单编号顺序分细目建账。每计量一次,对台账数量削减一次;每变更一次,对台账数量修订一次;每新开工一个单项工程,对台账追加一次。

计量台账应采用计算机管理,及时统计,及时修订,及时与相关部门核对。

高速公路建设项目的计量支付工作,必须注意以下5点:

①现场量测是计量的基础,图纸是依据,把好现场计量关是关键。

②计量单位,原则上必须符合合同条款和技术规范。

③严格按程序支付。

④重视对计量人员的管理与培训。

⑤及时建立台账,加强对工程计量的统计和汇总,防止重计、漏计。

三、计量的方法

1. 均摊法

所谓均摊法,就是对工程量清单中合同价按合同工期每月平均计量。它适用于表14-1中的清单项目。表中的工程项目,其特点是在合同工期内每月都发生,因此可采用均摊法。

工程分项清单表　　表14-1

项　目	说　明	单　位	数　量
108	办公室及住宅设施的保养和清理	项	1
109	为监理工程师雇员提供宿舍和一日三餐	项	1
112	测量设备的保养	项	1
114	天气记录设备的保养	项	1
116	办公室的维修	项	1
124	维护工地清洁和整洁	项	1
125	提供合格的急救人员	项	1
131	养护(承包人)所有办公室、住宅、工场、仓库	项	1

2. 凭据法

所谓凭据法,就是根据合同中要求承包人提供的票据进行计量支付。

3. 估价法

估价法多用于清单第100章中购置仪器设备的项目。一项清单项目中往往要购置几种仪器设备,当承包人购置项目中的一种或几种仪器设备时,采用估价法计量的过程是:第一,可根据市场的物价情况对清单中购置的仪器设备进行估价;第二,可按估价公式进行计量支付。

4. 综合法

在第100章的项目中,有的项目包括的工作内容既有每月发生的费用,又有购进设备的费用。还有些项目虽然没有购置设备的费用,只有每月发生的费用,但每月发生的费用并不平衡。对这类项目的费用应当采用估价法和均摊法进行计量支付,这种方法称之为综合法。按综合法计量支付时,首先应当确定购置费用在每月发生的比例,将清单项目中的金额分成购置费用和维修费用两部分,然后将购置费用按估价法计量支付,每月发生的维修费用按均摊法计量支付。对于每月发生的费用不平衡的项目,也需要确定特殊月份发生费用的比例,除特殊月份按其比例计量外,其他月份按均摊法计量。

上述4种计量支付方法,主要用于工程量清单第100章的支付。

5.断面法

断面法主要用于计算取土坑和路堤土方的计量。在土方施工前每20m或根据设计测出一个地形断面,然后将路堤设计断面画在地形断面上,每次计量时测出完成的路堤顶高程,据此,在断面图上计算完成的工程数量。

6.图纸法

对某些根据图纸进行计量的项目,如混凝土的体积、钢筋长度、钻孔桩的桩长等都应该按图纸法计算。

对于采用图纸法计算的项目,必须进行现场测量,测量的目的是检查结构物几何尺寸的偏差是否在规范允许的误差范围内,达到规范标准的项目或部位才予以计量。

7.钻孔取样法

钻孔取样法主要用于道路面层结构的计量。工程量清单序言规定,路面结构层的计量按m^2计,但应保证结构层的设计厚度,因此采用钻孔取样法确定结构层的厚度。隧道拱圈衬砌厚度也用钻孔法确定。

8.分项计量法

所谓分项计量法,就是根据工序或部位将一个项目分成若干子项,对完成的各子项进行计量支付。子项计量支付的金额,根据估算的子项占总项的比例而定。各子项合计的支付金额应等于项目规定的总金额。

第四节 工程支付

支付是工程费用监理的两大关键工作之一,同时也是监理人控制工程施工活动的最后一个环节。支付是指按合同规定对承包人的应得款项进行确认并办理付款手续的过程。

工程活动中同时存在着物质运动和资金运动,在商品经济条件下,工程承包是一种商业行为,只有当物质运动与资金运动平衡地进行时,社会生产活动才能得以正常运转,商业行为的根本目标是经济利益,它最终必然经费用支付结束并由费用收支作最终评价。另外,由于工程施工具有复杂性、风险性和周期长、费用巨大以及生产必须连续等特点,使得工程施工活动与一般商品生产又存在较大区别,如果承包人垫付的资金不能及时收回,将会造成资金周转困难,导致工程进展不顺利,因此,工程合同的全面履行,必然有工程费用支付的要求。

一、工程支付的依据

1.以工程计量为依据

工程量清单中工程量的测算目的是为投标人提供一个计算标价的共同基础,也就是按清单的工程量计算报价,按实际完成工程量付款。这样减少了双方在施工前由于工程量的准确性带来的压力,使得工程量最终确认工作落到施工阶段。工程量是影响工程量清单支付项目工程款的唯一参数,承包人所得付款是以工程量为基础,准确的计量成为支付的前提。

2. 以技术规范为依据

在技术规范中对每一节都有支付的规定,详细说明了各工程细目的工作内容以及要求,对哪些内容不单独计量和支付,其价值摊入到哪一细目中,都做了具体规定。同时,在技术规范中还对每一工程细目的支付项目进行了划分。因此,技术规范既是承包人报价的指导文件和根据,也是监理工程师支付费用的指导文件和依据,进行工程费用支付时,必须认真细致地阅读和理解。

3. 以报价单为依据

报价单是费用支付时的单价依据。对于报价单中没有单价的工程细目,其单价为零,但承包人必须完成技术规范和图纸所规定的全部工作内容并达到规定的要求。因为,没有单价的工程细目已预先约定,其费用已摊入到其他细目的单价支付费用之中。所以,应该注意单价的包容程度,同时报价单中的单价是不能变动的,除非发生工程变更。

单价的包容程度一方面是指单价的价值构成,另一方面是指单价所包含的工程或工作内容。报价单中的单价一般是成品单价,它包含了完成该产品所必需的生产条件和设施,如有关临时工程及必需的施工准备活动和其他必需的一些生产环节等。这在技术规范中已作详细规定。因此,支付工程费用时,必须将报价单与技术规范联系在一起,以便准确支付。

4. 支付工作必须以日常记录和合同条款为依据

一个工程项目的支付,除了工程量清单内的常规支付外,还有许多其他因素和其他方面的支付,这些支付往往是招标时无法准确估计或根本无法预计的,因此,工程量清单中无法列明或根本没法列入。而对这些方面的支付又是工程支付中极其重要的内容,必须花费监理工程师大量的精力。它们必须以日常详细的记录资料和合同条件为依据,如索赔、物价上涨和新的法规的颁布以及计日工和工程变更等。对这些内容的支付无法在清单中明确(计日工单价可定,有些合同也给出估计数量,但却是一不确定因素),而只是在合同中给出了一些原则性的条款,因此,为了支付准确和贯彻合同中所定原则,必须以日常记录资料为依据。

二、支付程序

1. 中期支付程序

(1)承包人提出付款申请

支付工程费用一般由承包人通过监理工程师向建设单位提出付款申请,承包人在提出付款申请时,根据已完工程的情况,将其工程数量、工程价值以及其他问题填入监理工程师认可的报表中。这些报表主要有中间计量表、工程量清单月报表、索赔审批表、工程变更支付月报表、价格调整表、计日工报表、材料到达现场表、财务支付申请表及工程进度月报表。这些报表说明了承包人在这个月完成的工程量及应支付的金额。

(2)监理工程师审核与签认

监理工程师对承包人提交的月报表进行全面审核和计算,在逐项审核和计算的基础上签认应支付的工程费用。主要审核内容为:申请格式和内容是否满足合同要求,所有款项计算与汇总是否准确;核实到达现场材料及材料消耗状况;审查工程质量,是否不合格或尚未进行缺陷修补的项目。

审核完成之后计算付款净金额,净金额是指扣除保留金及付款回扣额。将净金额与合同规定的临时支付的最小限额比较,若净金额大于最小限额则开具支付证书,否则不开支付证书,将证书的金额按月结转。

(3)建设单位付款

建设单位收到监理工程师开具的支付证书之后,经审核确认,向承包人付款。在支付程序中应注意合同规定的支付时间,在FIDIC条件的通用条款第60条第10款中规定,监理工程师在收到承包人付款申请后的28天内开出支付证书,建设单位在收到监理工程师的中期支付证书的28天内支付。

2. 最终支付程序

(1)承包人提出最终支付申请

承包人提出最终支付申请的条件为全部遗留工程或缺陷工程均已完成且达到规范的要求,并获得监理工程师签发的缺陷责任证书;有关合同方面的遗留事宜(如费用索赔、工程变更、中期支付中有争议而未解决的问题等)均已与监理工程师和建设单位协商达到基本一致,并按合同办理了有关手续;竣工图纸及有关的竣工资料已按合同规定全部完成,并得到监理工程师的确认;对合同期间所有支付的款项进行了全面清理,对所需的支付凭证进行了必要的补充与完善。

若上述条件不具备时,监理工程师有权拒绝受理承包人的支付申请。当上述条件均具备后,承包人需附上最终结算清单及证明材料,并做出必要说明。

(2)监理工程师最终审定支付申请

监理工程师在收到最终付款申请后,在合同规定的时间内,完成对承包人最终支付申请的审定。其审定的主要内容:申请的格式和内容应满足合同规定及监理的要求;相应的系列结算清单必须齐全、完整,相互关系清晰;相应的系列证明资料有监理工程师签字认可;确认所有的计量与支付均没有遗漏、重复,且计算准确。

在以上审定工作的基础上,向建设单位签发最终支付证书。

(3)建设单位付款

建设单位收到最终支付证书,经审查无误,在合同规定时间内(56天)向承包人付款。

3. 支付项目

根据合同文件规定,工程支付项目主要分为工程量清单以内的支付和工程量清单以外的支付,即清单支付和合同支付。清单支付就是按合同条件、技术规范、清单序言的要求,通过准确的计量确认已完成工程数量与工程细目的单价,计算和支付各项工程费用。合同支付就是按合同文件有关规定,根据工程实际情况和现场证实的资料,确认清单以外的各项费用。

清单支付在付款中占的比重较大,而且合同中的规定比较明确,是监理工程师费用支付的主要内容。合同支付占的比重较小,在合同中无法对支付做出准确估计和详细规定,成了支付中的难点,若合同支付问题处理不当,会对整个工程进展产生影响。因此,合同支付虽占比重不大,却是监理工作的关键问题。

(1)清单支付项目

①物理单位计量的支付。工程量清单中以物理单位计量的项目,由于其单价明确,支付金额取决于实际完成的工程数量。其支付条件是完成了技术规范和图纸所规定的工作内容,质量合格、计算准确,支付金额是每月完成工程项目的净值数量与相应单价的乘积。

以物理单位计量的项目覆盖了清单内容的绝大部分,其所占费用约占清单费用的85%,在支付中占有重要地位。准确的计量是此类支付项目的前提,应重视工程量的计算。

②以自然单位计量的支付。以自然单位计量的项目包括两种情况:一种是按总额包干的项目,其单位为项,如结构物、试验等;另一种是单纯的自然单位,如挖树以棵计、桥梁支座以块计等。前一种支付相对复杂些,后一种则简单些,同以物理单位计量支付的项目处理方法一样。

按项支付的项目,需在工程开始之前,拟定支付的比例,按完成项目进度进行支付。支付比例可按承包人的消耗程度及各部位工程价值在工程中的比重确定。对于按项支付的结构物,需先按结构形式和施工顺序分解成不同的工程部位,然后再估算各部位的价值及结构物总额中的比重。

③计日工支付。计日工即按日计工,也称散工。计日工常用于工程施工过程中的一些临时性的,或新增加的,特殊的或较小的变更工程,也就是在工程量清单中找不到可以适用的支付项目的小规模作业内容的支付。

根据合同条件规定,监理工程师如认为有必要或可取时,可以指令按计日工完成任何变更工程,对这类工程应按合同中包括计日工明细表中规定的项目及承包人所报的单价或价格,向承包人付款。

对所有按计日工方式施工的工程,承包人应在该工程持续进行过程中,每天向监理工程师递交确切的并列有受雇于该工程的所有工人姓名、工种及工时的清单一式两份,以及表明该项工程所用材料设备的名称、数量的报表一式两份。如果清单和报表的内容正确或经同意时,应由监理工程师在每种清单和报表上签字,并退还给承包人。每个月末,承包人应向监理工程师提交一份包括上述内容的所用劳务、材料,承包人所用机械设备,并附有价格的清单。若承包人未能齐全、准时提交,则承包人无权获得任何款项。

人工的使用。计日工的工时应从工人到达施工现场、执行特定计日工项目的实际工作时间开始计算,不包括用餐和休息时间。只有工人班组从事指定工作,且能胜任工作时,才能计算实际工作时间,随班一起做工的班长的工作时间计算在内,但不包括工长和其他监管人员的工作时间。计日工必须在正常工作时间内进行,不允许有加班或对加班费用的支付,除非监理工程师另有指示。

材料的使用。用于计日工的材料,除非监理工程师指定由建设单位供应,一般由承包人供应。承包人用于计日工的材料未经监理工程师同意不得任意改变。

机械的使用。由承包人提供,因故障或闲置的施工机械不支付费用。

计日工的支付规定为,劳务费用的支付应按合同计日工规定,在直接费用基础上加一个百分比的附加费,此费包括管理费、利润、质检费、税费、保险、工具的使用与维修及其他有关费用。费用的计算应以合同计日工项目所开列的单价为依据,如遇价格调整,应按合同条件中规定的办法执行。

用于计日工材料费用的支付应是材料运至现场仓库或储料场的材料费用票面净值加上合

同工程量清单规定的一个百分比的附加费,此费用包括管理费、利润、税费、保险费及其他有关费用。从仓库或储料场到施工现场的搬运费,按所用劳务或施工机械有关条目支付。

承包人用于计日工的施工机械费用的支付应是合同工程量清单开列的基本租价,此基本租价包括全部折旧费、利息、燃料、油料、保养、维修配件及其他消耗品以及有关使用这些机械需要的任何附加物件的管理费、利润、税费、保险及其他有关费用,驾驶、操作工与助手的费用,包括在计日工劳务费中另行支付。

④暂列金额。“暂列金额”是指已标价工程量清单中所列的暂列金额,用于在签订协议书时尚未确定或不可预见变更的施工及其所需材料、工程设备、服务等的金额,包括以计日工方式支付的金额。

暂列金额下的项目具有如下特点:

a. 发生项目的不确定性。暂列金额所对应的支付项目并不确定。它们是某些新增的附属工程、零星工程等变更工程,也可能是提供货物、材料、设备或劳务等工作,还有可能是因不可预见因素引起的一些意外事件的费用(如索赔、价格调整等发生的费用)。

b. 发生金额的不确定性。暂列金额中的项目到底需要多少金额事先并不确定。因此,工程量清单中的相应金额是“暂列”的,有时与实际情况有较大差距。如计日工清单中的数量完全是假定的,实践中具体会发生多少事先根本不知道,因此,可能与实际情况有较大差距。

暂列金额只能按照监理人的指示使用,并对合同价格进行相应调整。暂列金额应由监理人报发包人批准后指令全部或部分地使用,或者根本不予动用。

对于经发包人批准的每一笔暂列金额,监理人有权向承包人发出实施工程或提供材料、工程设备或服务的指令。这些指令应由承包人完成,监理人应根据合同条款约定的变更估价原则和规定,对合同价格进行相应调整。

当监理人提出要求时,承包人应提供有关暂列金额支出的所有报价单、发票、凭证和账单或收据,除非该工作是根据已标价工程量清单列明的单价或总额价进行的估价。

⑤暂估价。暂估价指发包人在工程量清单中给定的用于支付必然发生但暂时不能确定价格的材料、设备以及专业工程的金额。

在工程招标阶段已经确定的材料、工程设备或工程项目,但又无法在当时确定准确价格,而可能影响招标效果时,发包人在工程量清单中给定一个暂估价。因此,暂估价是用于支付必然发生但暂时不能确定价格的材料、设备以及专业工程的金额。

暂估价在工程实施过程中,对于不同类型的材料与专业工程采用不同的计价方法。

发包人在工程量清单中给定暂估价的材料、工程设备和专业工程属于依法必须招标的范围并达到规定的规模标准的,由发包人和承包人以招标的方式选择供应商或分包人。发包人和承包人的权利义务关系在专用合同条款中约定。中标金额与工程量清单中所列的暂估价的金额差以及相应的税金等其他费用列入合同价格。

发包人在工程量清单中给定暂估价的材料和工程设备不属于依法必须招标的范围或未达到规定的规模标准的,应由承包人按通用合同条款第 5.1 款的约定提供。经监理人确认的辅料、工程设备的价格与工程量清单中所列的暂估价的金额差以及相应的税金等其他费用列入合同价格。

发包人在工程量清单中给定暂估价的专业工程不属于依法必须招标的范围或未达到规定的规模标准的,由监理人按照第 15.4 款进行估价,但专用合同条款另有约定的除外。经估价的专业工程与工程量清单中所列的暂估价的金额差以及相应的税金等其他费用列入合同价格。

(2)合同支付项目

合同支付项目是费用管理工作中的重点和难点,由于合同文件中无法对某些意外费用的确定作详细规定,所以支付中灵活性较大,难以把握和控制。合同支付内容主要包括开工预付款、材料设备预付款、保留金、工程变更费用、索赔费用、价格调整、迟付款利息、逾期交工违约金和提前交工奖金。

①开工预付款。开工预付款是一项由建设单位提供给承包人用于支付施工初期各项费用的无息贷款。预付款的金额一般为合同价值的某一百分比,国际上的选择范围是0~20%,一般为10%。提供这项资金的目的是减轻承包人施工初期的资金周转压力,当承包人获得工程款的补偿之后,应在合同实施中规定的期限内分批扣回。

开工预付款的支付条件为:已经签订的合同协议书;提供了履约担保(一般为合同价的10%);提供了相当于开工预付款金额的银行保函,此保函在开工预付款全部收回之前一直有效,但随着款项的逐次收回而不断减少。监理工程师确认满足支付条件之后,开出支付证书,建设单位按合同规定的期限支付开工预付款。

开工预付款的金额在项目专用合同条款数据表中约定。在承包人签订了合同协议书并提交了开工预付款保函后,监理人应在当期进度付款证书中向承包人支付开工预付款的70%的价款;在承包人承诺的主要设备进场后,再支付30%的预付款。

开工预付款银行保函的正本由发包人保存,此保函在发包人将开工预付款全部收回之前一直有效,但随着款项的逐次收回而不断减少。

开工预付款在进度付款证书的累计金额未达到签约合同价的30%之前不予扣回,在达到签约合同价30%之后,开始按工程进度以固定比例(即每完成签约合同价的1%,扣回开工预付款的2%)分期从各月的进度付款证书中扣回,全部金额在进度付款证书的累计金额达到签约合同价的80%时扣完。

②材料、设备预付款。按照国际惯例,在工程实施过程中建设单位预先支付给承包人一笔无息款项,供承包人用于支付购进各种成为永久工程组成部分的主要材料和安装于永久工程中的大宗设备。付款金额及货币种类依据合同专用条件的规定,按购货发票值的比例确定,一般为所购材料或设备单据开列费用的75%,当材料或设备用于永久工程以后逐次扣回。

建设单位支付预付款的材料种类一般包括钢材、水泥、沥青、砂石料等主要施工材料。材料、设备预付款的支付条件为:材料、设备将使用于永久性工程;材料、设备已运抵工地现场或监理工程师认可的承包人的生产场地;材料、设备的质量和存放均满足合同要求;承包人提交材料、设备的订货单或收据。当以上支付条件满足后,监理工程师签发支付材料、设备的预付款证明,在中期支付书中支付。

监理工程师签发材料、设备预付款支付证明时,除满足支付条件之外,还应注意支付材料、设备预付款的金额不应超过合同剩余工程款的数额,以防竣工前扣不回来;支付数一般为所购材料票面价值的75%,累计支付材料、设备预付款和材料、设备数量,不应超过工程所需的实际款额和数量,以防止出现不合理现象;预付材料、设备的品种应与工程计划进度相符合,例如当混凝土等构造物工程基本完工时,不应有大量的混凝土材料在施工现场,也不应对混凝土材料再支付预付款;在预计交工前三个月,将不再支付材料设备预付款。

已支付预付款的材料、设备,所有权归建设单位。

当材料用于永久性工程后,材料、设备预付款应从中期支付证书中逐次扣回,其扣回的方法可根据合同专用规定进行。扣回期不超过三个月。

③质量保证金(保留金)。质量保证金是建设单位对承包人已完工程款的保留额,用来保证承包人完成缺陷修补的义务。质量保证金的作用一是在承包人违约时保护建设单位,二是鼓励承包人完成合同,确保工程质量和进度,以及工程缺陷的修复。

《公路工程标准施工招标文件》合同通用条款规定了质量保证金的扣留与返还方式。

质量保证金是指发包人与承包人在工程承包合同中约定,从应付的工程款中预留,用以保证承包人在缺陷责任期内对工程出现的缺陷进行维修的资金。质量保证金的计算额度不包括预付款的支付、扣回以及价格调整的金额。

a. 质量保证金的扣留。

质量保证金的金额是按项目专用合同条款数据表规定的百分比扣留。监理人应从第一个付款周期开始,在发包人的进度付款中扣留质量保证金,直至扣留的质量保证金总额达到项目专用合同条款数据表规定的限额为止。

质量保证金的计算额度不包括预付款的支付以及扣回的金额。

承包人应扣留的质量保证金的计算基数 = 本月完成的工程价款 + 本月完成计日工 + 本月应支付的暂列金额 + 根据合同规定本月应结算的其他款额 + 费用和法规的变更发生的款额

b. 质量保证金退还。

约定的缺陷责任期满时,承包人向发包人申请到期应返还承包人剩余的质量保证金金额,发包人应在14天内会同承包人按照合同约定的内容核实承包人是否完成缺陷责任。如无异议,发包人应当在核实后将剩余质量保证金返还承包人。逾期支付的,从逾期之日起,按照同期银行贷款利率计付利息,并承担违约责任。发包人在接到承包人返还质量保证金申请后14天内不予答复,经催告后14天仍不答复,视同认可承包人的返还质量保证金申请。

近年来,在公路工程建设领域,由于各地情况不同及建设项目的差异,收取保证金的种类、形式方面差异也比较大。合同双方就收取保证金的种类、金额及返还情况协商一致,在合同中予以明确。公路工程项目一般有预付款保证金、质量保证金、安全施工保证金、工期保证金、民工工资保证金等。

④工程变更费用。工程变更是指对合同的工作内容做出修改或者追加或取消某一项工作。显然,由于勘测、设计、试验等与实际的差异,在合同执行过程中,工程变更是不可避免的,为了更加合理地完成工程,工程变更也是很有必要的。

工程变更费用的支付包括对下达变更令的项目进行支付和在颁发工程移交证书时,变更费用超过一定限度的费用支付。一旦变更成立,只要确定了变更项目的单价,其支付方式就类同工程量清单支付项目,根据计量确认工程支付款。一般规定对整个合同而言变更费用超过25%,对单项工程而言变更工程数量超过25%,且该细目的合同金额超出合同价的2%后,对超过的部分费用(单价)作相应的调整。变更费用支付的时间和支付方式也是列入中期支付证书中予以支付。支付货币同其他支付项目,按承包人投标时提供的货币比例进行付款。由于变更工作争议较大,单价没有达到一致时,可以进行暂行支付,避免变更的索赔。

合同执行过程中的工程变更引起的费用增加,主要包括以下方面:

a. 由于设计变更或其他原因,使得某一支付细目的实际施工数量超过原来已报价的工程量清单中开列数量的25%,且当该支付细目的金额占有效合同价的比例超过2%时,对该支付细目单价的调整。

b.由于变更设计,使得某项工程的结构形式或施工工艺发生根本性变化,标价工程量清单中的支付细目已不适用或无法参照时,经承包人、监理工程师和建设单位三方协商另行确定工程的支付单价。

c.由于地方规划等原因引起的附加工程。

d.设计调查或勘察深度不够导致的追加工程。

为便于对变更工程的管理和控制,变更设计部分的支付在进度报表中单列,然后转入支付汇总表。

⑤价格调整。工程建设的周期性往往都较长,在这样一个比较长的建设周期中,无论是建设单位或承包人,都必须考虑到与工程有关的各种价格变化,一般来说,不论在国内还是国外,主要问题是价格上涨,价格下跌时也可同样计算。

价格变化原因主要有劳务工资及材料费用上涨、外币汇率不稳定、燃料费等主要价格的变化和其他影响工程造价的因素,如运输费,国家或省、市、自治区立法的改革引起的工程费用上涨等。合同条件中规定,由于劳务、材料价格或影响工程施工的成本改变,其浮动价格应从合同价格中增加或减去,同时,在投标截止日28天之后,由于国家或地方的法律或法规的改变致使承包人在施工中费用增加或减少,则此种增加或减少的费用应由监理工程师与建设单位、承包人协商后确定。

国家政策及法律、法令变更,通常是指直接影响到工程造价的某些政策及法律、法令的变更,比如限制进口、外汇管制或税收及其他收费标准的提高。显然,工程所在国的政策和法律、法令是承包人投标时编制报价的主要依据之一。如果工程所在国法律或政策的变更导致承包人施工费用增加,则建设单位应对承包人补偿增加值。相反,如果导致费用减少,建设单位也应该受益,这样做是合情合理的,因为双方都无法预测这样政策、法律的变更。如果在投标截止期28天以后,国家或工程所在省的法律、法规、法令和规定发生了变更,致使承包人的施工费用发生增减。这部分费用由监理工程师、建设单位和承包人协商后予以确定。

在工程完工后颁发整个工程的交接证书时,如果发现因清单中各项工程在实施计量后的数量增减和工程变更所引起的数量变化,致使合同价格的变化超过有效合同价(指扣除计日工和暂列金额后的合同价)的15%,考虑承包人的工地管理费,由监理工程师、建设单位和承包人共同协商后对超出部分进行一次性调整。

由于劳务、材料价格的上涨使得施工成本增加引起的价格调整,按季度或年度采用公式法进行。具体要求为:

a.凡工期在12个月以上的合同。

b.对于国内承包人,均采用人民币调价公式计算,调整后再将外币部分按外汇需求比例折算。

c.价格调整均从合同规定的开工日起第13个月开始进行,第一年之内不调价。

d.可调整金额是指扣除工程变更、暂列金额中以现行价格支付金额后的清单金额合计。

e.价格指数采用官方(如省级统计部门)公布的"建筑行业产值价格指数"表中的现行价格指数。

f.调价适用期为合同规定工期和经监理工程师批准的延长工期。

⑥索赔费用。“索赔”,顾名思义,即索取赔偿或要求对方赔偿之意,这是一种经济行为,也是一项管理业务。索赔是工程承包中经常发生,并且随处可见的现象。一般地,在承包合同中都有索赔方面的条款,它是签订合同的双方各自享有的权利。但是,对于建筑工程施工合同来讲,由于建筑产品的特殊性、建筑施工生产的特点和工程承包市场的特点,其索赔通常是指承包方通过正当手续,要求建设单位偿付施工所造成的额外费用。

施工索赔包括两个方面:一方面对额外所消耗资源的赔偿,以资金来表示资源,从而表现为费用索赔;另一方面,是时间索赔,对工程项目的施工生产而言,体现为延期。

索赔一旦成立,就应根据合同文件规定及现场记录,客观公正地确定索赔费用。索赔支付的依据是监理工程师对承包人的索赔审批书,支付金额是通过计算并经批准的数额,支付时间随当月进度款一并支付,一般以项为单位。索赔的处理常常存在争议,此时对索赔支付也可以采用临时支付,以保证施工正常进行。

监理工程师在合同管理方面的重要职责,一是防止和减少不必要的索赔,因为索赔不仅对建设单位不利而且多数情况对承包人也不利。二是索赔一旦发生,应及时公正地处理索赔。监理工程师代表应及时将由于建设单位方面的原因可能引起索赔的信息报告给建设单位,使建设单位有充分的思想准备和较多的时间去履行自己的义务,尽可能地减少承包人索赔。同时监理工程师又有义务及时提醒承包人,对于由于其自身原因可能引起停工或经济损失的情况及时采取防范措施。

⑦逾期交工违约金。逾期交工违约金是指承包人未能按合同完成工程施工,或在监理人批准的延期内完成工程的施工给予发包人的补偿。

《公路工程标准施工招标文件》规定:由于承包人原因,未能按合同进度计划完成工作,或监理人认为承包人施工进度不能满足合同工期要求的,承包人应采取措施加快进度,并承担加快进度所增加的费用。由于承包人原因造成工期延误,承包人应支付逾期交工违约金。逾期交工违约金的计算方法在项目专用合同条款中约定。时间自预定的交工日期起到工程接收证书中写明的实际交工日期止(扣除已批准的延长工期),按天计算。逾期交工违约金累计金额最高不超过项目专用合同条款数据表中写明的限额(一般为合同价的10%)。

发包人可以从应付或到期应付给承包人的任何款项中或采用其他方法扣除此违约金。承包人支付逾期交工违约金,不能免除承包人完成工程及修补缺陷的义务。

如果在合同工作完工之前,已对合同工程内按时完工的单位工程签发了工程接收证书,则合同工程的逾期交工违约金,应按已签发工程接收证书的单位工程的价值占合同工程价值的比例予以减少,但本规定不应影响逾期交工违约金的规定限额。

⑧迟付款利息。这是合同中赋予承包人的权力,即承包人有权在规定时间期限内从建设单位处得到支付。如果建设单位未按期支付,承包人就有权获得延期未付款部分的利息。

一般合同条件中规定,监理工程师签发中期支付证书后确定应付给承包人的金额,建设单位应在该中期支付证书收到后一定期限内支付给承包人工程款,如果建设单位在规定期限内不能付款,建设单位应该以投标书附件内规定的利率向承包人支付全部应付款的利息,计息时间从应付而未付该款项的日期算起。

⑨提前交工奖金。为了调动承包人的积极性,使其合理地加快工程进度,从而提前完成工程施工,使发包人提前受益,在合同条款中设立了与逾期违约金相对应的一个支付项目,即提前交工奖。

发包人要求承包人提前交工,或承包人提出提前交工的建议能够给发包人带来效益的,应由监理人与承包人共同协商采取加快工程进度的措施和修订合同进度计划。发包人应承担承包人由此增加的费用,并向承包人支付专用合同条款约定的相应奖金。

发包人不得随意要求承包人提前交工,承包人也不得随意提出提前交工的建议。如遇特殊情况,确需将工期提前的,发包人和承包人必须采取有效措施,确保工程质量。

如果承包人提前交工,发包人支付奖金的计算方法在项目专用合同条款数据表中约定,时间自交工验收证书中写明的实际交工日期起至预定的交工日期止,按天计算。但奖金最高限额不超过项目专用合同条款数据表中写明的限额。

4. 计量支付管理程序

(1)计量的基本原则

①工程计量项目,其质量必须符合技术规范要求,经检查验收合格,签认手续齐全。

②工程计量的范围和方法必须符合合同条款、技术规范、工程量清单说明和其他有关计量支付规定。

③单项工程最终计量不得超过单项工程计量台账中的数量。

④变更工程无变更通知单或审批文件不得计量。

⑤计日工计量必须附有监理工程师批准使用的批文和经专业监理工程师签认的“计日工日报表”等证明材料。

⑥暂列金额使用必须得到总监理工程师办公室批准,计量时必须附有批准使用的文件复印件。

⑦索赔金额、迟付款利息等其他款项支付必须附有相应的批文复印件。

⑧材料和设备预付款计量必须符合合同条款的有关条规定。

(2)费用支付原则

①支付必须以工程计量为基础。

②支付必须以合同为依据。

③支付必须遵循严格的程序。

④支付必须及时、准确。

(3)计量支付程序

以某高速公路为例说明。

①承包人于每月26日前会同专业监理工程师对上月26日至本月25日完成并经检验合格的工程进行测量计算,填写“工程计量计算单”一式三份,报专业工程师。

②专业监理工程师于每月26日前审核并签认“工程计量计算单”一式三份,留存一份,退回承包人二份,其中一份由承包人留存,一份作为计量证书凭证。

③承包人每月27日前汇总经签认的“工程量计算单”并分类填写“工程计量证”“变更工程计量证”“材料预付款计量证”“计日工计量证”一式三份,报驻地监理工程师。

④监理工程师每月28日前审查并签认各类计量证一式三份,留存一份,退回承包人二份,其中一份由承包人留存,一份作为“月支付申请报表”的凭证。

⑤承包人每月30日前汇总签认的计量证和上月26日至本月25日所批复的各类费用增减文件,编制并以文件报送“月支付申请报表”一式二份,一份留驻地办,一份附计量证、费用增减批文复印件及其他证明材料和本月计量数据库软件各一份,随驻地办编制的“月支付报

表”由驻地办报总监理工程师办公室。

⑥驻地监理工程师在7天内审查“月支付申请报表”并编制“月支付报表”，经驻地工程师签字后，一式十四份，用文件报送总监理工程师办公室。

⑦总监理工程师办公室14天内复核月支付报表，经总监理工程师签字后，一式十四份报送建设单位。

⑧建设单位收到月支付报表后，在35天内编制财务报表予以支付；收到最终支付报表后应在63天内予以支付。

⑨建设单位或承包人分别在收到月支付报表后14天内，将发现的问题和不同意见以书面形式通知总监理工程师办公室或驻地监理工程师办公室，以便监理工程师查实后在下期支付中予以改正而不影响本期支付的正常进行。除非有明显的较大错误经总监理工程师同意在本期支付中更正外。

复习思考题

1. 工程费用由哪几个部分组成？
2. 工程费用的影响因素有哪几种？
3. 工程量清单的作用是什么？
4. 叙述计量的程序和方法。
5. 简要介绍工程支付的依据和中期支付程序。

第十五章 项目决策和设计阶段的投资控制

第一节 投资控制的基本概念

一、投资控制的意义

工程投资是以货币形式表示的基本建设工程量,反映了工程项目投资规模的综合指标和工程价值,它包括从筹集资金到竣工交付使用全过程中用于固定资产在生产和形成最低量流动资金的一次性费用总和,主要由建筑安装工程费、设备及工具、器具购置费以及预备费等构成。

工程项目投资控制是指以建设工程项目为对象,为在投资计划值内实现项目而对工程建设活动中的投资所进行的规划、控制和管理。投资控制的目的,就是在工程项目的实施阶段,通过投资规划与动态控制,将实际发生的投资额控制在投资的计划值以内,以使工程项目的投资目标尽可能地实现。

工程项目投资控制主要由两个各有侧重又相互联系的工作过程所构成,即工程项目投资的规划过程与工程项目投资的控制过程。在工程项目的建设前期,以投资的规划为主;在工程项目实施的中后期,投资的控制占主导地位。

合理的确定和有效的控制工程项目投资是监理工作中的重要组成部分,其基本任务是在工程项目建设的整个过程中进行投资的全方位和全过程控制，即在投资决策、设计准备、设计、招标发包、施工安装、物资供应、资金运用、生产准备、试车调试、竣工投产、交付使用以及保修等各阶段和各环节进行全面的投资控制，使技术、经济及管理部门紧密配合，充分调动主管、设计、施工及监理等各方面的积极性，采取组织、技术、经济和合同等各种手段及措施，以计算机辅助，随时纠正发生的偏差，求得在工程项目中合理地使用人力、物力及财力，使项目的实际投资数额控制在批准的计划投资标准额之内，有效地使用人力、物力和财力，使有限的投资取得较好的经济效益和社会效益。

二、建设项目投资计算

1. 建设工程投资估算

投资估算是指在整个投资计算过程中，依据现有的资料和方法对建设项目的投资额进行估计。

(1)规划阶段的投资估算说明有关项目之间的相互关系。作为否定一个项目或决定是否继续进行研究的依据之一，其估算误差率可大于 ±30%。

(2)项目建议书阶段的投资估算。它的作用是从经济上判断项目是否列入投资计划，可作为领导部门审批项目建议书的依据之一，但不能完全肯定一个项目是否真正可行，其误差率在 30% 以内。

(3)可行性研究阶段的投资估算。它的作用是可对项目是否真正可行做出初步的决定，其估算误差应在 20% 以内。

(4)评审阶段的投资估算。它是作为对可行性研究结果进行最后评价的依据。作为对建设项目是否真正可行进行最后决定的依据，其估算误差率应该在 10% 以内。

(5)设计任务书阶段的投资估算。作为编制投资计划，进行资金筹措以及申请贷款的主要依据，它是控制初步设计概算和整个工程造价的最高限额，其估算误差率应该在 10% 以内。

投资估算的内容，应视不同的作用，确定不同的项目。全民性工业项目和整体性民用项目应包括该项目从筹建到竣工所必需的一切费用，一般包括以下内容：建筑工程费，设备购置及安装费，生产用工具、器具、家具费，工程建设其他费用，预备费、流动资金、建设期贷款利息。

投资估算是一件十分繁杂的事，有许多因素影响估算的准确性，其主要因素有以下几项：

(1)工程项目的内容和复杂程度。投资估算时必须了解工程项目的组成和复杂程度，严格做到不漏项、不重项，工艺的动力要求和生产环境及建筑结构的特征都要考虑到。

(2)工程所在地的自然条件。

(3)工程所在地的建筑材料供应情况、价格水平、施工协作条件等。

(4)近几年的价格浮动情况及建设周期。

(5)建设地点所在地区各种税收及城市基础设施情况。

(6)设计深度、设计标准及设备材料的选型。

2. 建设工程概算

建设工程概算主要是对建设费用的计算，建设费用主要由建筑工程费，设备安装工程费，设备购置费及工具、家具、器具购置费，其他费用和预备费等构成。

(1)建筑安装工程费的组成

①直接费。

a. 定额直接费:人工费、材料费、施工机械使用费。

b. 其他直接费:包括额外生产用水、电、蒸汽费;冬雨季施工增加费;夜间施工增加费;流动施工津贴;二次搬运费;检验试验费;特殊条件施工增加费、场地清理费及联动试车费。

②间接费。

a. 施工管理费。

b. 其他间接费:临时设施费、劳保支出及施工队伍调迁费(其他直接费和间接费统称为综合间接费)。

③计划利润。

④税金:营业税、城市维护建设税等。

⑤特定条件下的费用:有害健康的施工保健费、特殊地区的施工增加费、特殊技术培训费、大型机具租赁费及进场费等。

(2)建设费用的计算方法

建设费计算一般是按照熟悉图纸、熟悉现场、熟悉施工方案、确定定额依据、列工程项目(分部工程项目)、计算工程量、套用定额、求取定额单价、计算直接费、工料分析、计算工程造价等步骤进行。具体而言,建设费月的计算方法如下:

①定额直接费 a = 工程量 × 定额单价

②综合间接费 $b = a$ × 综合间接费或人工费 × 综合间接费率

③营业税 $c = (a + b)$ × 营业税率

④建筑工程安装费 $d = a + b + c$

⑤设备工器具购置费 e = 设备原价 × (1 + 设备运杂费率) + 设备购置费 × 费率

⑥单项工程费 $f = d + e$

⑦其他费用 g

a. 建设单位管理费 $= f$ × 费率

b. 土地补偿费、安置补助费、研究试验费、勘测设计费、供电补贴费、施工机械迁移费、矿山巷道维修费、引进技术和进口设备项目的其他费用等均按有关规定计算。生产职工培训费、办公和生活用家具购置费等按有关定额计算。

⑧预备费用 $= (f + g)$ × 费率

⑨建设工程总费用 $= f + g + h$

(3)标底

当工程概算结束后,可以以工程概算为基础来确定标底。标底只反映建设单位对拟建工程的期望价格,其作用是作为建设单位筹集建设资金的依据,是衡量报价单位报价的准绳和评标的重要尺度。在当前建设领域深化改革的形势下,经有关部门审核的标底,可作为选择承包单位的基准价。因此,正确确定工程的标底,对建设单位筹集资金,正确选择承包单位,达成合理的合同价有着十分重要的意义。

三、工程项目投资控制的原理

工程项目投资控制的目的和关键,是要保证项目投资目标尽可能好地实现。投资的规划为工程项目的建设制定了目标计划和控制的实施方案,工程项目投资控制成功,在很大程度上取决于投资规划的科学性和目标控制的有效性。

1. 遵循动态控制原理

工程项目投资控制应遵循动态控制原理。在建设工程项目中,投资的控制是紧紧围绕投资目标的控制,这种目标控制是动态的,贯穿于工程项目实施的始终。

2. 分阶段设置控制目标

控制是为实现工程项目的目标服务的,一个系统若没有目标,就不需要也无法进行控制。投资控制目标的设置应是严肃的,应有科学的依据。但是,工程项目的建设过程是一个周期长、投资大和综合复杂的过程,投资控制目标并不是一成不变的,在不同的建设阶段投资目标可能不同。因此,投资的控制目标需按建设阶段分阶段设置,且每一阶段的控制目标值是相对而言的,随着工程项目建设的不断深入,投资控制目标也逐步具体和深化。

3. 采取多种有效控制措施

要有效地控制工程项目的投资,应从组织、技术、经济、合同与信息管理等多个方面采取措施,尤其是将技术措施与经济措施相结合,是控制工程项目投资最有效的手段。

4. 立足全寿命周期的控制

工程项目投资控制,主要是对建设阶段发生的一次性投资进行控制。但是,投资控制不能只是着眼于建设期间产生的费用,更需要从建设工程项目全寿命周期内产生费用的角度审视投资控制的问题。

第二节　设计阶段的投资控制

一、设计阶段投资控制的任务

设计阶段投资控制的目标是使项目的总投资小于该项目的计划投资,即在计划投资内,通过控制手段,以实现项目的功能、建筑的造型和材料质量的优化,在工程设计阶段对建设项目造价的影响极大。项目投资控制的关键在于施工以前的投资决策和设计阶段,而在做出项目投资决策后,控制项目投资的关键就在于设计。

在工程项目的设计阶段,投资控制的主要任务和工作是按批准的项目规模、内容、功能、标准和投资规划等指导和控制设计工作的开展,组织设计方案竞赛,进行方案比选和优化,编制及审查设计概算和施工图预算,采用各种技术方法控制各个设计阶段所形成的拟建项目的投资费用。

二、工程项目投资控制的重点

项目前期和设计阶段对工程项目投资有着重要的影响,它决定了工程项目投资费用的支出。因此,工程项目投资控制就存在控制的重点,这就是工程项目的前期和工程的设计阶段。投资控制的重点放在设计阶段,特别是方案设计和初步设计阶段,并不是说其他阶段不重要,而是相对而言,设计阶段对工程项目投资的影响程度远远大于如采购阶段和工程施工阶段等的其他建设阶段。

在设计阶段,节约投资的可能性最大。其中,在方案设计阶段,节约和调节投资的余地最大,这是因为方案设计是确定工程项目的初始内容、形式、规模、功能和标准等的阶段,此时对其某一部分或某一方面的调整或完善将直接引起投资数额的变化。正因为如此,就必须加强方案设计阶段的投资控制工作,通过设计方案竞赛、设计方案的优选和调整、价值工程和其他技术经济方法,选择确定既能满足工程项目的功能要求和使用要求,又可节约投资、经济合理的设计方案。

在初步设计阶段,相对方案设计来说节约和调节投资的余地会略小些,这是由于初步设计必须在方案设计确定的方案框架范围内进行设计,对投资的调节也在这一框架范围内,因此,节约投资的可能性就会略低于方案设计。但是,初步设计阶段的工作对工程项目投资还是具有重大影响的,这就需要做好各专业工程设计和技术方案的分析和比选,比如房屋的建筑和结构方案选择,建筑材料的选用,建筑方案中的平面布置、进深与开间的确定、立面形式的选择、层高与层数的确定、基础类型选用和结构形式的选择等。需要精心编制并审核设计概算,控制与初步设计结果相对应的工程项目投资。

进入施工图设计阶段以后,工程设计的工作是依据初步设计确定的设计原则对工程项目开展详细设计。在此阶段,节约和调节工程项目投资的余地相对就更小。在此阶段的投资控制,重点是检查施工图设计的工作是否严格按照初步设计来进行,否则,必须对施工图设计的结果进行调整和修改,以使施工图预算控制在设计概算的范围以内。

设计完成后,工程进入施工阶段开始施工以后,从严格按图施工的角度,节约投资的可能性就非常小了。

因此,进行工程项目的投资就必须抓住设计阶段这个重点,尤其是方案设计和初步,而且越往前期,节约投资的可能性就越大。

复习思考题

1. 投资控制的目的是什么?
2. 简述工程项目投资控制的原理。
3. 工程项目投资控制的重点有哪些?

第十六章

施工阶段工程费用控制

第一节 概 述

施工成本是指在施工过程中所发生的全部生产费用的总和，它是项目总成本的主要组成部分，一般占总成本的90%以上。因此，也可以说，项目总成本控制实际上就是施工成本控制。施工企业为获得最大利润，最关心的就是施工成本控制。施工成本控制系指在保证工程质量和工期要求的前提下，对项目施工过程中所发生的费用支出采取一系列检查、监督和纠偏措施，把实际支出控制在计划成本规定的范围内，以保证计划成本的实现。

影响施工成本的因素主要有：

(1)施工质量对施工成本的影响

这是为保证和提高工程质量而采取相关措施(如购置施工质量监测设备，增加监测工序等)而需要耗费的开支，又称质量保证成本。质量保证成本是随质量要求的变化而变化的。

(2)施工工期对施工成本的影响

如工期加长，人工费、设备折旧费等增加，从而增加成本；工期缩短，加大资源投入也会增加成本。

(3)材料、人工费价格变化对施工成本的影响

建筑材料价格和人工价格，目前在我国总的变化趋势是上升的，而且变化频繁且随地区不

同而不同。这些虽然在工程预算及合同中作了预测,但很难预测准确,因此属于这部分的成本变化很难掌握,这也给其控制增加了麻烦。

(4)管理水平对施工成本的影响

管理水平既包括建设单位的管理水平,也包括施工单位的管理水平,当然也包括监理单位的管理水平。由于管理不善,或者造成预算成本估计不准,或者资金、原材料供应不及时造成拖延工期,或者人工材料设备浪费等,这些都会影响施工成本。

简而言之,施工成本控制就是正确处理成本、质量、工期三者的关系。施工成本控制主要由项目经理负责,并组成成本控制责任系统,采取行政上和经济上的有效手段,保证目标成本的实现,以取得最佳的经济效益。

第二节　工程建设参与方费用控制的任务

一、建设单位方费用控制的任务

(1)在工程招标、设备采购的基础上对项目施工阶段投资目标进行详细的分析、论证。

(2)编制施工阶段各年、季、月度资金使用计划,并控制其执行。

(3)审核各类工程付款和材料设备采购款的支付申请。

(4)组织重大项目施工方案的科研、技术经济比较和论证。

(5)定期进行投资计划值与实际值的比较,完成各种投资控制报表和报告。

(6)工程投资目标风险分析,并制定防范对策。

(7)审核和处理各项施工费用索赔事宜。

二、承包方费用控制的任务

(1)编制施工成本计划,设定目标成本,并按工程部位进行项目成本分解,确定施工项目人工费、材料费、机械台班费、措施费和间接费的构成。

(2)建立项目成本核算制,明确项目成本核算的原则、范围、程序、方法、内容、责任及要求,并设置核算台账,记录原始数据。

(3)落实施工成本控制责任者,制定成本要素的控制要求、措施和方法。

(4)合理安排施工采购计划,通过生产要素的优化配置,有效控制实际成本。

(5)加强施工调度、施工定额管理和施工任务单管理,控制活劳动和物化劳动。

(6)采取会计核算、统计核算和业务核算相结合的方法,进行实际成本与责任目标成本的比较分析、实际成本与计划目标成本的比较分析,分析偏差原因,并制定控制的措施。

(7)编制月度项目成本报告,预测后期成本的变化趋势和状况。

第三节　施工阶段的投资控制

一、施工阶段投资控制的目标和任务

确定建设项目在施工阶段的投资控制目标值,包括项目的总目标值、分目标值、各细目标

值。在项目实施过程中要采取有效措施,控制投资的支出,将实际支出值与投资控制的目标值进行比较,并做出分析及预测,以加强对各种干扰因素的控制,及时采取措施,确保项目投资控制目标的实现。同时,要根据实际情况,允许对投资目标进行必要的调整,调整的目的是使投资控制目标处于最佳状态和切合实际。

1. 施工阶段投资控制的任务

(1)控制建设项目招标、评标、发包阶段关于投资控制详细的工作流程图和细则。

(2)审核标底,将标底与投资计划值进行比较;审核招标文件中与投资有关的内容(如项目的工程量清单)。

(3)参加项目招标的系列活动(如项目的评标、决标),对投标文件中的主要技术方案做出技术经济论证。

2. 施工阶段的经济措施

(1)复核项目的工程量,并与已完成的实物工程量比较。

(2)在项目实施进展过程中,进行投资跟踪。

(3)定期向监理总负责人、建设单位提供投资控制报表。

(4)编制施工阶段详细的费用支出计划,复核一切付款账单。

(5)审核竣工结算。

3. 施工阶段投资控制的技术措施

(1)对设计变更部分进行技术经济比较。

(2)继续寻求在建设项目中通过设计的修正挖潜实现节约投资的可能性。

4. 施工阶段投资控制对合同的控制

(1)参与处理工程索赔工作。

(2)参与合同修改、补充工作,着重考虑对投资控制有影响的条款。

二、工程价款的计量支付

1. 工程价款计量支付的概念和作用

所谓计量支付,就是监理工程师按照合同的有关规定对承包人已完成的工程进行计量,根据计量结果和其他方面合同规定的应付给承包人的有关款项,由监理工程师出具有关证明向承包人支付款项。监理工程师通过工程计量支付来控制合同价款,并掌握工程支付的签认权,约束承包单位的行为,从而在施工各环节上发挥监督和管理作用。

投资控制的关键在于:一是控制进度付款与实际工程进度相对应;二是确保投资总额与承包总额相等;三是严格审批预备金的立项。第一、第二项目标控制,着重于实际完成且符合质量的工程计量和支付进度款的综合单价核定。因此,通过对施工过程的各个工序设置,由监理工程师签认的检验程序,设置监理工程师对中期财务支付报表的一系列签认程序。没有各级监理工程师签认的工序或单项工程检验报告,该工序或该单项工程不得进入支付报表,未经监理工程师签认的财务报表无效。这样做充分发挥了经济杠杆作用,提高了监理工程师的权威性,可使监理工程师有效地控制项目实施过程中的投资支出,同时也可以大大促进施工企业内部管理水平的提高。实践证明,把工程财务支付的签认权和否定权交给监理工程师,对控制项目投资十分有利。

2. 工程计量

工程计量,简而言之就是工程的测量和计算。这是计量支付的前提和基础。计量的一般原则是:

(1)被计量的必须是合同中规定的项目,对合同规定以外的项目不予计量。

(2)被计量的项目必须是确属完工的或正在施工中已完成的部分。

(3)被计量的项目的质量应达到合同规定的技术标准,对质量不合格的项目不予以计量。

(4)计量项目的申报资料和验收手续应该齐全。

(5)计量结果必须得到监理工程师和承包人双方的确认。

(6)计算方法应一致,监理工程师的计量应具有权威性。

计量的方式一般有:

(1)由监理工程师独立进行计量。在这种方式下,工程计量的程序是承包方按照协议条款约定的时间,向监理工程师提交已完工程的报告。监理工程师接到报告后 3 天内按照设计图纸核定工程数量,并在计量 24h 前通知承包方,承包方必须为监理工程师进行计量提供便利条件并派人参加予以确认。承包方无正当理由不参加计量,由监理工程师自行进行计量。计量结果仍然视为有效,作为工程价款支付的依据。根据合同的公正原则,如果监理工程师在收到报告后 3 天内仍未进行计量,从第四天起,承包方报告中开列的工程量即被视为有效,可作为工程价款支付的依据。因此,无特殊情况,监理工程师对工程计量不能有任何拖延。另外,监理工程师在计量时必须按约定时间通知承包方参加,否则计量结果按合同视为无效。

(2)由承包人进行计量。在这种方式下,计量工作应在监理工程师的具体要求下进行,并把计量结果及中间过程资料等一并交由监理工程师确认,以作为支付的依据。

(3)监理工程师同承包人联合计量。在这种方式下,由监理单位和承建单位派人联合组成计量小组,计量工作由该小组商定执行。

在工程计量工作中,监理工程师要做到公正和合理,使计量工作尽量做到系统化、程序化、制度化,计量方法与合同规定的计量方法相一致。图纸测算,亦即根据实际施工图的工程量进行计量、按工程实际发生的发票收据计量以及按监理工程师在实际工作中批准确认的工程量进行计量等。

计量的方法是:

本月核定量(根据时间进度及质量情况核定)+已计价计量累计(逐月计量)=设计图计量(根据设计图纸和项目价款表核定)

计量方法有现场实际抽测和计算工程量、按施工图对实际完成的工程进行计量、按工程实际发生的发票、收据等对所完成的工程进行计量、按监理工程师批准确认的工程量直接计量等。

工程计量时要严格确定计量内容。监理工程师进行计量必须根据具体的设计图纸,以及处理和设备明细表中计算的各项工程数量进行,并按照合同中所规定的计量方法、单位。监理工程师对承包方超出设计图纸要求增加的工程量和自身原因造成返工的工程量不予计量;要加强隐蔽工程的计量。为了切实做好工程计量与复核工作,避免承建单位与建设单位扯皮,监理工程师必须对隐蔽工程做预先测算,测算结果必须经甲乙双方认可,并以签字为凭。

由于工程项目合同大多采取单价合同形式,故当已确定好工程量之后,即可很容易地进行费用计算,进而予以支付。

3. 工程支付

工程支付包括支付清单内费用、清单以外费用(包括工程变更、价格调整、费用索赔)、暂付费(包括开工预付费、预付备料费、保留金)及违约金(包括违约罚金、迟付款利息)。

工程价款支付方式通常有竣工前分次结算、按月结算、分段结算以及竣工后一次性结算和年终结算,其工作事项包括按规定程序办理审核支付、按规定原则办理支付签证、按规定条件调整付款、按实际情况办理补偿扣款等。

复习思考题

1. 影响施工成本的因素主要有哪些?
2. 建设单位和承包方费用控制的任务有何不同?
3. 施工阶段投资控制的任务是什么?

第十七章
工程竣(交)工验收的费用控制

第一节　竣工结算与竣工决算

一、竣工结算

1.竣工结算的概念

竣工结算是由施工企业按照合同规定的内容全部完成所承包的工程,经建设单位及相关单位验收质量合格,并符合合同要求之后,在交付生产或使用前,由施工单位根据合同价格和实际发生的费用增减变化(如变更、签证、洽商等)情况进行编制,并经发包方或委托方签字确认的,正确反映该项工程最终实际造价,并作为向发包单位进行最终结算工程款的经济文件。

竣工结算一般由施工单位编制,建设单位审核同意后,按合同规定签字盖章,通过相关银行办理工程价款的最后结算。

2.竣工结算的内容

竣工结算的内容与施工图预算的内容基本相同,由直接费、间接费、计划利润和税金四部分组成。竣工结算以竣工结算书形式表现,包括单位工程竣工结算书、单项工程竣工结算书及竣工结算说明书等。

竣工结算书中主要应体现“量差”和“价差”的基本内容。

“量差”是指原计价文件所列工程量与实际完成的工程量不符而产生的差别。

“价差”是指签订合同时的计价或取费标准与实际情况不符而产生的差别。

3.竣工结算的编制原则与依据

(1)竣工结算的编制原则

工程项目竣工结算既要正确贯彻执行国家和地方基建部门的政策和规定,又要准确反映施工企业完成的工程价值。在进行工程结算时,要遵循以下原则:

①必须具备竣工结算的条件,要有工程验收报告,对于未完工程,质量不合格的工程、不能结算;需要返工重做的,应返工修补合格后,才能结算。

②严格执行国家和地区的各项有关规定。

③实事求是,认真履行合同条款。

④编制依据充分,审核和审定手续完备。

⑤竣工结算要本着对国家、建设单位、施工单位认真负责的精神,做到既合理又合法。

(2)竣工结算的编制依据

①工程竣工报告、工程竣工验收证明、图纸会审记录、设计变更通知单及竣工图。

②经审批的施工图预算、购料凭证、材料代用价差、施工合同。

③本地区现行预算定额、费用定额、材料预算价格及各种收费标准、双方有关工程计价协定。

④各种技术资料(如技术核定单、隐蔽工程记录、停复工报告等)及现场签证记录。

⑤不可抗力、不可预见费用的记录以及其他有关文件规定。

4.竣工结算的编制方法

(1)合同价格包干法

在考虑了工程造价动态变化的因素后,合同价格一次包死,项目的合同价就是竣工结算造价。即

$$结算工程造价 - 经发包方审定后确定的施工图预算造价 \times (1 + 包干系数)$$

(2)合同价增减法

在签订合同时商定合同价格,但没有包死,结算时以合同价为基础,按实际情况进行增减结算。

(3)预算签证法

按双方审定的施工图预算签订合同,凡在施工过程中经双方签字同意的凭证都作为结算的依据,结算时以预算价为基础按所签凭证内容调整。

(4)竣工图计算法

结算时根据竣工图、竣工技术资料、预算定额,按照施工图预算编制方法,全部重新计算,得出结算工程造价。

(5)平方米造价包干法

双方根据一定的工程资料,事先协商好每平方米造价指标,结算时以平方米造价乘以建筑面积确定应付的工程价款。即

$$结算工程造价 = 建筑面积 \times 每平方米造价指标$$

(6)工程量清单计价法

以建设单位与承包方之间的工程量清单报价为依据,进行工程结算。

办理工程价款竣工结算的一般公式为:

竣工结算工程价款 = 预算或合同价款 + 施工过程中预算或合同价款调整数额 - 预付及已结算的工程价款 - 未扣的保修金

二、竣工决算

建设工程项目竣工决算是指所有建设工程项目竣工后,按照国家有关规定,由建设单位报告项目建设成果和财务状况的总结性文件,是考核其投资效果的依据,也是办理交付、动用、验收的依据。

竣工决算是以实物数量和货币指标为计量单位,综合反映竣工项目从筹建开始到项目竣工交付使用为止的全部建设费用、建设成果和财务情况的总结性文件,是竣工验收报告的重要组成部分。竣工决算是正确核定新增固定资产价值,考核分析投资效果,建立健全经济责任制的依据,是反映建设工程项目实际造价和投资效果的文件。

竣工决算反映了竣工项目计划、实际的建设规模、建设工期以及设计和实际生产能力,反映了概算总投资和实际的建设成本,同时还反映了所达到的主要技术经济指标。通过对这些指标计划值、概算值与实际值进行对比分析,不仅可以全面掌握建设工程项目计划和概算执行情况,而且可以考核建设工程项目投资效果,为今后制订建设计划,降低建设成本,提高投资效益提供必要的资料。

第二节　保 修 费 用

一、保修费用的概念

保修费用是指对保修期间和保修范围内所发生的维修、返工等各项费用的支出。保修费用应按合同和有关规定合理确定和控制。保修费用一般可参照建筑安装工程造价的确定程序和方法计算,也可以按照建筑安装工程造价或承包工程合同价的一定比例计算(目前取5%)。

二、保修费用的处理

《中华人民共和国建筑法》规定,在保修费用的处理问题上,必须根据修理项目的性质、内容以及检查修理等多种因素的实际情况,区别保修责任的承担问题。对于保修的经济责任的确定,应当由有关责任方承担,由建设单位和施工单位共同商定经济处理办法。

(1)承包单位未按国家有关规范、标准和设计要求施工,所造成的质量缺陷,由承包单位负责返修并承担经济责任。

(2)由于设计方面的原因造成的质量缺陷,由设计单位承担经济责任,可由施工单位负责维修,其费用按有关规定通过建设单位向设计单位索赔,不足部分由建设单位负责协同有关各方解决。

(3)因建筑材料、建筑构配件和设备质量不合格引起的质量缺陷,属于承包单位采购的或经其验收同意的，由承包单位承担经济责任；属于建设单位采购的，由建设单位承担经济责任。

(4)因使用单位使用不当造成的损坏问题，由使用单位自行负责。

(5)因地震、洪水、台风等不可抗拒原因造成的损坏问题，施工单位、设计单位不承担经济责任，由建设单位负责处理。

(6)根据《中华人民共和国建筑法》第七十五条的规定，建筑施工企业违反该法规定，不履行保修义务的，责令改正，可以处以罚款。在保修期间因屋顶、墙面渗漏、开裂等质量缺陷，有关责任企业应当依据实际损失给予实物或价值补偿。质量缺陷因勘察设计原因、监理原因或者建筑材料、建筑构配件和设备等原因造成的，《中华人民共和国民法通则》规定，施工企业可以在保修和赔偿损失之后，向有关责任者追偿。因建设工程项目质量不合格而造成损害的，受损害人有权向责任者要求赔偿。因建设单位或者勘察设计的原因、施工的原因、监理的原因产生的建设质量问题，造成他人损失的，以上单位应当承担相应的赔偿责任。受损害人可以向任何一方要求赔偿，也可以向以上各方提出共同赔偿要求。有关各方之间在赔偿后，可以待查明原因向真正责任人追偿。

(7)涉外工程的保修问题，除参照上述办法处理外，还应依照原合同条款的有关规定执行。

复习思考题

1. 简述竣工结算和竣工决算的基本概念。
2. 简述保修费用及其处理办法。

PART5

第五篇 公路工程施工安全与环境保护监理

第十八章
公路工程施工安全监理

第一节 概 述

安全生产是党和国家的一贯方针和基本国策,是保护劳动者的安全和健康,促进社会生产力发展的基本保证,也是保证社会主义经济发展、进一步改革开放的基本条件。为保障从事公路工程施工生产人员的安全,预防事故发生,促进公路交通事业的发展,监理工程师应对合同所包含的永久性工程和临时性工程的施工安全进行监理。

监理单位在施工监理中应贯彻执行"安全第一,预防为主"和坚持"管生产必须管安全"的原则,各监理人员必须熟悉和遵守本项目的各项规定,做到监督生产与安全工作同时计划、布置、检查、总结和评比,并根据相关安全规程的规定,结合工程实际情况,制定各项考评规章制度。

第二节 施工安全监理的内容与方法

一、施工安全监理的一般规定

(1)监理工程师应严格遵守国家有关安全生产的法律法规及交通运输部颁发的《公路工

程施工安全技术规范》(JTG F90—2015)和《公路筑养路机械操作规程》(JZ 0030—95)有关安全生产的规定,认真执行工程项目监理服务合同中的有安全要求。

(2)监理工程师应对自身加强安全生产宣传教育,增强全员安全生产意识,建立健全各项安全生产的管理机构和安全生产监理管理制度,配备主要安全监理人员并明确其岗位职责、监理内容等,有组织有领导地开展安全生产活动。

(3)监理工程师要审核施工承包单位编制的施工组织设计中的安全技术措施或者专项施工方案是否符合工程建设强制性标准、高危作业安全施工及应急抢险方案。监理工程师在实施建立过程中,发现存在安全事故隐患的,应当要求施工单位整改,必要时,可下达施工暂停指令并向建设单位和有关部门报告。

(4)对于工程项目中重要的安全设施,监理工程师必须坚决执行与主体工程“三同时”的原则,即同时设计、审批,同时施工,同时验收,投入使用。

(5)监理工程师要根据相应工程项目的具体特点,组织承包人制定相应工程实施中的生产安全事故应急救援预案,如发生安全事故,应按照《国务院关于特大安全事故行政责任追究的规定》以及项目其他相关规定,及时上报有部门,坚持“三不放过”原则,严肃处理相关责任人。

二、施工准备阶段安全监理的主要工作

(1)监理工程师要协助建设单位与施工承包单位签订工程项目施工安全生产合同。

(2)工程开工前,监理工程师必须审核承包人的施工技术方案,要求承包人详细核对设计文件,根据施工地段的地形、地质、水文、气象等资料,编制具体施工时相应的安全技术措施。

(3)安全监理工程师应审查施工组织设计中的安全技术措施或专项施工方案是否符合工程建设强制性标准,应同时审查应急预案、桥梁和隧道等施工安全风险评估报告。对危险性较大工程的专项施工方案中需专家论证、审查的,应检查施工单位组织专家论证、审查的情况。

(4)施工单位应当在施工组织设计中编制安全技术措施和施工现场临时用电方案,对下列达到一定规模的危险性较大的分部分项工程编制专项施工方案,并附具安全验算结果,经施工单位技术负责人、总监理工程师签字后实施,由专职安全生产管理人员进行现场监督。

①基坑支护与降水工程。

②土方开挖工程。

③模板工程。

④起重吊装工程。

⑤脚手架工程。

⑥拆除、爆破工程。

⑦国务院建设行政主管部门或者其他有关部门规定的其他危险性较大的工程。

对前款所列工程中涉及深基坑、地下暗挖工程、高大模板工程的专项施工方案,施工单位还应当组织专家进行论证、审查。

(5)监理工程师准备阶段审查施工单位编制的安全专项施工方案的重点是:

①是否制定了有关施工生产安全预案,配备了相应数量符合要求的专职安全生产管理人员。

②特种作业人员配备的数量及安全资格培训、持证上岗情况。

③机械设备、施工机具及配件的安全性能检测情况。

④落实安全生产责任制度、规章制度和操作规程的情况。

⑤施工中采用新技术、新工艺、新设备、新材料的,是否都制定了相应的安全技术措施。

(6)监理工程师在审查工程施工组织设计文件、危险性较大的工程专项施工方案、应急预案时,应同时审查施工安全风险评估报告;无风险评估报告,不得签发开工令。

(7)安全专项施工方案审查合格后方可同意工程开工。

①审查专业分包和劳务分包单位资质,监理工程师应审查分包合同中是否明确了施工单位与分包单位各自在安全生产方面的责任。

②监理工程师要在准备阶段监督承包人的技术人员参加安全技术教育,熟知和遵守各工种的各项安全技术操作规程,尤其对于承包人从事电气、起重、建筑登高架设作业、锅炉、压力容器、焊接、车辆驾驶、机动船艇驾驶、爆破、瓦斯检验等特殊工种的人员,应经过专业培训,获得安全操作合格证书后,方准持证上岗。

③监理工程师应监督承包人按国家规定建立健全各级安全管理机构和安全生产责任制,并设立专职安全检查人员。要求安全生产管理系统做到从项目经理到生产工人的纵向到底,一环不漏,各职能部门的人员要做到横向到边,人人有责。

④对于承包人施工的下挖工程,监理工程师要监督其在施工前根据设计文件复查地下构造物(如电缆、管道等)的埋置位置及走向,并采取相应防护措施。

⑤督促承包人做好逐级安全交底工作和施工安全岗前培训工作。

三、施工过程中安全监理的主要工作

(1)监督承包人按照工程建设强制性标准和专项安全施工方案组织施工,制止违规施工作业。

(2)监理工程师应检查施工单位安全生产责任制、安全生产规章制度的建立和落实情况,以及重大危险源安全管理和生产安全事故隐患排查治理情况;应核查施工单位项目负责人、专职安全生产管理人员和特种人员的资格,以及施工机械设备和设施的安全许可验收手续。

(3)监理机构在检查施工单位危险性较大工程的专项施工方案的落实情况,发现未按专项施工方案实施时,应签发监理指令单,要求施工单位整改。

(4)监理工程师应在巡视过程中对施工生产安全情况、施工单位安全保证体系运转情况进行检查,监督施工单位是否按照工程建设强制性标准和安全技术措施专项施工方案组织施工,制止违规施工作业。对施工过程中的高危作业等进行的巡视检查,每天应不少于一次。如发现安全事故隐患,应立即书面指令施工单位整改;情况严重的应签发“工程暂停令”,要求施工单位暂停施工,并及时报告建设单位。施工单位拒不整改或者不停止施工的,监理工程师应及时向有关主管部门报告。

(5) 督促承包人进行安全自查工作,定期组织施工现场安全生产专项检查,定期进行安全技术考核,全部参建人员每次检查考核合格者方准上岗。监理工程师应当填报安全监理日志,并于每月 28 日前向工程建设单位报告工地安全生产情况(安全监理月报)。

(6)监理工程师要监督承包人对施工中所用的各种机具设备和劳动保护用品,定期进行检查和检验,保证其经常处于完好状态,不合格的机具设备和劳动保护用品严禁使用,并要有安全人员的签字记录。监理工程师复核承包人的施工机具设备和劳动保护用品,并履行验收手续,签署意见。未经安全监理工程师签署认可的不得投入使用。

(7)监理工程师要督促承包人与气象、水文等部门的联系,及时掌握气温、雨雪、风暴和汛情等预报,做好各项安全防范工作。

(8)对于承包人施工中采用新技术、新工艺、新设备、新材料时,监理工程师必须督促其制定相应的安全技术措施,并在施工现场设立相关的安全标志牌。

(9)监理工程师要监督承包人的施工操作人员上岗,要求其必须按规定穿戴防护用品。并监督施工负责人和安全检查员随时检查劳动防护用品的穿戴情况,不按规定穿戴防护用品的人员不得上岗。

(10)对于承包人施工的下挖工程,如在施工中发现有危险品及其他可疑物品时,监理工程师应指令承包人立即停止下挖,报请有关部门处理。

(11)施工中对于易燃易爆的材料监理工程师除应监督承包人专门妥善保管之外,还应监督承包人在施工现场设置足够的消防设施。并督促承包人组织一支经过训练的义务消防队伍,其施工人员应能熟悉消防设备的性能和使用方法。

(12)监理工程师应按规定对容易引发重大安全事故的工序和部位指定专人进行旁站监理。

(13)各级监理机构应建立施工安全监理台账。每次对施工安全检查的情况、发现的问题、监理的指令及施工单位处理的措施和结果等均应记录在台账中。总监理工程师和驻地监理工程师应定期检查和抽查本级施工安全监理台账的记录情况;上一级负责施工安全监理的监理工程师应定期检查和抽查下级监理机构施工安全监理台账的记录情况。

(14)分项、分部工程交工验收时,如安全事故的现场处理未完成,不得签发“中间交工证书”。

复习思考题

1. 试述公路施工安全监理的必要性。
2. 施工准备阶段安全监理的主要工作有哪些?
3. 施工过程中,安全监理的主要内容有哪些?

第十九章 公路工程施工环境监理

第一节 概 述

为了有效地控制工程施工阶段对生态环境影响和环境污染，自20世纪90年代起，我国相继制定了工程环境保护监理的有关法律法规，在一些生态环境影响突出的国家重点工程开展了施工期工程环境监理试点，对建设项目的环境管理实行环境影响评价和工程环保设施设计、施工、竣工验收"三同时"制度，在交通行业领域，先后组织开展了洋山深水港区一期工程、宁夏银川至古窑子段高速公路工程、贵州三穗至凯里段高速公路工程和湖南邵阳至怀化段高速公路工程环境监理试点工作，有效解决了施工期的环保问题，受到社会各界的好评。根据原交通部《关于开展交通工程环境监理工作的通知》文件精神，工程环境监理工作作为工程监理的重要组成部分，纳入工程监理管理体系。

一、公路工程对生态环境的影响

1. 对动植物的影响

公路建设施工场地植被的清除，可能在林间开辟一条通道，破坏了植被分布的连续性和整体性，会导致林中光、温、水的重新分布，改变植被群落的内部环境，引起近路侧植被物种发生改变。沿线生态环境发生变化后,迫使一些有特殊要求的动物种群向别处迁移。同时,公路的分割效应会使大型动物的活动区域被重新划分,其结果可能使动物种群变小,种群间的交流也减少。所以,公路工程建设周围环境改变时,敏感物种的数量、分布等将发生改变,由此可能引起整个生态系统发生变化。

2. 土地和耕地占用问题

公路建设对土地的影响有路基和场站占用土地、取土采石挖毁土地、施工临时占用土地(如辅道、作业场、施工营地)等,我国的公路为防洪和便于人畜穿越而多采用高路基,因而取土量大,成为筑路中土地破坏的一个主要方面。同时,公路占地的类型不同,会带来不同的生态环境影响。从宏观上讲,筑路占地会加速减少本已不多的耕地,加剧对剩余耕地的压力。此外,公路开通带来的城市化效应,常使公路两边的大片优质农田非农田化,农田占用中需注意避免特产地的占用和基本农田占用。依据《中华人民共和国土地管理法》规定,公路建设用地均应经过批准并给予补偿。

3. 生态敏感地区的影响

交通运输线路长,会穿越各种生态系统,其中不可避免地会涉及一些特殊的、敏感的生态目标,例如,湿地、荒地、自然保护区(地)、天然森林,森林公园和水源区,风景名胜区,特殊地质地貌区以及生态十分脆弱,自然灾害多发的地区等。

4. 景观影响

公路建设对自然景观的影响是不可避免的,有些公路建设的景观影响实际上是人造景物(公路)与自然景物相互作用的问题。总体而言,现代公路的景观以保证自然景观为主,那种突出公路构筑物,夸大人工建筑美的思想正在逐渐衰退,目前保护自然景观美是公路景观保护的主旋律。

5. 施工期间的生态影响

对生态环境保护而言,施工期的预防性管理具有决定性的意义。凡地质遗迹,如地震断裂、地热泉、古化石、贝壳堤等;地理特征物,如分水岭、河源地、峡谷口、省市界、地理标志物等;历史文化遗迹,如古长城、古战场、古关隘、古栈道等,以及现代生态学关注的珍稀动植物、特殊栖息地、古树名木、特殊景观等,若无施工期的及时发现和预防性抢救,一旦破坏就永远无法恢复。公路建设因其路线长,一次性环境影响评价不可能包括所有问题,而且有些遗迹须动土后才可见到,因而施工期是生态保护的关键期,施工期生态环境保护工程监理工作的重要性和意义则不言而喻。

6. 营运期的生态影响

主要是间接影响,如诱发城市化,诱发居民迁移,造成狩猎和盗伐林木的机会等。

二、工程环境监理的概念

工程环境保护监理,是指具有相应资质的监理企业,接受建设单位的委托,承担其建设项目的环境管理工作,代表建设单位对承建单位的建设行为对环境的影响情况进行检查,并对污染防治和生态保护的情况进行检查,确保各项环保措施落到实处。环境保护监理是工程监理的重要组成部分,但由于工作内容不仅仅限于工程本身,还涉及环保技术,因此具有特殊性和相对独立性。

工程环境监理的主要任务是,根据《中华人民共和国环境保护法》及相关法律法规,对工程建设中破坏环境的行为进行监督管理,其中包括:对工程施工环境的影响进行检查;对环保设施的设计落实情况进行检查;对污染防治和生态保护的情况进行检查;对没有按有关环境保护要求施工的施工单位责令限期改正;对因建设工程施工造成的生态破坏,应监督建设单位采取补救措施或予以恢复。

针对公路工程,环境保护监理工作包括两个方面的内容:一是监理公路主体工程的施工过程应符合环保要求,如噪声、废气、污水等污染物排放应达标、减少水土流失和生态环境破坏,称为"工程环境监理"或"环境达标监理";二是对保护营运和施工期的环境而建设的配套环境保护设施进行监理,称为"环保工程监理",包括水处理设施、声屏障、绿化工程等的监理,环境监理工作主要针对工程施工所影响的环境敏感地区、环境敏感点及自然保护区。

1. 环境敏感地区

所谓环境敏感地区,是针对下列情况而言的,即从环境功能要求来说,是指城镇集中生活的居住区、水源保护区、名胜古迹区、风景游览区、温泉、疗养区和自然保护区;从环境质量现状来说,是指环境污染负荷大、环境质量现状已接近或超过质量标准的地区;从环境的稀释、扩散和自净能力来说,是指水文条件复杂(包括水量少、水质差、水体交换缓慢、各水期水量相差悬殊等)或气象条件不利(包括风速小、静风频率大、逆温持续时间长不利于烟气扩散)以及处于地形复杂的山谷、海湖陆风交换频率大的沿海、海口、河口等地区,除以上所述地区以外的具有一般环境条件的地区,属于非环境敏感地区。

2. 环境敏感点

环境敏感点就工程建设项目而言,主要包括在工程范围内的环境敏感地区中的具体点位,分为生态环境敏感点和水环境敏感点,如主要养殖水域、海滨度假区、海水游乐场所等;声气环境敏感点,如学校教室、医院住院病房、居民集中居住点、宾馆、疗养院等;其他环境敏感点,如自然、人文遗迹的核心区、风景名胜区等。

3. 自然保护区

在我国相关标准中所称的自然保护区,是指国家为了保护自然环境和自然资源,促进国家经济的持续发展,将一定面积的陆地和水体划分出来,并经各级人民政府批准而进行特殊保护和管理的区域。

三、工程环境监理的依据

(1)国家有关的法律、法规,如《中华人民共和国环境保护法》《中华人民共和国大气污染防治法》《中华人民共和国水土保持法》《中华人民共和国野生动物保护法》等。

(2)国家有关的条例、办法、规定,如《建设项目环境保护管理条例》《关于加强自然资源开发建设项目的生态环境管理的通知》《关于涉及自然保护区的开发建设项目环境管理工作有关问题的通知》等。

(3)有关行业或地方性法规、文件,如原国家环境保护总局的《关于在重点建设项目中开展工程环境监理试点的通知》,交通运输部的《公路环境保护设计规范》(JTG B04—2010)、《公路工程施工监理规范》(JTG G10—2016)等。

(4)项目的环境影响评价报告书及批复。

(5)本工程工程设计文件。

(6)本工程监理合同及工程建设合同。

四、工程环境监理的原则与要求

从事工程环境保护监理工作,应当遵循守法、诚信、公正、科学的准则,协调好工程建设与环境保护、建设单位与施工单位的关系,为工程的环境管理服务,确立环境保护监理是"第三方"的原则,将环境监理和建设单位的环境管理、政府部门的环境监督执法严格区分开来,并为建设单位的环境管理和政府部门的环境监督服务。

从事工程环境监理的单位须有相应的工程监理资质,建设单位可通过一定形式委托有资质的并经环境保护业务培训的第三方开展工程环境监理工作,双方依据主管部门批准的环境影响报告书、有关设计文件和相关法律法规等签订工程环境监理合同。

工程环境保护监理是一门新兴的交叉学科,工程环境监理总工程师应熟悉环境保护专业,并了解工程监理的知识。从事工程环境监理的监理工程师须接受相应环保专业知识的培训,不仅要有工程技术方面的专业技术能力,同时还要有一定的环境保护知识,能够对工程建设进行监督管理,提出指导性的意见,并且有一定的组织协调能力,在工程与环保有联系和交叉时,起到协调和指导作用。

五、工程环境监理的目标

(1)加强生态保护宣传教育

对施工人员进行生态保护知识的教育,以及法律、法规的宣传,使全体施工人员树立生态忧患意识和了解基本的生态保护知识,积极参与保护生态环境的行动。工程监理作为宣传教育工作者,应积极宣传生态保护的知识、法规及操作方法,以使项目生态保护工作顺利进行。

(2)保护生态系统的完整性

应重视保护生物多样性,采取积极措施,尽可能消除和减少对生物多样性的不利影响,加强动物保护,减少植物损坏。在公路建设中,要尽量保护道路用地范围之外的现有植被不受破坏,若因临时工程破坏了现有植被,必须在拆除临时工程后及时等量予以恢复。

(3)保护自然景观

不因一时的方便而破坏有意义的泉水、溪流、山岩、土丘等地物、地貌。

(4)保护水环境

施工作业废水含有大量悬浮物和油类,不得直接排入水体,要经沉淀、砂滤处理后方可排放,材料堆放场特别是化学品堆放场应设挡护、排水和处理设施,防止雨水冲刷进入水体,对水生生物造成影响。

(5)保护土壤环境

禁止施工作业废水散排和施工垃圾任意堆放,防止土壤污染。公路施工应注意保存施工场地原表层土壤(俗称熟土)。

(6)保护文物

在某些欧洲国家如罗马尼亚,非常重视文化遗产,政府规定文物专家要派驻到施工现场,而我国这项工作多落在有责任心的监理身上，施工过程如发现文物，要及时报告有关部门，并妥善保护、处理。

(7)保护声环境

各分项工程所用施工机械，应采取降噪措施或调整作业时间或调整施工机械，以保证居民的正常生活环境。按《公路环境保护设计规范》(JTG B04—2010)，防治交通噪声的措施包括：调整公路线位、堆筑弃方土堤、建筑物设置隔声设施、建造声屏障、栽植绿化带、调整受影响建筑物的使用功能等。

(8)其他

不得对邻近的设施及其正常使用产生破坏及干扰。

第二节　工程环境监理的组织管理体系

一、我国建设项目环境保护监理的基本组织管理体系

目前，我国建设项目环境保护监理管理体制是一个在环境保护行政主管部门的监督管理之下，由项目建设单位、承建商、环境监理单位直接参加的“三方”管理体制，采取行政执法和社会中介服务相结合的形式，在项目建设阶段，开展环境保护监理，建设单位委托有环境保护监理资质的监理公司，承担建设项目从开工直至投产的全过程环境保护监理，为建设单位提供环保专业服务，帮助建设单位做好环保工作。环境保护监理单位定期就建设过程的环保情况进行检查总结，及时将有关情况报告环保主管部门和建设单位，特别对“三同时”工作是否在控制节点(如初步设计、试产)之前完成作出判断，提出合理建议，对环保主管部门和建设单位负责，组织格局如图19-1所示。

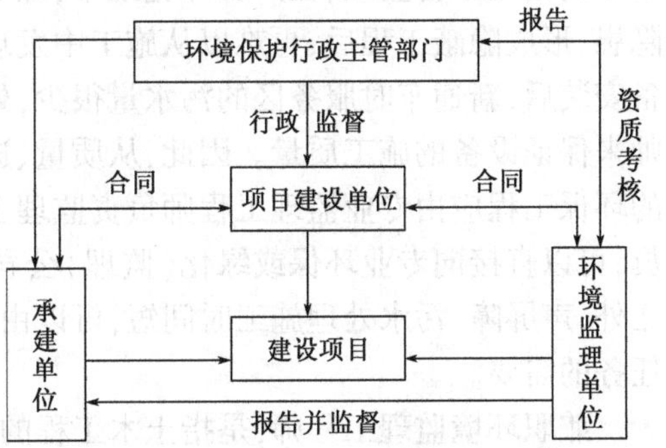

图19-1　建设项目环境保护监理体系

二、环境监理的委托及其组织机构体系

1. 工程环境监理单位的委托

建设单位一般通过招标投标方式择优选定工程环境监理单位，工程环境监理单位承担监理业务，应当与建设单位签订书面建设项目工程环境监理合同。

工程建设项目环境监理合同的主要条款是：监理的范围和内容、双方的权利和义务、监理费的计取与支付、违约责任、双方约定的其他事项。工程环境监理费可根据工程具体情况和工作量计算确定，并在工程概算中列支。

工程环境监理单位应根据所承担的工程环境监理任务，组建工程建设项目环境监理机构。监理机构一般由工程环境总监理工程师、工程环境监理工程师和其他监理人员组成，工程环境监理机构应进驻施工现场。

实施工程环境监理前，建设单位应将委托的监理单位、监理的内容等有关情况，书面通知被监理单位。施工期环境监理过程中，被监理单位应当按照与建设单位签订的工程建设合同和落实有关环保对策措施的规定接受工程环境监理。

工程环境监理可单独建立监理管理体系，也可纳入工程监理的管理体系中，但不得弱化环境监理的地位。工程环境监理工作，应理顺环境监理单位和建设单位单位、施工单位、工程监理单位、环境监测单位及政府环境主管部门等各方之间的关系，为做好环境监理工作创造有利条件。

2. 公路工程环境监理人员组成特点与机构设置

(1)公路工程环境监理单位和监理工程师

在公路工程监理行为中，处于附属工程的环保监理工作，目前多由具有公路工程资质(综合资质)的监理公司承担。建立环境保护监理体制，首先要有环保监理工程师，交通运输部将环境保护监理工程师划分为“专业监理工程师”，分类中划为交通工程等附属设施的C类，编号为C4。公路工程环保监理工程师针对“达标监理”和“工程监理”不同有所侧重监理任务，现在较多的是采用专职和兼职兼顾的体制。

专职环保监理工程师，是指在具有综合资质的监理公司中的环保专业工程师。他们的工作侧重于“达标监理”工作，以及专业的环保工程监理，如绿化、污水处理、噪声控制工程等的监理。尽管监理工作从理论上说大同小异，但实际上绿化等环保工程对土木工程师来讲“隔行如隔山”。例如，由土木工程师管理绿化工作，往往只能抓住验收环节，而对苗木质量、种植工序的把握不得要领；在声屏障施工中，除非专业工程师，难以掌握屏障体材料或安装等质量隐患，形成隐蔽工程后，再难以从施工中发现问题；污水处理工程亦是如此，而且，污水处理设备安装后，新通车时服务区的污水量很少，处理设备难以测试，这也就更需要有专业监理工程师来保证设备的施工质量。因此，从质量、进度、费用三大控制指标和合同管理方面来讲，专业的环保工程应由专业监理工程师负责监理工作，成立专门的监理部进行管理，监理部的组成人员，可以直接向专业环保或绿化(监理)公司进行招标，当然，除了绿化工程量大、持续时间长之外，声屏障、污水处理施工时间短，可以由专业工程师负责，而不单独成立机构也能满足监理任务的需要。

兼职环境监理工程师，是指土木工程的监理工程师，经过环境保护的专业培训，兼职承担环保监理工作，他们侧重于监督各工序达到环保要求。

环境监理工程师是专业监理工程师，应该具有高级技术职称，具有较高的专业水平和实践经验，熟悉环保专业的技术标准、规范、规程、图纸及其变更或特殊要求，其职责和权限由总监代表(或高级驻地监理工程师)书面授予，全面负责工程项目的监理工作。环保监理班子，根据签订的监理委托合同，制订监理规划和具体的实施计划，开展监理工作。

(2)环保监理工作的领导

在建设单位领导下，首先应设立总监代表，或副总监(环保)，或总监办工程师，这样才能保证环境保护工作有技术责任人，才能保证环境保护的管理力度。

(3)环保监理部的机构设置

在公路建设中，环保监理工程师是单独组建项目的环保监理部(组)，设立单独的机构，还是合并在土木工程的监理部之中，为总监代表之下的环保监理体制，应根据达标监理和环保单项工程监理任务不同分别考虑。

环保监理工程师的全体，一般包括：总监代表（或环保总监或总监办工程师）；高级驻地监理工程师（监理部主任）；土木工程、绿化工程、灌溉工程、合同与进度管理等专业监理工程师和监理员；各合同标段的兼职环境监理工程师（监理员）；其他辅助人员如文秘、驾驶员等。

环保工程监理专主性强，但业务内容相似，工作量有限，可以将各标段的监理工作集合起来，即环保监理部并列于合同段（标段）监理部，由总监代表（或环保总监、总监办工程师）领导，或由高级驻地监理工程师领导，统一接受总监办的领导。环保达标监理工作，可以由土木工程监理组的监理工程师兼顾，由监理组长主持。经过环保业务培训，兼职的监理工程师应具有环境保护的责任心和技术水平。但实际工作中，环境保护与主体工程经常发生冲突，其中的倾向性与取舍，是土木监理工程师需要特别注意的，而公路的路基施工和路面施工两大施工阶段之间，不同监理组的交接，也可能影响环境保护监理工作的连贯性和熟悉程度。为避免以上的缺点，可成立"环保达标监理部"，设在总监办之下，与各合同段的土木工程监理部并列，这样也顾及了环保监理的专业性较强，但业务内容相似的特点。

2003 年以来，原国家环境保护总局和原交通部在宁夏银古高速公路和贵州三凯高速公路试行公路环境保护监理，这两个项目的监理组织机构框图分别见图 19-2、图 19-3。

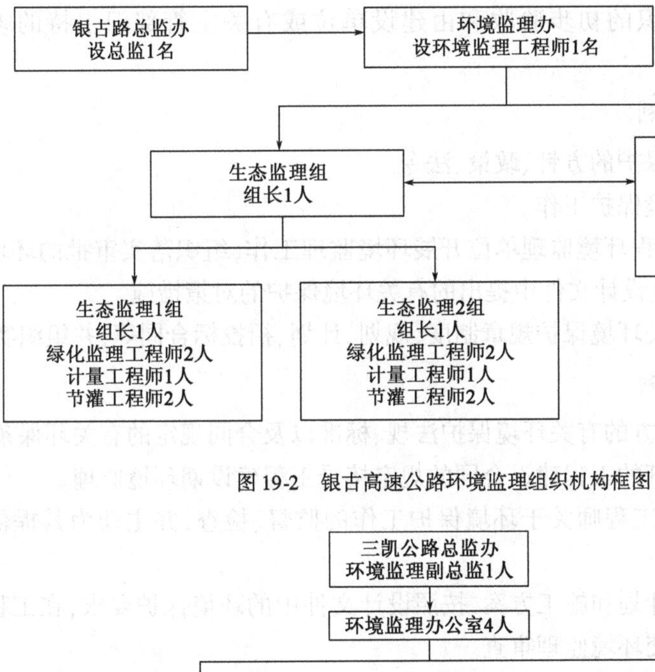

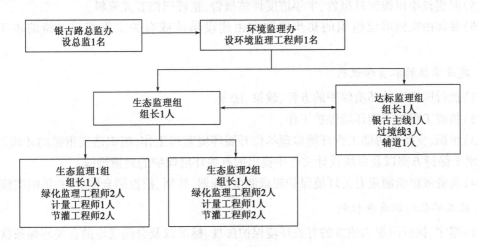

图 19-2　银古高速公路环境监理组织机构框图

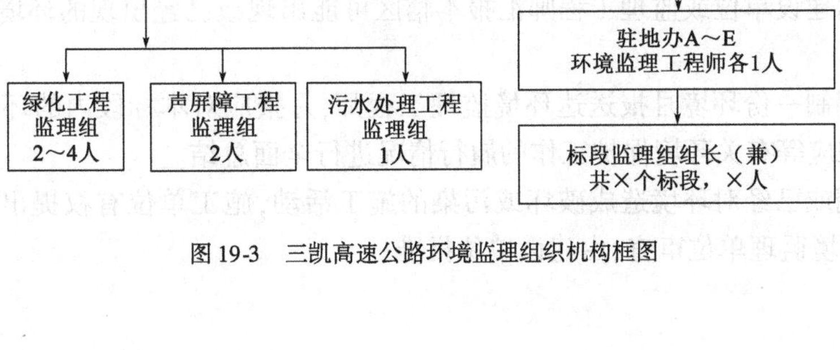

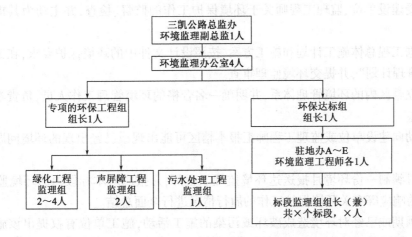

图 19-3　三凯高速公路环境监理组织机构框图

三、工程环境监理有关的主体及其职责权限

工程环境监理工作主要涉及环境监理单位、建设单位和施工单位三个行为主体,工程环境监理单位与施工单位是监理与被监理的关系,和建设单位之间是被委托与委托的合同关系,在工程环境监理工作中分别具有以下相应的职责与权限。

1. 工程环境监理的职责和权利

(1)遵守、执行国家和地方的有关环境保护法规。

(2)受建设单位委托,监督、检查工程及影响区域的环境保护工作;定期向建设单位报告环境监理工作情况。

(3)审查施工单位提交的各类环境报告。

(4)填写监理巡视记录,记录巡视情况、存在的环境问题和解决情况,必要时要以通知单的形式将检查中发现的环境问题书面通知施工单位,要求限期处理,对超出合同的重大问题要及时报建设单位决定。

(5)向建设单位提交月报告、半年进度评估报告,整理归档有关资料。

(6)参加由实施单位组织的初步验收和由建设单位或有关主管部门主持的竣工验收活动。

2. 建设单位的职责和权利

(1)执行国家有关环境保护的方针、政策、法令。

(2)负责工程施工期环境保护工作。

(3)组织、支持并协助工程环境监理单位开展环境监理工作,组织落实审批的环境影响报告书、水土保持方案以及后续设计文件中提出的有关环境保护的对策措施。

(4)负责或组织制定有关环境保护规章制度、规划、计划、招投标合同等,并组织实施。

3. 施工单位的职责和权利

(1)遵守、执行国家和地方的有关环境保护法规、标准以及合同规定的有关环保条款。

(2)按照与建设单位签订的工程建设合同的规定接受工程建设期环境监理。

(3)接受建设单位、监理工程师关于环境保护工作的监督、检查,并主动为其提供有关情况和资料。

(4)根据工程总体施工计划和施工方案,按照设计文件中的环境保护要求,在工程开工时编制“环境管理计划”,并提交环境监理审查。

(5)建立辖区内的环境管理体系,并明确一名合格的环境管理工作人员,负责本辖区的环境保护工作。

(6)主动向建设单位或监理工程师汇报本辖区可能出现或已经出现的环境问题以及解决的情况。

(7)每月编制一份环境月报送达环境监理工程师,月报应对本标段内的环境监测、“环境问题通知”的响应等有关环境保护工作的履行情况进行全面总结。

(8)对预期或已经对环境造成破坏或污染的施工活动,施工单位有权提出该施工活动变更的申请,报环境监理单位审查,由建设单位批准。

第三节　工程环境监理工作文件与工作程序

一、环境监理工作文件

工程环境监理工作文件主要包括：监理单位投标时编制的监理大纲，监理合同签订以后编制的监理方案（规划）和专业监理工程师编制的监理实施细则等。

1. 环境监理大纲

工程环境监理大纲是监理单位在建设单位开始委托监理的过程中，特别是在建设单位进行监理招标过程中，为承揽到监理业务而编写的监理方案性文件。监理单位编制监理大纲有以下两个作用：一是使建设单位认可监理大纲中的监理方案，从而承揽到监理业务；二是为项目监理机构今后开展监理工作制定基本的工作方案。为使监理大纲的内容和监理实施过程紧密结合，监理大纲的编制人员应当是监理单位的技术部门人员，也应包括拟定的总监理工程师。总监理工程师参与编制监理大纲有利于监理规划的编制，监理大纲的内容应当根据建设单位所发布的监理招标文件的要求而制定，一般来说，应该包括如下主要内容。

（1）拟派往项目监理机构的监理人员情况介绍

在监理大纲中，监理单位需要介绍拟派往所承揽或投标工程的项目监理机构的主要监理人员，并对他们的资格进行说明。

（2）拟采用的监理方案

监理单位应当根据建设单位所提供的工程信息，并结合自己为投标所初步掌握的工程资料，制定出拟采用的监理方案。监理方案的具体内容包括：项目监理机构的方案、建设工程环境目标的具体控制方案、项目监理机构在监理过程中进行组织协调的方案等。

（3）将提供给建设单位的监理阶段性文件

在监理大纲中，监理单位还应该明确未来工程监理工作中向建设单位提供的阶段性的监理文件，这将有助于建设单位掌握工程建设过程中的环境保护动态。

2. 环境保护监理方案（规划）

环境保护监理方案（规划）是环境保护监理单位接受业务委托之后，根据合同，结合工程的实际情况，在广泛收集工程信息和资料的情况下制订，用来指导项目环境保护监理机构全面开展环境保护监理工作的指导性文件。

环境保护监理规划应明确环境保护监理工作范围、内容、方式和目标。从内容上讲，环境监理大纲与环境监理方案都是围绕着整个项目监理机构所开展的监理工作来编写的，但环境监理方案的内容要比环境监理大纲更翔实、更全面。

3. 环境监理实施细则

环境保护监理实施细则是在环境保护监理规划的基础上，由项目环境保护监理机构的专业环境保护监理工程师针对建设工程单项工程编制的操作性文件。环境监理细则与监理方案的关系可以比作施工图设计与初步设计的关系。监理实施细则的作用是指导本专业或本子项目具体监理业务的开展。

监理大纲、监理方案、监理实施细则是相互关联的,都是建设工程监理工作文件的组成部分,它们之间存在着明显的依据性关系:在编写监理方案时,一定要严格根据监理大纲的有关内容来编写;在制订监理实施细则时,一定要在监理方案的指导下进行。一般来说,监理单位开展监理活动应当编制以上工作文件,但这也不是一成不变的。对于简单的监理活动只编写监理实施细则就可以了,而有些建设工程也可以制订较详细的监理方案,而不再编写监理实施细则。

4. 环境保护监理总结报告

环境保护监理工作完成后,项目环境保护监理机构应及时进行监理工作总结,向建设单位提交监理工作总结,主要内容包括:委托监理合同履行情况概述、监理任务或监理目标完成情况评价。

此外,在环境保护监理工作中,还应建立完善的环境监理资料体系,其内容应和工程监理是一致的,主要包括:日常工作记录(如天气记录、监理人员工作记录);会议记录;监理月报(如环境保护监理月报、施工单位环境月报);与建设单位、施工单位往来函件;环境监测报告;工程竣工记录。

二、环境保护监理的工作程序

环境保护监理工作的基本程序如图 19-4 所示。在环境保护监理工作中,环保监理人员对施工活动中的环境保护工作,要按照施工进程实施动态管理。至于环境监理的实施时间,现阶段施工中的环境污染控制及需要关注的环境敏感点,往往是设计中的空白;同时环保单项工程由公路主体工程的设计单位设计,专业性不强,因此,环保监理如能从设计到验收进行全过程监理,会更好地落实环保工作。至少环保监理必须在施工单位进场前启动,否则造成环境污染、破坏等既成事实,难以补救。

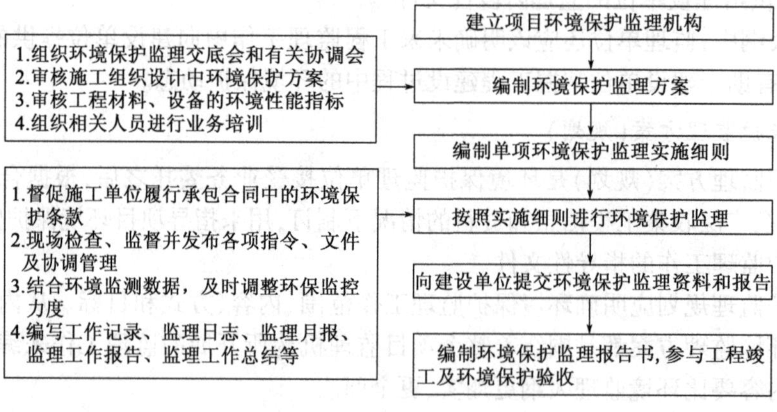

图 19-4　环保监理工作程序

环境监理的工作方式,以日常巡视为主,辅以必要的环境监测,以便及时调整环保监控力度,环保工程监理从合同、计量到支付等都与其他工程的监理相似,工作方式主要以工程监理的方式进行。

第四节 公路工程施工环境保护监理的内容

公路工程环境保护监理是在施工过程中通过监理工程师进行的环境保护管理工作，与整个施工组织管理紧密结合。它包括两部分内容：第一，监理公路主体工程的各项施工行为应符合环保要求，如噪声、废气、污水等排放均应达标，称为“环保达标监理”；第二，对保护营运和施工期的环境而建设的各环境保护单项工程进行监理，称为“环保(单项)工程监理”。本节主要围绕施工过程的环境保护内容展开介绍，按公路施工的工序顺序叙述环境达标监理的主要工作内容；对环保工程监理的内容相对作简化，只介绍环保工程的技术要点，监理的程序和方法参考工程监理的有关内容，不作重复介绍。

一、公路工程施工环保达标监理要点

1.环保达标监理工作的主要环节

(1)环境保护达标分析报告

它是监理工作计划的重要部分，要求由监理工程师编制。监理工程师应依据国家和地方有关环境保护法规、环境影响报告或环境行动计划提出的环保措施，以及合同文件等，针对具体施工活动，分析施工过程中可能的环境影响和施工区周围的环境敏感地区，如临时便道是否会影响生态脆弱的自然保护区等，提前制订出环境保护监理的重点和一般要求。

(2)环境保护措施实施计划报告

此报告要求由施工单位编制，随总体施工组织设计、各单项工程开工申请表同时呈报，要求施工单位依据国家、地方环境保护法规，环境影响报告书或环境行动计划，以及合同文件等，针对具体施工活动，提交施工的环保承诺。报告表由监理工程师审核，随总体施工组织设计或单项工程开工报告一同上报批准后实施。

(3)环保措施实施情况的核查

定期、不定期地经常对施工现场进行核查，检查施工单位在环保措施报告表中承诺的各项环保措施是否得到落实和执行。该检查结果要有文字记录备案，作为工程竣工验收的考核内容。

(4)施工现场环境监测

对施工现场进行定期和不定期相结合的环境监测，并及时将监测结果通报施工单位和驻地监理工程师，以便双方能够掌握环境质量动态，及时调整环保监控力度，这也是对施工现场执行环保措施的客观评价。监测方法按生态环境部有关标准规定执行，一些主要的监测仪器和监测项目包括：

①噪声测量仪器，为声级计。

②常规气象观测仪，观测项目：风速、风向、气温、湿度、气压等。

③气体监测仪，包括大气(总悬浮微粒)监测仪；根据隧道施工等特殊需要，可测定 CO(瓦斯)等。

④水质监测仪，监测项目：水温、COD（化学耗氧量）、BOD（生物耗氧量）、DO(溶解氧)、pH（酸碱度）、电导率、浓度等。

2. 公路工程施工准备阶段的环境监理

承担环境监理的人员在施工准备阶段应执行的准备工作,包括编制环境监理细则、审核施工环保计划等,找出对于该阶段具体的施工行为监理的要点。

(1)生活服务区的选址和环保措施

在生活服务区选址阶段,应通过实地踏勘,避开各种生态敏感点,对于生活服务区附近可能存在的生态敏感点,应加强管理,并提示服务区内各员工,控制员工对附近生态敏感点产生潜在的人为干扰;为避免生活服务区对土地利用的影响,生活服务区临近城镇或农村的居民点时,应尽可能租用当地的民居;若无现成的房屋可以租用,生活服务区选址应尽可能避开农、林等生产用地,对临时借地范围要有明确的边界,以便控制对临时借地外围土地的不合理占用,若对农、林等生产用地的占用无法避免,则在施工结束后,必须恢复原有的土地利用功能。

选址确定后,为减少对生活服务区的环境影响,应采取的主要措施有:

①生活服务区污水和洗车污水,不得排入地面水环境质量标准中所规定的水域,排入其他水域时,必须符合相应的水质标准,不符合时要进行水质处理,如油污水应进行隔油处理,机械和车辆最好由附近专门清洗点或修理点进行清洗和维修。

②根据《公路建设项目环境影响评价规范》(JTG B03—2006)规定的污水排放评价,当取样测试有害成分含量值高于排放标准时,必须进行污水处理。

③施工人员如自建宿舍,应配套建设简易厕所,尽量建成有冲洗水和粪便回收装置的流动厕所。

④施工单位生活服务区向周围生活环境排放噪声应当符合国家规定的环境噪声施工场界排放标准,生活服务区在整个施工期都存在,因此在不同阶段执行相应的标准。服务区对环境影响最大的噪声源是备用的柴油发电机,应放置在室内,加强门窗隔声,并在进风口、出风口安装消声器,生活服务区应离开居民点200m。

⑤生活垃圾堆放点应选择30m范围内无生活用水和渔用水体的废弃沟凹或废弃干塘,堆放点应无直通沟道与邻地相通,不得向垃圾点内排放生活污水,如施工人员集中,生活垃圾需增加处理设施和加强管理,人员较多时可增设垃圾桶。

⑥厨房应设置排风系统。

(2)材料堆放场的选址及环境影响防治办法

临时材料堆放场的环境潜在影响是对土地利用的影响,为符合材料的堆置要求,料场的选址多位于地势较平坦的地域,通常涉及耕地、园地、林地、牧草地或临近这些用地,此外,物料的散失和飘散污染也会影响环境,主要措施和办法如下:

①对临时借地范围要有明确的边界,以便控制对临时借地外围土地的不合理占用,若对农、林等生产用地的占用无法避免,则在施工结束后,必须恢复原有的土地利用功能。

②临时材料堆放场和材料仓库应防止物料散漏污染,仓库四周应有疏水沟系,防止雨水浸湿,水流引起物料流失。

③化学物品、沥青、油料等不堆放在民用水井及河流湖泊附近,并采取措施,防止雨水冲刷进入水体。

④水泥和混凝土运输应采用密封罐车,采用敞篷车运输时,应将车上物料用篷布遮盖严密。

(3)临时施工道路规划及对环境影响的主要防治措施

临时施工道路周围环境的潜在影响主要是对土地利用的影响和水地流失及扬尘等污染,主要防治措施有:

①严格规划临时施工道路的路线走向,以减少植被破坏为首要原则,尽量利用现有道路;若无现成道路可利用,则应严格控制施工道路修筑边界,绕开生态敏感地区,即使在旱季也不阻断山谷中的洪水通道,施工结束后,必须恢复临时占用土地原有的土地利用功能。

②施工便道应保持平整,设立施工道路养护、维修专职人员,即时洒水清洁保持运行状态良好,减少扬尘污染。

③施工单位向周围生活环境排放噪声应当符合国家规定的环境噪声施工场界排放标准,该阶段施工场界噪声的限值为昼间75dB、夜间55dB,夜间在居民区附近禁止施工便道的作业;必要时应报当地环保部门批准,并公告居民,才能夜间作业。

④施工单位向周围生活环境排放废气、尘土,应当符合国家规定的环境空气质量标准。

(4)搅拌场和预制场选址及施工中主要措施与防治

①稳定土拌和站、水泥混凝土拌和站不得设在饮用水源地保护区内。

②拌和站距离学校、医院、疗养院、城乡居民区和有特殊要求的地区不宜小于300m,并应设在当地主导风向下风向一侧,减少拌和站对环境敏感点的粉尘和噪声污染。

③拌和场和预制场地向周围生活环境排放噪声应当符合国家规定的环境噪声施工场界排放标准,该阶段施工场界噪声限值为昼间70dB、夜间55dB,不能达标时,夜间应停止作业。

④大型拌和站(预制场)应配有除尘装置;砂石料场应及时洒水;砂石装卸时应尽量降低落差,施工人员应配有防尘用具,以保护健康;小型临时拌和场地应距敏感点大于100m,并应尽量避开下风向有人群的时段。

⑤砂石料冲洗废水其悬浮物含量大,需建沉降池,悬浮物进行沉淀后排放,部分废水澄清后可用建筑工地洒水防尘。

⑥混凝土养护可以直接用薄膜或塑料溶剂喷刷在混凝土表面,待溶液挥发后,与混凝土表面结合成一层塑料薄膜,使混凝土与空气隔离。

3. 公路工程施工中各分项工程的环境监理要点

(1)路基工程

①场地清理。

公路永久和临时用地内的所有非适用材料,均应清除与移运到适宜的地方妥善处理,清除的表层腐殖熟土应集中堆放,以备工程后期用于绿化或用于弃土、渣场的复土还耕。

②保持水系。

不论何种原因,在没有得到有关管理部门书面同意的情况下,各类施工活动不应干扰河流、水道、现有灌渠或排水系统的自然流动,及时沟通排水系统,为邻近的土地所有者提供灌溉与排水用的临时管道。

③路基填、挖方。

取土、挖方和运输过程中不得损坏自然环境,山岩边坡爆破提倡光面爆破法,及时建设临时排水设施和永久排水设施水土流失不得排入农田、耕地和污染自然水源,不得引起淤积和冲刷,临时坡面应做集中排水槽;暴露面及时压实、及时洒水,注重水土保持工作,并控制扬尘污染,粉煤灰路堤施工中,粉煤灰的运输和堆放应呈潮湿状态,运输车辆周边密闭,顶面加盖,以防粉煤灰沿路散落飞扬而污染环境,同时在施工路堤两侧应有良好的排水设施和防雨冲刷的措施,以防粉煤灰污染附近水源和农田等。

(2)路面工程

①灰土和沥青拌和。

要按照批准的场拌、路拌要求施工,重点控制扬尘和沥青烟中的苯并芘污染,控制污水排放,拌和场选址应远离自然村落,并在其常年主导风向下风处,拌和设备应配装有集尘等环保装置,路拌要及时洒水;细粉料拌和作业,应设置喷水嘴装置,运输易引起扬尘的材料时,车辆应备有盖布及类似物进行遮盖,配备临时污水汇集设施,对拌和场清洗砂石料的污水应汇集处理回用,不得直接排出施工现场以外的地方,细粉料堆应进行遮盖或洒水措施处理。

②路面摊铺。

摊铺施工剩余废弃料必须收集,运到废弃料场集中处理,不得随意抛弃。

(3)桥涵工程

施工现场材料应堆放整齐有序,废弃的包装等材料应每日清理收集;严格控制污水排放,施工时采用先进的施工工艺,如沉井法施工,减少作业面和影响面;钻孔桩必须设置泥浆沉淀池,不得将钻孔泥浆直接排入河水或河道中,经沉淀后再排放,减小悬浮固体的排放量;对桥梁施工机械、船只严格进行检查,防止油料泄漏,严禁将废油、施工垃圾等随意抛入水体;水泥混凝土的搅拌、振捣、运输、摊铺等作业中要采取防粉尘、防噪声(振动)措施;对于不可避免的河道及河岸开挖工程,要明确并严格控制开挖界限,不得任意扩大开挖范围;将受影响的两栖动物生态环境控制在最小范围;桥梁预制厂必须设置排水系统,防止产生的废水随意溢流,有条件者,也可采取废水回收处理后循环使用。

(4)隧道工程

渣石应充分纵向调运利用,废渣应在合理的弃渣场堆放整齐、稳固,并修建必要的排水设施;隧道位置若处于潜水层时,应重视地下水渗漏问题,一旦发现处于潜水层,应及时采取措施防漏止水,对高切坡处出现的地下涌水也应采取止水措施;施工废水经过沉淀等处理后方可排放,不得对自然水体造成污染;凿岩施工必须采用湿法钻孔,通风量必须保证能够有效地通风除尘并置换新鲜空气进入作业面。

(5)取、弃土

土壤的剥离与开挖容易造成土壤结构的破坏和肥力的下降,弃渣场若选址不合理,有可能导致河道淤塞而阻碍泄洪,导致滑坡、地基下陷,以及损毁耕地、园地、林地、牧草地等土地。施工中,取、弃土场应按设计或有关文件规定的界限和要求施工,考虑到以后的利用,绝不能任意选址或扩大范围。采石取土区、弃土场、工程构件作业区禁止选用森林、草地和湿地。征用土地后,可结合园林及池塘统一规划,适当取土。施工前应明确开挖范围,不能仅考虑方便施工而任意破坏沿线两侧的植被。取土坑须控制位置、深度和坡度,并在周围适当绿化。采用浅取土方式时,取土厚度应在当地地下水位线以上至少0.3m,防止地下水出露影响生态。

要根据环境评价报告书的结论对弃渣场进行认定,明确弃渣场的范围。弃渣应在指定范围内严格按照设计技术要求进行堆置,并采取防护措施,避免其流入水体。弃土堆放应整齐、稳定,必要时坡脚要加固处理,并且保持排水通畅。

完工后应对取土场进行修整和清理,可按要求在地表覆盖熟土还耕;或与当地土地管理部门商议后,对取土坑进行改造,放缓边坡,开发成水源、鱼塘。

(6)清渣

施工后的场地清渣是施工单位全部工程的一部分,不清场不能进行竣工验收,场地应无大于30cm的明显的低洼或高地;废渣如果埋入地下,埋深应大于60cm(设计的草地区域)或100cm(设计的乔灌木区域),并用水泥墩等做永久、明显的标记和简要说明。

(7)交通安全设施

交通安全设施施工中,焊接的废弃物如电焊渣、废弃的焊材,应收集处理;油漆应妥善存放和使用,避免滴、漏影响水体和土壤;油漆包装物应统一收集处理,不应随意抛弃。

二、环保工程监理要点

环保工程包括污水处理设施、声屏障、排水工程、绿化工程等,对这些工程监理的程序、工作方式类似于工程监理,在此,仅对环保工程监理的工作要点作简单介绍。

1.污水处理设施施工期监理要点

(1)检查污水管路铺设:雨污分流;污水管线设置、走向合理规范。

(2)检查设备的安装:曝气头、风机、油水分离器、水泵、填料等。

(3)排污口:只能设置一个排污口,且排污口设置要规范。

2.声屏障工程监理要点

声屏障作为一种通过控制交通噪声传播途径来降低噪声的措施,简单、实用、可行、经济、有效,各种结构类型声屏障的特点见表19-1。

各种结构类型声屏障的特点　　表19-1

类　型	特　点
木质结构	适用于农村、郊区个人住宅或院落且木材资源比较丰富的地区。降噪效果6~14dB
混凝土砖石结构	适用于郊区和农村区域,易与周围自然环境相协调,价格便宜,且便于施工与维护。降噪效果10~13dB
金属和复合材料结构	世界各国最普遍使用的结构。材料易于加工,可制成各种形式,安装简便,易于景观设计和规模制造生产,降噪效果也很好
土堤结构	运用于地广人稀的区域,最经济减噪办法,降噪效果3~5dB,建造此类声屏障需空地比较大
组合式结构	必须根据现场条件、周围环境、景观要求和经济性决定

声屏障监理工作要点如下。

(1)检查声屏障设计单位的环保专业设计资质和声屏障两部分设计图纸(屏障、基础)的完整性。

(2)检查声屏障的材质、尺寸:

①供货厂家提供监测报告、产品合格证。

②抽检声屏障,做外观检查。

(3)声屏障的安装检查:

①设置位置、起讫桩号是否正确。

②基础施工中的放线、开挖、编制钢筋笼、埋设预埋件、基础浇筑等是否符合要求。

③上部结构的安装中,先检查是否从地面做起;再检查板材之间、立柱与板材之间是否密

封,否则,采取补救措施;最后检查平整度。

3. 绿化工程监理要点

施工前准备要做好设计图纸交底和施工组织设计审查工作,施工期的监理工作重点检查以下内容:

(1)种植前土壤要求。
(2)种植材料和播种材料的要求。
(3)种植穴、槽的要求。
(4)苗木种植前的修剪。
(5)树木的种植。
(6)草坪、花卉的种植。

绿化工程完工后,重点验收以下内容:

(1)乔、灌木的成活率。
(2)花卉种植地应无杂草、无枯黄,各种花卉生长茂盛,种植成活率。
(3)草坪无杂草、无枯黄。
(4)绿地表面平整,排水良好。

三、缺陷责任期环境监理

完工后的环境监理工作内容,主要有施工队伍退场前的环境监理预验收工作,以及整理资料、编写总结报告,协助建设单位准备竣工环保验收工作等,对于环境监理工作,需注意以下两点。

1. 环境监理缺陷责任期的界定

缺陷责任期是指工程交接之日起(或从工程和各项交工证书签发之日分别算起)以后一段时间内,施工单位有责任重建及修复缺陷或其他不合格之处。

缺陷责任终止证书,由监理工程师签发,并递交建设单位,写明施工单位已实施和完成工程及修复本工程内任何缺陷的义务已经完成并得到监理工程师满意的日期,才能认为该合同义务完成。公路主体工程的质量保证期一般为1年。这样的规定是出于质量问题可以通过足够长的时间表现出来而考虑的。声屏障、污水处理及一般绿化工程的质量保证期一般也定为1年。

绿化的质量关键是成活率,它具有自己的一些特点:第一,公路环境条件恶劣,缓苗期长,成活率不很稳定,新养护单位接手难度大;第二,养护环境艰苦,管护单位需要职业性和责任心,选择不易。因此,一些建设单位将绿化工程的质量保证期定为2年,缺陷责任期定为2年有一定优点:首先,保证绿化工程建、管的连续性,有利于保证成活率;第二,增加了建设工程的投标难度,从而有利于筛选熟悉当地情况或具备充分技术实力的施工队伍;第三,管护体制中社会化的绿化管护队伍,也要求工程质量(成活率)稳定后才接管;第四,高速公路开通时百废待兴,客观上绿化重视程度不会很高,2年的管护期也使公路管理者有一个集中精力于主体工程的时间。但从另一方面讲,竣工后2年才能结款,的确时间拖得较长,对施工单位和建设单位的资金管理以及监理的工作安排都有一定不便。

2. 及时验收和工程竣工

验收小组检查合格后,签发“工程缺陷责任终止证书”,全部工程竣工,证书签发前的验收工作和是否签发的权利在监理,同样监理有依据事实、适时组织工作的义务。土木工程维护少,竣工后基本不再看得到施工单位的养护人员,但绿化工程正如人们常说的是“三分种、七分养”,从一定角度来看,养护投入的力量、承担的风险甚至大于种植。即使在正常的管护条件下,由于移植后苗木本身的生理状况,不可避免地会有死亡,因此缺陷责任期(养护时间)的长短是费用和利润的重要控制因素。不同季节承担的工作量和风险差别很大,如果原定春天交工验收,但拖延到夏天,施工单位养护迟早差别的2个月,要防病虫、浇水等,额外工作量和死苗风险引起的成本增加较多,可见,监理及时验收对甲、乙方都很重要。

复习思考题

1. 工程环境监理的概念、依据、原则和目标是什么?
2. 环境监理有哪些工作文件?有何不同?
3. 简述环境保护监理的工作程序、时间和工作方式。
4. 公路工程环境保护监理包含的工作内容是什么?
5. 环保达标监理工作的主要环节是什么?
6. 简述环保达标监理工作的主要内容。
7. 简述环境工程监理的主要内容。

PART6

第六篇 公路工程合同管理

第二十章

合同管理基本知识

第一节 概　　述

一、经济合同的基本概念

合同是当事人设立、变更和终止相互权利和义务关系的协议。经济合同是合同中的一种，是法人之间为实现一定的经济目的、明确相互权利和义务关系的协议。

工程承包合同属于经济合同的范畴，是指建设单位与施工单位为完成工程建设项目明确双方权利和义务的协议。

1. 经济合同的组成要素

合同的主体、客体和内容被认为是构成合同的三大要素。合同的主体是指签约的当事人，是合同的权利和义务的承担者。经济合同的当事人是平等主体的自然人、法人以及具备生产经营资格的非法人经济组织、个体工商户和农村承包经营户。合同的客体（也称合同的标的），是签约人权利和义务所共指的对象（如货物供销、工程承包等）。合同的内容是指签约人之间相互的权利和义务，如工程的合同质量、工期、价格等。

2. 建设工程合同的特征

(1)合同的主体只能是法人。

这是由于建设工程投资大、周期长、质量高、规模大,任何公民都无法单独完成。

法人是指具有民事权利能力和民事行为能力,依法成立的,有一定的组织机构、财产和场所,独立享有民事权利和承担民事义务的组织。

(2)接受严格的国家监督与管理。

(3)具有严格的计划性和严密的程序性。

(4)合同的要件必须是书面形式。

3. 建筑工程合同的作用

(1)是当事人处理经济关系的依据。

(2)是当事人对工程质量检查验收和质级评定的依据。

(3)是监理单位对工程项目实行监理的依据。

(4)是当事人解决争议的依据。

二、经济合同的订立、变更和解除

1. 经济合同的订立

(1)订立经济合同的基本原则

①合法原则。首先,签订经济合同的当事人必须具有合法的资格;其次,订立的程序和合同的内容要合法。

②平等互利、协商一致的原则。在签订合同时,双方之间的地位、意志和权利都是平等的,法人之间没有大小和高低之分,因此不能把一方的意志强加在另一方的身上,要贯彻自愿的原则。

③等价有偿的原则。合同是商品经济的产物,因此在签订合同时,要符合价值规律,按照等价交换的原则,公平合理地分配双方之间的利益,不能损害任何一方的正当利益,也不能损害社会公共利益和任何第三方利益。

(2)订立合同的程序

订立经济合同的程序,是指当事人双方依法就经济合同的主要条款经过协商一致,并签署书面协议的过程。这一过程可分为要约和承诺两个阶段。

①订约提议(要约)。订约提议是指当事人一方(提议人)向他方提出订立经济合同的要求及含有主要条款的合同草案。提议的主要内容有标的的名称、数量、质量、价格和交付期限、约定对方答复提议的期限等。

②接受提议(承诺)。接受提议是指当事人另一方(接受人或承诺人)对提议人提出的订约提议做出完全同意的意见表示。订约提议一经接受人接受,并在约定的期限内使提议人收到接受提议的答复就是承诺,合同即告成立,接受人即负有履行合同的义务。

(3)经济合同的有效条件

经济合同依法订立才具有法律效力。订立经济合同应具备以下条件:

①经济合同当事人要有合法的资格。经济合同当事人是经济合同法律关系的主体,其主

体资格必须合法。机关、企事业单位和各社会组织作为经济合同的当事人必须具有法人资格，不具备法人资格的部门、单位订立的经济合同属无效合同。

法人通过法定代表人订立经济合同，如有必要，法定代表人可以授权委托有关业务人员或其他代理人订立经济合同。

②经济合同的内容要合法。经济合同当事人双方订立合同是一种法律行为，合法的法律行为受法律保护。因此，经济合同的标的、价款、履行方式以及违约责任等内容都不得违反国家法律和法规，否则属无效的经济合同。

③订立经济合同的程序和形式要合法。经济合同当事人必须依据法定程序，按照法定形式订立经济合同。法定形式有三种：书面形式、口头形式和其他形式，经济合同除即时清结者外，应当采取书面形式。《中华人民共和国合同法》规定，当事人订立合同，采取要约承诺方式。

(4)签订建筑工程合同的条件

除遵守合同法的基本原则外，还需具备三个条件：

①工程初步设计和总概算已经得到国家或地方主管部门的批准。

②工程所需的投资及统配物质已列入国家或地方建设计划。

③当事人双方都具有法人资格，具备履行合同的能力。

2. 经济合同的变更和解除

随着人的主观愿望和客观情况的变化，合同的内容也应随之变化。所以，在一定的条件下，法律允许变更和解除合同。

所谓合同的变更，是指合同当事人在签订合同以后，在没有履行或未完全履行合同义务之前，经双方协商一致，对合同的主体、内容进行增减、修改或变更所达成的新的协议。

所谓合同的解除，是指当事人双方在法律规定的条件下，在未履行或未完全履行合同前，经双方协商一致所达成的提前终止合同的协议。

根据《中华人民共和国合同法》第七十七条规定，当事人协商一致，可以变更合同。法律、行政法规规定变更合同应当办理批准登记等手续的依照其规定办理。《中华人民共和国合同法》第九十四条规定，有下列情形之一的，当事人可以解除合同：因不可抗力致使不能实现合同目的；在履行期限届满之前，当事人一方明确表示或者以自己的行为表明不履行主要义务；当事人一方迟延履行主要义务，经催告后在合理期限内仍未履行；当事人一方迟延履行义务或者有其他违约行为致使不能实现合同目的；法律规定的其他情形。

变更和解除合同是一种法律行为，应遵守法定程序，变更和解除合同的程序与订立合同的程序类似。

3. 经济合同纠纷的处理

合同纠纷是指在合同履行中双方当事人对经济权利和经济义务所发生的争执，或称争议。合同在履行过程中，合同纠纷的处理方式有协商、调解、仲裁、诉讼4种。

(1)协商

所谓合同纠纷的协商，是指合同当事人在履行合同过程中对所产生的合同纠纷，互相主动接触，充分协商，取得一致意见，从而正确解决合同纠纷的一种方法。协商应遵守：①维护国家利益、集体利益和当事人合法权益的原则；②符合国家法律、政策规定和国家计划要求的原则。

(2)调解

所谓调解,是指在第三者参加下,由第三者出面认真查明事实,分清责任,通过说服调解,从而促使双方互相谅解,在双方当事人同意的条件下,解决合同纠纷的一种方法。

调解合同纠纷主要有以下 4 种方法:①当事人上级主管机关的调解;②律师事务所调解;③工商行政管理部门调解;④人民法院调解。不论采用何种形式都应遵守双方当事人自愿、分清是非、明确责任和调解合法的原则。

(3)仲裁

合同的仲裁是指合同双方当事人之间因合同发生争议,经双方协商不成、调解又达不成协议时,当事人根据仲裁协议向合同仲裁机构申请,由合同仲裁机构做出的裁决。

我国经济合同仲裁机构是国家工商行政管理局和地方各级工商管理局设立的经济合同仲裁委员会。仲裁经济合同的程序如下:

①申请与受理。合同当事人之间发生争议后,其中任何一方均可向有管辖权的仲裁机构申请仲裁,并提交仲裁申请书。仲裁机构收到申请书,经审查符合手续等要求后,应在 7 天内立案。被诉方在收到申请书副本后 15 天内提交答辩书和有关证据,否则被诉方等于放弃自己应有的答辩权利。

②仲裁庭的组成。仲裁庭由三名及以上奇数人员组成,并设首席仲裁员一人。

③调查取证。仲裁机关受理案件后,承办人员必须首先查明事实真相。主要方法有:审阅申诉书、答辩书;听取当事人双方陈述,收集证据等。为避免在合同纠纷处理期间造成更多的财产损失或防止另一方当事人转移、变卖财产,影响裁决的执行,仲裁机关可根据当事人的申请,采取中止合同履行、查封扣押货物、停止运输、变卖不易保存的货物并保存价款、冻结与案件有关的银行存款等保全措施。

④仲裁前的调解。合同纠纷的仲裁实行先行调解的原则。仲裁机关应当在查明事实、分清责任的基础上进行调解,促使当事人互相谅解,达成协议。在双方自愿的基础上达成调解协议。调解未达成协议的,由仲裁庭仲裁。

⑤仲裁庭仲裁。仲裁庭应认真听取当事人的陈述和辩论,出示有关证据,以少数服从多数的原则作出决议,并以仲裁书的形式通知双方当事人。仲裁裁决是终局的,如果一方不履行裁决,另一方可向人民法院申请执行。

(4)诉讼

《中华人民共和国合同法》规定,当合同纠纷的当事人没有订立仲裁协议或者仲裁协议无效的,可以向人民法院起诉。

①起诉与受理。原告向法院递交起诉书,即表明诉讼开始。人民法院在接到当事人的起诉状时,首先审查是否符合起诉条件及是否有管辖权。符合起诉条件的,应在接到起诉状之日起 7 天内立案。

②审理:

a. 调查和调解。审判人员要经过认真细致的调查、勘验和鉴定,明确纠纷发生的地点、时间、原因和双方争执的焦点以及证据来源,查清事实后,法庭对受理的案件应尽可能通过调解解决,促使双方当事人达成协议,解决彼此的纠纷。调解不成,由法庭判决。

b. 审理与判决。审判人员在当事人及其他诉讼参与人的参加下,经宣布开庭、法庭调查、法庭辩论,最后进行判决。当事人若不服一审法院判决,应在规定的时间内向二审法院上诉。

二审法院对上诉案件经过审理可作如下处理:驳回上诉,改正判决;发回原法庭重新审理或自行判决。

我国实行二审制,二审为终审,当事人只能申诉不能再行上诉,必须无条件执行二审判决。

第二节　公路工程合同文件

一、一般经济合同文件的组成

合同文件的内容由当事人约定,一般包括以下条款:

(1)当事人的名称或者姓名和住所。

(2)标的。是指合同中当事人双方权利和义务共同指向的对象。通常指货物、劳务、工程项目及货币等,合同种类不同,其标的也不同。例如建筑安装工程承包合同的标的是建筑工程项目。

(3)数量。是计算标的尺度,将标的定量化,以便计算价格和价金。

(4)质量。是标的物内在的特殊物质属性和社会属性,是不同标的之间差异的具体特征。它是标的物价值和使用价值的集中表现。标的质量有国家标准的按国家标准订立;没有国家标准而有部颁或省颁标准的,按部颁标准或省颁标准订立;没有上述标准而有行业标准或企业出厂标准的(如产品证明书、合格证等)均应写明相应的质量标准。

(5)价款或者报酬。价款通常是指当事人一方为取得对方转让的标的物而支付给对方一定代价的货币。报酬是指当事人一方为对方提供劳务、服务而获取一定数额货币的报酬。

(6)履行期限、地点和方式。履行期限是指交付标的和支付价金的时间,也即依据合同的规定,权利人要求义务履行的请求权发生的时间。履行地点是指合同标的和结算的具体地址。它包括标的交付、提取地点,服务、劳务或工程建设的地点,价金结算地点等。履行方式是指合同规定当事人双方以何种具体方式转移标的物和结算价金。

(7)违约责任。是指合同规定当事人任何一方不履行义务时,必须承担的经济法律责任。违约责任包括支付违约金、经济补偿赔偿金以及发生意外事故的处理等其他责任。

⑻解决争议的方法。是指合同规定双方当事人在履行合同过程中,发生经济权利和义务争执时优先采用的纠纷处理方式,即协商、调解、仲裁、诉讼等。

二、《标准施工招标文件》规定的合同文件的组成

(1)合同协议书。

(2)中标通知书。

(3)投标函及投标函附录。

(4)专用合同条款。

(5)通用合同条款。

(6)技术标准和要求。

(7)图纸。

(8)已标价工程量清单。

(9)其他合同文件。

组成合同的各项文件应互相解释,互为说明。除专用合同条款另有约定外,解释合同文件的优先顺序如上所述。

三、《公路工程标准施工招标文件》规定的合同文件的组成

(1)合同协议书及各种合同附件(含评标期间和合同谈判过程中的澄清文件和补充资料)。

(2)中标通知书。

(3)投标函及投标函附录。

(4)项目专用合同条款。

(5)公路工程专用合同条款。

(6)通用合同条款。

(7)技术规范。

(8)图纸。

(9)已标价工程量清单。

(10)承包人有关人员、设备投入的承诺及投标文件中的施工组织设计。

(11)其他合同文件。

组成合同的各项文件应互相解释,互为说明。除项目专用合同条款另有约定外,解释合同文件的优先顺序如上所述。

第三节　FIDIC 合同条件简介

"FIDIC"是国际咨询工程师联合会的法文简称。

国际咨询工程师联合会自成立以来,颁布了许多国际通用文件。土木工程施工合同文件(简称 FIDIC 条款)是管理工作中应该了解的合同文件。其主要特点如下:

一、适用条件

(1)FIDIC 合同条件要求该合同条件与技术规范、工程图纸和工程量清单等文件一起应用,共同构成建设单位与承包人之间的合间文件。

(2)适用于计量型的单价合同一般不适用于总价合同;虽然投标价是建设单位接受投标和签订合同的基础,但最终的合同价是以完成的各单项工程的数量乘以所报单价来结算的;尽管单价合同中也包含了少量总付项目——例如承包人的驻地建设"包干"项目,但不影响其以单价为结算依据的合同属性。

二、第三方监理

FIDIC 条款中,在合同当事人双方——建设单位和承包人中间,有"工程师"也称总监理工程师这一重要角色。因为只能在建设单位任命工程师负责合同管理的前提下,才能使用 FIDIC 条款。通常由建设单位聘用监理咨询公司承担施工监理任务。工程师不属于合同中的一

方,在执行合同上处于第三方地位,也就是独立的第三方监理。尽管监理工程师受雇于建设单位,从根本上代表建设单位的利益,但在管理合同上处于一种准司法地位。他的职权由建设单位委任,授权的范围还可以由建设单位在专用条件中予以限定。

三、风险的分担

经过多次修订,FIDIC 条款对合同各方风险的分担愈趋公平合理。承包人对责任与风险的程度心中有数,可以降低报价,从而也使建设单位受益。

四、专用条件

FIDIC 条款除了通用条件作为第Ⅰ部分外,还编写了第Ⅱ部分,即专用条件。此专用条件是针对具体项目的实际情况专门编写的,或者对通用条件中的某些条款的具体化,或是加以补充、修改或删除,或增添的条款。

五、合同条件标准化

由于 FIDIC 条款广泛的适用性,当今世界上已有许多国家的政府工程部门批准采用 FIDIC 条款作为标准的土木工程施工合同条件。大量推广采用标准化的合同条件,易于使承包人熟悉它,掌握其中责任与风险的分担和程度,也就吸引了更多的承包人参加竞争性投标,同时,咨询公司在承担编写招标文件与施工监理和监理人员培训上,也有“驾轻就熟”和“知己知彼”之便。

六、中立性

FIDIC 合同条件是一种中立性的合同条件。

复习思考题

1. 什么是经济合同? 其三大要素是什么?
2. 什么是承诺? 什么是要约?
3. 简述经济合同订立、变更和解除的程序和原则。
4. 简述合同纠纷的处理方法与原则。
5. 公路工程合同文件的主要内容有哪些?
6. 简述 FIDIC 条款的主要特点。

第二十一章 公路工程合同管理的内容与方法

第一节 工程风险与保险

公路工程建设既要与人打交道,又要与大自然斗争、协调,是一项风险较大的事业。如果发生极端严重的风险,就会使项目无法继续实施,给建设单位和承包人造成严重危害,甚至造成建设单位和承包人的破产。即使发生一般风险,也会给合同的一方或双方甚至第三方带来经济损失,影响工程项目的质量和工期。监理工程师可以通过发挥自己的专业特长,利用合同、法律、保险、预决算等方面的知识,分析工程项目面临的政治、经济、金融、管理、自然、社会等各方面的风险,在加强自身管理、避免自身信誉和经济损失的同时,协助和提示建设单位或承包人采取有效措施,减轻、转移或回避风险。

一、风险与责任的划分

1. 风险的概念及分类

风险是值在给定的情况和特定的时间内,那些可能产生的结果间的差异。风险是客观存在且不以人的意志为转移的。公路工程风险是工程建设各个阶段产生的与工程项目参与者主观预料不同的各种涉及工程项目的行业风险(其他行业一般不受影响),产生原因是未来实际结果和人们主观预料存在的差异。

(1)公路工程明示及潜在的风险主要包括如下几个方面:

①自然风险。自然风险包括水灾、暴风雨、冰雹(冻)、雷电、地震、陨石等不可预测和防范的自然力、不可预见的恶劣自然条件和地下障碍等。

②人为风险。人为风险包括暴乱、骚乱、火灾、爆炸、盗窃,技术人员由于缺乏经验、疏忽或恶意而产生的不良行为,设计错误,原材料缺陷,工艺不当或其引起的事故和损失等。

③政治风险。政治风险包括战争、敌对行为、叛乱、革命、暴动、军事政变、政策及法律的变更等。

④经济风险。经济风险包括经济动荡、通货膨胀、汇率急变等。

⑤其他风险。其他风险包括核燃料及核废物、放射性毒气爆炸、任何爆炸性核装置或核成分的其他危险性所引起的放射性污染、音速及超音速飞行物的压力波等。

(2)根据风险影响程度的不同,一般可将风险划分成极端严重的风险、严重危害的风险、常见的一般危害的风险三个等级。

①极端严重的风险。

此类风险一旦发生,足以对建设单位和承包人造成致命的危害,使其破产或倒闭。战争、敌对行为、叛乱、革命、暴动、军事政变、政策及法律的变更等就属于此类。

对于具有致命危害的风险,建设单位和承包人应该慎之又慎,仔细研究分析,最后再决策是放弃该项目竞标避开风险,还是冒着风险去获取更高的利润。例如2004年的伊拉克市场,根据决策的目标和方法的不同,一些国际工程承包人就退出了该市场,而另一些国际工程承包人则继续在该地区开拓市场并有条件地承包工程项目,从而获取更高的利润。

②严重危害的风险。

此类风险若发生,可能给建设单位和承包人带来严重的经济损失。但是,若能事先预测、认真对待,再加上合同条款的保证,可以避开或减少此类风险。一些经济风险如通货膨、人工费和材料费等猛涨、汇率浮动变化异常等就属于此类。一般情况下,由于物价的上涨造成人工费和材料费等的增加,可以利用调价公式进行调整。

③常见的一般危害的风险。

这类风险危害较轻且常见。合同条件、技术规范、管理决策失误等均属于此类。有经验的建设单位和承包人只要采取适当的措施,就可以预测此类风险并避开和转移风险。

对于风险的分析和研究,应该"在战术上重视,在战略上藐视"。对于风险,如果分析得当,就可以促使风险转化,使严重风险转化为一般风险,并防范或避开风险。对于合同条款以及法律方面和技术方面规定的风险应认真对待,一旦出现,要善于利用法律与合同条款,免受经济损失。

2. 风险责任的划分

对风险责任的划分依据是将每一风险分担给最有条件管理和能设法将风险减少到最低程度的一方。根据这一原则,FIDIC合同条件和《标准施工招标文件》中关于建设单位与承包人双方的风险责任划分如下。

(1)建设单位的风险责任

建设单位的风险责任包括建设单位提前使用造成的工程损害(非承包人的工程行为不

当)、工程变动风险、合同缺陷风险、不可预见的恶劣自然条件或地下障碍风险、政策和法律的变更带来的经济和政治风险,建设单位另外还应承担的风险责任包括法规的变更、货币限制、货币比例变化等风险。

(2)承包人的风险责任

①承包人自开工之日起到移交证书签发日对工程有照管责任。承包人应对因提供的材料和工程的缺陷、施工技术和方法不完备、临时工程倒塌等造成的工程损害等承担责任。

②报价风险、材料及设备的采购风险、施工工艺和技术风险、进度与质量风险、管理不善风险、承包人的工程行为不当引起的风险。

③自然界的不可抗力和人身安全等意外事故,建设单位和承包人双方可共同或分别采用工程保险来转移风险。

(3)我国《公路工程标准施工招标文件》对风险责任的划分与FIDIC合同条件对风险责任的划分有所不同,主要表现在以下几个方面:

①建设单位承担不可预见的外界障碍或自然条件责任的例外情况。根据我国《公路工程标准招标施工文件范本》的规定,如果合同中已明确指出的不可预见的外界障碍或自然条件,无论承包人是否有其经历和经验均视为承包人在接受合同时已预见其影响,并在报价中已计入其影响而可能发生的费用。

另外,根据我国《公路工程标准施工招标文件》的规定,虽然合同未明确指出,但是在不可预见的外界障碍或自然条件发生之前,监理工程师已经提示承包人有可能发生,但承包人未能及时采取措施而导致的损失和后果均由承包人承担。

②建设单位承担无法预测和防范的任何自然力的作用责任的例外情况。如果工程遭受的自然力破坏是一种可以投保的自然力,建设单位将不承担该自然力的破坏责任而由承包人自己承担。

二、工程风险的管理

建设单位、监理工程师和承包人都应根据工程项目可能出现的风险制定相应的对策。

1.风险回避

风险回避就是中断风险源,使其不致发生或遏制其发展。采取风险回避手段时有时可能不得不做出一些必要的牺牲,但较之承担风险,这些牺牲比风险真正发生时可能造成的损失要小得多,甚至微不足道;但同时也失去了利用风险的机会。例如,承包人回避因某种可能发生的风险而放弃投标,建设单位采取资格预审的办法避免缺乏资信的承包人中标等都是回避风险的行为。

2.风险转移

风险转移是风险防范的一种重要手段,它是指采取风险转移措施以保护自己,但不能将其理解为嫁祸于人。许多风险对一些人的确会造成损失,但因各人的优势不同,对风险的承受能力也不同,转移后并不一定必然给他人造成损失。

购买保险也是转移风险的手段之一。投保人可通过保险将自己本应承担的责任和赔偿责任转移给保险公司,从而使自己免受或减轻风险损失。

3.风险控制

风险控制包括预防和减少风险损失两个方面。预防风险损失是指采取各种预防措施以防止风险损失的发生。减少风险损失是指在风险损失不可避免的情况下,采取措施遏制损失继续发展或控制其扩展范围。例如,建设单位要求承包人交纳投标保证金、出具履约保函等行为就是为了防止承包人不履约或履约不力而采取的风险控制手段;承包人要求在合同条款中赋予其索赔的权利也是为了防止建设单位违约而采取的风险控制手段。监理工程师在工程实施过程中也应采取风险控制手段以预防风险的发生,例如可采取指令承包人撤换职业素质低劣、有玩忽职守行为的不称职人员等措施预防可能发生的工程质量风险和对可能发生自然灾害的情况予以提示,以预防或减少风险损失。

4. 风险防范对策

工程风险的管理是监理工程师的主要工作之一,监理工程师应按照合同的规定监督建设单位和承包人担保及保险的办理情况,避免合同双方承受不必要的经济损失。

①帮助与指导承包人办好保险。

监理工程师应根据合同要求和工程建设的规模,督促承包人选择与要求相适应的保险公司,避免无力赔付情况的出现。监理工程师也可根据经验向承包人推荐已证明资信和赔付能力较强的保险公司。监理工程师应监督承包人如实填报保险公司的调查表,提示承包人不要企图为降低保险金额而隐瞒实际情况,以避免一旦发生此类风险,保险公司推卸其赔偿责任的情况发生。

②审查承包人的担保与保险

监理工程师应根据合同规定审查承包人办理担保的情况。除合同专用条件另有规定外,承包人按照合同实施和完成本合同工程之前履约担保应一直有效。承包人在收到中标通知书28天内并在签订合同协议书之前应向建设单位提交由银行出具的履约担保,建设单位应向监理工程师转告(书面)或转交履约担保证明。

监理工程师应根据合同规定审查承包人办理保险的情况。保险范围应包括从现场开工直至本合同工程(或其单项工程)完工;保险内容应包括建设单位和承包人遭受的并由投保协议书所规定的损失和损害。承包人应在办理有关保险后,尽快向建设单位提供按合同要求所投各种保险的生效证明,并在开工后56天内提交保险单,同时向监理工程师提交副本。

向承包人提供担保或保险的机构要符合合同规定的资质、资信要求;担保或保险的最低金额应等于或大于投标书中所列的款项(若小于投标书所列金额为无效);担保或保险有效期应等于或大于合同工期或修订的工期;履约担保证明符合合同规定的格式和条件。

③督促合同双方遵守有关规定。

监理工程师有责任根据合同条件要求建设单位和承包人共同遵守根据合同生效的保险单所列的条件。如果建设单位或承包人未能遵守合同,未遵守方应负责遵守方不受由于未遵守方未能遵守保险单的条件而造成的损失。监理工程师若发现承包人未按合同规定的时间和内容,向建设单位提交合格的保险单,则应采取以下措施:

a. 指示承包人尽快补办或补充办理保险。

b. 承包人拒绝办理时,应通知建设单位。

c. 保险最终由建设单位补办或补充办理时,监理工程师应签发扣除承包人相应费用的证明。

d. 如果建设单位也未补办,监理工程师应书面提示承包人和建设单位由此可能带来的危害,并建议尽快办理保险。

5. 监理工程师的风险和防范

(1)监理工程师的风险

监理工程师是工程实施的直接参与者之一,虽然不是工程承包合同的当事人,但也承担工程所在地的各种风险,又因其职业特点及在工程项目实施中的地位和作用,难免承受其自身的和其他人为的风险。

①来自建设单位的风险。监理工程师与建设单位是合同关系,应各负其责、独立工作、相互尊重、密切合作,但建设单位聘用监理工程师代为监督和管理工程施工过程中,难免与监理工程师产生分歧;或因建设单位原因增加监理工程师的工作难度和工作量,甚至干扰其执行合同的公正性。因此,监理工程师承受着来自建设单位的风险,其主要内容如下:

a. 建设单位片面追求少花钱多办事。

b. 工程前期工作质量差,遗留问题多。

c. 建设单位无管理经验或管理水平低。

d. 建设单位干预监理工程师在职责和权限内按合同规定进行工作。

e. 建设单位刻意要求加快工程进度。

②来自承包人的风险。监理工程师与承包人是监理和被监理的关系,在施工中监理工程师与承包人产生分歧和争端难以避免。由于承包人的自身条件和追求自身利益,会给监理工程师的工作带来种种困难,甚至导致监理工程师承受重大风险,其主要内容如下:

a. 承包人缺乏商业道德。

b. 承包人缺乏诚信。

c. 承包人职业素质过低,缺乏履约能力。

③监理工程师职业责任风险。

a. 监理工程师承担的工程设计不充分、不完善。

b. 设计错误和疏忽。

c. 监理工程师的职业道德水平低和发生违规、违法行为。

d. 监理工程师的能力和水平与承担的责任不适应而引起监理工程师的不称职、失职和渎职。

(2)监理工程师风险防范要点

①掌握工程项目的资金供应情况。

监理工程师对于缺乏后续资金或不能及时支付工程款的工程项目,应确切掌握情况,详细记录,慎重对待。建设单位资金不足或不能保证按规定时限支付费用,会导致工程无法正常进行,还会引起承包人的索赔,甚至终止合同,同时也危及监理费用的支付。监理工程师应及时向建设单位反映情况,说明由此可能导致的风险。

②了解项目建设单位的管理能力。

如果建设单位管理经验少、能力低、协调不力或片面追求工程进度和投资效益,将对工程质量、进度、费用控制造成困难,也对实现工程预期目标和监理工程师履行职责造成风险,监理工程师应提示建设单位按规定履行建设单位义务。如确有必要,在符合监理服务协议规定的情况下可主动终止监理服务。

③慎重对待建设单位提出的要求。

监理工程师贯彻建设单位意图和要求的条件是建设单位的要求必须符合合同规定。合同规定外的要求应由建设单位和承包人协商取得补充协议后,按协议规定执行。建设单位超出合同规定的要求(如工期、工程规模、标准规范等的变更要求)应以建设单位正式文件为依据。

对于建设单位提出的不符合实际的或违反合同规定的要求,应根据实际情况和合同规定说明其合理性、可行性、与合同规定的符合性及可能解决的办法和处理程序,防止盲目执行,从而导致监理风险。

④明确工作范围和权限,恪尽职守。

不同岗位的监理人员承担的责任和风险不同,必须明确工作范围和权限,认真研究和执行合同,尽职尽责完成岗位工作。例如,坚持达到合同规定的工程质量指标,不提出超标准控制要求;严格工程进度控制措施,不擅自要求或变相要求缩短工期;认真审查计量支付申请,防止多计、超计、套支预付款等情况的发生;亲自动手检测、试验、验收,以保证资料的正确、可信等;监理工程师采取上述措施可以防止和避免因监理岗位责任和工作的随意性导致的风险。

⑤关注承包人的履约能力。

承包人会出于投标策略的需要低价投标,一旦中标,有的承包人无力履行合同约定或不履行合同约定,在工程施工中投入少、管理差,并竭力寻找机会索赔,致使工程进度缓慢、质量低劣。监理工程师除应运用合同条款规范承包人的行为、督促其认真履约外,还应报告建设单位及时采取措施。

如果承包人施工质量低劣甚至弄虚作假,监理工程师可依据合同要求撤换有关责任人和不称职人员,并有针对性地采取措施加强监督力度。

⑥防范承包人的恶意行为。

有的承包人对于严格管理的监理工程师采用恶劣手段,蓄意损害监理工程师的名誉和工作能力,制造建设单位和监理工程师之间的矛盾,干扰密切配合协调工作。针对这种情况,监理工程师除应定期向建设单位提交监理报告外,还应主动与建设单位交流有关工作情况、承包人履约表现,提出工程进展中应解决的问题的建议,并采取措施提高监理人员技术素质、业务能力和工作效率,加强其工作责任心和对其的组织管理,进行廉洁自律教育,严肃纪律、规范监理行为。

⑦正确处理变更设计。

变更设计应由建设单位委托的设计单位或承包人承担,监理工程师应对其进行检查和审核。除合同另有规定外,监理工程师只从事涉及构造或局部完善等方面的变更设计,以提高工程质量;涉及力学计算的变更设计,监理工程师应拒绝审查。监理工程师还应注意如下事项:

a. 监理工程师不宜主动承担设计变更。

b. 根据工程变更规模、性质、复杂程度及其对工程质量、安全、功能、外观的影响,变更设计应由具有相应资质和经验的设计单位审核。

c. 不属于监理工程师审定职责范围的变更设计,不但应有变更设计图样,还应由建设单位下达正式变更通知。

⑧正确表达监理要求。

a. 应采用符合合同规定的程序和方法处理工程建设中出现的质量、进度、费用等问题,不能越权或采取不当的指示方式。

b.为避免工作中可能出现的遗漏和失误,要多采用书面的材料,例如会议决议应由承包人签字认可,各种文件和指示要采取书面形式下达等。

c.按合同程序完善手续。监理工程师可依据自身经验和专业知识提出有关建议或处理措施(除指令外),如果承包人采用,则应由承包人以书面形式提交批准后实施,不应代替承包人制订施工方案和措施。

三、工程保险

对风险进行转移的重要手段之一就是购买工程保险。公路工程施工阶段的保险,是指通过专门机构(如保险公司)以收取保险费的方式建立保险基金,一旦发生自然灾害或意外事故,造成参加保险者的财产损失或人身伤亡时,即用保险金给以补偿的一种制度。参与工程保险的好处是参加者付出一定的少量保险费,即可换得遭受大量损失时得到补偿的保障,从而增强抵御风险的能力。

1.工程实施中保险的种类和内容

保险的种类很多,投保种类需要按标书中合同条件的规定以及该项目所处的外部条件、工程性质和建设单位与承包人对风险的评价和分析来决定。其中,合同条件的规定是决定投保种类和内容的主要因素。凡是合同条件要求保险的项目一般都是强制性的,而另一些保险项目则属于特殊风险的保险,例如战争引起的损失险和针对其他政治风险的保险等,承包人可以根据自己的分析和估计来决定是否投保。

国内保险公司对工程的保险一般包括如下险种。

(1)建筑工程一切险

所谓"建筑工程一切险",是一种综合性的保险,即对工程在施工和保险期间,由于自然灾害、意外事故、操作疏忽或过失而可能造成的一切损失进行保险。其保险范围包括合同规定的全部工程、到达工地的设备材料和施工机具、临时设施及现场上的其他物资。值得注意的是,所谓"一切险"并未全面概括所有的风险损失,这是有许多限制条件的。特别是对导致损失的原因有很多限制条件。

①保险公司负责赔偿参保建筑工程施工中由于下列原因造成的损失和费用:

风暴、山崩、冻灾、水灾、冰雹、海啸、地震等自然灾害;

雷灾、火灾、爆炸;

飞机坠毁、飞机部件或飞行物体坠落;

盗灾;

工人、技术人员缺乏经验、疏忽、过失、恶意行为;

原材料缺陷或工艺不善所引起的事故;

其他不可预料和突然事故。

②保险公司不负赔偿责任的情况:

被保险人及其代表的故意行为和重大过失所引起的损失、费用或责任;

战争、类似战争行为、敌对行为、武装冲突、没收、征用、罢工、暴动引起的损失、费用或责任;

核反应、辐射或放射性的污染引起的损失、费用或责任;

自然磨耗、氧化、锈蚀所引起的损失、费用或责任;

错误设计引起的损失、费用或责任；

换置、修理或矫正标的本身原材料缺陷或工艺不善所支付的费用；

非外力引起的机械或电器装置的损坏或建设用机器、设备、装置的失灵；

全部停工或部分停工引起的损失、费用或责任；

各种后果损失如罚金、延误损失、丧失合同等；

文件、账簿、票据、现金、有价证券、图表资料的损失；

保单中规定应由被保险人自行负责的免赔额；

领有公共运输用执照的车辆、船舶和飞机的损失；

盘点货物当时发现的短缺。

③被保险人应承担的义务：

应采取合理的预防措施避免投保工程工地发生意外事故，对保险公司提出的合理化建议，应认真考虑，并付诸实施；

发生保单承保的损失事故后，应立即通知保险公司，并用书面提供详细经过；

为便于调查，在检验损失前应保护事故现场；

为防止损失扩大，应采取一切必需的措施将损失减少至最低限度；

保险内容如有变化，应及时书面通知保险公司，办理批改手续；

被保险人及其代表如故意不执行上述规定义务，保险公司将不负赔偿责任。

工程一切险的保险额是按合同总价，即工程完成时的价值计算。实际上，工程价值从零开始，到竣工时才达到保险额总值。保险费率是按保险额计取某一千分数（例如保险额的1.5‰～5‰），并不考虑工程价值在施工初期和末期的价值变化，而赔偿金额只考虑实际损失数字。承包人可以要求保险公司在确定保险费率时充分考虑这一特点和因素。如果承包人不愿投保工程一切险，也可以就承包人的材料、机具装备、临时工程、已完工程等分别进行保险，但应征得建设单位的同意。

一般来说，集中投保工程一切险，可能比分别投保的费用要花得少些。有时，承包人将临时工程、劳务或某一部分永久性工程分包给其他分包人，那么，他可以要求分包人投保其分担责任的那一部分保险，而自己则按扣除该分包价格的余额进行保险。保险费率同项目的性质（例如一般民用建筑、道路桥梁、工业建筑、化工装置、危险物品仓库等）和项目所在地的地理条件、自然条件以及工期的长短、免赔额的高低等因素有关，承包人可以就本项目的具体情况与保险公司协商一个合理的费率。保险的期限要根据合同条件要求确定，但至少应包括全部施工期，如果建设单位要求缺陷责任期内由于施工缺陷造成的损害也属于保险范围，则可以在投保申请书中写明。一般来说，实际保险期限可以比合同工期略长一些，这是考虑到工程可能延期，以免今后再办保险延期手续。

（2）建筑安装工程第三者责任险

投保建筑安装工程第三者责任险后，在建筑安装工程的保险期限内，因发生意外事故，造成工地或邻近地区的第三者人身伤亡、疾病或财产损失，依当地法律应由被保险人负责时，以及被保险人因此而支付的诉讼费用和经保险公司事先同意支付的其他费用，都将由保险公司负责赔偿。

建筑安装工程第三者责任险不包括以下各项赔偿责任：

①明细表列明的应由被保险人自行负担的免赔额。

②被保险人和其他承包人在现场从事工程有关工作的职工的人身伤亡和疾病。

③被保险人及其他承包人或他们的职工所有的或由其照管、控制的财产的损失。

④领有公共运输用执照的车辆、船舶和飞机造成的事故。

⑤被保障人根据与他人的协议支付的赔偿或其他款项。

建设单位要求承包人投保建筑安装工程第三者责任险的目的是很明显的,因为工程是在建设单位的工程土地范围内进行的,如果任何事故,造成工地和附近地段第三者人身伤亡和财产损失时,第三者可能要求建设单位赔偿或提出诉讼,建设单位为免除自己的责任自然会要求承包人投保这种责任险。

(3)施工机械设备损坏险

承包人为了保障在工地的施工机械设备遭受损失时得到补偿,可投保机器损坏险。

①承包人投保机器损坏险后,被保险的机器及其附属设备由于下列原因造成的损失,由保险公司负责赔偿。

设计、制造或安装错误,铸造和原料缺陷;

工人、技术人员操作错误、缺乏经验、技术不善、疏忽、过失、恶意行为;

离心力引起的断裂;

电气线路和其他电气原因;

炉缺水;

物理性爆裂;

暴风雨、严寒;

其他不可预料和意外的事故。

②保险公司不负责赔偿的情况:

被保险人或其代表的故意行为或者重大过失引起的损失或费用;

战争、没收、征用、罢工、核反应和辐射等引起的损失和费用;

被保险人知道的被保险设备在本保险开始前已经存在的缺点或缺陷引起的损失或费用;

根据法律或契约应由供货方或制造人负责的损失或费用;

机器设备运转后必然引起的后果,如自然磨损、氧化、锈蚀等;

各种传输传动带、缆绳、链条、轮胎、印刻滚筒、玻璃、毛毡制品、润滑油、催化剂等的损失与损坏;

保险事故发生后引起的各种间接损失或责任;

保单中规定应由保险人自行负担的免赔额;

在财产保险中承保的各种责任。

(4)货物运输险

①货物运输险承保的范围:

货物在运输途中由于恶劣气候、雷电、海啸、地震自然灾害造成整批货物的全部或部分损失;

由于运输工具遭受搁浅、触礁、沉没、互撞与流冰或其他物体碰撞以及失火、爆炸、意外事故造成货物的全部或部分损失;

在装卸或转运时由于一件或数件整体货物落海造成的全部或部分损失;

对遭受危险的被保险货物采取抢救和其他防止或减少货损措施而支付的合理费用;

运输工具遇难后,在遇难港由于卸货所引起的损失以及卸货存仓和运货所产生的特别费用;

海员牺牲后的分摊和救助费用。

②不包含在货物运输险赔偿责任范围之内的情况:

被保险人的故意行为或过失所造成的损失;

属于发货人责任所引起的损失;

在保险责任开始前,货物已存在的品质不良或数量短差所造成的损失;

被保险货物的自然损耗、本质与特性缺陷以及市价跌落、运输延迟所引起的损失或费用;

各种货物运输中的战争险与罢工险条款所规定的责任范围和除外责任。

(5)机动车辆险

机动车辆险的投保对象包括汽车、拖拉机、摩托车以及各种特种车辆。对施工中不使用的各种机动车辆,需另行投保。

①机动车辆险对由于下列原因造成的损失承担赔偿责任:

碰撞、倾覆、失火、爆炸;

雷击、暴风、洪水等各种自然灾害,隧道坍塌、空中运行物体的坠落;

全车失窃在三个月以上;

运载保险车辆过河的渡船发生自然灾害及意外事故;

由于上述4项原因采取保护、施救措施所支付的合理费用;

使用保险车辆过程中发生意外事故,造成第三者遭受人身伤亡或财产的直接损毁,应由被保险人承担的经济赔偿责任。

②机动车辆险对由于下列原因造成的保险车辆损失或费用不承担保险责任:

战争或军事行动以及政府征用;

被保险人或其驾驶人员的故意行为或违法行为,无证或酒后驾驶;

自然磨损、轮胎爆炸,未经修复而继续使用所引起的损失;

投保车上的一切人员和财产;

其他不属保险范围内的损失、费用和所有间接损失。

(6)人身意外险

人身意外险承保的范围包括各种交通事故和建筑、筑路、装卸、试验、采掘、勘探、加工、医疗等生产及工作中发生的各种不幸事件所引起的损失。

人身意外险对自杀、犯罪、诈骗、战争、因病等所致死亡或伤残,以及意外伤残所支付的医药费不予承保。

(7)其他保险

在特殊情况下,可向保险公司投保战争险、投资险或其他政治险。

2. 工程保险的性质与作用

(1)工程的有些险种是强制性的,合同条件中有明文规定。

现在许多工程承包合同都强制要求进行各种保险,例如工程一切险、第三方责任险、工人人身意外险等。这种强制性的要求,固然是为了保障建设单位本身的利益,同时对承包人也有益处,因为所有的招标都同意承包人可以将保险金计入投标报价和合同价格中。

(2)进行各种保险可使建设单位和承包人转移和减轻风险。

由于土木工程周期很长,遇到的各种复杂情况往往是难以完全预测和防范的。特别是一些大型工程,有些灾害和重大事故会给建设单位和承包人带来灾难性的、无法补救的经济损失。但通过保险,建设单位和承包人就可以从保险公司得到赔偿或部分经济补偿。这就至少可使承包人在从事工程承包这一“风险事业”时获得一定的经济保障。我国的工程公司在国际工程承包中,从保险中受益的实例很多。例如,某公司在某高速公路项目因为洪水突然暴发而造成工地淹没,虽然人员紧急撤离未造成伤亡,但一些大型机具设备和工程材料受淹损坏严重。由于进行了工程保险,建设单位和承包人获得了保险公司的赔偿。

(3)保险后仍须预防灾害和事故,尽量避免和减少风险危害。

承包人和建设单位虽联名或分别对工程进行了各种保险,并且交纳了相当数量的保险费,但是灾害和事故造成的恶果,不是保险公司支付的赔偿费能全部弥补的。建设单位和承包人仍然要采取各种有力措施防止事故和灾害的发生,并阻止事故的扩大。正是由于建设单位、承包人和保险公司三方都不希望灾害和事故发生,保险公司才敢于和愿意承接为数不多的保险费,为价值多达保险费数百倍的工程承保。

3.购买工程保险的注意事项

(1)择优选取保险公司,研究其资金情况与信誉度

当面对众多的保险公司相互竞争时,应从以下几个方面考虑选择保险公司。

①保险公司的注册资本及赔偿风险的资金能力。

②保险公司的信誉。

③应当优先考虑将国外承包的工程和国内的外资贷款工程的各类保险向本国的保险公司投保。这是因为由国内保险公司承保,不仅可以使外汇保险金不至于外流而且便于处理事故赔偿等问题,保险金费率也可有一定优惠。此外,选择国内保险公司可以有效避免外国保险公司推卸责任的情况。

(2)认真细致办理保险,分析研究保险合同条件

①认真填报保险公司的调查报表。

②认真分析研究保险条款。

③重视保险内容的变化和改办手续。

(3)预防事故和接受调查

①重视被保险人的义务。承包人应当教育自己的全体职工和工人重视被保险人的义务,特别应预防事故和防止事故损失扩大。无论发生任何事故,应当立即通知保险公司,并努力保护事故现场,采取一切必要的措施将损失减少到最低限度,只要采取的措施是合理和有效的,其措施费用一般可得到保险公司的补偿。相反,如果既不通知保险公司,又不保护现场,其索赔一般将被保险公司拒绝。

②及时报损和接受调查。只要被保险人及时向保险公司报告,保险公司一般会派人到事故现场进行调查。严重事故发生时,保险公司还将组织协同进行抢救活动并编写调查报告,调查报告的主要内容除陈述事故经过、分析事故原因和调查被保险人的防范和抢救措施外,重点在于调查损失。损失的计算首先由被保险人提出,每项损失都要求提供必要和有效的证明单据。对于工程一切险,保险公司的赔偿一般以恢复投保项目受损前的状态为限,其受损的残值应被扣除;承包人的利润损失和其他各项管理费的损失是不予赔偿的,同时还应扣除免赔额(通常每次赔偿按保险单中所列的免赔额与保险金额的比例扣除)。

第二节 工 程 变 更

工程项目由于设计深度不够,或不可预见的自然因素与环境情况变化等,或合同双方当事人或第三方的干预和要求,都会引起工程的变更。

一、工程变更的概念和一般规定

1. 变更的范围和内容

变更是指对承包人在投标时所依据的合同文件与图纸而言所做的变更。包括如下内容:

(1)取消合同中的任意一项工作,但被取消的工作不能转由发包人或其他人实施。

(2)改变合同中任何一项工作的质量或其他特性。

(3)改变合同工程的基线、高程、位置或尺寸。

(4)改变合同中任何一项工作的施工时间或改变已批准的施工工艺或顺序。

(5)为完成工程需要追加的额外工作。

2. 一般规定

(1)当建设单位和监理工程师决定进行某项设计变更时,监理工程师有权指示承包人进行工程变更,并发出指令,承包人有权在工程变更时,得到应有的工程变更款项。

(2)承包人根据工程施工情况,提出合理的变更,报请工程师批准后,下达变更令。没有监理工程师的指令,承包人不能进行任何工程变更。

(3)在意外情况下,变更也可能由承包人的失误造成,在这种情况下发生的费用应由承包人自己承担。

(4)在投标时所预计的实际工程量,经重新计量的,证明不同于工程量清单所列数量时,则不属于工程变更之列,不需要发变更指令。

(5)工程变更只能是在原合同规定的工程范围内变动,不能在工程性质方面有很大的变动,否则就应重新订立合同。因为若工程性质发生大的变更,承包人在投标时并未准备这些工程施工装备,如承包人原中标的工程项目为桥梁工程,而现在变更为隧道工程,这时则有理由将此作为一项新合同,而不能作为原合同的变更。

二、发生工程变更的因素

引起工程变更的因素是多方面的。一般在合同中已讲明的需要变更的情况主要有:

1. 不可预见的因素

工程中出现不可预见的情况,如不可预见的自然因素:地质状况与原勘探孔点差别很大;出现百年不遇的山洪暴发、突发地震,其他特殊风险等,要求工程变更。

2. 外部环境因素

工程外部环境发生变化。如供电、供水、能源方面供应紧张,或发生严重的通货膨胀,引起某种材料大幅涨价或原材料短缺等。

3. 建设单位或第三方提出变更

由建设单位或其他第三方提出变更设计。如施工中,当地的工人或农民提出改通道为立交桥,或建设单位提出改高填方路堤为高架桥等。

4. 承包人提出变更

由承包人提出工程变更,改变施工方法与工艺。如为降低成本,桥梁浇注混凝土由满堂支架施工改为悬臂法施工。另一种情况是工程遇到了不可预见的地质条件,如桥梁基础原设计为钻孔灌注桩,承包人根据开工后钻探的地质条件和施工经验,认为改沉井基础较好等。

5. 监理工程师协调进度

监理工程师出于工程协调和进度的考虑指示变更承包人的施工工艺顺序等。

6. 工程缺陷引起

由于承包人违约或无意间造成工程缺陷,监理工程师不得不发出指令变更工程等。

三、工程变更的程序

当某一方提出工程变更时,监理工程师可按以下程序处理。

1. 意向通知

监理工程师根据合同规定对工程进行变更时,首先应向承包人发出变更意向通知,其主要包括以下内容:

①变更工程的工程部位、项目或合同文件内容。

②变更的原因、依据及有关文件、图纸资料等。

③要求承包人根据此变更安排组织施工等方面的建议。

④要求承包人提交此项变更的费用估价报告。

2. 搜集资料

在变更意向通知书发出的同时,监理工程师应指定专人,一般为该项目的驻地监理工程师受理变更,并着手搜集有关资料。主要有:变更前后的图纸,技术变更,洽谈记录,技术研究会议记录;来自建设单位、承包人、监理工程师方面的文件与会议记录;行业部门涉及该变更方面的规定与文件;上级主管部门的指令性文件等。

3. 费用评估

费用评估可按合同中规定的方法和掌握的资料,考虑建设单位和承包人双方的利益后对变更费用做出评估。

4. 协商价格

监理工程师应与承包人和建设单位就其对工程变更费用评估的结果进行磋商,在意见难以统一时,监理工程师应确定最终的价格。

5. 签发“工程变更令”

当变更资料齐全、变更费用确定以后,监理工程师应根据合同规定签发工程变更令。

工程变更令包括以下文件:

①文件目录。

②工程变更令。

③工程变更说明。

④工程变更费用估算表。

⑤附件,主要包括变更图纸、有关会议目录、有关文件、承包人计算报告、确定工程数量及单价的证明资料等。

第三节 工 程 分 包

按照国际惯例,获得整个合同段施工合同的承包人,可以将该工程按专业性质或工程范围再分包给若干家分包人承担实施任务,建设单位也可以将一些专业性强的部分工程或单项工程直接授予指定的分包人。分包人一般直接与承包人签订分包合同。

分包,在工程实施过程中是比较常见的现象。在某些情况下,适当的分包,可以保证工程的质量与进度。但如果对分包的管理控制不严,将会造成合同纠纷和技术质量问题。因此,对分包的管理是监理工程师的主要任务之一。

一、工程分包的种类和内容

实际工程中有一般分包和指定分包两种形式,而以一般分包较为普遍。

1. 一般分包和一般分包人

一般分包是指在合同履行中,承包人出于某种原因,将其所承担工程的某些特定部分,经监理工程师同意后,转包给另外的承包人施工。承包人与分包人双方则应签订工程分包合同。通常将从承包人那里分包一部分工程,并与承包人签订工程分包合同的人或实体称为一般分包人。一般分包具有如下特点:

(1)分包合同是由承包人制定的,承包人有权选择分包人,分包合同需由承包人与分包人签订。

(2)分包合同必须先征得监理工程师和建设单位的同意和书面批准。

(3)承包人不能将全部工程或主体工程分包出去。

(4)承包人对分包出去的那部分工程仍然负有完全责任。

(5)分包工程价款由承包人与分包人估算。

2. 指定分包合同与指定分包人

指定分包合同是指建设单位或监理工程师指定、选定或批准的分包工程、供货、供料、提供工程设备或劳务人员,并经承包人同意后,与承包人签订的分包合同。

指定分包人则是指已经或将由建设单位或工程师指定、选定或批准的进行与合同中所列暂定金额有关的任何工程的施工或任何货物、材料、工程设备或服务提供的所有专业人员、商人、零售商及其他人员,以及根据合同规定要求承包人进行分包的一切有关人员,在从事这项工作的实施或货物、材料、工程设备或服务的提供过程中,均应视为承包人雇用的分包人,上述分包人在此合同中则称为指定分包人。指定分包合同具有以下特点:

(1)如果指定的分包人未能履行职责,不但会给承包人,而且也会给建设单位带来严重后果。所以,在分包工程招标之前,受到邀请的诸投标人应得到建设单位和承包人的共同批准。

(2)由于指定分包合同最终要成为分包合同的一部分,所以在颁发指定分包招标文件之前,应充分征求承包人的意见,并向所有投标者指定分包合同的全部详情。

(3)指定分包合同所有的暂定金额应包括在总包合同的工程量清单内。

(4)指定的分包人应向承包人承担像承包人向建设单位承担的同样的义务和责任,以及在凡是由此引起的或是与此相关联的一切索赔、诉讼、损害赔偿费、诉讼费等方面保护和保障承包人。指定的分包人还应保护并保障承包人免于承担由分包人任何疏忽造成的损失。

二、对工程分包的审批和管理

从监理工程师的角度来看,审批分包人是实施工程分包前必不可少的关键环节。承包人有权选择分包人,但应慎重考虑,并应主动向监理工程师申报,且必须在工程开工之前选择好分包人。在施工过程中要加强对分包人进行协调、监督和管理。

1.工程分包审批内容

工程分包审批内容主要有:分包人资格情况及证明;分包工程项目及内容;分包工程数量及金额;分包工程项目所使用的技术规范与验收标准;分包工程的工期;分包协议。

在工程分包的审批中应注意:未经监理工程师的批准,承包人不得将工程任何一部分分包出去;监理工程师应严禁承包人把工程的大部分分包出去或进行层层分包;监理工程师对分包的批准,并不解除承包人根据合同规定所应承担的任何责任和义务。

2.分包工程的管理

在分包工程实施中,应从以下几个方面加强对分包工程的管理:

(1)严格履行开工申请手续。分包工程的开工,必须有监理工程师的书面批准。

(2)列入工地会议议程。每次工地会议,承包人必须上报分包人情况的资料。必要时,可邀请主要分包人参加工地会议。

(3)核实分包人实力。核实分包人的人员、机具、设备等是否与申报情况相符;其技术力量、工程质量能否达到合同规定的要求;施工方案是否合理。

(4)监理工程师应通过“中期支付证书”,由承包人对分包工程进行支付。

第四节　工 程 延 期

工程建设项目中的各类合同都应该在合同中明确规定完成工程和工作的期限或天数,称为合同工期。影响合同工期的因素较多,合同工期实际延长的情况经常发生。造成合同工期实际延长的原因有两方面:一是因承包人本身的责任造成工期延误;二是工程延期。工程延期是指根据合同有关规定,由于非承包人自身责任造成的、经监理工程师书面批准的合同竣工期限的延长。工期的概念是指原合同工期加上工程延期。

工程延期对建设单位和承包人都是至关重要的。承包人如果得到了工程延期，就可以减少甚至消除由于工期延误而支付的延期损害赔偿费；对建设单位而言工程延期不仅使建设单位推迟了工程项目的使用期，还可能由此要承受一部分经济损失。监理工程师在处理工程延期时，一定要大公无私。

一、工程延期的内容

FIDIC 条款中对工程延期的原因作了明确的规定。

(1)额外或附加工程的数量或性质。

(2)合同条件中提到的任何误期原因，主要有：

①延迟提交设计图纸。

②不利的外界障碍或条件。

③施工现场发现化石、文物等使工程停工。

④合同之外的额外质量检验。

⑤工程暂停。

⑥建设单位未解决现场占有权及提供通道。

⑦建设单位未按时支付进度款。

(3)异常恶劣的气候条件。

(4)由建设单位造成的任何延误、干扰。

(5)发生其他特殊情况，主要有：

①监理工程师提供的放线数据有误，使工程停工、返工。

②因建设单位风险造成的停工、返工。

③特殊风险造成的停工、返工。

二、工程延期审批

监理工程师从以下几个方面对工程延期进行审批：

(1)延期事件是否属实。

(2)是否符合合同条款的规定。

(3)延误是否发生在关键线路上及延期是否有效合理。应注意：

①关键线路并不是固定的，但随着工程的进展，关键线路也在变化。

②关键线路的确定，必须依据最新批准的工程进度计划。

(4)时间计算是否正确。监理工程师依据自己的记录，对延期时间做出公正合理的计算。

三、工程延期的避免

根据公路工程实践经验，要防止延期的发生，就必须做到：

(1)不管监理工程师还是建设单位和承包人，必须熟悉和掌握合同条款和技术规范，严格按合同办事。

(2)建设单位应多协调，少干预，尽量避免由于行政命令的干扰而引起的工程延期。

(3)应尽量避免由于图纸延迟发出、征地拆迁、工程暂停和不按程序办理变更等引起的延期。

(4)监理工程师必须熟悉工地现场的实际情况,掌握第一手原始资料,认真做好各种原始记录。

(5)监理工程师必须对承包人的进度计划给予充分的重视。

四、工程延期的处理

当工程延期发生时,承包人应在规定期限内以书面形式通知监理工程师,并将复印件抄送给建设单位。在这种通知发出后,承包人应在监理工程师批准的合理时间内,向监理工程师提出工程延期的具体细节,以便监理工程师能及时对提交的资料进行调查。

如果承包人在规定的时间内未履行上述程序,则监理工程师可以拒绝承包人的工程延期申请。如果监理工程师未能在合理的时间内做出工程延期的决定,致使工程进度受到进一步的延误,则可能导致更多的索赔。

监理工程师在处理工程延期时一定要深入现场调查研究,经过细致的综合分析,找出问题的症结所在。

对于有连续性影响的事件造成的工程延期,承包人不可能在规定的时间内提交工程延期的具体细节,可在规定的时间间隔内,向监理工程师提交暂时的详细资料,待这种连续影响的事件结束后,在规定时间内,再提交最后具体的资料。监理工程师在收到承包人提交的暂时详细资料后,不应延误,要及时做出延期的决定;待收到最后的具体资料,对全部情况做出评定后,再批准这种情况下总的工程延期时间。但最后的决定,不应缩短原先监理工程师已决定了的任何延长工期的期限。

第五节　施工中的合同管理

监理工程师的全部工作都是合同管理工作,监理工程师对质量、进度和费用等的监理,都是依据合同条款和法律、法规所进行的合同管理。合同管理工作贯穿于施工过程的各个阶段。

一、施工阶段的划分

施工承包合同的实施一般分为以下三个阶段:

(1)施工准备阶段。合同签订生效之日起至合同工程开工之日止。

(2)施工阶段。合同工程开工之日起至交工验收之日止。

(3)缺陷责任期阶段。交工验收之日起至合同规定的缺陷责任期终止最终验收之日止。

二、各施工阶段的合同管理

1.施工准备阶段

(1)建立监理机构

①安排监理人员进场,配置监理设备及检测设备,建立监理办公设施和生活设施,组建监理机构。

②进行内部分工,明确各级岗位职责和权力,制订监理规划。

(2)进行岗前准备

①熟悉合同文件、技术规范、质量标准和检测方法,核查图纸,向建设单位或设计单位接收现场测量数据。

②组建监理试验室,对各种原材料进行检验;对承包人试验室仪器设备进行检查,对试验人员的资格进行检查、考核。

③调查施工环境,核实现场施工条件,复查测量定线数据,向承包人提供原始基准点、基准高程及定线资料。

④编制"监理实施细则",制定各项监理工程程序,制定统一的记录、用表、证书、通知、指令等格式。

(3)督促承包人进行施工准备

①对承包人编制的施工组织设计和总体进度计划进行审批。

②督促承包人建立质量保证体系,落实质检人员配备及质量保证措施。

③审查承包人进场施工机械的数量、型号、规格、生产能力和完好率。

④审批承包人拟用的原材料来源、数量和质量,并进行检验。

⑤审批承包人的标准试验。

⑥根据承包人完成施工准备情况签发支付动员预付款申请书。

⑦验收承包人测定的地面线及施工定线。

⑧检查承包人场地占用情况。

⑨审批承包人提交的构造施工方案和技术措施。

⑩召开第一次工地会议,发布开工令。

2.施工阶段

(1)质量控制

①严格执行质量控制程序,做到开工有报告,工序完成有自检,工序交接有签认,中间交工有证书,中间计量有报表。

②核查、认可施工放线测量数据,中间交工和竣工验收时,汇总各项工程测量资料。

③对各工序施工现场进行检查、旁站,发现质量隐患或质量问题及时纠正。

④在监督承包人做好标准试验、验证试验、工艺检验、抽样试验和验收试验的同时,按规定频率进行监理抽检试验以及必要的附加试验。并根据试验资料和数据,对工程成品进行评定,决定确认或者拒受、指令返工。

⑤每个分项(含子分项)完成后,进行严格的质量检查、确认,签发中间交工证书。

(2)进度控制

①审批承包人的阶段进度计划,重点审查各工序进度安排的合理性、工期保证及施工准备的可靠性、计划目标与施工能力的适应性。

②督促承包人按照批准的进度计划进行施工,建立进度控制图表,填写日进度检查记录,对由于各种原因造成的进度滞后及时调整计划,并督促执行,使原定工期得以保证。

③对承包人的履约能力进行评估,对由于承包人原因造成的进度严重滞后,应及时报告建设单位采取有效的制约措施。

(3)费用控制

①对合格工程进行计量。

②按照合同单价和完成的合格工程数量审批,并签发中间支付证书。

③对索赔费用进行核查,按合同规定签发支付证书,报建设单位。

④严格审核、控制工程变更,对必需的变更确定合理的费用。

(4)其他合同管理事项

①工程变更。包括设计变更、工程性质变化、工程数量的变化,监理工程师应进行核实、确认并确定相应的费率,下达变更令,付诸实施。

②索赔。对承包人提出的索赔事项进行核实。审查其有效性、符合性、合理性,然后加以确认,提出公正的处理意见,报建设单位审批。

③违约。对承包人的违约进行处理,或报建设单位处理。

④分包。对分包人资质进行审核、批准,对已进场分包人的实际履约能力进行考核。

⑤争端。对承包人与建设单位之间的争端进行调解和裁定。

⑥保险。检查承包人是否按合同要求进行投保。

⑦协调。协调承包人与建设单位以及其他与工程相关各方的关系。

⑧合同解释。对施工合同有关条款进行解释。

3. 缺陷责任期阶段

(1)交工验收。工程完工后,对该工程进行总体质量检测、评定。对交工资料进行检查,如果符合合同要求,即可验收,监理工程师向承包人签发交工证书。

(2)在缺陷责任期内,检查承包人剩余工程计划,检查已完工程质量,确定缺陷责任及修复费用,督促承包人完成交工资料。

(3)对工程进行最终检查和评定,签发缺陷责任终止证书。

第六节 违约与争端的处理

一、违约与争端的概念

违约是指当事人一方拒绝或未能完成合同义务。承包人和建设单位双方都可能发生违约行为。承包人违约有一般违约和严重违约两种。

争端是指合同履行过程中,承包人和建设单位之间发生的纠纷或事件,我国合同法称为合同纠纷。工程承包合同在实施过程中,由于其技术经济的复杂性,实施过程较长,所涉及的面又很广,对合同条款的理解也不一致,建设单位和承包人之间发生争端是在所难免的。

二、违约的处理

1. 承包人违约的处理

(1)一般违约的处理

当承包人有下列事实之一,监理工程师可确认承包人有一般违约行为:

①给公共利益带来伤害、妨碍和不良影响。

②未严格遵守和执行政策与法规。

③未严格执行监理工程师的指示。

④未按合同规定管理好工程。

对承包人的一般违约,因其影响较小,损失较轻,故其处理方法也较简单。常采用以下方法:

①书面通知承包人尽快对已造成的损失和影响予以弥补和纠正。

②提醒承包人,若对一般违约不予重视可能会导致严重违约。

③当采用上述方法无效时,应书面通知建设单位。

④确定承包人违约对建设单位造成的费用影响,办理扣除相应费用的证明。

(2)严重违约的处理

当承包人有下列违约事实时,监理工程师可确认其严重违约:

①无力偿还其债务;或承包人违反了合同中有关合同转让的规定,或其财产主要部分被接管;或承包人资产的任何重要部分被强制抵押;或承包人的物资被扣押。

②陷入自动申请或强制破产、倒闭、清理或解散。

③已放弃合同。

④无正当理由不开工或拖延工期。

⑤无视监理工程师的书面警告,一贯公然忽视履行合同所规定的义务。

⑥未经监理工程师同意,随意分包工程,或将全部工程分包出去。

⑦违反了按投标文件及时配备称职的关键管理与技术人员的规定,或违反了承包人承诺配备的关键施工设备。

⑧在监理工程师发出检查验收材料、设备和工艺不合格的通知后,拒不采取措施纠正缺陷或拒绝用合格的材料和设备替代原来不合格的材料和设备。

当出现上述严重违约事件时,监理工程师应向承包人发出书面警告。严重违约事件被证实后,监理工程师应立即向建设单位报告,发出书面证明。建设单位在接到监理工程师的书面证明后,应向承包人发出通知,发出通知 14 天后,即可终止对承包人的雇用,进驻现场。但是这种终止雇用并不解除合同所规定的承包人应履行的任何义务和责任,也不影响合同授予建设单位和监理工程师的各种权利和权限。建设单位在进驻现场后,可以自行或雇用其他承包人完成该工程,建设单位有使用承包人的设备、材料和临时工程的权利,但这种使用应根据有关规定予以计费。

建设单位终止对承包人的雇用后,监理工程师应做好以下工作:

①合同解除后的估价。

在建设单位终止合同后,监理工程师应尽快单方面或通过各方协商后,确定并证明在合同终止之时,承包人按合同规定已完成的工作的价值以及已提供的材料、施工设备、工程设备和临时工程等的价值。

②合同解除后的付款。

合同解除后,发包人应暂时在承包人所施工工程的缺陷责任期满之前或之后,在监理工程师对施工竣工及修补任何工程缺陷的费用、竣工拖延或损害赔偿费以及由于承包人违约而使建设单位支付的其他费用开具证书之前,建设单位没有向承包人支付任何进一步款项的义务。承包人仅有权得到由监理工程师证明承包人合格完工时,原应支付给他的款项并相应扣除上述违约款后的款额。

如果承包人违约给建设单位造成损失的款额超过承包人合格完工时原应支付给他的款额,则根据规定,承包人应将此超出部分付款给建设单位,并应视为承包人欠建设单位的债务。

③合同提前终止时协议利益的转让。

在建设单位进驻施工现场14天后,如果监理工程师发出指示且法律允许,承包人应将其为该合同目的而签约的有关任何货物或材料供应或服务及有关实施工程的任何协议的权益转让给建设单位。

2. 建设单位违约的处理

在土木工程施工承包中,因建设单位违约而使工程进度迟缓或停顿使承包人蒙受损失时,为了保障承包人的合法权益,合同条款中对建设单位的处理也作了明确的规定。

(1)建设单位的违约

建设单位的违约主要是支付能力问题,包括以下几种情况:

①未能在合同规定的支付期到期后的28天内,向承包人支付按监理工程师签发的支付证书应支付的款额。

②干扰、阻挠或拒绝批准监理工程师签发的支付证书。

③建设单位宣告破产,或作为一个公司宣告停业清理(不是为了重建或合并)。

④由于不可预见的原因,建设单位通知承包人他已不可能继续履行合同。

(2)建设单位违约后承包人的补救措施

①承包人有权根据合同条款的规定终止合同,并向建设单位和监理工程师发出终止合同的通知,在发出此通知14天后,建设单位根据合同对承包人的雇用将自动终止。

②承包人装备的撤离:承包人终止合同后,可按合同的规定采用各种运输手段将自己的一切施工装备和材料撤离现场。

③如果建设单位未能在规定的支付期到期后28天之内向承包人支付监理工程师签发的支付证书应付的款额,承包人有权暂停工程或放慢工程进度,由此而导致的费用增加以及工期延误,监理工程师在与承包人和建设单位协商后确定,给予延长工期及补偿有关费用。

在承包人未发出终止合同通知的情况下,如果建设单位随即支付了应付的款项(包括利息),则承包人不能再主动终止合同,并应尽快恢复正常施工。

三、争端的处理

在工程承包中,由于其技术经济的复杂性,实施过程较长,所涉及的面又很广,经常发生各种争端,有一些争端可以按照合同来解决,另一些争端可能在合同中没有详细的规定,或虽有规定但双方的理解不一致,这种争端是不可避免的。

1. 常见争端的内容

建设单位与承包人之间的争端大多发生在经济利益方面,一般常见争端如下:

(1)建设单位对承包人在施工质量方面出现的施工缺陷,或因承包人提供的材料或设备性能不合格而要求赔偿、更换。但承包人对此持有异议,认为缺陷已改正,不属于承包人的责任,以致不能达成一致意见而发生争端。

(2)建设单位与承包人在工期方面因承包人的拖延而发生争端。

(3)承包人与建设单位因索赔理由、金额等方面的不同意见差异而引起的争端。

(4)关于工程变更、分包、合同转让方面的意见差异而引起的争端。

(5)当出现特殊风险或不可抗力后,对善后处理的方法、措施不同所发生的争端。

2. 争端的处理

发包人和承包人在履行合同中发生争议的,可以友好协商解决或者提请争议评审组评审。合同当事人友好协商解决不成、不愿提请争议评审或者不接受争议评审组意见的,可在专用合同条款中约定下列一种方式解决。

(1)向约定的仲裁委员会申请仲裁。

(2)向有管辖权的人民法院提起诉讼。

3. 友好解决

在提请争议评审、仲裁或者诉讼前,以及在争议评审、仲裁或诉讼过程中,发包人和承包人均可共同努力友好协商解决争议。

4. 争议评审

(1)采用争议评审的,发包人和承包人应在开工日后的28天内或在争议发生后,协商成立争议评审组。争议评审组由有合同管理和工程实践经验的专家组成。

(2)合同双方的争议,应首先由申请人向争议评审组提交一份详细的评审申请报告,并附必要的文件、图纸和证明材料,申请人还应将上述报告的副本同时提交给被申请人和监理人。

(3)被申请人在收到申请人评审申请报告副本后的28天内,向争议评审组提交一份答辩报告,并附证明材料。被申请人应将答辩报告的副本同时提交给申请人和监理人。

(4)除专用合同条款另有约定外,争议评审组在收到合同双方报告后的14天内,邀请双方代表和有关人员举行调查会,向双方调查争议细节;必要时争议评审组可要求双方进一步提供补充材料。

(5)除专用合同条款另有约定外,在调查会结束后的14天内,争议评审组应在不受任何干扰的情况下进行独立、公正的评审,做出书面评审意见,并说明理由。在争议评审期间,争议双方暂按总监理工程师的确定执行。

(6)发包人和承包人接受评审意见的,由监理人根据评审意见拟定执行协议,经争议双方签字后作为合同的补充文件,并遵照执行。

(7)发包人或承包人不接受评审意见,并要求提交仲裁或提起诉讼的,应在收到评审意见后的14天内将仲裁或起诉意向书面通知另一方,并抄送监理人,但在仲裁或诉讼结束前应暂按总监理工程师的确定执行。

复习思考题

1. 合同管理工作主要包括哪些内容?
2. 什么是风险?有哪几种?如何确定防范对策?

3. 简述工程实施中保险的种类和内容。
4. 监理工程师如何应对风险管理?如何避免自身风险?
5. 工程变更的原因及目的是什么?
6. 简述一般变更的内容及审批程序。
7. 什么是工程分包?主要有哪几种形式?
8. 一般分包有哪些特点?
9. 简述一般分包、指定分包的审批程序和监理要点。
10. 出现工程延期的原因是什么?
11. 工程延误的种类有哪些?
12. 简述工程延期审批的受理条件和审批程序。
13. 什么是违约?
14. 如何处理承包人和建设单位违约?
15. 简述争端解决的方式及主要内容。

第二十二章
公路工程索赔管理

第一节 概 述

在市场经济下,企业要竞争,要加强管理。无论是工程建设单位还是施工单位或货物供应商等,都需承担工程建设项目在实施过程中产生的不确定性风险,不确定的风险发生后,就要依据合同、按照责任要求对对方不履行合同或对合同履行不当造成的已方损失,给予经济和工期等赔偿。在《中华人民共和国民法通则》《中华人民共和国合同法》等有关法律和规定中,都有涉及工程索赔的条款,它们是索赔的法律依据。

工程索赔是一项法律性和技术性很强的工作,必须有合同依据、有事实、有证据。要时刻注意对方的违约行为,记录、收集有效证据,同时己方要严格按合同工作,对引起对方可能索赔的事情及时处理,避免酿成不良后果。

工程索赔是维护承包人权力和利益的合法手段。

合理地确定和有效地控制工程项目投资是监理工作中的重要组成部分,其基本任务是在工程项目建设的整个过程中进行投资的全方位和全过程控制,即在投资决策、设计准备、设计、招标发包、施工安装、物资供应、资金运用、生产准备、试车调试、竣工投产、交付使用以及保修等各阶段和各环节进行全面的投资控制,使技术、经济及管理部门紧密配合,充分调动主管、设计、施工及监理等各方面的积极性,采取组织、技术、经济和合同等各种手段及措施,以计算机辅助,随时纠正发生的偏差,求得在工程项目中合理地使用人力、物力及财力,使项目的实际投资数额控制在批准的计划投资标准额之内,有效地使用人力、物力和财力,使有限的投资取得较好的经济效益和社会效益。

一、索赔的概念和基本特征

FIDIC 条款和《公路工程标准施工招标文件》合同条款并不希望承包人在其投标报价中将不可预见到的风险因素和大笔应急费用全部包括进去,而是主张如果确实发生了此类事件,则应由发包人赔偿或支付这类费用,这就构成了索赔的理论基础。

所谓"索赔",顾名思义有索取赔偿之意,是指在合同的履行过程中,作为合同中具有合法权利的一方,因对方不履行或未能正确履行合同所规定的义务而受到损失,向对方提出赔偿要求的过程。

在合同执行过程中,如果当事人一方认为另一方没能履行或不完全履行合同既定的义务或妨碍了自己履行合同义务,或是发生了合同中规定由另一方承担的风险事件,结果造成经济损失,则受损失方通常可提出索赔要求。显然,索赔对另一方不具任何惩罚性质,它是合同双方各自应该承担的义务或享有的合法权利,是发包人与承包人之间在工程风险责任上进一步分配的具体体现,是一种经济行为,也是一项管理业务,对发包人和承包人而言,这种经济行为是双向的,只是索赔的出发点和对象各不相同罢了,按国际惯例经常使用"索赔"与"反索赔"的说法以示区别。

因此,广义的索赔从主体上包括承包人向发包人的索赔(索赔)及发包人向承包人的索赔(反索赔),从内容上包括费用索赔和工期索赔。《公路工程标准施工招标文件》规定的索赔包括承包人的索赔和发包人的索赔,索赔内容包括时间索赔和费用索赔。本节只介绍索赔,反索赔在第四节介绍。

从《公路工程标准施工招标文件》通用条款的规定中可以看出,索赔具有以下几个本质特征:

(1)索赔是要求给予赔偿的权利主张。

(2)索赔的依据是合同文件及适用法律的规定。

(3)承包人自己没有过错。

(4)所索取的费用是承包人投标报价中没有包括且合同规定应由发包人另行承担的风险费用。

(5)承包人已发生实际损失(时间或费用)。

(6)所索取的费用是一种损害赔偿(而不是违约罚款),必须以损害事实为依据。

二、索赔成立的基本条件

根据法律法规及合同规定,索赔成立的基本条件是:

(1)有明确的合同依据(或法律依据)。即合同中明确规定其责任由发包人承担,应增加额外费用和(或)延长工期。如果合同中没有明确规定,承包人也可依据法律规定对发包人因过错不履行合同造成的损失进行索赔。

(2)有具体的损害事实。即承包人能提供确凿的证据,证明自身确实因此受到了损害,如财产损失、成本增加、预期利益丧失等。

(3)索赔期限符合合同规定。即承包人已严格按照合同规定的期限(或监理人允许的期限)提出了索赔意向通知书和索赔通知书。

(4)索取的费用和(或)工期与损害事实相符。即索赔通知书中所报事实真实,资料齐全,计算方法公平合理,计算结果可信。

三、常见索赔分类

1.按赔偿的起因划分

(1)合同文件错误。合同文件中的错误最容易导致索赔,合同错误是致命的。

(2)变更导致。这一条是承包人和卖方提出索赔最多的理由。

(3)不利自然条件和客观障碍。不可预见的自然条件以及客观障碍引起索赔,主要是索赔工期。

(4)付款引起的索赔。常见于承包人或卖方对发包人或买方付款时间、数量等事项提出的索赔。

(5)工程师错误。工程建设中由于工程师发布错误指令、做出错误决定,导致施工期拖延、费用增加以及安全质量事故的发生。

(6)工期拖延的索赔。承包人或卖方拖延合同规定的履行义务时间以及发包人或买方提供技术资料、图纸、场地等拖延导致工程延误,这类索赔最常见。

(7)质量低劣的索赔。承包人负责的施工质量不符合规定标准,卖方供应的货物质量或性能不满足合同规定。这是发包人(买方)最经常进行的索赔。

(8)发生风险事故的索赔。这类索赔主要是发生在工程保险中,如设备材料的运输保险、设备及材料的储存风险,事故发生后当事人按保险合同规定向保险公司索赔。由于保险合同中对赔偿的规定比较详细、明确,因此发生事件的概率不大。

2.按索赔当事人划分

(1)施工承包人向发包人索赔。主要是工程量计算、工程变更、工期、质量和价款以及图纸、货物供应、施工条件等而引发的。这类索赔情况最易发生。

(2)工程发包人向承包人索赔。一般是以承包人承建的工程未达到规定质量标准、工期拖期等违约行为或安全环境等原因引发的。在国内一般习惯上称之为“反索赔”。在实际工作中因发包人有支付价款的主动权,所以这类索赔经常以延迟付款、扣除保留金(质保金)、扣减工程款等方式或以履约保函索赔的形式处理。

(3)货物卖方向买方索赔。主要是付款变更、工期拖延等原因引发的事项。

(4)货物买方向卖方索赔。针对卖方在履行合同中,所供货物质量低劣、供货期拖延、货物短缺、性能达不到合同规定等原因。买方一般以扣除质保金、要求赔偿、延迟付款、更换货物或对货物贬值等方式处理。

四、索赔审批的基本原则

监理人在审批费用索赔时,应坚持以下原则:

(1)恪守合同原则。即监理人在审批索赔时应严格按合同办事.在确认索赔是否成立时,首先应查实承包人的索赔是否有合同依据,是否是合同规定发包人应另行承担的赔偿责任。

(2)尊重事实原则。即监理人在审批索赔时应严格以事实为依据,凡是既有合同依据、又有损害事实的索赔应据实予以赔偿;否则,即使有合同依据,如损害事实不清甚至无损害事实,也不能予以认定。

(3)公平合理原则。即监理人在审批索赔时应客观公正,既要尊重承包人索赔的权利,保护承包人在索赔中的合法权益,又要严格审查,防止承包人滥用索赔、虚夸事实、高估冒算等现象,做到合同依据充分,损害事实清楚,计算方法公平合理,计算结果可信。

(4)分级审批原则。即监理人在审批索赔时,应严格遵守审批程序,逐级审查,分级把关,防止监理人员滥用权力的现象,保证索赔审批结果客观公正。在分级审批实践中,通常由监理人重点审查索赔数量和索赔价格,总监理工程师审查总的索赔费用。例如,在停工窝工费用索赔审查中,监理人重点审查停工窝工人员、机械的数量和索赔的人员、机械台班(或工日)单价,总监理工程师审查总索赔费用。

第二节　索赔程序的合同规定

一、索赔的提出

根据合同约定,承包人认为有权得到追加付款和(或)延长工期的,应按以下程序向发包人提出索赔:

(1)承包人应在知道或应当知道索赔事件发生后 28 天内,向监理人递交索赔意向通知书,并说明发生索赔事件的事由。承包人未在前述 28 天内发出索赔意向通知书的,丧失要求追加付款和(或)延长工期的权利。

(2)承包人应在发出索赔意向通知书后 28 天内,向监理人正式递交索赔通知书。索赔通知书应详细说明索赔理由以及要求追加的付款金额和(或)延长的工期,并附必要的记录和证明材料。

(3)索赔事件具有连续影响的,承包人应按合理时间间隔继续递交延续索赔通知,说明连续影响的实际情况和记录,列出累计的追加付款金额和(或)工期延长天数。

(4)在索赔事件影响结束后的 28 天内,承包人应向监理人递交最终索赔通知书,说明最终要求索赔的追加付款金额和(或)延长的工期,并附必要的记录和证明材料。

二、索赔处理程序

(1)监理人收到承包人提交的索赔通知书后,应及时审查索赔通知书的内容、查验承包人的记录和证明材料,必要时监理人可要求承包人提交全部原始记录副本。

(2)监理人应按第 3.5 条商定或确定追加的付款和(或)延长的工期,并在收到上述索赔通知书或有关索赔的进一步证明材料后的 42 天内,将索赔处理结果答复承包人。如果承包人提出的索赔要求未能遵守第 23.1 条(2) ~ (4)项的规定,则承包人只限于索赔由监理人按当时记录予以核实的那部分款额和(或)工期延长天数。

(3)承包人接受索赔处理结果的,发包人应在做出索赔处理结果答复后 28 天内完成赔付。承包人不接受索赔处理结果的,按第 24 条的约定办理。

三、提出索赔的期限

(1)承包人按第 17.5 条的约定接受了交工付款证书后,应被认为已无权再提出在合同工程接收证书颁发前所发生的任何索赔。

(2)承包人按第 17.6 条的约定提交的最终结清申请单中,只限于提出工程接收证书颁发后发生的索赔。提出索赔的期限自接受最终结清证书时终止。

四、索赔的支付

监理人应对承包人根据上述各款规定提出的索赔证据和详细账目进行审查核实,应与发包人和承包人协商后,确定承包人有权得到的全部或部分的索赔款额,并按第 17 条规定列入核签的期中支付证书或最后支付证书内予以支付。监理人应将此决定通知承包人,并抄送发包人。

第三节　费用索赔的审批与计算

费用索赔的审批与计算主要包括三个方面,即索赔细目与数量的审定以及计算方法和总费用的审定。

一、索赔细目与相应数量的审定

监理人应对承包人所申报的各个细目进行逐项分析和审查,以确认哪些细目确实与有效的索赔有关、哪些无关,对有关的细目应分析其内容和数量是否准确。主要步骤如下:

(1)仔细分析和阅读监理人的原始记录。例如,工地日志、监理日志、计量与支付报表及有关记录等。凡是没有事实依据,与有效的费用索赔无关以及承包人自身管理不善所造成损失的工程量均不予考虑。

(2)仔细分析承包人的记录。《公路工程标准施工招标文件》要求承包人在提出索赔意向通知书后,对事件的发生进一步做好当时记录,因为这样的当时记录对承包人发出的索赔意向来说可能是合理的,且可能是相当重要的补充资料。因此,监理人应该对此进行全面分析。

(3)现场核查。根据上述两个方面的记录,监理人应指派合格人员到施工现场对重点内容进行核查,以便进一步作出判断。

(4)综合分析。根据两方面的记录和现场核查结果,按合同文件有关规定进行综合分析。应当注意的是,对那些已根据监理人指令采取措施的工程细目,其索赔费用应作必要的折减,特别是如果监理人曾经采取过正确合理的措施,而承包人没有执行,则该措施所涉及的索赔数量不予考虑。

二、单价和费率分析与确定

报价单中的价格已经包含了管理费和利润,即利润和各种间接费在报价时已按一定的方式摊入了单价。在施工过程中,由于现场的实际情况可能不同于报价时的情况,所以必须在全面理解承包人在投标报价时各种费用的计算依据和所考虑的因素的基础上,分析承包人在计算索赔费用时所用费率的种类和大小与其在报价时所用费率的种类和大小的差别,从而做到心中有数。

根据我国高速公路项目的工程实践,一般采用如下 4 种方法确定单价与费率并计算索赔费用。

(1)利用工程量清单中的单价

对应索赔费用中包括利润且费用索赔项目与工程量清单中某项目的性质一致或基本一致的情形来说,可采用工程量清单中的单价(计日工单价)或从工程量清单中有关单价推算出的价格来计算索赔费用。

(2)采用协商费率

协商费率,即发包人、监理人、承包人三方共同协商,采用一个三方均认可的费率来计算索赔费用。这是较为常用的方法,但三方意见往往较难统一。

在京津塘高速公路项目中,监理人在处理某合同承包人提出的由于工程暂停而引起的费用索赔申请时,对其中闲置劳动力的费用,就是采用三方共同协商的方法来确定费率的。

(3)采用正式规定和公带的标准确定费率

在索赔费用的计算中,如果工程量清单中的单价不适应,协商费率各方意见又不统一,这时就需要监理人来确定一个公平、合理的费率。实践证明,采用由省部级以上政府正式颁布的有一定法律效力的有关定额和标准来确定费率,是各方都基本能够接受的。

(4)按有关票据计算

对于一些在费用索赔事件发生期间,承包人实际直接发生的且不需要采用费率来计算的费用,可按承包人出示的正式票据(或合同)中的金额进行计算,如水电费、设备的租用费等。

上述 4 种确定单价与费率的方法,除第一种外,其余三种方法在计算索赔费用时往往共同使用。即可以通过协商确定的,应通过协商来确定;协商不能确定的,监理人应按正式规定和公布标准来确定;还有一部分费用应按承包人提供的正式票据等来确定。

三、计算审查

在审定了索赔细目和相应的工程量以及确定了索赔费用计算的单价和费率后,确定赔偿金额的第三项工作就是对费用的计算进行审查。计算审查主要包括两个方面:一是分析和审查承包人的计算原则、计算方法;二是检查有无算术错误。计算审查的具体内容如下。

(1)人工费

由于增加了合同以外的工程内容,或由于发包人原因造成工程拖延,致使承包人多用了人工或延长了工作时间,则承包人有权向发包人要求补偿人工费的损失。其计算方法是:

工资单价(按合同规定或计日工,分别按合同工、普通工、技术工计)×人工数(分别按合同工、普通工、技术工计)×应赔偿(或延长)的天数

经累加后,即为要求赔偿的人工费。

在停工及窝工费的计算中应注意:

①合同中规定了计算方法的,原则上按合同中规定的计算方法计算。

②合同中未规定计算方法的,可以参考计日工单价或人工费预算单价以及当前的人工工资水平,在此基础上确定停工及窝工费的工日单价(对聘用的临时工可直接根据聘用合同来确定单价),并根据实际的停工及窝工时间进行计算。其中停工、窝工时间中应根据工程的不同性质扣除雨水天气所占用的时间。

(2)材料费

如果因发包人应承担的风险责任致使材料用量增加,则承包人可向发包人提出材料费用索赔。其计算方法是:

材料费=(实际使用的材料数量-原来材料数量)×所使用材料的单价

其中,材料单价可根据发票来确定,或采用工程量清单中计日工的材料单价,由此求出增加材料的费用。

在审查因停工导致的材料积压损失费时,应注意:

①合同中已支付材料预付款的,原则上不考虑材料积压损失费。

②合同中未支付材料预付款的,可根据材料费价格及积压材料的费用总额计算其利息。

③对于有龄期的材料,当材料积压时间太长时,应根据实际情况考虑材料超过龄期后报废的损失。

(3)机械费

首先计算机械工作时间的增加量或机械停置的时间,即原有各种机械比预定计算所增加的工作时间(或台班);新增加各种机械的数量和工作时间(或台班);由于发包人原因造成各种机械停置的数量和工作时间(或台班)。其次,将求得的以上各种工作时间的增加量(或停置时间)乘以合同规定单价或台班单价(一般包括:机械人工费、燃料费、折旧费、大修理基金)。最后,将不同种类机械费用累计,就可计算出机械的索赔金额。其中,机械台班的使用单价可使用工程量清单中计日工的单价或租赁机械的单价。在计算机械停置费损失时,其机械停置单价的计算方法是:

①合同中规定了计算方法的,原则上按合同中规定的计算方法计算。

②合同中未规定计算方法的,可参考下列公式计算:

机械停置费台班单价=(折旧费+大修理费)×____%+经常修理费+机上人员工资+车船使用税

其中,折旧费、大修理费是指机械台班费用定额中每台班的折旧费和大修理费,由于机械设备的使用率一般为50%左右,所以在计费时可按0~50考虑;经常修理费是指机械台班费用定额中每台班的经常修理费;机上人员工资按停工、窝工费的计算方法确定;车船使用税等费用可查有关定额或规定。

③施工单位的租赁机械,可在出具租赁合同后,根据租赁价格扣除燃料费后确定其停置费。

(4)其他工程费与间接费

其他工程费包括冬季施工增加费、雨季施工增加费、夜间施工增加费、特殊地区施工增加费、行车干扰工程施工增加费、施工标准化与安全措施费、临时设施费、施工辅助费、工地转移费共9项。间接费由规费、企业管理费组成。其他工程费与间接费通常可以按如下方法计算:

①可根据实际情况由发包人、承包人、监理人协商确定。

②按投标文件工程量清单的“单价分析表”中各项目的其他工程费与间接费,测算其他工程费与间接费占合同总价的比例,然后确定合同总价中的其他工程费与间接费总额,再根据项目合同工期测算承包人每天的其他工程费与间接费总额,最后根据增工、停工或窝工时间确定索赔事件期间所发生的其他工程费与间接费总额。

③可以按照《公路工程基本建设项目概算预算编制办法》计算其他工程费与间接费:

其他工程费=其他工程费费率(%)×直接工程费索赔额

规费=规费费率(%)×人工费

企业管理费=企业管理费费率(%)×直接费的索赔额

其中,直接工程费索赔额是指人工费、材料费和机械费索赔额的合计数量,直接工程费索赔额和其他工程费索赔额构成直接费索赔额,规费和企业管理费费率可根据当地公路工程造价站(局)的规定计算。

(5)利润

在《公路工程标准施工招标文件》中规定了绝大多数的索赔都包括利润的索赔,在履行合同过程中,由于发包人的原因造成工期延误的,承包人有权要求发包人延长工期和(或)增加费用,并支付合理利润。例如:发包人提供的材料和工程设备的规格、数量或质量不符合合同要求,或由于发包人原因发生交货日期延误及交货地点变更等情况的,发包人应承担由此增加的费用和(或)工期延误,并向承包人支付合理利润。又如第8.3条规定:发包人应对其提供的测量基准点、基准线和水准点及其书面资料的真实性、准确性和完整性负责。发包人提供上述基准资料错误导致承包人测量放线工作的返工或造成工程损失的,发包人应当承担由此增加的费用和(或)工期延误,并向承包人支付合理利润。而由于出现专用合同条款规定的异常恶劣气候的条件导致工期延误的,则承包人只有权要求发包人延长工期,而没有费用和利润的补偿。

(6)延长工期后的费用

①工程保险费追加可根据保险单或调查所得的保险费率来确定保险费用(当合同规定由承包人办理工程保险时)。

②承包人临时设施维护费,如已包含在管理费中,则不另行计算,否则可根据延长时间由发包人、承包人、监理人协商确定维护费用。

③延长期间的临时租地费可根据租地合同或其他票据参考确定(当合同规定临时租地费由承包人承担时)。

④临时工程的维护费可根据临时工程的性质及实际情况由发包人、承包人、监理人协商确定。

(7)延期付款利息

根据投标书附件中规定的延期付款利率和延期付款时间按单利法进行计算。

(8)赶工费

为抢工期而增加的周转性材料增加费、工效和机械效率降低费、职工的加班费、夜班津贴、不经济地使用材料等赶工费由发包人、承包人、监理人根据赶工的工程性质和当时当地的实际情况协商确定。

(9)其他费用

根据实际情况由发包人、承包人及监理人协商确定。

四、赔偿费用的确定

监理人在审核了索赔工程细目、所发生的数量、相应的单价和费率后,可按照所审核确定的计算方法对索赔费用的计算进行审核、汇总。在审核中,监理人还应对最后结果进行宏观上的审核和评价,以防止重算、漏算等现象的发生,并保证赔偿费用在整体上的公平合理性。

根据合同规定,监理人在确定最终审核结果前应和发包人、承包人协商甚至要取得发包人的批准,如果发包人、承包人的分歧较大,监理人可先确定意见一致的部分,或者确定暂时的赔偿额,留待以后进一步协商或根据合同条款交仲裁机构去裁决或向人民法院提起诉讼。

第四节　反　索　赔

一、反索赔的概念、地位和作用

前面重点介绍了承包人向发包人的索赔。反之,若承包人给发包人造成了经济损失,或承包人不履行相应义务,或属于承包人承担的风险责任,发包人也有权向承包人就补偿经济损失和(或)延长缺陷责任期提出索赔要求。这种索赔称为反索赔。根据《公路工程标准施工招标文件》通用合同条款规定,反索赔是通过监理人从拟支付给承包人的合同价款中扣除,或由承包人以其他方式支付给发包人来完成的。

反索赔的目的,一是保护发包人的合法权益,二是促使承包人认真履行合同义务。当承包人的施工质量不符合要求时,通过反索赔有利于促进施工质量的提高;当承包人的施工进度达不到合同要求时,通过反索赔有利于保证施工进度;当合同中某些费用或风险由承包人承担时,通过反索赔有利于合理控制工程造价。总之,反索赔是质量控制、进度控制、造价控制的重要手段。

由于反索赔工作是依靠监理人的扣款来完成的,因此,监理人从客观、公正和加强费用监理的要求出发,应积极主动地加强反索赔的处理工作。

二、反索赔的内容

反索赔的目的是防止损失的发生,它必然包括如下两个方面内容。

(1)防止对方提出索赔

积极防御通常表现在:

①防止自己违约,要按照合同办事。通过加强工程管理,特别是合同管理,使对方找不到索赔的理由和根据。工程按合同顺利实施,没有损失发生,不需提出索赔,合同双方没有争执,达到很好的合作效果,皆大欢喜。

②在实际工程中,干扰事件常常是双方都有责任,许多承包人采取先发制人的策略,首先提出索赔。争取索赔中的有利地位,打乱对方的步骤,争取主动权。另外,早日提出索赔,可以防止超过索赔时效而失去索赔机会。

(2)反击对方的索赔要求

专了避免和减少损失,必须反击对方的索赔要求。对承包人来说,这个索赔要求可能来自

建设单位、总(分)包人、供应商等。最常见的反击对方索赔要求的措施有:

①用己方提出的索赔对抗(平衡)对方的索赔要求,最终双方都做出让步或互不支付。

以"攻"对"攻",攻对方的薄弱环节。用索赔对索赔,是常用的反索赔手段。在国际工程中建设单位常常用这个措施对待承包人的索赔要求,如找出工程中的质量问题,承包人管理不善之处加重处罚,以对抗承包人的索赔要求,达到少支付或不支付的目的,甚至使承包人支付部分款项。

②反驳对方的索赔报告,找出理由和证据,证明对方的索赔报告不符合合同规定、没有根据、计算不准确,以及不符合事实,以推卸或减轻自己的赔偿责任,使自己不受或少受损失。

三、反驳索赔报告

对于索赔报告的反驳通常可以从以下几个方面着手。

(1)索赔事件的真实性,不能肯定,没有根据或仅出于猜测的事件是不能提出索赔的。事件的真实性可以从两个方面证实:

①对方索赔报告后面的证据。不管事实怎样,只要对方索赔报告后未提出事件的有力证据,己方即可要求对方补充证据,或否定索赔要求。

②己方合同跟踪的结果,寻找对对方不利的、构成否定对方索赔要求的证据。

(2)干扰事件责任分析。干扰事件和损失是存在的,但责任不在我方。

(3)索赔理由分析。反索赔和索赔一样,要能找到对自己有利的合同条文,推卸自己的合同责任;或找到对对方不利的合同条文,使对方不能推卸或不能完全推卸自己的合同责任。

(4)干扰事件的影响分析。

首先分析索赔事件和影响之间是否存在因果关系,分析干扰事件的影响范围。如在某工程中,总承包人负责的某种装饰材料未能及时运达工地,使分包人装饰工程受到干扰而拖延,但拖延天数在该工程活动的时差范围内,不影响工期。且总包已事先通过分包,而施工计划又允许人力作调整,则不能对工期和劳动力损失提出索赔。

(5)证据分析。

证据不足、证据不当或片面的证据,索赔是不成立的。证据不足即证据不足以证明干扰事件的真相、全过程或证明事件的影响,需要重新补充。

(6)索赔值审核。

如果经过上面的各种分析,仍不能从根本上否定该索赔要求,则必须对索赔值进行认真细致的审核。

复习思考题

1. 简述"费用索赔"的定义。费用索赔成立的基本条件是什么?
2. 监理人处理费用索赔的原则有哪些?
3. 简述费用索赔的处理程序。
4. 简述反索赔的内容。

PART7 第七篇

信息管理与计算机辅助监理

第二十三章 工程监理信息管理

第一节 概 述

工程监理作为管理学的一个重要分支,其基本概念就是建设单位方的“工程项目管理”,而工程项目管理是以组织论和控制论为基础的科学。在我国,工程监理(“建设监理”)具体是指监理工程师依据国家建设行政法规和技术标准,综合运用法律、经济、行政、技术和有关政策,约束建设行为的随意性和盲目性,促使工程建设三大目标(质量、进度和投资)按照合同实现,确保建设行为的合法性、科学性。从广义上讲,工程监理包括投资决策、项目规划、工程设计、工程施工等各个阶段的监理活动。但目前我国的工程监理由于起步较晚,监理工作的开展还基本局限于项目实施阶段,主要为工程施工阶段的监理,即施工监理。

20 世纪 80 年代中期以来,随着计算机技术的飞速发展,对应于以上建设监理和施工监理的不同范畴,计算机辅助监理的定义也有广义和狭义之分。广义的计算机辅助监理系统是指针对建设项目实施全过程(包括投资决策、项目规划、工程设计、工程施工等阶段)而建立的计算机辅助建设监理系统,其主要作用在于辅助监理工程师对项目实施的全过程进行主动、动态、有效的目标控制,即投资控制、进度控制和质量控制。狭义的计算机辅助监理系统是指计算机辅助施工监理系统,其主要作用在于辅助监理工程师对工程施工的全过程(即施工准备阶段、施工阶段及缺陷责任期阶段)进行主动、动态、有效的目标控制,即费用控制、进度控制和质量控制。本章所讲计算机辅助监理系统主要指狭义的计算机辅助监理系统,即施工阶段的计算机辅助监理工作。

一、计算机辅助监理系统的使用意义

公路工程施工监理的主要工作内容包括“五监控、二管理、一协调”,即工程质量监理、工程进度监理、工程费用监理、工程环境监理、工程安全监理、合同管理、信息管理和组织协调。

为确保工程项目实现既定的质量、进度和投资目标,公路工程施工监理一般都采用目标管理和动态控制相结合的手段。由于公路工程具有线长面广、投资大、周期长、施工不可重复等特点,所以在项目的实施过程中必然涉及大量的数据和信息。如果这些数据和信息仍采用传统的手工处理方法,则不仅操作费时费力,而且准确性差、容易出错,往往影响信息的及时反馈、延误工期,造成不必要的损失。计算机辅助监理系统实际上就是利用计算机来辅助监理工程师采集、加工和处理监理过程中的各种数据和信息。

归纳起来,计算机辅助监理系统的主要作用有:

(1)监理工程师进行目标控制的重要手段,并为监理工程师进行科学决策提供依据。

(2)利用计算机及时采集和处理项目实施过程中的大量信息,辅助监理工程师进行工程投资、进度和质量的动态分析,为合同管理、组织协调、工程索赔提供确凿的依据。

(3)计算机辅助监理系统的应用将有利于促进监理工作的标准化、规范化、程序化、科学化,并极大地提高监理工程师的工作效率。

(4)计算机辅助监理系统的应用有助于提高我国监理工程师的素质和水平,提高监理决策的科学性和监理服务的规范性,提高我国监理队伍的国际竞争力,将我国公路施工监理工作推向新的台阶。

二、计算机辅助监理系统的使用特点

(1)计算机辅助监理系统与项目管理信息系统是有区别的,后者是从承包人的自身管理出发,实行对项目资源(劳动力、材料、资金、设备等)的管理和对工程进度的控制。计算机辅助监理系统则专为监理工程师服务,是监理工程师进行全方位、全过程、全天候监理的重要工具。

(2)公路工程项目作为建筑产品,其生产具有不可重复性,而且随着环境的变化和工程的进展,其情况千变万化,因此与之相适应的公路工程施工计算机辅助监理系统也应该是一个动态的系统。

(3)由于不同的工程项目,其监理模式可能不同,而且现场情况更是变化多端和千差万别,因此计算机辅助监理系统应该具有适应性强、通用性好等特点。

三、计算机辅助监理系统的发展现状

自从20世纪80年代以来,由于计算机的飞速发展,作为管理学一个重要分支的工程监理学及计算机辅助监理取得了长足的发展。尤其是在国外,如:Carnegie Mellon 大学开发了模拟、监督、调度、管理大型项目的 CALLISTO 系统,Colorade 大学开发了帮助签约人分析合同条款的 DSCAS 系统,IBN 公司开发了用于生产信息控制的 COPICS 系统等。但是目前我国公路工程施工计算机辅助监理系统的研究及软件的开发远远滞后,现在也只有一些依附于具体工程建设项目的专项监理软件在公路、桥梁建设项目中使用,如北京市高速监理公司开发了可进行工程计量支付、查询及试验数据统计的“京津塘高速公路工程监理计算机辅助管理程序”;辽宁省交通研究所在亚行贷款的沈阳本溪高速公路建设项目中,研制了可进行原始数据、技术规范和工程量清单管理及支付报表输出的“计算机计量与支付管理系统”等。这些软件的开发和应用为我国公路工程施工计算机辅助系统的研究做出了一些有益的探索,并在实体工程的施工监理中发挥了一定的作用,为下一步计算机辅助监理的全面完善和提高奠定了基础。同时,交通运输部和各大院校业已开始强强联合开发研制了一批依据新规范、新标准和新程序的大型系统应用软件。尤其是原交通运输部公路科学研究所与东南大学、原长沙交通学院联合,推出了基于 Windows 95 平台的“公路工程施工计算机辅助监理系统”,该系统的开发以我国公路工程施工监理为模式,结合 FIDIC 条款,能较好地满足我国公路工程施工监理的需要。

鉴于目前我国计算机辅助监理系统正在处于不断开发完善阶段,特别是在工程实际中很少真正使用集成的公路工程施工计算机辅助监理软件,所以我国公路工程监理的必然趋势是全面深入系统集成地应用计算机辅助监理技术与国际监理咨询业良好接轨。

第二节　信息管理内容与方法

信息管理包括信息流的结构(反映各参加部门和单位的信息关系)、信息的目录(信息名称、信息提供者、提供时间、信息接受者、接受时间、信息形式)、会议制度(会议的名称、主持人、参加人、会议举行时间)、信息编码系统以及信息的收集、处理、存储、发布制度等方面的内容。由于公路工程具有投资大、建设期长、质量要求高、各种合同多,使用机械、设备、材料数量大的特点,信息管理应当采取人工决策和计算机辅助管理相结合的手段。特别是利用计算机准确及时地收集、处理、传递和存储大量数据,并进行工程进度、质量、费用的动态分析,以达到工程监理的高效、迅速、准确。

一、信息来源

监理工程师的信息主要来自以下几个方面:

(1)建设单位。

(2)监理工程师助理及其他监理工作人员。

(3)承包人。

(4)其他信息来源。

二、信息处理的基本要求

监理工程师通过计算机系统对信息的处理必须满足以下基本要求。

1. 数据共享性好

大中型公路工程建设项目的施工监理都必然涉及大量的数据和各类信息,所以应尽可能采用集中存储数据的方式。这不仅可以大大节约数据存储空间,减少数据的重复存储,而且便于不同的用户以不同的方式从公用数据库中调用数据。

数据共享主要基于以下两个方面的考虑:

(1)监理信息涉及各种数据,如费用数据、进度数据、质量数据等。这些不同类别的数据并不是完全独立的,它们都是项目实施某一个侧面的反映,因而相互之间总存在一定的内在联系。例如,费用总是在一定的进度条件下的费用,而且费用也总是与确定的质量相联系的。因此,计算机辅助监理系统的不同功能模块之间就存在数据共享的要求。

(2)公路工程项目的构成有不同的层次,相应的监理组织机构和人员也有不同的层次。尽管不同层次的监理人员对数据的具体要求不完全相同,但是对于同一类数据来说,其基础信息都可以共享。一般来说,数据共享的程度越高,计算机辅助监理系统的运行效率也就越高。

2. 有用信息输出量大

计算机辅助监理系统的数据输入量很大,不仅有大量的、一次性输入的计划数据(也可能需要经过多次修改或调整),而且还要随着工程的进展经常性地输入大量的实际数据。

所谓输出信息,是指对输入数据经过适当加工和处理后产生的新信息。若对输入数据未经处理即原样输出,则并未产生输出信息,因而是毫无意义的;若对输入数据只能作少量处理,则产生的输出信息很少,相应的计算机辅助监理系统的作用就较小。因此,为了充分发挥计算机辅助监理系统的作用,应当在数据输入量一定的条件下尽可能增加信息输出量。当然,这些输出的信息应该是“有用”的信息。

3. 通用性强

(1)计算机辅助监理系统的通用性是系统能否推广应用的基础,也是系统能否在逐步成熟和完善的基础上向通用化和商品化方向发展的重要因素。

(2)随着公路工程建设监理制度在我国的推行,国内已经开发出一些用于公路工程施工的计算机辅助监理系统,但由于这些系统的开发主要是以具体的某个公路工程项目为模型进行的,缺乏对公路工程施工监理模式和特点的研究,其内容和功能都存在一定的局限性,因而通用性较差。实际上,公路工程施工计算机辅助监理系统的主要作用和功能是比较明确的,在深入研究和分析我国公路工程施工监理的特点和共性的基础上,建立一个实用性强、通用性好、集成化的公路工程施工计算机辅助监理系统是完全可以实现的。

4. 可维护性好

(1)软件产品的可维护性植根于软件的开发阶段,是软件开发的重要组成部分,而且任何软件产品在使用过程中都存在系统维护问题。系统是否有较好的可维护性是系统能否有效运行的重要条件之一,也是系统能否长期使用的重要因素。

(2)系统维护一般包括硬件维护和软件维护两个方面,这里主要指后者。软件维护是指软件产品交付给用户后,可能对产品进行的变更,它包括:错误改正性维护、功能完善性维护、环境适应性维护等,其中根据用户要求对系统的功能进行加强和修改的功能完善性维护所占的比重最大。

(3)可维护性好是要求软件产品具有良好的数据相容性和可扩展性,易于采取简单而有效的方式及时地对软件的系统功能和基础数据进行增删、修改或扩充,适于产品的二次开发和系统互联。

5. 用户界面友好

(1)计算机辅助监理系统应当容易学习,便于操作和使用,即有良好的用户界面,使监理人员确实感受到利用计算机进行辅助监理的好处，从而提高监理人员使用计算机辅助监理系统的积极性。

(2)友好的用户界面的基本条件是能满足监理人员的需要，即能够按照用户的习惯进行数据的组织和输入，按照用户所提出的要求进行数据处理，并为用户提供所需的输出信息。

(3)用户界面越友好，越有利于消除监理人员对计算机的心理障碍，越有利于监理人员学习、掌握和使用计算机辅助监理系统软件，越有利于充分发挥计算机辅助监理的作用，提高监理人员的工作效率。

三、信息处理

1. 公路工程信息分类

在公路工程建设过程中，涉及大量的信息采集、加工和处理。监理工程师进行监理的过程，实质上就是一个信息采集、加工和处理的过程。一个大的工程建设项目信息量往往十分巨大，为便于管理有必要对其进行分类处理。

一般认为，按照监理的目标对信息进行分类更能适应监理工作的需要，从而使信息能够为目标的实现发挥最大的作用。所以，可以将公路工程监理信息划分为：工程质量监理信息、工程进度监理信息、工程费用监理信息、合同管理信息和办公文档管理信息。

工程质量监理信息包括：国家质量政策及技术标准、工程项目的建设标准、质量目标体系、质量监理工作流程、质量监理制度、质量控制风险分析、施工过程中的质量检测数据（包括试验数据、测量数据等）、隐蔽工程验收记录（包括照片、录像等）、质量验收及等级评定数据等。

工程进度监理信息包括：定额标准、施工进度计划、进度目标体系、进度监理工作流程、进度监理制度、进度控制风险分析、实际进度检查数据等。

工程费用监理信息包括：合同价格、物价指数、工料机价格、工程计量数据、支付账单等。

合同管理信息主要是指施工承包合同中的有关信息，包括：合同协议书、中标通知书、投标书及其附件、合同通用及专用条件、技术标准及规范、设计图纸、工程变更、延期与索赔、工程违约、分包管理等。

文档信息包括设计图纸、监理工程师与建设单位、承包人和设计单位之间的往来函件、各类会议纪要及其他与项目有关的文档信息。

2. 公路工程施工计算机辅助监理系统的总体功能

一个功能完备的公路工程施工计算机辅助监理系统，应能辅助监理工程师对公路工程施工监理的各类信息进行收集、加工、处理、传递、存储和发布，因此系统作为一个整体设计时，至少应包括工程质量辅助监理、工程进度辅助监理、工程费用辅助监理、辅助合同管理等功能。

3. 公路工程施工计算机辅助监理系统总体设计

公路工程施工计算机辅助监理系统作为一个总系统，可以按其功能分块进行设计，即总系统由 4 个既相互联系又相互独立的子系统构成。系统模块逻辑设计图如图 23-1 所示。

以带有两个子系统的总系统为例，该总系统结构如图 23-2 所示。带有 5 个子系统的总系统有与此相似的系统结构。

在图 23-2 中，系统主控程序是整个系统的核心，它直接对系统公用数据库进行操作，并承担将程序控制权交给各子系统的主控程序的任务。系统公用数据库包括各个子系统所共用的信息,如建设项目概况、合同标段信息、监理组织机构等。各个子系统的主控程序独立负责本子系统的运行,并对本子系统的数据库进行操作。各子系统数据库包括本子系统的各种信息,子系统的数据库之间可以建立必要的数据联系。考虑到公路工程施工监理实践中,工程质量监理、工程进度监理、工程费用监理、合同管理等工作都具有较大的独立性,计算机辅助管理系统中各个子系统宜按相对独立的模块进行设计,以尽量减少数据之间的横向联系。

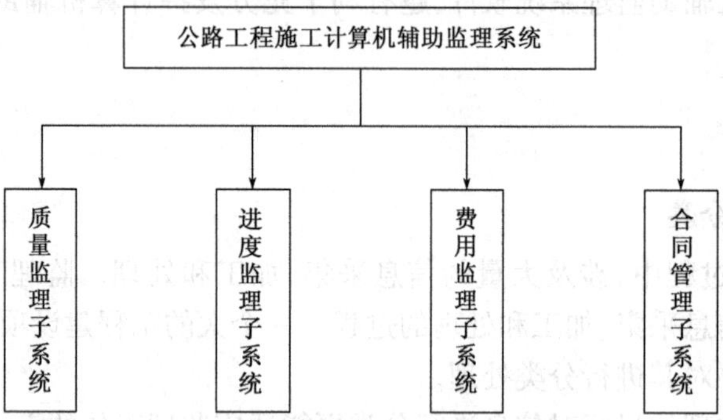

图 23-1　系统模块逻辑设计图

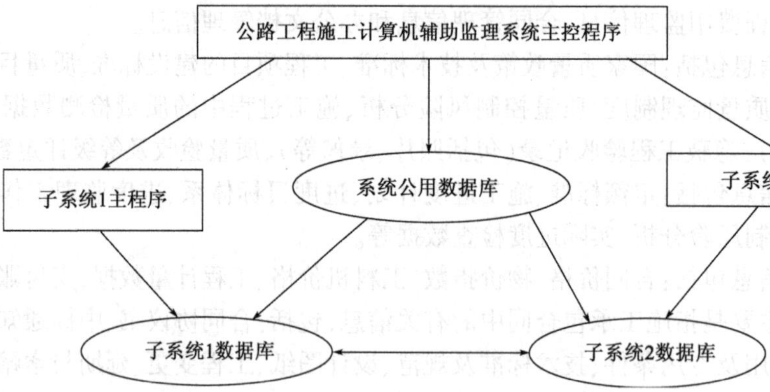

图 23-2　带有两个子系统的总系统

四、信息发布

经过计算机辅助监理系统和监理工程师决策处理的各项信息结论,由监理工程师下达各承包人和监理工作人员,反馈给建设单位,并保证其及时性和准确性。

五、信息存储

信息存储应当采取文档管理和计算机存储管理两种方式相互配合进行。

复习思考题

1. 简述计算机辅助监理的使用意义。
2. 简述公路工程施工计算机辅助监理系统的总体功能。

第二十四章

计算机辅助监理

从我国公路工程施工监理的实际出发,计算机辅助监理系统可行的总体设计思路是:将公路工程施工计算机辅助监理系统分为4个各自能单独运行的独立系统,独立开发应用软件、单独运行和使用,即计算机辅助质量监理系统、计算机辅助进度监理系统、计算机辅助费用监理系统、计算机辅助合同管理系统。目前国内使用的计算机辅助监理软件以此类居多,现介绍如下。

第一节 计算机辅助质量监理系统

为了建立计算机辅助质量监理系统,将质量监理的目标和特点、监理的主要内容简介如下。

一、质量监理的目标和特点

1. 质量监理的目标

工程质量是公路工程建设的生命。在我国公路工程建设中,凡列入基本建设计划的公路工程项目,都实行"政府监督、社会监理、企业自检"的三级质量保证体系。其中,由社会监理单位对工程进行的质量监理既不同于政府的质量监督,也不同于施工企业的质量自检。它是指监理工程师受建设单位委托,按照合同文件、设计图纸、质量标准及技术规范的要求,对施工全过程实施的全面质量控制和管理。

公路工程质量监理的目标即是通过监理工程师对公路工程施工全过程的质量管理和控制,使工程各部位及工程整体的质量达到合同文件、设计图纸、技术规范及质量标准的要求,从而确保公路建成后能安全、舒适、高效地投入使用。

2. 质量监理的特点

与我国传统的质量管理相比,公路工程质量监理具有以下特点:

(1)监理工程师对工程质量的监理受法律保护。按照我国及国际惯例,对实行监理制度的工程项目,必须在施工承包合同中明确监理工程师对工程质量控制的作用和权利。这就以法律的形式保障了监理工程师的质量监理权。

(2)质量监理是监理工程师对一项工程的施工质量实行全方位、全过程、全天候的全面控制和管理。

(3)质量监理强调事前监理和主动监理,防患于未然。

(4)质量监理与工程支付挂钩,确保监理工程师对工程质量的否决权。

二、质量监理的主要内容

公路工程质量监理是一个施工全过程的监理,它贯穿整个合同执行过程的始终。根据公路工程的施工过程,可以将质量监理划分为三个阶段,即施工准备阶段、施工阶段和交工及缺陷责任期阶段。三个阶段具有不同的监理内容。

1. 施工准备阶段

监理服务合同签订后,监理工程师进驻现场,即进入施工准备阶段监理。施工准备阶段的监理工作包括:熟悉合同文件、复核设计图纸、审核放样资料、审批施工组织设计、核实承包人的施工准备情况、准备第一次工地会议、发布开工令等。

2. 施工阶段

施工阶段是公路工程主体开始实施的阶段,这个阶段质量监理工作的主要内容有:

(1)检查承包人的施工工艺是否符合技术规范的规定,是否按开工前监理工程师批准的施工方案进行施工。

(2)检查施工中所使用的原材料、混合料是否符合质量标准要求。

(3)进行每道工序的完工验收,检查工序质量是否达到规范要求。

(4)对施工中产生的工程缺陷或质量事故进行调查和处理。

3. 交工及缺陷责任期阶段

交工及缺陷责任期阶段分为交工验收和缺陷责任期两个阶段。

(1)交工验收主要指监理工程师根据承包人的交工申请书,组织与交工验收有关的各项工作,其内容包括:核实交工条件、成立交工检查小组、进行交工检查、签发交工证书等。

(2)缺陷责任期是指从工程交工证书签发至合同规定的缺陷责任期止的阶段,其主要监理内容包括:审查承包人剩余工作计划、定期或不定期检查已交工工程、确定缺陷责任及修复费用、督促承包人完成交工资料等。

三、计算机辅助质量监理的必要性

在公路工程质量监理中，无论是工序质量控制还是工程质量评定，都涉及大量的质量信息。这些信息主要包括技术规范、质量标准、质量检测数据、试验数据、工程记录、工程照片等。如何及时收集和处理这些信息是公路工程质量监理的核心工作。

众所周知，在质量信息中最重要的组成部分是质量数据。质量数据包括质量标准数据、试验及质量检测数据等。监理工程师只有通过对质量数据的收集、处理和分析，才可能达到对施工全过程的了解、掌握，以致控制。可以说，没有质量数据，就不可能有现代化的科学的质量管理。

计算机辅助监理系统就是要利用计算机技术来辅助监理工程师对施工监理过程中采集的大量信息和数据及时、准确地进行加工和处理，使监理工程师能从大量的纷繁复杂的数据计算中解放出来，集中精力去分析和处理由这些信息和数据所反映的真正质量问题，从而提高监理工程师质量监理工作的效率。

第二节　计算机辅助进度监理系统

一、工程进度监理的内容与方法

为了建立计算机辅助进度监理系统，将进度监理内容和方法简介如下：

1. 工程进度监理的内容

工程进度是指工程承包合同规定工期中施工活动的时间安排。工程进度监理是指监理工程师为保证工程进度目标的实现而进行的一系列监理活动，包括对工程进度计划的审批、检查、调整等工作。

施工进度计划是工程施工的依据，施工过程中人力、材料、机具的配置，资金的使用，均以进度计划为依据。因此，工程进度计划是进度监理的基础。承包人在接到中标通知书后，在合同要求的时间内向监理工程师提交工程总进度计划报监理工程师审批，并根据需要，提交年度、月度进度计划及单项工程的进度计划，由监理工程师审查承包人提出的工期和施工时间与资源配置是否合理及符合招标文件规定，承包人的人员、设备、管理水平、工程准备等方面是否能实现该计划。在进度计划开始实施后，监理工程师必须经常评估和检查进度计划的实际执行情况；如果出现工期延误及其他异常情况，则应将执行中的工作内容予以部分或全部地修改与调整，以保证工程按预定的进度目标实施。

2. 工程进度监理的方法

工程中常用横道图、斜条图、S 曲线、网络计划技术等来表示工程进度计划。具体内容已在第五章中讲述。

二、计算机辅助进度管理软件

有关计算机辅助工程进度管理的软件一般有国外公司研制开发、国内引进汉化及国内研制开发三种情况。这些计算机进度管理软件虽然都具有较强的功能,并在工程领域中发挥了一定的作用,但总体来说,这些软件都没有真正结合我国公路工程施工监理的特点,而且操作过于复杂,在实际工作中还未能广泛使用,并未被用户所接受。

第三节　计算机辅助费用监理系统

为了建立计算机费用辅助监理管理系统,将费用管理基本概念、费用监理的过程和方法、费用组成归纳如下。

一、费用管理基本概念

1. 投资概念

投资是投资主体将其能支配的资源投入到现实社会的某一项事业中,以实现某一特定目的的一种活动。投入的资源用量通常用货币化的指标表示,称为投资额。在公路建设行业里称为公路工程投资总额,由工程造价(project cost)和营运费用(operation cost)两大部分组成。其组成见图 24-1 所示。

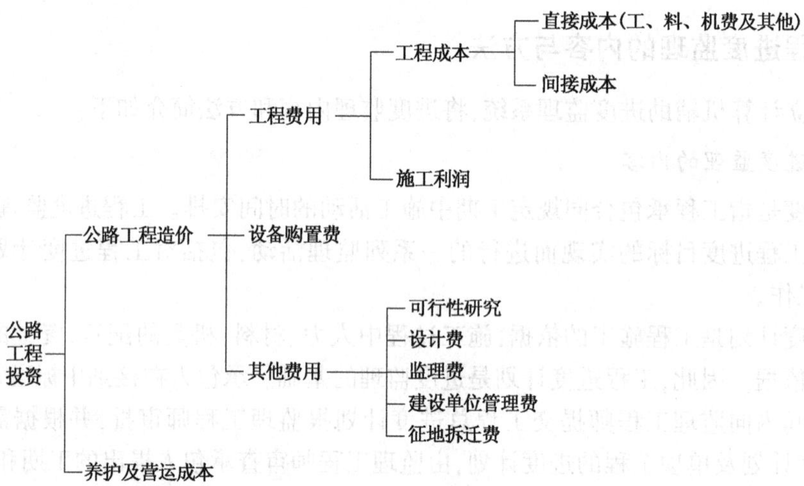

图 24-1　公路工程投资总额组成图

工程费用是工程造价的组成部分,指由于施工生产活动的各种耗费或支出而形成的建筑工程费和安装工程费的总和,也称建筑安装工程费。它是工程项目造价的主要组成部分和基础,一般为总造价的 60% ~80%。

2. 投资管理

由于资源的有效性和追求最好的投资结果,必须对投资活动进行有效控制,而对资源使用量的控制是最主要的内容之一。因此,需要在投资的不同期间,对投资额做出不同程度的测定,作为控制的依据。对于公路工程就是工程造价控制,即在投资决策阶段、设计阶段、项目发包阶段和建设实施阶段,把工程造价控制在合理的限度内。

如前所述，公路工程投资绝大部分资金用于施工阶段。施工是将设计图纸变为工程实体，将原来尚属理性认识的东西变为现实的一项复杂的生产活动。在这一阶段，一方面要涉及不同的经济实体和利益集团，在FIDIC条件下的施工，则是以建设单位—监理工程师—承包人的利益和责任关系为核心；另一方面，要消耗大量的资源，是工程费用的实际消耗阶段。因此，工程费用控制是投资管理中的一项关键工作，有着举足轻重的作用。

工程费用管理的内容包括各项工程费用。施工活动中所发生的一切费用，都必须进行计价并做恰当记录，为各项工程费用的统计和管理做好准备。工程费用控制和管理的目标是组织和协调好建设单位与承包人之间的收支行为，使他们之间发生的每一笔费用都符合合同的要求，并做到准确合理。基于这一管理的过程，不难看出，工程费用控制和管理的核心是计量支付。

3. 计量与支付

工程计量是指监理工程师对承包人按合同中规定的建设项目，按施工进度计划及施工图设计要求，在建设实施时对实际完成的工程量的确认。

工程支付是指建设单位对承包人任何款项的支付。对于实行施工监理的公路工程项目，任何工程款项的支付必须得到监理工程师的许可。可以说，在整个项目施工建设和管理的全过程中，监理工程师都在利用计量支付这个经济手段，对费用、进度和质量进行“三大”目标控制和全面的TQC管理。计量与支付也是合同管理的核心。

二、费用监理的过程和方法

1. 费用管理的过程

由于每个工程的施工主体、特点和要求不同，相应的管理手段也有所不同。但由于现代施工管理日趋正规化和程序化发展，使每个工程在各自的工程特点的基础上，必须遵循一定的规范和章程。我国的公路工程建设在施工阶段的工程费用监理程序如图24-2所示。

2. FIDIC费用管理的特点

采用FIDIC合同条件进行工程管理时，其费用管理也具有其特点，突出表现为项目管理中加入了监理工程师这个中介，不仅如此，监理工程师作为工程项目的调控中心，在费用方面具有支付额调整、签认的权力。

(1)承包人申请、使用工程费。工程费用主要由承包人使用，每次支付都是由承包人向监理工程师提出申请。只有当承包人被驱逐，并且剩余工程由建设单位直接完成时，工程费用才由建设单位自己使用。

(2)监理工程师签认。监理工程师在施工活动中按合同文件对承包人进行的施工活动做出价值计算，对其工作价值进行签认和证实，对施工过程中发生的其他各种意外情况进行记录和分析，并就承包人所遭受的损失做出估算和证实。这就是监理工程师的所谓“支付权”，它是监理工程师完成监理工作的最重要的调控手段。

(3)建设单位支付工程费。建设单位在承包人完成了既定施工任务，达到合同的要求，经监理工程师确认其价值后，应向承包人支付工程费用。

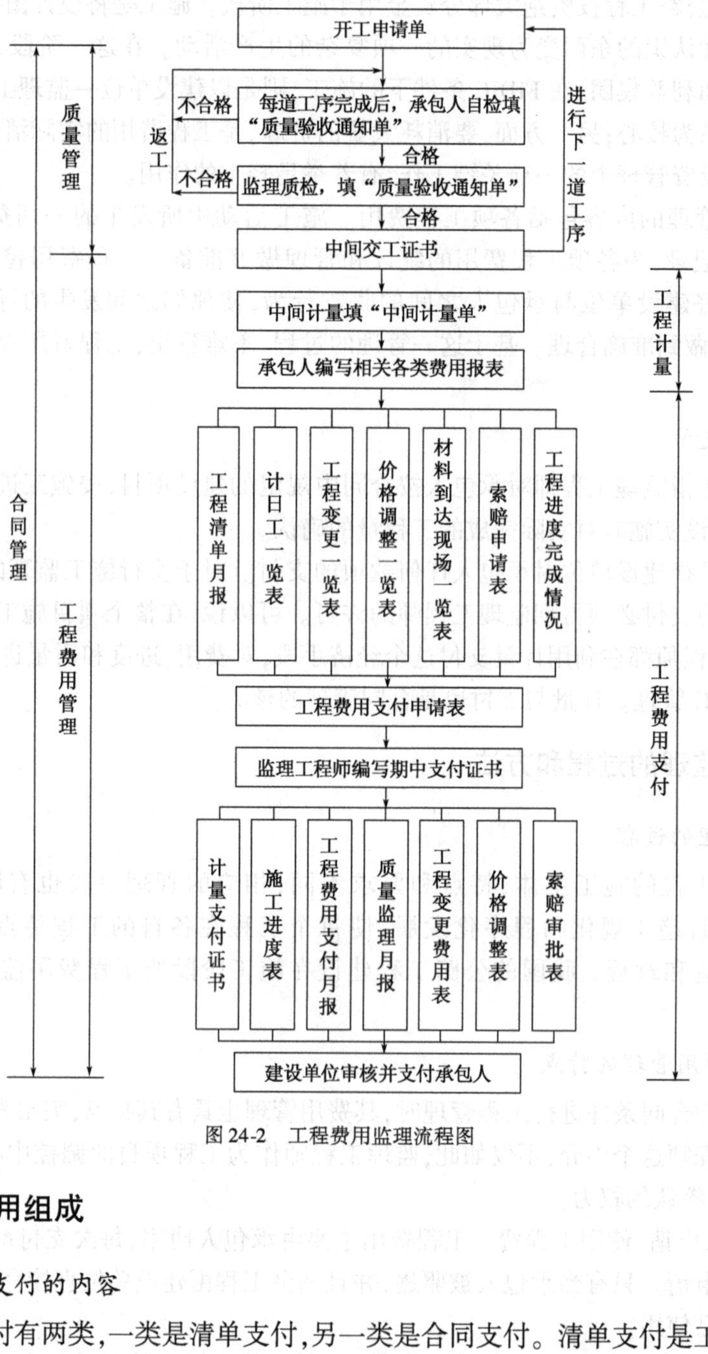

图 24-2　工程费用监理流程图

三、支付费用组成

1. 工程费用支付的内容

工程费用支付有两类,一类是清单支付,另一类是合同支付。清单支付是工程费用支付的主要和基本内容。它包括以物理单位计量的工程、以自然单位计量的工程、暂定金和计日工等。现分项叙述如下。

(1)清单支付

①以物理单位计量的项目。此种项目支付计算方法最为简单,以其计量的数量与单价相乘即可进行金额的支付。这类项目覆盖了清单的绝大部分,所占费用约占整个工程的85%。

②以自然单位计量的项目。此种项目较上类麻烦,它有两种情况:一种是结构物或一项复

杂的工作,它的单位通常为“项”,此种计价较为麻烦;另一种则是单纯的自然单位,如挖树以“棵”计,桥梁支座以“块”计,照明灯柱以“根数”计等,此种计价用数量乘以单价即可,因而也较为简单。

③暂定金额。暂定金额是工程量清单中的一个特别的支付项目,灵活性很大,它是指包括在合同中并列入工程量清单的、用于工程施工,或供应物资和材料,或提供服务,或供应紧急事宜的款项。在监理工程师的指导下,暂定金额可以全部、部分使用或不予使用。

④计日工。计日工也属于清单中的一个特殊支付项目,它的使用通常是指合同实施中增加的工程或工程数量、性质不明的工程或已完工程的附属工程,而且使用前必须得到监理工程师的书面批准。

(2)合同支付

合同支付项目属于附加的支付项目,它的灵活性比清单支付要大,各个地区、各个工程差异很大,所以更难以把握和控制。其内容包括:动员预付款、材料预付款、工程变更、索赔、价格调整、迟付款利息、违约罚金、保留金和提前竣工奖金等。现分项叙述如下:

①动员预付款。动员预付款是一项由建设单位提供给承包人用于开工费用的无息贷款。国际上一般规定范围是0~20%。这种款项应在合同实施中在规定的期限内分批逐月扣回。一般扣回始于工程进度付款证书的累计金额超过合同价值的20%的当月,而止于合同规定竣工日期前三个月的当月。此项付款的关键在于时间的计算,一是达到合同价值的时间,另一个是总工期。

②材料预付款。材料预付款是指建设单位按合同规定付给承包人用于支付购进工地的各种成为永久工程组成部分的材料和设施。此款将在材料或设施用于永久工程以后按合同规定扣回。

③保留金。保留金是指监理工程师从有关月份的中期付款证书总金额中按合同规定暂时扣留的金额,作为承包人实施未完成工程及修补工程缺陷的保证金,保留金=工程总费用合计×合同规定的百分数(%)。

④索赔费用。索赔费用是支付项目中最复杂、最具技巧性和灵活性的一个项目。其支付的依据是经监理工程师确认的对承包人的索赔审批书,一旦索赔被批准,被批准的索赔金额应列入期中支付证书中支付。

⑤工程变更费用。工程变更费用是工程支付中一个重要的项目,任何工程项目在施工过程中都会遇到工程变更。对于变更的支付包括两个方面:一是对下达变更令的项目进行支付,这要具体结合变更的内容和特点来确定变更项目的单价,并对整个变更项目进行费用评估;二是在颁发工程移交证书时,变更费用超过一定的限度(一般规定,对整个合同而言变更费用超过有效合同价的15%,对单项工程而言工程量变更超过25%,且该细目的合同金额超过合同总价的2%)后,对超过部分的费用调整。有效合同价是指除去暂定金额和计日工的费用之后的合同价格。

⑥价格调整。价格调整是指按合同规定的因人工、机具、材料单价等发生变化,采用调价公式法计算出的工程费用的增减。

⑦违约罚金。违约罚金是指承包人若在规定竣工期限内未完成工程则应向建设单位支付合同规定的拖期违约损失罚金。该拖期违约时间应自规定竣工之日起至交接证书上写明的实质竣工日期为止。

⑧迟付款利息。迟付款利息是指建设单位必须在一定时限内支付承包人所完成工程的款额,否则应向承包人支付利息。世界银行推荐的日利率为0.033%~0.04%,京津塘项目采用0.022%,济青公路为0.033%。

⑨提前竣工奖金。提前竣工奖金是指提前完工或提前交付货物,使建设单位受益,建设单位向承包人或供货人提供的奖金。它是与拖期违约罚金相对应的一个支付项目。

2. 工程费用支付的方法和类型

工程费用支付的方法和种类有多种,大致可分为:按时间分类、按内容分类、按合同内容分类。

(1)按时间分类,工程费用支付可分为预先支付(预付)、期中支付、最终支付和延期支付4种。

①预先支付。FIDIC条款规定的预付款有两种:动员预付款和材料预付款,是由建设单位提供给承包人的无息款项,按一定条件支付并扣回。

②期中支付。即进度款,按月支付,即按本月完成的工程价值及其他有关款项进行综合支付,由监理工程师开出期中支付证书来实施。

③最终支付。即竣工结算,工程全部完成后,建设单位与承包人之间的结算。最终支付必须按一定的条件和要求支付,是双方之间的全面清算,结清各种未了支付,尤其是缺陷责任等。

④延期支付。它属于一种非正常的支付,是指建设单位没有按期对承包人进行期中支付和最终支付。此时应支付利息,并且伴有各种不良后果。因此,建设单位应按规定时间支付,并应筹集足够的资金。

(2)按内容分类,工程费用支付可分为工程量清单支付(基本支付)和清单以外支付(合同支付或附加支付)。

①工程量清单支付就是按合同条件和技术规范,通过计量,确认已完成的工程数量,然后按已经确认的工程数量与合同中的单价,估算和支付工程量清单中各项工程费用。这种支付是支付款中的主要支付,其所占比重最大。

②清单以外支付就是按照合同的规定,根据工程实际情况和现场证实资料,确认清单以外的各项工程费用,又称合同支付。它在支付中虽然所占比重小,但其牵涉面广,涉及工程的方方面面,制约因素多,如自然因素、社会因素等,因而处理起来最为困难。应从合同的原则规定出发,充分理解合同条件和现场条件给予支付。

(3)按合同的内容分类,即按工程的划分,工程费用支付可分为土方工程、路基工程、路面工程、桥涵工程等。

按合同执行是否顺利可把合同分为正常支付和合同终止支付两类。正常支付是指建设单位与承包人双方共同遵守合同,使合同规定的内容顺利完成。合同终止的支付是指合同无法继续执行,可能是承包人违约,被驱逐离开现场,也可能是由于特殊风险使合同终止。

四、计算机辅助费用管理的必要性

费用管理的重要性已毋庸赘述,它对于整个项目来说,除了落实支付职责到人,专人分管,还要有全局观,加强对整个项目的支付管理。工程费用管理应以计量支付控制为指导思想,对工程进行严格的管理。同时要对工程费用的动态进行全面分析,及时发现问题并给予解决。一个大型项目,其计量支付工作是极其复杂和繁重的,没有严格的管理程序,势必造成混乱。

计量支付工作需要大量的资料和表格,工作相当烦琐,因此必须建立起行之有效的管理办法,建立支付档案和计算机辅助管理系统,不断改进管理工作。计量支付工作是一项综合性极强的工作,必须在质量管理的基础上进行综合处理,涉及的内容多且复杂,而且关系到大量的报表和资料。所以,应充分加强对支付的管理,并推行表格和报表的标准化管理,尽力争取用计算机来处理报表,以提高支付的准确性和高效性,把人力从资料整理工作中解脱出来,更好地搞好费用管理。

第四节 计算机辅助合同管理系统

本章所涉及的合同管理主要是指监理工程师依据合同所组织的各项管理工作,重点是指在合同变更过程中的合同管理工作。

一、合同管理与工程承包合同的类型

合同管理是一项法律性很强的工作,其管理方法和管理内容与工程承包合同形式直接相关。

工程承包合同可以按不同的方法来划分其类型,常见的分类方法有如下两种。

1. 按工程规模内容分类

(1)BOT项目承包合同。BOT项目承包合同是指实行建设(Build)—经营(Operate)—转让(Transfer)全过程项目承包的合同形式。其含义为:政府通过授权,把本属于政府支配、拥有或控制的资源,委托给资本拥有者进行投资建设并经营,直至特许经营期满再移交政府继续管理。

(2)总承包合同。总承包合同是承包单位和建设单位之间直接签订的关于某工程项目全部工作的协议,又分为设计施工总承包合同和施工总承包合同。

(3)分包合同。分包合同是指总承包单位在与建设单位签订总承包合同后,与分包单位就工程的某一单位工程或分部工程达成分包协议而签订的合同。

2. 按承包合同计价方式分类

(1)总价合同。总价合同又按总价能否变动分为固定总价合同和变动总价合同。固定总价合同即为闭口合同,合同总价一次包死。这种合同形式只适用于规模小、工期短、技术难度不大的项目。变动总价合同即合同的总价可以按照合同规定的公式法或文件证据法,随工程变更、费用索赔及物价上涨等因素而进行调整。这种合同形式适用于公开招标、工期较长的大型工程。

(2)单价合同。单价合同在合同中只列出工程细目的工程量清单(包括工程单价和预计工程数量),工程付款将根据实际发生的工程量按清单中的单价结算。这种合同形式适用于采取限制招标或公开招标并实行工程监理制度的大中型工程,在公路工程施工中应用十分广泛。

(3)成本加酬金合同。成本加酬金合同即按工程实际发生的成本,加上商定的管理费和利润,来确定工程总造价。它适用于紧急工程、保密工程、研究性质的工程等。

二、合同文件的组成

合同文件是监理工程师进行合同管理的依据。合同文件是指组成合同并具有法律效力的各种文件的总称。在公路工程施工中,合同文件有其特定的组成和内容。一般来说,不同的合同条件,其合同文件的组成也不尽相同。下面介绍我国常用的三种合同条件的合同文件构成。

1. 国家工商行政管理局和住房和城乡建设部联合颁发的《建设工程施工合同》

合同文件包括:

(1)协议条款。

(2)合同条件。

(3)洽商、变更等明确双方权利义务的纪要、协议。

(4)招标承包工程的中标通知书、投标书和招标文件。

(5)工程量清单或确定工程造价的工程预算书和图纸。

(6)标准、规范和其他有关技术资料、技术要求。

2. 交通运输部颁布的《公路工程招标文件范本》

合同文件由以下几个部分组成:

(1)合同协议书。

(2)中标通知书。

(3)投标书及其附件。

(4)专用条件。

(5)通用条件。

(6)技术规范。

(7)图纸。

(8)工程量清单。

(9)其他文件。

3. FIDIC 合同条件

合同文件包括:

(1)合同协议书(若已签订)。

(2)中标通知书。

(3)投标书。

(4)本合同条件第一部分及合同通用条件。

(5)本合同条件第二部分及合同专用条件。

(6)技术规范。

(7)图纸。

(8)有标价的工程量清单。

(9)构成合同一部分的任何其他文件。

同时,在 FIDIC 合同条件中还规定:以上 9 个合同文件可以相互解释并具有不可改变的如上所述的优先次序。

三、计算机辅助合同管理的必要性

根据交通运输部颁布的《公路工程施工监理办法》和《公路工程施工监理规范》(JTG G10—2016),监理工程师无论是进行质量监理,还是进行进度和费用监理,其依据都是施工合同。因此,可以说监理工程师所进行的一切监理工作实质上都是合同管理工作。

在公路工程施工合同管理中,监理工程师必然涉及大量的与合同管理有关的信息,如合同文件的管理、合同条款的查询、合同工程量清单的管理、工程变更的管理、工程延期的管理、工程违约的管理、工程分包的管理等。这些信息是监理工程师搞好合同管理、顺利开展监理工作的基础数据和重要资料。在传统的合同管理中,监理工程师只能靠人工来采集、处理、保存这些信息,不仅费时费力,而且信息的利用率低,数据的准确性差,有时甚至造成难以挽回的损失。而利用计算机辅助系统进行合同管理则具有人力不可替代的优势:提供信息及时灵活、计算统计数据准确无误、文件资料查找方便迅速。因此,在公路工程建设中利用计算机辅助合同管理系统来辅助监理工程师进行合同管理工作是非常有必要的。

复习思考题

1. 采用计算机辅助监理系统的意义有哪些?
2. 计算机信息管理中,信息处理的基本要求是什么?
3. 简述计算机辅助质量、进度、费用及合同监理的基本内容。

PART8 第八篇

公路工程监理组织协调

第二十五章

组织协调的内容与方法

工程监理目标的实现,除了需要监理工程师有较强的专业知识和对监理程序的充分理解外,还需要有较强的组织协调能力,通过组织协调,使影响项目监理目标实现的各个方面处于统一体中,使项目系统结构均衡,使监理工作实施和运行过程顺利。

第一节　工程监理工作中的组织协调

工程监理工作中的组织协调是指在监理过程中,监理工程师对相关单位的协作关系进行协调,使相互之间加强合作,减少矛盾,避免纠纷,共同完成项目目标。所谓相关单位,主要包括建设单位、设计单位、施工单位、供应单位;此外,还有政府部门、金融部门、有关管理部门等。

协调的目的是力求得到方方面面的支持与协作,并促使各方协同一致。比如,在现场存在众多方面交叉施工时,监理工程师必须要求各方协调作业以实现预定目标。协调具有以下三个方面的作用。

一、纠偏和预控错位

施工中经常出现作业行为偏离合同和规范的标准,如工期的超前和滞后、后续工序的脱节,由于设计修改、工程变更和材料代用给下阶段施工带来的影响,以及地质水文条件的突然变化造成的影响,或人为干扰因素对工期质量造成的障碍等,都会造成计划序列脱节,这种情况在作业面越广、人员越多时发生的概率就越大。监理协调的重要作用之一就是及时纠偏,或采用预控措施事前调整错位。

二、控制进度的关键是协调

在建设施工中,有许多单位工程是由不同专业的工程组成的。比如煤矿矿井建设工程分为矿建、土建和机电安装三大类工程,通常又都是分别由专业化施工处、队进行施工,这必然就存在着三类工程的相互衔接和队伍间相互协作的问题,而进度控制的关键是搞好协调。

三、协调是平衡的手段

多个施工队伍必然存在着一定的协调平衡问题,在一些工程施工过程中,一项工程往往有许多队伍同时上阵,既有总包又有分包,既有纵向串接又有横向联合,各自又均制定作业计划、质量目标,而集中这些计划后,必然存在众多协调问题。作为监理工程师,从工程内部分析,既有各子系统之间的协调,又有队伍之间的协调。此外,还有上下之间、内外之间的一些协调。总之,由于监理工程师在工程项目中的特殊地位和现场项目管理中的核心作用,必须突出其协调功能。实践证明,一个项目的圆满顺利建成,是多方配合相互合作的共同结果。参与建设的有关部门,包括建设单位、设计单位、施工单位、设备供应单位、材料生产单位,所在地的地方政府部门、地方基层组织、银行、商业及后勤物资供应部门、公检法部门、环保部门、电力供应单位、铁路部门、交通部门、通信管理部门等。一个项目的建设,需要多方配合协作,这必然要求监理工程师应具有良好的人际关系和较强的组织协调能力。监理单位的公正性是搞好协调工作的基础,建设监理在协调工作上,必须保持其公正性。公正性不仅取决于监理工程师的素质,主要是由他的第三方地位所赋予的权力决定的。

工程建设实行监理制度,从建设项目管理上讲,形成了建设单位(建设单位)、监理单位、施工单位(承包人)三元结构的格局,这三方的共同点是:都具有独立的法人地位;在完成工程项目建设任务的目标上是一致的。其不同点是:从经济上分析,建设单位(建设单位)谋求建设项目的投资效益,以及为未来的生产创造一个十分有利的环境和条件,为将来还贷打下基础。承包单位(施工单位)是建筑产品的生产者,除了作为企业要对国家负责外,谋求的是自身的经济效益和广大职工的福利和收益。而监理单位是社会性的技术咨询、管理服务部门,接受建设单位的委托,依据委托内容和经济合同开展工作,只提取一定数额的酬金(监理费),既不承包工程造价,也不参与承包双方的利益分配,与工程建设主体之间没有直接的经济利害关系。从这个意义上讲,监理单位处于第三方的位置,同时监理单位又受到上级监理部门和政府监理部门的业务领导和行政管理,有监理单位自身的监理守则和行为规范,并绝对禁止在施工单位、供应单位等任职或兼职。这一系列的客观因素,为监理单位公正、合理地协调处理建设单位与承包单位之间的矛盾提供了有利条件。从资质要求看,监理应当是高科技人员的组合,既懂技术又懂管理、既了解经济又通晓法律的各行各业专家的组合群体,丰富的实践经验使他们对争议和纠纷有能力提出科学的、公正的、合理的判断,因而使协调意见能够为甲乙双方共同接受,这也是监理人员的权威所在。

第二节 组织协调的内容

监理工程师协调的范围和内容，在建设单位的监理委托书和双方协议中明确。按照项目建设监理的惯例和通常监理合同的条例，协调的范围和内容概括如下：

工程项目监理的三大控制目标是质量、进度和费用。在实施监理的全过程中，监理工程师的首要任务就是会同设计、施工等有关单位想方设法地采取各种有效措施，提高质量，降低造价，缩短工期。但为了实现三大控制目标，需要创造内外的条件和环境，这些条件是多方面的，比如，在工程建设中，地质部门的配合协作，设计部门图样按时无误的提供，施工队伍较高的素质和能力，施工组织管理的科学合理，资金按期到位，设备、材料及时保质保量的供应，供电、供水单位的不间断供应，有关单位的密切配合，兄弟单位对建设项目的支持和帮助，无一不是完成三大目标控制的条件。但条件是需要人们通过工作去创造的，作为施工现场的监理工程师，有责任会同建设单位创造这些条件，创造条件正是协调管理的主要任务，而项目监理的协调任务决定了协调的范围和内容。总之，凡属于为项目三大控制创造条件的有关事项，均属于协调的范围。

从系统方法的角度看，协调又可分为系统内部的协调和系统外部的协调。从监理组织与外部联系程度看，项目外层协调管理可分为近外层协调和远外层协调两个层次。通常两个层次的主要区别是，近外层关联单位一般与建设单位有合同关系，例如设计单位、施工单位、原材料供应单位、供电单位等；远外层关联单位一般与建设单位没有直接合同关系，例如地方政府的各有关部门、金融机构、分包单位、设备制造厂商等。

工程建设监理的基本方法是一个系统，它由不可分割的若干子系统组成，它们相互联系，相互支持，共同运行，形成一个完整的方法体系，这就是目标规划、动态管理、组织协调、信息管理、合同管理。

一、组织协调与目标规划、目标控制

组织协调与目标控制是密不可分的，协调的目的就是为了实现项目目标。在监理过程中，当设计概算超过投资估算时，监理工程师要与设计单位进行协调，使设计与投资限额之间达成妥协，既要满足建设单位对项目的功能和使用要求，又要力求使费用不超过限定的投资额度，当施工进度影响到项目使用时间时，监理工程师就要与施工单位进行协调，或改变投入，或修改计划，或调整目标，直到制定出一个较理想的解决问题的方案为止；当发现承包单位的管理人员不称职，对工程质量造成影响时，监理工程师要与承包单位进行协调，以便更换人员，确保工程质量。

通过对项目进度、工期、质量的协调，可以减少不同单位和部门之间的相互干扰。

协调工作的最大难点，对外是参与建设的各个协作方的产品质量问题，如设备供应方、原材料供应方等，虽然这些供货厂方都有严格的供货合同和质量标准，但是往往出厂的产品达不到质量要求，在现场安装和检查中才发现问题，再更换、处理，造成对工期不可避免的延误。这一难点的解决原则是“质量第一”，即宁让进度稍拖，也绝不放松质量标准，特别是一些关键部位、关键产品的质量。因此，决不可为保进度目标，而以“不影响使用视为合格”的借口放松质量控制。

对内协调的难点同样是质量和进度的矛盾,但由于对内协调的质量和进度,监理工程师在一定范围内,经建设单位授权,对平衡协调有一定的主动权,对质量问题通常采用弥补、加固、局部返工等协调意见。特别是采用各种质量预控制后,质量问题能够事先得到控制,及时的旁站监理能够把问题解决在萌芽状态,严格按程序控制,仅允许局部返工,从而使其对进度影响降到最低限度,这是与对外协调最大的区别。

监理工程师进行组织协调的特殊作用是由其在项目管理中的地位决定的,他与建设单位有委托与被委托的关系,也就是为建设单位服务的关系;它与承包方有监理与被监理的关系,依据是建设单位的授权合同。因此,组织协调的重点是建设单位、施工和设计三方的关系。施工阶段协调的主要内容有:

(1)依据进度计划协调施工单位与建设单位和设计单位之间的关系,从而保证施工按计划进行,解决矛盾,实现进度控制目标。

(2)依据施工验收规范和质量检验、评定标准,协调三方在质量控制中的关系,监理工程师做好检查、验收、签证等工作,并且通过对供应单位和施工单位质量体系的认证达到质量控制的目的。

(3)以合同造价为标准,与建设单位、承包人一起努力控制造价。

(4)除协调好建设单位、设计、施工三方关系外,还要协调施工单位与政府有关部门的关系,施工单位与资源供应部门的关系等,从而保证三大目标的实现。

二、组织协调与动态管理

工程监理本身是个动态过程的管理,并要在动态过程中,用系统的观点,不断优化组合各种生产要素,使之投入最少、产出最大,以达到最优目标。组织机构的建立和运行需要根据工作要求、条件变化,按照新的情况适时地进行调整,这中间包括组织形式的变化、人员职责的变化、规章制度的修订、责任体系的调整和信息流通系统的调整、组织协调内容和方法的变化。在一个监理项目的不同施工阶段,对监理工程师的专业、人员的要求是不一样的。监理部的人员构成在全过程监理中不可能、也不要求一成不变。但变化应在充分准备的条件下,在监理准备阶段组建监理机构时考虑周到,并按总进度的要求确定各阶段配备的人数、专业、工作时间,直至具体人员名单,以便安排好前后工作的交接,达到节约资源,避免浪费。但总监、总监代表、各专业监理工程师等主要负责人、数据处理人员及资料管理人员不宜变动,以保证工作的连续性及完整性。

在实现工程项目的过程中,监理工程师要不断地进行组织协调,这是实现项目目标不可缺少的方法和手段。工程的动态性很强,项目的动态性决定了组织协调具有可变性。

工程项目在运行过程中,内外因素和条件不可避免地要发生变化,造成项目不断地发生着运动"轨迹"的改变。因此,需要对它进行反复的调整,这就必然造成在组织协调的内容、方法上要相应地进行调整,这种调整的目的是使工程项目能够在目标规划的有效控制之下,不能让它成为脱缰的野马,变得无法驾驭。

组织协调要把握工程运行的脉搏,协调工作程序所需要的信息是逐步提供的。当只知道关于项目的信息极少时,不可能对项目的组织协调工作程序进行详尽的规划。随着设计的不断进展,工程招标方案的出台和实施,工程信息量越来越多,规划也就趋于完整。就一项工程项目的全过程组织协调而言,那些想一气呵成将协调的工作程序确定下来的做法是不实际的,也是不科学的。

三、组织协调与合同管理

合同的完善和提高是促进协调工作条理化、法制化的重要环节。在建设过程中，需要协调的工作是十分频繁而复杂的，发生频率最高的当属经济纠纷，或称经济争议。经济纠纷通常是指在经济建设的活动中，双方或多方当事人对经济权利和经济义务所发生的争执或经济争议。在日常生产和生活当中，纠纷和争议是多种多样的，如建设中常遇到的施工场地划分的纠纷、地面运输相互干扰的纠纷、环境污染的纠纷、占用永久建筑的纠纷、产品质量评定标准的纠纷、建设工程合同纠纷、施工衔接相互交叉作业中的纠纷等。

当出现这类纠纷时，要求现场的监理工程师给予协调处理，以保护当事人的正当权益，并按合同有关条款进行仲裁协调，维护正常的经济秩序，避免造成更大的经济损失。

协调的主要依据是合同。监理工程师在协调过程中的一项主要依据就是合同条款，合同本身又受到法律保护，因此为了避免不必要的纠纷，完善合同条款无疑是减少纠纷并使协调工作逐步走向条理化、法制化的必由之路。在建设监理试点初期，纠纷的各方往往由于合同意识淡薄，在协调会上脱离合同条款，按经济管理的常规做法各抒己见，迟迟不能取得共识，而监理工程师却一丝不苟地严格按照合同内容进行协调，使当事人各方深深意识到合同再也不是过去的"开工执照"和兄弟企业之间的"君子协议"，而是具有法律效力、受经济法保护、必须遵守的契约和承诺。但因为监理初期签订的一些合同不够细致，更不够完善，使许多本来简单的问题复杂化了，由于条款不具体，当事人各方各有各的理解和解释，责任不明确，全都有责任而又全不负责任，使协调工作耗费了相当大的精力和时间，使当事人各方仅是"勉强接受协调意见"、仅是"顾全大局而放弃小我的自我牺牲"。

经过一段时间的建设监理实践，当事人各方都大大增强了合同意识，而监理工程师们更是"天天念这本合同经"。总结经验和教训后得出结论：不论什么类型的合同，凡需监理工程师协调的，一定要做到尽可能的明确、具体，责、权、利分明，奖罚条例详尽，对不可预见因素考虑周全，而且合同必须符合法律程序和有关规定。这样做虽然表面看合同都成本成册，签约过程需要反复协商，甚至需要几个回合，占用了一定的时间和精力，但在具体执行中只要各方都能遵守合同、守信誉，就很少发生纠纷，即使有时出现意见分歧，协商工作量也不大，而且由于合同责任明确、条款严密、量化、内容完整、无多义词，并具体细致，使协商工作变成了逐条检查合同执行情况的工作，协调本身也由于监理程序的固定和合同条款的具体而走上了条理化、法制化的轨道。

众所周知，协调的最佳效益是方方面面积极因素的有机组合，也就是我们常说的通过协调调动了各方的积极因素，因此在坚持合同条款的同时，对合同中的"未尽事宜"不妨采取较灵活的解决措施，以便能调动当事人各方的积极性。

第三节　工程建设监理协调的方法

组织协调工作涉及面广，受主观和客观因素影响较大，所以监理工程师知识面要宽，要有较强的工作能力，能够因地制宜、因时制宜地处理问题，这样才能保证监理工作顺利进行。

一、经常性事项的程序化组织协调

协调的关键是抓程序,监理协调不仅是搞好三大控制的重要手段,做到及时纠偏和调整错位,经常性事项的程序化组织协调也是现场监理工程师日常性业务的重要组成部分。

1. 建设程序是宏观调控的依据

按照我国现行规定,基本建设程序大体分为三个阶段,建设工作的安排必须按程序办事。各程序之间有时会出现合理的交叉,但总的需要以程序为依据进行统一协调,如施工准备不好、不得开工等,也就是协调本身要严格按科学的建设程序办事。

2. 施工程序是现场监理协调的依据

施工过程是根据确定的计划任务,按设计图样要求,使构筑物按期建成,工程如期竣工,各系统按时形成的过程。

从施工阶段分析,同样存在施工顺序问题和施工保证体系问题。

从保证体系系统看,施工是特殊的生产过程,也是十分复杂的工作。顺利地进行施工,要取得各方面的协作配合,比如要做到投资、工程内容、施工图样、设备材料、施工力量5个方面的落实;做到计划、设计、施工三个环节的互相衔接等。若从建设程序看,工程施工又必须遵循合理的施工顺序。作为单项工程都有科学合理的施工顺序,上一道工序与下一道工序密切关联。为了有条不紊地进行施工,就要事先经过周密的分析和考虑,做出总的规划和部署,编好单项工程施工组织设计和单位工程施工组织设计。在这些施工组织设计中规定的工序衔接顺序、工程先后顺序和衔接的时间、步骤等,统称为“施工程序”,这些施工程序,就是监理工程师在组织协调中,协调方案或协调意见的主要依据,这也是协调工作走向科学化的必由之路。

3. 监理程序是使协调走向规范化的重要手段

在施工的全过程中,时刻都会发生各种需要解决的问题,也会出现一些有待协调的问题,除了一些重要的需紧急处理的问题外,协调工作也需逐步走向规范化。而科学、合理的监理程序,将有助于使协调逐步走向规范化的轨道。

坚持监理程序的作用包括:

(1)使任何一项需要协调的问题,都具备完整的原始数据和统计资料,使监理协调建立在科学的基础上,凭数据说话正是协调科学性的表现之一。

(2)使任何一项协调工作都存在一个反复核实的过程,从而能够准确反映实际情况,去伪存真,公正处理,既不凭主观臆断和感性认识处理问题,又不存在偏袒任何一方的弊端。在反复核实的过程中,使监理协调的公正性能够充分体现。

(3)坚持程序体现了分工负责和建设单位在一些重大问题上的权威性。由于监理工程师是受建设单位委托从事协调工作的,最终的协调意见理应得到建设单位和上级领导的同意和支持,特别是牵扯到有关投资控制的大问题。建设单位是投资的主体,其主体地位权威性将有效地体现在监理程序中,也使监理协调工作走向规范化的道路。

总之,在协调工作中坚持监理程序,会使协调工作体现科学公正性,使需要协调的方方面面得以较顺利地接受协调意见,减少因协调失误给各方带来的思想障碍和工作影响,更有利的是能使监理协调工作逐步走上规范化的轨道,解决了多少年来一直存在于基建过程中的扯皮问题。

二、利用责权体系的指令性组织协调

建设监理工程师对项目管理的权力来源于建设单位的委托与授权,这是在建设监理合同和工程承发包合同中明确规定的。监理工程师履行其职责而从事的监理活动,是根据建设监理法规和受建设单位的委托及授权而进行的。监理工程师承担的职责应与建设单位授予的权限相一致,也就是说,建设单位向监理工程师的授权,应以保证其正常履行监理职责为原则。

实行建设监理制的工程项目,建设单位应给建设监理单位送达工程项目建设监理委托书,委托书应说明工程概况、监理范围和要求、监理工程师的职责和给予的权力。建设监理单位接到委托书后,应组织建设监理工程师学习委托书和有关设计文件,必要时组织建设监理人员到现场考察。由建设监理工程师编写监理合同初稿,写明监理工程概况、监理工程范围、投资控制目标、工期控制目标、质量控制目标、给予建设监理工程师的权力、双方的责权利和监理费标准,以及执行监理合同好坏的奖惩条款。建设监理合同经建设单位法人代表和建设监理单位法人代表签字并盖章后,建设监理合同依法生效,确立了建设单位和建设监理单位是委托和被委托的经济合同关系。

监理单位根据建设单位授予的以下权利开展工作:工程规模、设计标准和使用功能的建议权;组织协调权;材料和施工质量的确认权与否决权;施工进度和工期上的确认权与否决权;工程合同内工程款支付与工程结算的确认权与否决权。建设单位与承包人之间不再直接打交道,而是通过监理工程师与承包人打交道。

建设监理单位和建设承包单位之间没有经济合同关系,实行建设监理制的工程项目,建设单位和承包单位之间签订的工程承发包合同,应写明该工程实行建设监理制,注明被聘用的建设监理单位和监理工程师的姓名、职务、职责和给予的权力,承包单位应遵照合同规定接受建设监理单位的监理,从而确立了建设监理单位和工程承包单位是监理和被监理的关系。

工程建设监理的组织协调是有明确依据的工程建设管理行为,首先依据的是国家法律、行政法规,我国法律、法规是广大群众意志的体现,具有普遍的约束力,在中国境内从事活动均须遵守,从事工程监理活动也不例外。监理单位应当依照法律、法规的规定开展监理工作,对承包人实施监督,对建设单位违反法律、法规的要求,监理单位应当予以拒绝。

工程建设监理组织协调的又一依据是合同,最主要的是工程建设监理合同和工程承包合同。监理合同是建设单位和监理单位为完成工程建设监理任务,明确相互权利义务关系的协议;工程承包合同是建设单位和承包人为完成商定的某项工程建设,明确相互权利义务关系的协议。依法签订的合同具有法律约束力,当事人必须全面履行合同规定的义务,任何一方不得擅自变更或解除合同。在开展监理工作时,监理单位必须以合同为依据办事。工程建设监理组织协调的依据还有国家批准的工程项目建设文件,例如批准的建设项目可行性研究报告、规划、计划和设计文件,以及工程建设方面的现行规范、标准、规程等。

工程建设监理组织协调的依据表明,监理工程师权力的另外一个来源,即法律赋予的监督工程建设各方按法律、法规办事的权力,监理工程师开展监理组织协调活动也是执法过程。理解这一点,对监理工程师开展监理组织协调工作和承包人自觉接受监理是很有意义的。

建设监理工程师依据合同、国家有关建设政策、法规、技术标准、施工验收规范和设计图样,以独立的第三方进行建设监理及有关的组织协调工作。

建设监理工程师的意见和决定,应以监理通知的形式书面送达承包单位,承包单位无权拒绝或修改,必须按通知要求执行。监理工程师可充分运用各种指令,如返工整改、停工整顿、不予计量支付、撤换施工队伍或主要负责人等,作为辅助组织协调的控制手段。

工程建设监理工作是由不同专业、不同层次的专家群体共同来完成的,他们之间严密的职责分工,是协调进行监理工作的前提和实现监理目标的重要保证。

组织一个简单的监理机构还是组织一个多层次的监理组织机构,要根据工程规模、复杂程度等因素决定。各层人员应职责明确,责权一致,有职有权。大型复杂工程需要组织一个多层次的组织机构,包括一级、二级、现场若干层次,各级机构都应有明确的职责范围与岗位责任。为了便于完成工作任务,必须授予管理者相应的权力,使职责与职权统一于职位当中,同时注意不应越权。各级机构及职能部门均根据自己的权限从事其管理工作,分工明确,各有侧重,责任落实到人。命令链在组织协调过程中是一种不间断的权力路线,从组织最高层到最基层,为了促进协作,每个管理职位在命令链中都有自己的位置,每个管理者为完成自己的职责任务,都要被授予一定的权威。同时命令要求统一性,它意味着一个人应该只对一个主管负责。在具体工作过程中,下一级接受上一级的指令,并对上一级负责,责任权力明确。当然,在组织协调过程中也要注意互相协作,互相支持,共同努力,配合工作,明确各级、各部门、各人之间的协调关系与配合办法。在进行监理组织协调时,要防止出现命令的多元化,即尽量避免出现组织机构多头领导,一般不设副职或少设副职。

三、工地例会

工程监理中的许多信息和决定是在工地会议上产生和决定的,协调工作大部分也是在此进行的,因此开好工地例会是工程监理的一项重要工作。

工地会议决定同其他发出的各种指令性文件一样,具有等效作用。因此,工地例会的会议纪要是一个很重要的文件。会议纪要是监理工作指令文件的一种,要求记录真实、准确。当会议上对有关问题有不同意见时,监理工程师应站在公正的立场上做出决定。但对一些比较复杂的技术问题或难度较大的问题,不宜在工地例会上详细研究讨论,可以由监理工程师做出决定,另行安排专题会议研究。

工地例会由于定期召开,一般均按照一个标准的会议议程进行,主要是对进度、质量、投资的执行情况进行全面检查,交流信息,并提出对有关问题的处理意见,以及今后工作中应采取的措施。此外,还要讨论延期、索赔及其他事项。

四、与项目建设单位之间的协调

建设监理是受建设单位的委托而独立、公正地进行工程项目监理工作。监理实践证明,监理目标顺利实现与否和与建设单位协调的好坏有很大的关系。我国实行建设监理制度时间不长,工程建设各方对监理制度的认识还不够全面,还存在不少问题,尤其是一些建设单位的行为不规范。我国长期的计划经济体制使得建设单位合同意识较差,随意性大,主要体现在:一是沿袭计划经济时期的基建管理模式,搞“大统筹,小监理”,往往是建设单位的管理人员要比监理人员多或管理层次多,对监理工作干涉多,并插手监理人员应做的具体工作;二是不把合同中规定的权力交给监理,致使总监理工程师有职无权,发挥不了作用;三是不讲究科学,在项目目标确定上压工期、压造价,在项目进行过程中变更多或时效不按要求,给监理工作的质量、进度、投资控制带来困难。因此，与建设单位的协调是监理工作的重点和难点，监理工程师应从以下几个方面加强与建设单位的协调。

(1)监理工程师首先要理解项目总目标和建设单位的意图。对于未能参加项目决策过程的监理工程师，必须了解项目构思的基础、起因、出发点，了解决策背景，否则可能对监理目标及完成任务有不完整的理解，会给工作造成很大的困难，所以，必须花大力气来研究建设单位、研究项目目标。

(2)利用工作之便做好监理宣传工作，增进建设单位对监理工作的理解，特别是对项目管理各方职责及监理程序的理解；主动帮助建设单位处理项目中的事务性工作，以自己规范化、标准化、制度化的工作去影响和促进双方工作的协调一致。

(3)尊重建设单位，尊重建设单位代表，让建设单位一起投入项目全过程。尽管有预定的目标，但项目实施必须执行建设单位的指令，使建设单位满意。对建设单位提出的某些不适当的要求，只要不属于原则问题，都可先进行，然后利用适当时机，采取适当方式加以说明或解释；对于原则性问题，可采取书面报告等方式说明原委，尽量避免发生误解，以使项目进行顺利。

五、与设计单位之间的协调

设计过程需要进行大量的反复协调工作，因为，从方案设计到施工图设计要由“粗”到“细”地进行，下一阶段的设计要符合上一阶段设计的基本要求，而且随着设计的进一步深入会发现上一阶段设计存在的问题，需要对上阶段的设计进行必要的修改。因此，设计过程离不开纵向反复协调。同时，工程设计包括多种专业，各专业设计之间要保持一致，这就要求各专业相互密切配合，在专业设计之间进行反复协调，以避免和减少设计上的矛盾。外部环境因素对设计工作的顺利开展有着重要影响，例如，建设单位提供的设计所需要的基础资料是否满足要求；政府有关管理部门能否按时对设计进行审查和批准；建设单位需求会不会发生变化；参加项目设计的多家单位能否有效协作等。应该紧紧把握住设计工作的特点，认真做好组织协调工作。

设计单位为工程项目建设提供图样，编制工程概(预)算，以及修改设计等，是工程项目主要相关单位之一。监理单位必须协调设计单位的工作，以加快工程进度，确保质量，降低消耗。协调设计单位的关系可从以下几个方面入手。

(1)配合设计进度，组织设计与有关部门，例如环保、防汛、供水、供电、供气、供热、电信等部门间的协调工作。

(2)组织各设计单位之间的协调工作。在设计过程中，定期召开各专业设计协调会，及时解决问题，避免各专业设计之间的矛盾。

(3)主动向设计单位介绍工程进展情况，以便促使他们按合同规定或提前出图。施工中如发现设计问题，应及时主动向设计单位提出，以免造成大的直接损失；若监理单位掌握比原设计更先进的新技术、新工艺、新材料、新结构、新设备时，可主动向设计单位推荐，支持设计单位技术革新等。为使设计单位有修改设计的余地而不影响施工进度，可与设计单位达成协议，限定一个期限，争取设计单位、承包人的理解和配合，如果逾期，设计单位要负责由此而造成的经济损失。

(4)尊重设计单位的意见，例如组织设计单位向施工单位介绍工程概况、设计意图、技术要求、施工难点等；又如图样会审时请设计单位交底，明确技术要求，把标准过高、设计遗漏、图样差错等解决在施工之前;施工阶段,严格按图施工;结构工程验收、专业工程验收、竣工验收等,约请设计单位代表参加。若发生质量事故,认真听取设计单位的处理意见。

协调的结果要注意信息传递的及时性和程序性,通过监理工程师联系单、设计单位申报表或设计变更通知单传递,按设计单位(经建设单位同意)—监理单位—承包人之间协商的方式进行。

六、与施工单位之间的协调

监理目标的实现与承包人的工作密切相关,监理工程师对质量、进度和投资的控制都是通过承包人的工作来实现的,做好与承包人的协调工作是监理工程师组织协调工作的重要内容。监理工程师要依据工程监理合同对工程项目实施建设监理,对承包人的工程行为进行监督管理。

(1)坚持原则,实事求是,严格按规范、规程办事,讲究科学态度。监理工程师在观念上应该认为自己是提供监理服务,尽量少地对承包人行使处罚权,应强调各方面利益的一致性和项目总目标;监理工程师应鼓励承包人将项目实施状况、实施结果和遇到的困难及意见向他汇报,以寻找对目标控制可能的控制,双方了解得越多越深刻,监理中的对抗和争执就越少。

(2)协调不仅是方法问题、技术问题,更多的是语言艺术、感情交流和用权适度问题。尽管协调意见是正确的,但由于方式或表达不妥,会激化矛盾,而高超的协调能力则往往起到事半功倍的效果,令各方面都满意。

(3)协调的形式可采取口头交流、会议制度和监理书面通知等。监理内容包括旁站监理、事后监理验收工作,监理工程师应树立寓监于帮的观念,努力树立良好的监理形象,加强对施工方案的预先审核,对可能发生的问题和处罚可事前口头提醒,督促改进。

工地会议是施工阶段组织协调工作的一种重要形式,监理工程师通过工地会议对工作进行协调检查,并落实下阶段的任务。因此,要充分利用工地会议形式。工地会议分第一次工地会议、常规的工地会议(或例会)、现场协调会三种形式。工地会议应由监理工程师主持会议后并及时整理成纪要或备忘录。

(4)施工阶段的协调工作内容。施工阶段的协调工作包括解决进度、质量、中间计量与支付的签证、合同纠纷等一系列问题。

①与承包人项目经理关系的协调。从承包人项目经理及其工地工程师的角度来说,他们最希望监理工程师是公正的,通情达理并容易理解别人的。他们希望从监理工程师处得到明确而不是含糊的指示,并且能够对他们所询问的问题给予及时的答复;他们希望监理工程师的指示能够在他们工作之前发出,而不是在他们工作之后。这些合理现象,作为监理工程师来说,应该非常清楚。项目经理和他的工程师可能最为反感本本主义者以及工作方法僵硬的监理工程师。既坚持原则,又善于理解承包人项目经理的意见,工作方法灵活,随时可能提出或愿意接受变通办法的监理工程师肯定是受欢迎的。

②进度问题的协调。对于进度问题的协调,应考虑到影响进度的因素错综复杂,协调工作也十分复杂。

③质量问题的协调。质量控制是监理合同中最主要的工作内容,应实行监理工程师质量签字认可制度,对没有出厂证明、不符合使用要求的原材料、设备和构件,不准使用;对工序交接实行报验签证;对不合格的工程部位不予验收签字,也不予计量与支付工程款。在工程项目

进行过程中,设计变更或工程项目的增减是经常出现的,有些是合同签订时无法预料的和明确规定的。对于这种变更,监理工程师要仔细认真研究,合理计算价格,与有关部门充分协商,达成一致意见,并实行监理工程师签证制度。

④关于对承包人的处罚。在施工现场,监理工程师对承包人的某些违约行为进行处罚是一件很慎重而又难免的事情,每当发现承包人采用一种不适当的方法进行施工,或是用了不符合合同规定的材料时,监理工程师除了立即给予制止外,可能还要采取相应的处理措施。遇到这种情况,监理工程师应该考虑的是自己的处罚意见是否是本身权限以外的,根据合同要求,自己应该怎么做等。对于施工承包合同中的处罚条款,监理工程师应该十分熟悉,要有时限的概念,否则承包人有权认为监理工程师是满意认可的。

监理工程师最担心的可能是工程总进度和质量受到影响。有时由于承包人的项目经理或某个工地工程师的失职,虽然耗费资金和时间,工程却没什么进展,而监理的建议并未得到采纳,此时明智的做法是继续观察一段时间,待掌握足够的证据时,总监理工程师可以正式向承包人发出警告。万不得已时,总监理工程师有权要求撤换项目经理或工地工程师。

⑤合同争议的协调。对于工程中的合同纠纷,监理工程师应首先协商解决,协商不成时才向合同管理机关申请调解,只有当对方严重违约而使自己的利益受到重大损失,不能得到补偿时才采用仲裁或诉讼手段。如果遇到非常棘手的合同纠纷问题,不妨暂时搁置等待时机,另谋良策。

⑥处理好人际关系。在工程监理过程中,监理工程师处于一种十分特殊的位置:一方面,建设单位希望得到真实、独立、专业的高质量服务;另一方面,承包人则希望监理单位能对合同条件有一个公正的解释。因此,监理工程师及其他工作人员必须善于处理各种人际关系,既要严格遵守职业道德,礼貌而坚决地拒收任何礼物、免费服务、减价物品等,以保证行为的公正性,也要利用各种机会增进与各方面人员的友谊与合作,以利于工程的进展。否则,稍有疏忽,便有可能引起建设单位或承包人对其可信赖程度的怀疑和动摇。

⑦对分包单位的协调。有些承包单位由于力量不平衡、专业不够配套,对一些工程采用分包,并与之签订合同。这些合同,按规定要报建设监理单位备案。监理单位也有权对其资质和施工质量、产品质量行使否决权,但建设单位与他们之间并无直接合同关系,这些单位工作的好坏,又直接影响项目目标实现的顺利与否,尽管属远外层关系,监理工程师也应做好这方面的协调工作,因为这些间接合同,实际是甲乙方经济合同的组成部分,是乙方承担义务的再分配。

此外,抓计划环节,平衡人、财、物的需求。对建设力量的平衡,要抓瓶颈环节,施工现场总平面布置与场地划分的协调,以及在施工现场用电用水、排污等问题也须事先做好协调及安排,这些问题同样也是发生纠纷的常见症和多发症。只有通过监理工程师合理、公正地平衡协调,才有可能将纠纷与影响降到最低限度。

七、与政府及其他部门之间的协调

一个工程项目的开展还受到政府部门及其他单位的影响,如政府部门、金融组织、社会团体、服务单位、新闻媒介等对工程项目起着一定的或决定性的控制、监督、支持、帮助等作用,这层关系若协调不好,工程项目实施也可能严重受阻。建设单位和监理单位应掌握这个特点,争取当地政府部门及社会各界的支持和协作,为项目创造一个良好的社会环境。

一些大中型工程项目的建设不仅满足国民经济发展的需要,给建设单位带来好处,也会给当地或整个地区的经济发展带来好处,同时给当地人民生活的改善和提高带来契机。因此,在建设期间引起各界的关注是必然的。但大中型项目的建设也给当地带来一些不利的因素,例如部分耕地被占用,树木被砍伐,破坏了自然生态的平衡,建设过程中废渣的遗弃、废水废气的排放会给周围的环境带来程度不同的污染,并对周围的村乡带来一定危害。此外,大量的人员进入,对当地副食蔬菜供应也会带来一时的紧张,而且项目的建设要牵扯到当地政府的众多部门。比如输配电的建设要牵扯到供电局;水源井和水资源的开发要牵扯到水利局;三废的排放标准要通过环保局的检验;消防设施的配置,宜请当地的公安消防部门检查认可;爆破作业和爆破器材的储存运输,应征得当地公安部门的核准;进场公路的修建或原有公路的改扩建、大件设备的运输涉及阻塞交通等,应经当地公路项目内部和近外层有合同联系单位的协调工作。但由于有不少问题发生在了施工现场,矛盾和纠纷也直接影响和干扰施工的正常进行,因此作为现场的监理工程师有义务协助建设单位做好与政府各有关部门的协调工作。如基建期的三废处理和环境保护,水资源的开发,地面爆破工作,噪声对周围环境的影响,以及和当地居民的工农关系等,都是现场经常发生而需要及时协调解决的问题。

对本部分的协调工作,从组织协调的范围看是属于远外层的管理,监理单位有组织协调的主持权,但重要协调事项应当事先向建设单位报告。如建设单位和监理单位对此有分歧,可在监理委托合同中详细注明。工程项目系统与远外层的关系,一般是非合同关系,协调这种远瞻关系的方法,主要是运用请示、报告、汇报、送审、取证、宣传、说明等协调方法和信息沟通手段。

八、施工阶段的协调

这阶段的协调工作,包括解决进度、质量、中间计量与支付的签证、合同纠纷等一系列问题的协调管理与平衡调度。

1. 进度问题的协调

如乙方没能按合同规定完成月进度指标或网络图的排队工期,这方面协调起来有时十分复杂,主要是因为造成进度失控的因素错综复杂,有建设单位、设计单位的制约因素,也有施工单位的主观因素,为此要首先分析进度失控的诸多因素,找出主要矛盾,再认真分析责任,加以协调解决。比如由于资金不到位,施工单位已经垫付了三个月的资金,并已向银行超规定借贷;资金不足影响了正常进度,就不宜单方要求施工单位按合同工期完成。资金不能够及时到位而影响进度,主要应由建设单位负责,而不能将风险转嫁给施工方。

2. 质量问题的协调

监理工程师对质量问题的协调,主要应掌握大的原则质量问题和事故决不妥协放过,小的不影响使用功能和寿命的,采用积极弥补的措施加以解决。即使在质量与进度发生矛盾时也应当本着质量第一的原则加以协调处理,决不可以牺牲质量而保进度。更重要的是,质量问题万不可事后检验,而应当防患于未然,做好质量问题的预控制。实行监理工程师质量签字认可制,对没有出厂证明、不符合使用要求的原材料、设备和构件,不准使用,对不合格的工程部位不予验收,也不予计量和支付工程款。

3. 签证的协调

设计变更或工程项目的增减是不可避免的,且是合同签订时无法预料的和未明确规定的。

对于这种变更，监理工程师要仔细认真研究，合理计算价格，与有关各方充分协商，达成一致意见，并实行监理工程师签证制度。

4. 合同争议的协调

我国建设部的有关监理规定中指出："建设单位与承建单位在执行承包合同过程中发生争议，应当提交社会监理单位进行调解。社会监理单位接到调解要求后，应在30天内将调解意见书面通知双方。如果双方或其中任何一方不同意调解意见，可以在接到调解书面意见之日起15天内，报请受监工程所在地的县级以上人民政府建设行政主管部门调解。经调解仍有不同意见时，可以申请当地经济合同仲裁机关仲裁"。

由上述规定可以看出：监理工程师是作为调解人的身份处理建设单位和承建单位的合同问题的。建设监理规定赋予了这一责任，那么监理单位的"调解意见"将是举足轻重的，为此必须首先全面听取建设和承建单位对合同纠纷的申诉和意见；做必要调查研究和核实，凭借群体的优势，对建设单位与承建单位的纠纷或争议做出一个准确、科学的判断，只有这样才能提出使双方认可的公正的解决意见。

对甲乙双方合同的纠纷，首先应分清责任，协商解决，对双方均负有一定责任的，则应分轻重，然后再公正地进行协调。一般情况下，合同问题是可以通过协商解决的，作为监理工程师不赞成采用伤害感情、贻误工作的诉诸法律，协商不成时才向合同管理机关申请调解或仲裁，对仲裁决定不服时可在收到裁决书15天内诉请人民法院审判决定。上述仲裁程序是指国内工程项目而言，若系国际招标工程项目，应按FIDIC有关合同条款执行。一般合同争议切忌诉讼，应尽可能协商解决，否则，会伤害感情，贻误时间，甚至可能落个"两败俱伤"的结局。只有当对方严重违约而使自己的利益受到重大损失而不能得到补偿时才采用诉讼手段，如果遇到非常棘手的合同纠纷问题，不妨暂时搁置等待时机，另谋良策。

索赔和反索赔是合同协调的一大难点，为此监理人员一定要进行事先控制，预先分析可能引起索赔的问题，另一方面对承包单位提出的索赔问题调查取证，实事求是，不偏袒任何一方，秉公处理。公正准确的判断是监理工程师搞好协调工作的基础。

九、交工验收阶段的协调

建设单位在交工验收中可以提出这样那样的问题，承包单位应根据技术文件、合同、中间验收签证及验收规范做出详细解释，对不符合要求的工程单元应采取补救措施，使其达到设计、合同、规范要求。

十、工程总承包与分包单位之间的协调

协调总包与分包单位之间的关系，首先选择好分包单位，明确总包与分包的责任关系，再调解其间的纠纷。

十一、对设计单位与施工单位之间的协调

设计单位与施工单位同是承包单位，他们两者均与建设单位签订了合同，但两者之间没有合同关系，共同为建设单位服务，这就决定了设计方与施工方的密切关系，这种关系是图样供应关系、设计与施工技术关系等。这些关系发生在设计交底、图样会审、设计变更与修改、地基

处理、隐蔽工程验收和竣工验收等环节中。监理单位在协调两者的关系时,起着重要的中介作用,通过双方密切接触,在两者之间应建立相互信任、相互尊重、友好协商的良性关系。

为此,监理单位应协助设计单位配合施工,及时、正确地解决设计中存在的问题,保证施工顺利进行;协同设计单位及时办理重要分部、分项工程的检查签证工作。

为了保证施工的正常进行,监理单位必须协调好设计单位的供图期限和供图质量。有些情况是设计施工图要等施工单位提供确切资料后方能出图。

当监理工程师根据自己的实践经验和掌握的新技术、新工艺、新材料、新结构信息向设计单位提供修改建议时,一方面要争取设计单位的支持,另一方面在供图期限上应给予适当的余地,并取得设计与施工单位的理解、支持和配合。

十二、监理工程师在组织协调的注意事项

(1)摆正监理与被监理的关系,协调的基础是理解。受建设单位委托对设计、施工、供应各方实行监理时,与设计、施工、供应单位之间是监理与被监理的关系,这一点已在监理的有关文件、条例中明确。如何协调好和各方的关系,首先有一个相互理解的问题。

如何看待被监理单位维护企业利益问题?决不可把经济纠纷、按合同要求索赔,一律等同于为只顾企业私利,缺乏整体观念和缺乏为国家奉献精神等。维护企业自身利益是正当的、合法的,按合同要求索赔,监理人员应予理解和支持,决不可拖延不办,或以权压低补偿,以权要求施工单位无偿服务或借协调之名行变相摊派之实,这些都会侵犯设计、施工单位的既得利益,影响各方的积极性。

(2)在协调中应坚决维护国家利益。企业承包后,既有压力,也有动力;既有积极的一面,也存在一些消极因素。表现在:一是企业承包者只顾眼前利益和承包期内收益的短期行为;二是在执行国家计划时摆不平国家利益和企业利益兼顾的砝码,造成建设中为达到企业利益不顾规程质量标准,甚至偷工减料坑害国家;三是表现在与建设各方有关单位的相互经济交往中,利益纠纷失衡增多。为了防止上述三方面不良倾向发生,在建设监理中应以国家利益为前提,以监理程序为手段建立一条龙的约束机制。并通过监理、咨询、服务等手段促进企业内部自我约束机制的建立和成长,这也是建设监理进一步深化改革的必然规律。在协调中出现上述问题是不奇怪的,问题是如何有理有据地公正地进行协调,既维护国家利益,也不损害企业利益,只有这样才能协调好监理与被监理各方的人际关系。

(3)监理人员的成绩绝不是建立在被监理单位工作失误的基础上。监理人员与被监理单位产生隔阂、矛盾的因素之一就是监理人员自觉不自觉地在工作总结、汇报以及表述监理成果时,均以被监理单位、人员工作上的失误为据,从而造成人际关系的紧张,相互间产生很大误解和意见。同样的道理,必须摆正监理人员自身的位置,防止在工作、思想上产生片面性。如果说监理与被监理之间产生了人际关系方面的矛盾,通常情况,监理一方应属于主要矛盾方面,在人际关系的协调中应当首先检查自己,多做一些自我批评,取得被监理方的理解和支持。事实证明,没有被监理方的支持和合作,监理工作将一事无成。

(4)监理与服务相结合是搞好与被监理方人际关系的重要一环,在我国国情的具体条件下,监理与被监理的关系绝不是"警察与小偷"的关系,也不是"监工与雇工"的关系。在项目建设中,无论监理方还是被监理方都是在为共同的建设目标而工作,只是分工不同。

为此，首先对被监理方，无论是设计人员的施工图样，还是施工人员精心施工的建筑产品，都是他们的劳动成果，监理工程师一定要尊重和珍惜他们的劳动成果。其次，按系统相互制约的理论就是“只能监理他们而不能代替他们”“他们是建设中的主体”“外因只能通过内因起作用”。为此，监理工程师应听取他们的意见，帮助和监督他们严格按其自身制定并经监理批准的工艺、工序施工；依靠他们建立的质量保证体系来保证工程质量；按照他们拟定的旬月计划进度促其圆满实现；帮助他们优化劳动组合，吸取先进工艺，采用先进装备，节约各种建设器材和能耗，最终达到对投资、进度、质量三大目标的有效控制。作为监理人员在这些方面应该起到催化剂、促进剂的作用。

既然要依靠被监理者自身的努力来顺利圆满地完成建设任务，监理工程师理应认真听取被监理方的建议和意见，并通过经常互通信息，交换意见取得共识，因为无论监理工程师有多好的建议，最终还是要通过被监理者去执行才能取得效益，这也是协调好监理与被监理两者之间的人际关系中十分重要的因素。

复习思考题

1. 监理工作中的组织协调有什么作用？
2. 组织协调的主要方法有哪些？
3. 施工阶段的协调内容有哪些？

第二十六章

监理会议、记录与报告

第一节　工 地 会 议

一、工地会议的形式及记录

工地会议宜按监理合同段召开,必要时也可按施工合同段召开。工地会议按召开的时间、内容及参加人员的不同,分为第一次工地会议、工地例会、专题工地会议三种形式。

工地会议应由主持单位做好记录,会议形成的纪要应由各参加单位确认,并作为合同文件的一部分。会议中决定执行的有关问题,仍应按规定的监理程序办理必要的手续。

二、第一次工地会议

第一次工地会议应在正式开工前召开。总监办应事先将会议议程及有关事项通知建设单位、施工单位及有关单位并做好会议准备。会议应由总监理工程师主持,建设单位、施工单位授权代表必须出席,各方在工程项目中担任主要职务的人员及分包单位负责人也应参加会议。

会议应包括下列主要内容:

(1)各方应介绍各自的人员、组织机构、职责范围及联系方式。建设单位应宣布对总监的授权,施工单位应提交对项目经理的授权书。

(2)施工单位应陈述开工的各项准备工作情况。

(3)监理机构应说明监理工作准备情况。

(4)监理工程师应说明主要监理程序、质量和安全事故报告程序、文件往来程序和工地例会等要求。

(5)建设单位应说明工程占地、拆迁等与开工条件有关的事项。

(6)总监应进行会议总结,明确施工准备工作存在的主要问题和解决措施要求。

(7)具备开工条件的,可下达工程开工令。

在事先申请、核查、沟通的基础上,会议通过对开工准备情况的通报、检查,认为开工条件已具备的,在会议结束前由总监下达开工令。不具备开工条件的,对存在的问题提出具体的解决要求,并针对准备开工的日期统一各方认识。

三、工地例会

工地例会宜每月召开一次,具体时间可根据工程需要由总监理工程师或驻地工程师决定。工地例会由总监理工程师或驻地工程师主持,参加人员应为总监理工程师或驻地工程师及有关助理人员,施工单位授权代表,分包单位及有关人员,建设单位代表及有关助理人员。

工地会议的内容如下。

(1)确认上次会议记录:可由监理工程师的记录人对上次会议记录征询意见并在本次会议记录中加以修正。

(2)审查工程进度:主要是关键线路上的施工进展情况及影响施工进度的因素和对策。

(3)审查现场情况:主要是现场机械、材料、劳力的数额以及对进度和质量的适应情况及解决措施。

(4)审查工程质量:主要应针对工程缺陷和质量事故,就执行标准控制、施工工艺、检查验收方面提出问题及解决措施。

(5)审查工程费用事项:主要是材料设备预付款、价格调整、额外的暂定金额等发生或将发生的问题及初步的处理意见或意向。

(6)审查安全事项:主要针对发生的安全事故或隐藏的不安全因素以及对交通和民众的干扰提出问题及解决措施。

(7)讨论施工环境:主要是承包人无力防范的外部施工阻挠或不可预见的施工障碍等方面的问题及解决措施。

(8)讨论延期与索赔:主要是承包人提出延期或索赔的意向,进行初步的澄清和讨论,另按程序申报并约定专门会议的时间和地点。

(9)审议工程分包:主要是对承包人提出的工程分包的意向进行初步审议和澄清,确定进行正式审查的程序和安排,并解决监理工程师已批准(或批准进场)分包中管理方面的问题。

(10)其他事项

四、专题工地会议

施工期内工程出现难点、重点以及安全、环保和需要协调的问题,应不定期的召开专题工地会议进行研讨。专题会议可由监理工程师主持,建设单位、施工单位代表及有关人员参加,必要时可邀请有关专家参加。

专题会议应聚焦重点、难点问题,进行深入研讨,并提出切实可行的解决方案,以便在工程施工和监理工作中落实。专题会议研讨的问题主要根据工程需要确定,落实时涉及合同管理和变更设计等内容,仍应按合同要求和有关监理程序办理。

第二节 记录与报告

一、监理文件与资料

监理文件应包括监理管理文件、工程质量监理文件;工程进度监理文件;费用监理文件、安全环保监理文件、合同管理文件以及工程监理月报、工程监理报告等。

监理资料包括工程分项开工申请批复单、监理日志、巡视记录、旁站记录、检验申请批复单、工程指令、工程变更令、工地会议纪要、试验记录、抽检原始记录及各种台账。

监理文件与资料应按建设工程文件归档整理规范与交通运输部发布的《关于贯彻执行公路工程竣交工验收办法有关事宜的通知》规定管理。

二、监理文件

监理管理文件有监理工作计划、监理实施细则、监理人员岗位职责、监理单位贯彻质量标准的有关作业文件。

工程质量监理文件有质量监理措施、规定及往来文件、材料、试验、检测资料;监理独立抽检资料;交工验收工程质量评定资料。

工程进度监理文件有工程进度计划审批与工程进度计划检查、调整的有关文件;工程开工/复工审批表以及工程暂停令等。

费用监理文件有各类工程支付文件、设计变更有关费用审核文件、工程竣工决算审核意见书等。

安全、环保文件有安全管理的规章制度、安全措施、安全会议的记录、安全检查的结果、安全事故的有关文件以及施工环境保护的规划、环境保护的措施、环境保护的检查等。

合同管理文件有施工单位的保险手续的有关文件、延期索赔申请、分包资质资料以及批准的延期时间和索赔费用文件、价格调整申请及批准的文件。

监理工程师应将工程进展情况、存在的问题,每月以工程监理月报的形式向建设单位及上级监理部门报告。其内容包括:本月工程概述、工程质量、工程进度、工程支付、合同管理的其他事项、本月监理工作小结以及合同执行情况的表格。

工程结束时监理工程师应提交监理工作报告,其内容有:工程基本情况、监理机构及工作起止时间、投入的监理设施等。关于工程质量、工程进度、工程费用监理及合同管理执行情况,分项、分部、单位工程质量评估,工程费用分析,工程建设中存在问题的处理意见和建议。

三、监理资料

监理资料是指监理日志、巡视记录、旁站记录、工作指令、工程变更令、工地会议纪要、工程分项开工的申请批复单、试验抽检的原始记录等。

监理记录应由施工单位与监理工程师分别填写,审批意见与签认应齐全。

1. 监理文件与资料管理

监理工程师应建立健全监理文件与资料管理制度,并应根据工程建设需要应用计算机辅助管理手段建立文件、资料管理系统,对文件、资料进行有效管理。

监理工程师应建立材料、试验、测量、计量、工程变更等各项台账。

监理文件与资料应及时整理,分类有序,系统和完整,并分类建立案卷有效保管。

2. 监理档案归档

(1) 一般要求

①监理资料应随监理过程及时归集,系统化排列,按规定组卷、编列案卷目录。

②监理档案应妥善存放和保管,按时移交建设单位。

③监理单位对未列入监理资料归档的其他监理文件也应分类整理,与工程直接相关的在竣工验收前提交建设单位。

(2)归档文件组成

监理归档文件必须完整、准确、系统地反映工程监理活动的全过程。

监理归档文件中短期保存的文件有监理规划、实施细则、专题总结、监理月报等。列入长期保存文件的内容有监理月报中有关质量问题,监理会议纪要中的有关质量问题,开工复工审批表,开工复工暂停令,不合格项目通知,质量事故报告及处理意见,有关进度监理、质量监理、费用监理的监理通知,工程索赔与延期报告及审批,合同争议、违约报告及处理意见,合同变更材料,工程竣工总结,质量评价意见报告等。

监理文件归档与保存应符合交通运输部《关于贯彻执行公路工程竣交工验收办法有关事宜的通知》以及《建设工程文件归档规范》(GB/T 50328—2014)中的有关规定。

复习思考题

1. 工地会议主要分为哪几种?主要内容及解决的问题是什么?

2. 监理记录分哪几类?各包括哪些内容?

第二十七章
竣工资料的整理与移交

第一节　竣工文件编制

一、竣工文件编制程序

1. 前期准备工作

(1)工程准备期,制订监理表式并及时下发。

(2)明确单位、分部、分项工程的划分。单位、分部、分项工程的划分以部颁《公路工程质量检验评定标准　第一册　土建工程》(JTG F80/1—2017)为依据。对于特大桥等工程,亦可根据具体情况另行划分。在工程开工之前,监理工程师应督促承包人按合同规定并结合工程特点进行分项、分部、单位工程的划分。监理工程师审核同意分项、分部、单位工程的划分后,报建设单位批准。当工程规模较大,承包人较多,为便于统一划分口径,应由监理工程师提出划分方案建议,征求承包人意见后决定。施工期间的文件、报表按此归档。

(3)印发《竣工文件编制方法》。《竣工文件编制方法》内容应包括竣工文件构成体系和编制责任、各卷组成和使用的表格或图表、归卷要求和份数等。《竣工文件编制办法》应由建设单位或建设单位委托监理单位编制,编写完成后,应征求建设单位和档案管理部门的意见,最终定稿,并尽快印发给各监理机构和承包人。以两年工期为例,宜在开工后的半年内编写完成。

2. 施工期的竣工资料

监理单位和承包人的竣工文件应按《竣工文件编制办法》要求,在施工过程中逐步形成。

监理工程师应在施工过程中对资料整理、档案管理进行定期检查督促。在竣工文件编制办法印发后,应和承包人统一认识,明确要求,必要时应制定补充规定或组织研讨。在路基、小桥涵基本完成和路面工程完工时,应组织全面检查,审查资料的完整性、准确性以及与编制方法要求的符合性,督促监理机构和承包人对存在的问题及早整改。

3. 交工资料

工程交工资料是交工验收的必备资料,是竣工文件的基础部分。在工程交工验收之前,按照交工条件的要求,承包人和监理机构除应完成项目实施过程中的检测、试验和合同、支付等资料的汇编外,还应按编制责任完成工程项目的质量评定和各类汇总报表(如质量评定成果、工程交接表和工程总结等;编制竣工图表;完成竣工决算的基础资料;收集施工过程中的原始记录;完成各种文件的整理分类等)。

4. 竣工文件

竣工文件应在交工资料的基础上,补充缺陷责任期中完成的项目资料,必要时修订交工资料中的某些数据报表,以使资料与实际情况相符,并按照竣工文件的编制体系,将各自承担的部分进一步完善,承包人和监理应于竣工验收之前 2 ~ 3 个月内将竣工文件提交给建设单位,由建设单位按照案卷归档的要求将全部资料统一装订组卷,编排档号和总目录。

二、竣工文件编制注意事项

1. 分包工程的竣工文件编制

因指定分包而出现施工交叉时,由分包人完成的工程资料应由分包人整理,质量评定应依据单位、分部、分项工程的划分确定是由承包人或分包人进行。竣工决算、竣工图表宜由双方共同完成。

2. 编制人员的管理

竣工文件编制人员应定人、定岗、定责,避免因中途更换人员而造成编制工作脱节,一般由负责日常管理文档的人员主持竣工文件的编制工作。

3. 分阶段实施,集中整理

在施工过程中,承包人的现场质量检查、质量验收资料必须按划分的分项、分部和单位工程收集归档。每完成一分项工程,应及时评定工程质量,并将该工程的资料(包括原始记录)按竣工文件的编制要求进行初步整理,逐步完善每一单位工程乃至全线的基础资料。施工结束时,填报编制综合类文件,再集中整理,以完全符合编制要求。

第二节　监理工程师在竣工文件编制中的工作

一、审查承包人的工程决算表

竣工决算是竣工文件的重要组成部分,包括工程决算和财务决算。监理工程师的主要职责是审查承包人的工程决算。监理工程师审查的重点应放在最终支付证书、工程变更及费用增加一览表和工程索赔一览表上。最终支付证书是由总监理工程师签发并经建设单位批准的最后支付证书,应与工程竣工结算单和清账书中所列的工程款一致。

工程变更和索赔一览表中的项目应有相应的批准文件,数量和款额计算正确,附有关依据或证明,无漏项和重复列支,并确认再无任何追加项目的说明。

二、审查承包人的竣工图表

监理工程师审查竣工图表应掌握以下几个要点:

(1)竣工图、表应完整和准确,全面反映工程竣工的实际情况。各项数据如长度、宽度、厚度、高程、坡度、角度、地质情况等要与竣工部位的实际完成情况一致。

(2)凡竣工项目均必须有竣工图。竣工图要求图面清晰,线条、字迹、图表等工整、清楚、干净。竣工图应逐张加盖竣工图章。

(3)依据竣工数据绘制竣工图,应遵循以下原则,并重点审查变更工程项目的图表:

①如果某项工程完全按照原设计图纸施工没有变化时,可利用原设计图纸,加盖竣工图章。

②在施工中如果设计图无变更,仅有工程数量的变化,则仅制作竣工工程数量表装入竣工图内。

③若实际工程与原设计图不符发生工程变更,则必须重新绘制竣工图。

三、监理工作月报

内容包括:

(1)当月工程实施情况。

(2)当月监理工作情况。

(3)当月工程质量、安全、环保、费用、进度监理和合同事项管理等情况统计。

(4)发现施工存在的主要问题及处理情况。

(5)下月监理工作重点。

四、监理工作报告

监理工作报告是本工程施工监理工作的全面总结,说明监理工程师对监理合同的履行情况,实施监控的措施和达到的效果,以及对工程运营和养护提出建议,内容包括:

(1)工程概况。

(2)监理工作概况,包括组织机构、人员、设备和设施情况等。

(3)监理工作成效,包括质量、安全、环保、费用和进度监理及合同事项管理等措施,施工过程中检查情况,工程质量评定情况及问题和事故处理情况等。

(4)交工验收时存在的问题及处理情况。

(5)监理工作体会、说明和建议。

第三节 竣工文件的移交

公路工程建设项目交工验收后三个月内,各参建单位应根据有关规定向建设单位(代表)移交经系统整理过的全部档案资料。

建设单位(代表)应根据有关规定,在公路工程建设项目竣工验收后三个月内,向使用单位及其他有关单位办理档案材料移交手续。

各项目单位移交档案材料时,交接双方清点核查后填写移交表27-1、表27-2,办理交接签字手续,同时提交内容相同的电子文档。

科学技术档案归档接受签证单 表27-1

保管材料	保管单位				合计
	卷	册	袋	盒	
文字资料					
图纸					
声像(照片)					
合计					

归档单位: 负责人: 经手人:

接受单位: 负责人: 经手人:

接受日期: 年 月 日

科技档案分类目录 表27-2

工程项目名称:

序号	档号	案卷题名	编制		卷内份数	卷内页数	保管期限	密级	备注
			单位	时间					

复习思考题

1. 监理文件与资料主要有哪些？需如何处理？

2. 竣工文件主要内容有哪些？在编制过程中监理工程师主要完成哪些工作？

参 考 文 献

[1] 中华人民共和国行业标准. JTG F80/1—2017 公路工程质量检验评定标准[S]. 北京:人民交通出版社股份有限公司,2018.
[2] 中华人民共和国行业标准. JTG G10—2016 公路工程施工监理规范[S]. 北京:人民交通出版社股份有限公司,2016.
[3] 中华人民共和国行业标准. JTG/T F20—2015 公路路面基层施工技术细则. 北京:人民交通出版社股份有限公司,2015.
[4] 中华人民共和国行业标准. JTG F40—2004 公路沥青路面施工技术规范. 北京:人民交通出版社,2004.
[5] 中华人民共和国行业标准. JTG/T F50—2011 公路桥涵施工技术规范[S]. 北京:人民交通出版社. 2011.
[6] 中华人民共和国行业标准. JTG F60—2009 公路隧道施工技术规范[J]. 北京:人民交通出版社,2009.
[7] 中华人民共和国交通运输部. 公路工程标准施工招标文件[M]. 北京:人民交通出版社股份有限公司,2018.
[8] 雷俊卿. 合同管理[M]. 北京:人民交通出版社,1999.
[9] 李宇峙,袁剑波. FIDIC 条款与公路工程施工监理[M]. 北京:人民交通出版社,2001.
[10] 谢新宇. 高速公路沿线设施施工[M]. 北京:人民交通出版社,2003.
[11] 邬晓光. 公路工程进度监理[M]. 北京:人民交通出版社,2000.
[12] 李宇峙. 工程质量监理[M]. 北京:人民交通出版社,1999.
[13] 张建仁. 工程费用监理[M]. 北京:人民交通出版社,1999.
[14] 扬晓林,刘光枕. 建设工程监理[M]. 北京:机械工业出版社,2004.
[15] 刘吉士. 公路工程施工监理实务[M]. 北京:人民交通出版社,1999.
[16] 苏权科. 石国彬,等. 桥梁施工监理方法与要点[M]. 北京:人民交通出版社,2005.
[17] 李文儒,杨永顺. 实用公路工程监理指南[M]. 北京:人民交通出版社,2001.
[18] 孙大权. 公路工程施工方法与实例[M]. 北京:人民交通出版社,2003.
[19] 范立础. 预应力混凝土连续梁桥[M]. 北京:人民交通出版社,1988.
[20] 熊广忠. 公路工程施工质量监理手册[M]. 北京:知识产权出版社,2003.
[21] 刘三会. 公路工程监理[M]. 北京:机械工业出版社,2005.
[22] 殷治宁,程中则. 公路施工监理[M]. 北京:人民交通出版社,2003.
[23] 王用亭. 新编公路建设项目竣工资料编制指南[M]. 北京:人民交通出版社,2003.
[24] 唐杰军,蒋玲. 公路施工监理[M]. 北京:人民交通出版社,2006.
[25] 彭余华,原驰. 合同管理[M]. 北京:人民交通出版社,2013.